《文献通考·经籍考》研究

连凡 著

武汉大学出版社
WUHAN UNIVERSITY PRESS

图书在版编目(CIP)数据

《文献通考·经籍考》研究/连凡著. —武汉:武汉大学出版社,2018.6
ISBN 978-7-307-19883-8

Ⅰ.文… Ⅱ.连… Ⅲ.①典章制度—中国—古代 ②《文献通考·经籍考》—研究 Ⅳ.D691.5

中国版本图书馆 CIP 数据核字(2017)第 301888 号

责任编辑:程牧原　　责任校对:李孟潇　　版式设计:汪冰滢

出版发行:**武汉大学出版社**　(430072　武昌　珞珈山)
(电子邮件:cbs22@whu.edu.cn 网址:www.wdp.com.cn)
印刷:武汉中远印务有限公司
开本:787×1092　1/16　印张:22　字数:532 千字　插页:1
版次:2018 年 6 月第 1 版　2018 年 6 月第 1 次印刷
ISBN 978-7-307-19883-8　定价:68.00 元

目　录

导论 …… 1
第一节 《文献通考》及其《经籍考》的版本、整理与学术地位 …… 1
一、《文献通考》及其《经籍考》的版本与整理 …… 2
二、《文献通考》及其《经籍考》的评价、著录与学术地位 …… 6
第二节 《经籍考》研究述评与展望 …… 9
一、成书背景的研究 …… 9
二、版本、校勘及其相关研究 …… 10
三、引书、辑佚及其相关研究 …… 11
四、序文、解题、按语等内容要素的专题研究 …… 14
五、一书重见问题的研究 …… 15
六、辑录体编纂体例的研究 …… 16
七、分类体系、书籍归类及其目录学价值的研究 …… 21
八、史学思想的研究 …… 22
九、各部类的专题研究 …… 23
十、余论——目前研究之不足及展望 …… 24
第三节 研究思路与方法 …… 26
一、整体与部分、宏观与微观的分析相结合 …… 26
二、目录学与学术思想史的分析相结合 …… 26
三、定量与定性的分析相结合 …… 27

第一章 《经籍考》的内容层次及其编纂体例 …… 28
第一节 《经籍考》的内容层次及其书目析论 …… 28
一、《经籍考》内容层次的分析 …… 28
二、书目数量及其部类分布的统计分析 …… 33
第二节 《经籍考》的编纂体例及其文献析论 …… 38
一、辑录文献的剪裁方法 …… 40
二、辑录文献所属部类与出处的统计分析 …… 42

第二章 《经籍考》的分类体系及其归类调整 …… 53
第一节 《经籍考》分类体系的总体分析 …… 53

一、《经籍考》的分类体系及其与历代目录的因革关系 …… 54
二、《经籍考》分类类目之衡定——以阴阳类与术数类为例 …… 55
三、古籍目录归类异同的理论分析 …… 58
第二节　《经籍考》各部类的分类渊源与归类调整 …… 60
一、经部的分析 …… 61
二、史部的分析 …… 75
三、子部的分析 …… 95
四、集部的分析 …… 117

第三章　《经籍考》中重见与参见现象的分析 …… 125
第一节　《经籍考》中互著与别裁的分析 …… 125
第二节　《经籍考》中一书重见及别行的分析 …… 129
一、跨类重见 …… 130
二、个人之总集与别集分别著录而重见 …… 149
三、部分内容之别行本 …… 153
四、因版本不同而在同类重出 …… 160
第三节　《经籍考》中参见法之分析 …… 167
一、马氏自撰之文字 …… 167
二、辑录他人之文字 …… 168

第四章　《经籍考》中书目撰者的校勘分析 …… 170
一、因避讳制度而形成的异文 …… 172
二、因文字发展而形成的异文 …… 173
三、因文字错讹而形成的异文 …… 174
四、误题撰人 …… 189
五、其他情况 …… 190

第五章　《经籍考》中马氏注文与按语之分析 …… 193
第一节　《经籍考》中马氏注文之分析 …… 193
一、著录分析 …… 193
二、文本校勘 …… 203
三、内容参照 …… 204
四、注释说明 …… 211
第二节　《经籍考》中马氏按语之分析 …… 216
一、撰者及书目的考辨 …… 218
二、分类体系与书籍归类的调整 …… 223
三、历代学术传承与各家学术源流 …… 233
四、书籍与学术的考辨 …… 246

结论 …… 286

参考文献 …… 291

附录一　相关目录学论文 …… 301
《文献通考·经籍考》的分类调整及其学术意义——兼论马端临的思想立场 …… 301
《汉书·艺文志·诗赋略》中赋分三种说考论 …… 311

附录二　《文献通考·经籍考》相关数据库及其表格 …… 321
《文献通考·经籍考》数据库分析系统的建立及其方法 …… 321
华东师大点校本《文献通考·经籍考》中失断之处一览表 …… 325
《经籍考》中马端临按语一览表 …… 327
《经籍考》正文引用撰者分布情况一览表(一) …… 331
《经籍考》正文引用撰者分布情况一览表(二) …… 333
《经籍考》正文引用撰者分布情况一览表(三) …… 335
《经籍考》正文引用撰者分布情况一览表(四) …… 336
《经籍考》正文引用撰者分布情况一览表(五) …… 337
《经籍考》中辑录之解题内容的分类示例 …… 339

导　论

导论共分三节。第一节介绍《文献通考》与《文献通考·经籍考》①的版本、整理及其学术地位的确立。笔者结合前人研究成果与历代的相关典籍，对此作了简要的论述。第二节从九个方面介绍和分析了前人关于《经籍考》的研究成果，指出其不足并予以展望。第三节介绍本书研究的思路与方法。笔者指出，由于《经籍考》文本挖掘的深入程度尚有欠缺，导致相关研究存在空泛或片面等问题。因此笔者试图从对《经籍考》全文史源穷尽性的整理与分析入手，全面归纳其体例，进而在思想文化背景下分析其学术价值及影响。

第一节　《文献通考》及其《经籍考》的版本、整理与学术地位

马端临(1254—1334)②，字贵与，号竹村③。饶州乐平(今江西乐平)人，是中国宋末元初著名史学家。其父马廷鸾，南宋末官至右丞相。马端临早年师从朱子学派的曹泾，学习史学与理学。咸淳中，中漕试第一，德祐二年(1276)，元军攻陷临安，马端临于是绝意仕途，专心随其父隐居乡里读书著述。他曾协助其父编撰《读史旬编》，打下了坚实的学术功底，又在父亲的指点下，于至元二十二年(1285)前后开始编撰《文献通考》，书成于大德十一年(1307)，马氏是年54岁，前后历时二十余载。此后他又曾出任慈湖与柯山两书院之山长。除《文献通考》外，他还著有《多识录》《义根守墨》《大学集传》等，今均已亡佚。

《文献通考》是马端临以其毕生精力完成的一部记载从上古到南宋宁宗嘉定年间的典章制度沿革的通史巨著。全书共分为24门，348卷。其中《经籍》《帝系》《封建》《象纬》

---

① 本书中，除特殊说明外，一般将《文献通考·经籍考》简称为《经籍考》。为方便读者阅读，在谈及《经籍考》及其所引主要书目的卷次时，均采用阿拉伯数字。

② 马端临的生年经白寿彝考证定为1254年之后(白寿彝：《马端临的史学思想》，《江海学刊》1962年第5期)，学界对此无异议。而关于其卒年，学界则有多达5种意见，即1323年、1324年、1330年、1334年与1340年。学界多持1223年说。邹明军则通过对《扶风马氏宗谱》等文献的详细考证，赞成余庆民的1334年之说(邹明军：《〈文献通考·经籍考〉研究》，华中师范大学2011年博士学位论文，第16~23页)。其说可信。今从之。

③ 学界多从《宋元学案》卷89《介轩学案》中的记载，认为马端临的号为"竹洲"。邹明军指出："马端临的外孙兼孙女婿许瑶《宋故辟雍造士程公先生时登行状》和《马氏宗谱》所载马端临为宗谱写的《竹村先生序》中端临均号'竹村'，故当以'竹村'为是。"(邹明军：《〈文献通考·经籍考〉研究》，华中师范大学2011年博士学位论文，第9页)今从之。

《物异》5门为其新创，另19门则由《通典》沿袭扩充而来，其中关于宋代的典章制度尤为详备，可补《宋史》之不足。后世将其与杜佑《通典》、郑樵《通志》并称为“三通”。

作为《文献通考》第18门①的《经籍考》76卷集中体现了马端临在目录学上的突出贡献。它分为经、史、子、集四部共55类。马氏先据《汉书·艺文志》(下文简称《汉志》)、《隋书·经籍志》(下文简称《隋志》)、《新唐书·艺文志》(下文简称《新唐志》)及宋代的四部《国史·艺文志》②叙述历代典籍整理经过及收藏情况，并记载宋代学者有关藏书言论。其下著录“存于近世而可考”之典籍4200余种③，其解题文字几乎尽录晁公武《郡斋读书志》(下文简称《郡斋》)、陈振孙《直斋书录解题》(下文简称《直斋》)二家提要目录，兼引四代(汉、隋、唐、宋)艺文志、《崇文总目》(下文简称《崇文》)、《通志·艺文略》、各书序跋及文集、语录等相关资料，以达到其《文献通考·自序》所云“记其著作之本末，考其流传之真伪，订其文理之纯驳”④的目的，从而开创了辑录体⑤的目录形制，尤为清代以降的目录学家所效法和重视，在中国目录学史上占有重要地位。

一、《文献通考》及其《经籍考》的版本与整理

在《文献通考》及其《经籍考》的版本研究方面，孔建国在其硕士学位论文《〈文献通考·经籍考〉研究》第二章“《文献通考·经籍考》之版本”中以各版本初刊本的时代先后为序，分别介绍了《文献通考》单行本、《经籍考》单行本和《文献通考》“三通”“十通”本的初刊、递修版本的由来和版式特征⑥。刘兆佑在其《〈文献通考〉版本考》考定《文献通考》的初刻本应是泰定元年西湖书院本⑦。潘洁(2009)在其《黑水城出土〈文献通考〉版本考》一文中介绍了1983年至1984年在内蒙古黑水城出土的《文献通考》残卷，并从板式、刻工等方面考证此本为元泰定元年西湖书院刻本⑧。诸家研究各有所得，但还有一些遗漏。以下结合近年来的最新进展说明一下《文献通考》及其《经籍考》的古籍版本及其影印本的情况，

---

① 有一些研究者将《经籍考》称作《文献通考》第19门，这当是转抄华东师范大学点校本《文献通考·经籍考》书前的“出版说明”而致误，今按：依据上条注文引《文献通考·自序》所云之次序以及《文献通考》书中的实际排列情况，《经籍考》实是《文献通考》第18门。

② 分别是：(宋)吕夷简等撰：(太祖、太宗、真宗)《三朝国史艺文志》；(宋)王珪等撰：(仁宗、英宗)《两朝国史艺文志》；(宋)李焘等撰：(神宗、哲宗、徽宗、钦宗)《四朝国史艺文志》；不著撰人：(高宗、孝宗、光宗、宁宗)《中兴国史艺文志》。下文一般简称为《三朝志》《两朝志》《四朝志》《中兴志》。

③ 前人时贤关于《经籍考》所著录书籍数目众说纷纭。据笔者的统计，《经籍考》全书共著录书目3938条，这其中加上“数书一录”(一条书目中同时著录数种相关著作)者约409部，减去“一书重见”(同一种书在不同书目下重出)者百余部，总共著录书籍4200余种。

④ (元)马端临：《文献通考·自序》，中华书局，1986年，第9页。后出注不标作者所属朝代。

⑤ 王重民最早在其《中国目录学史论丛》中将《经籍考》这样“钞辑序跋、史传、笔记和有关的目录资料以起提要作用”(《中国目录学史论丛》，中华书局，1984年，第80页)的编著方式“拟称之为辑录体”，并将“辑录体”与自古以来的“叙录体”(如《四库全书总目提要》)及“传录体”(如《七志》)并列而为目录书的三种基本体裁形式。

⑥ 孔建国：《〈文献通考·经籍考〉研究》，台湾政治大学硕士学位论文，1975年。

⑦ 刘兆佑：《〈文献通考〉版本考》，《国家图书馆馆刊》2005年第2期，第155~172页。

⑧ 潘洁：《黑水城出土〈文献通考〉版本考》，《图书馆理论与实践》2009年第7期，第108~110页。

然后重点论述今人整理点校的相关情况并评价其得失。

《文献通考》于元大德十一年(1307)成书后，由于卷帙巨大，加上个人财力有限，并没有立即得以刊刻流传。直到延祐四年(1317)七月道士王寿衍受元仁宗委派前往东南寻访“有本事的好人”，并于次年发现马端临“可谓济世之儒”，所撰《文献通考》“纂集古今，浩汗该博”，“与唐杜佑《通典》相为出入”，“其议论则本诸经史而可据，其制度则会之典礼而可行”，对“治国安民”确属“有用之学”，并提议“官为镂板，以广其传”。① 仁宗采纳了王寿衍的建议。于是元至治二年(1322)由西湖书院主持雕刻，马端临不顾年迈亲自负责校勘，官家为之刊行，全书至泰定元年(1324)始告刊成，是为《文献通考》初刻本。西湖书院初刻本今已无全本，只有几个残本与补修本传世②。但2005年北京国家图书馆出版社以中国国家图书馆所藏282卷原刻残本(其中《经籍考》部分也有残缺)为主体，缺者以现存其他原刻残本配补，最终得以补全348卷，并收入其《中华再造善本丛书》出版发行，从而基本再现了原刻的面貌，具有很高的学术价值。现存古籍刻本中的最早全本则为元至元五年(1339)余谦西湖书院补修本(今一藏上海图书馆，一藏广东省中山图书馆)。此外，《文献通考》的古籍刻本还有明正德十一年(1516)至十四年(1519)刘洪慎独斋刻本、明嘉靖三年(1524)司礼监刻本、明嘉靖四年(1525)冯天驭刻本、万历司礼监刻本、清乾隆十二年(1747)武英殿刻本、同治崇仁谢氏刻本，以及广州学海堂刻本与浙江书局刻本等。1935年至1937年上海商务印书馆《万有文库》二集中收有《十通》本《文献通考》(据武英殿本)，影印精装两大册发行。中华书局(1986)和浙江古籍出版社(1988)又分别据上海商务印书馆的“万有文库十通本”影印，并多次重印，是为今日之通行本。此外1985年台北世界书局影印的《钦定四库全书荟要》，以及1986年台北“商务印书馆”影印的《文渊阁四库全书》，都收有《文献通考》全本。

《经籍考》起初只是作为《文献通考》的一个门类随全书流传，并没有独立出来。已知较早对《经籍考》给予特别关注者，当属明代的何乔新(1427—1502)。他对《经籍考》予以高度评价，认为其胜过前代正史中的“艺文志”。因为“艺文志”往往只载卷目，“而《经籍考》则载其著述之由，辨其纯驳之异，而先儒之议论附焉”，“信乎为群书之体要也”。③ 但由于“《通考》卷帙重大，人不易致。《经籍考》自可孤行，以资博洽”④，于是他将此志愿告知时任江西按察司佥事的黄仲昭并最终促成了《经籍考》单刻本的出版，即明弘治九年(1496)黄仲昭、张汝舟刻本(今中国国家图书馆、中国人民大学图书馆等有收藏)。这是最早的《经籍考》单刻本，而《经籍考》也成为《文献通考》中唯一单行的门类，由此可见其在整部《文献通考》中的重要地位。《中国古籍善本书目》卷十三“史部政书类”尚著录有明抄本《经籍考》十二卷，署马端临撰，今藏浙江省天一阁文物保管所。另外，清代校勘

① 马端临：《文献通考》卷首，中华书局，1986年，第11~13页。

② 中国古籍善本书目编辑委员会：《中国古籍善本书目 史部》，上海古籍出版社，1991年，第1110~1111页。

③ (明)何乔新：《椒邱文集》，见《影印文渊阁四库全书》第1249册，台北“商务印书馆”1983年，第145页。

④ (明)何乔新：《椒邱文集》，见《影印文渊阁四库全书》第1249册，台北“商务印书馆”1983年，第145页。

大家卢文弨有《〈文献通考·经籍〉校补》一卷收入其《群书拾补》初编第五十三卷之中，今有清乾隆五十五年(1790)卢氏抱经堂刻本。现代著名学者张舜徽先生则称其尝欲继卢文弨《〈文献通考·经籍〉校补》补其缺而未成。①

以上是《文献通考》及其《经籍考》的古籍刻本及影印本的版本情况。

《文献通考》全本主要有两个点校本，均由上海师范大学古籍研究所和华东师范大学古籍研究所整理点校，其一由海南国际新闻出版中心1996年出版，收入其《传世藏书·史库》②之中，共三大册。此本的底本与下述华东师大点校本《经籍考》相同，是以清武英殿三通合刻本《文献通考》为底本，不同的是此本采用横排简体字，但校记做得比较详细。对比其中《经籍考》部分与《经籍考》单行本，可知其已做了较详细的对校、他校工作。质量胜过单行本《经籍考》，只可惜其《经籍考》部分未曾独立，洋洋三巨册共4279页，而全书收入丛书中不单行出售，一般读者不易利用。并且此本是简体横排本，不符合古籍整理的规范，还存在不少失校，以及排印错误的情况，因此不能令人满意。其二由北京中华书局2011年单行出版，此本由上海师范大学古籍研究所和华东师范大学古籍研究所重新点校，以清乾隆十二年校刊的武英殿本为底本，以另四个版本为校本，点校体例与标点依《二十四史》的整理方法，全书采用繁体字竖排印刷，计1000万字，并且在上述1996年点校本的基础上做了进一步的校勘，是目前最好的《文献通考》(包括《经籍考》)整理点校本。

《经籍考》的第一个也是迄今唯一的点校单行本是华东师范大学古籍研究所点校(竖排繁体)《文献通考·经籍考》上、下两册，由华东师范大学出版社1985年出版。是为今日之通行本。据其卷首之"出版说明"，可知此本系以清乾隆十二年(1747)武英殿刻本为底本，以上海图书馆藏元后至元五年(1339)余谦西湖书院补修本和华东师大图书馆藏明弘治单刻本为对校本，参之以其他诸本，附著校记，如系明显误字，则直接予以改正。此本因为文本基本可靠且使用方便，对促进《经籍考》的流传与研究起了较大推动作用。但需要指出的是，此本的点校工作还有一些不尽如人意之处。由于此本未做详细的他校工作，存在一些校勘与点校错讹。杨寄林(1988)有专文《新版〈文献通考·经籍考〉经部标点勘误》将其经部标点误例归纳为15条，即：(1)不详出典而误例；(2)不谙史实而误例；(3)不察地理而误例；(4)不考著述义例而误例；(5)不斟事理而误例；(6)不品文意而误例；(7)不探词义而误例；(8)不揆语法而误例；(9)不审辞气而误例；(10)因失校而误例；(11)一书误为二书例；(12)二书误为一书例；(13)人名误为书名例；(14)书名误为语词例；(15)引文隐没不彰例。③ 这些误例涉及《经籍考》的方方面面。其中导致1、2、4、5、6、10、11、12、13、14、15诸误例的原因很大程度上是点校者未做他校工作所致，即未将《经籍考》与其辑录材料的原典文献进行核对，如引"晁氏曰"则当与《郡斋读书志》袁本与衢本原文(《经籍考》中兼引《郡斋》之袁本和衢本)比对其差异，引用他书亦然。

---

① 张舜徽：《爱晚庐随笔：学林脞录》，华中师范大学出版社，2005年，第24页。

② 《传世藏书》是一套囊括我国从先秦到晚清历代重要典籍的大型丛书。精选有深远历史影响的一流名著1000余种，全书分经、史、子、集四库，每库又分若干部类，共计2亿7600万字，123册。

③ 杨寄林：《新版〈文献通考·经籍考〉经部标点勘误》，《河北师院学报》1988年第1期。

而 3、7、8、9 诸误例则是点校者的文献功底与古文水平有限或疏忽大意所造成的。

《经籍考》因其辑录群书的体例决定其资料基本都有原典来源，因此对其文本的校勘主要就是他校。如前所述，最早进行校勘工作的是清代学者卢文弨，著有《〈文献通考·经籍〉校补》一卷，收入其《群书拾补》中，虽仅是一些零散札记，不能算是通校，但仍有不少可取之处。1936 年商务印书馆“十通本”《文献通考》也在“校勘记”中做了一些工作，多数较有价值。王义耀(1985)①、严文儒(1992)②等人在专文中指出在将《经籍考》进行他校时发现的若干错讹。陈仕华(2006)将《经籍考》中的引文情形归纳为增字、删字、改易、误引四类③。乔衍琯(2008)将《经籍考》中的讹误归纳为增、删、易、脱四类④。温志拔(2010)指出《经籍考》中还存在“误增条目”和“漏引、误引‘晁氏曰’或‘陈氏曰’”的讹误⑤。除了上述专门的研究之外，作为《经籍考》辑录资料来源的相关著作的现代点校本中也保留了大量的相关校勘成果。其中尤以《直斋》与《郡斋》最为重要。据笔者的统计，《直斋》全书共有 3093 条书目，其下有 3076 条解题，《经籍考》引用了 2818 条，占《直斋》全部解题条数的 91.61%，可知《经籍考》中保留了绝大部分的《直斋》解题。清代四库馆臣从《永乐大典》中辑出《直斋》(殿本)之前，《直斋》几乎没有单行本行世。日本学者山内正博论证了《经籍考》中所载《直斋》比起四库馆臣从《永乐大典》中辑录出来的殿本更接近《直斋》的原本。那样的话《经籍考》的校勘价值无疑更加重要了⑥。今学界通行的徐小蛮、顾美华点校本《直斋》即主要以《经籍考》作为校勘依据。同样，据笔者的统计，《郡斋》全文有 1497 条书目，其下有 1496 条解题，《经籍考》引用了 1437 条，占《郡斋》全部解题条数的 96.06%，可见《经籍考》中几乎完整保留了《郡斋》(包括衢本和袁本)。正因此，也使《经籍考》成为校勘《直斋》与《郡斋》最主要的他校材料。今学界通行的孙猛校本《郡斋》中即以《经籍考》为其主要的他校文献。

华东师大点校本《经籍考》虽使用方便，但基本只做了不同版本的对校工作，不能令人满意。《经籍考》原文的校勘尚且不谈，华东师大点校本在分段上错误就有不少。这些断句错误不通过与所引用原典的仔细校对是很难看出来的。根据笔者的统计，华东师大点校本的失断之处有 43 处之多。如《经籍考》卷 2 经部易类著录有“皇甫泌《易解》十四卷”，华东师大点校本其下的解题原文是：“晁氏曰：泌官至尚书右丞。有《述闻》一卷、《隐诀》一卷、《补解》一卷、《精微》三卷，又有《纪师说》《辨道》，通为八卷。陈氏曰：其学得之常山抱犊山人，而莆阳游中传之。刘彝、钱藻皆为之序。山人不知名，盖隐者也。泌尝守

---

① 王义耀：《试论〈文献通考·经籍考〉》，《赣图通讯》1985 年第 4 期，第 53~56 页。

② 严文儒：《〈文献通考·经籍考〉引文疑误(一)(二)(三)》，见《古籍整理与研究》编辑部：《古籍整理与研究》第 7 期，中华书局，1992 年，第 148~176 页。

③ 陈仕华：《〈文献通考·经籍考〉辑录体解题引文之研究》，见李浩、贾三强：《古代文献的考证与诠释：海峡两岸古典文献学国际学术会议论文集》，上海古籍出版社，2006 年，第 139~151 页。

④ 乔衍琯讲述，曾圣益记录整理：《文史哲学集成　中国历代艺文志考评稿》，台北文史哲出版社，2008 年，第 120~123 页。

⑤ 温志拔：《〈文献通考·经籍考〉辨误》，《图书馆理论与实践》2010 年第 9 期，第 53~55 页。

⑥ [日]山内正博：《文献通考经籍考与直斋陈氏书录解题——四库全书总目批判序说》，日本东京大学史学会《史学杂志》1966 年第 75 卷，第 51~69 页。

海陵，治平以前人。"①与《郡斋》和《直斋》相校后可知其未将"晁氏曰"与"陈氏曰"断开。实际上系分别引用晁公武《郡斋》卷1经部易类著录的"《周易述闻》一卷，《隐诀》一卷，《补解》一卷，《精微》三卷"之解题与陈振孙《直斋》卷1经部易类著录的"《易解》十四卷"之解题。点校本中还有一处顺序错乱，即卷50第1153页"《集效方》一卷"条以下直到本卷末次序(对比刻本及中华书局本可知)错乱，而且本卷末第1159页"《诸家名方》二卷"条下还缺失了"陈氏曰"的解题正文一段。此外，点校本中还有脱文的情况。如卷57第1297页"集(赋诗、别集)"中脱"赋诗"二字，成了"集(别集)"；卷71第1662页"《注东坡诗》四十二卷《年谱》、《目录》各一卷"条下解题第一段正文脱"陈氏曰"(陈振孙)三字等。因此使用华东师大点校本时遇到这些失断和错乱之处得多加小心，以防出错。

总之，《文献通考》及其《经籍考》的点校整理前后历经《经籍考》单行本(1985)、"传世藏书"中的《文献通考》横排简体点校本(1996)，及北京中华书局出版竖排繁体点校本(2011)三个阶段，质量得以逐步提高。

以上是《文献通考》及其《经籍考》的今人点校整理本情况。

二、《文献通考》及其《经籍考》的评价、著录与学术地位

《文献通考》成书之后，虽然受到朝廷的褒奖与资助，得以刊刻流传，但长时间内并未获得相应的地位，官修《宋史·艺文志》(成书在《文献通考》刊行之后)中也没有著录，而长时间的流传过程中人们对其评价也是褒贬不一、见仁见智。

诋毁者如明末王樵云："马端临力不及前人远甚，联比无法，殊欠要领，中间议论不无可采者，而卷帙已多于本史，要之可备裁削，难号成书。"②几乎要取消《经籍考》的著述资格。其后清代浙东史学殿军章学诚也视《文献通考》纯属"类书之学"③，仅仅便于"翻检"和应试"对策敷陈之用"而已④，亦承其说而来。继王樵之后，明末方以智进一步指责道："贵与所编之《经籍考》，但取公武、直斋二录，中亦未免重误，何以议人?"⑤清代钱大昕也认为："若马端临《经籍考》，系一人所编辑，所采者不过晁、陈两家之说，乃亦有重出者。……盖著作之家，多不免此弊，彼此相笑，自昔然矣。"⑥二人断言《经籍考》"但取"或"所采者不过晁、陈两家之说"，并不符合事实。虽然《经籍考》中确有一些失误和不够严谨之处，但不能以此否定其全部。

这种认识和评判集中体现在早期官修目录的著录上，就是包括《文献通考》在内的典制史书一直被视为抄撮前人文献以备博览之类书。如元代官修的《宋史·艺文志》卷6将《通典》与《国朝会要》这样的典制史书归入子部类事类，与《北堂书钞》《白氏六帖》这样

① 马端临：《文献通考·经籍考》(上)，华东师大古籍研究所标校，华东师范大学出版社，1985年，第61页。

② (明)王樵：《方麓集》，见《影印文渊阁四库全书》第1301册，台北"商务印书馆"，1986年，第399页。

③ (清)章学诚撰：《文史通义校注》，叶瑛校注，中华书局，1985年，第374页。

④ (清)章学诚撰：《文史通义校注》，叶瑛校注，中华书局，1985年，第478页。

⑤ (明)方以智：《通雅》，中国书店，1990年，第48页。

⑥ (清)钱大昕：《十驾斋养新录》，上海书店，1983年，第310页。

的类书同列。明代杨士奇评价《文献通考》云:“间有复出,删治未尽,然立体正大,载事详核,有益实用,非其他类书之比。盖类书如《册府元龟》《太平御览》,犹或伤于泛滥不切,或杂于怪异不经,况其下者!”①认为《文献通考》编辑上还有不够谨严之处(这一说法为《四库总目》所承),但还是承认其立论、载事、功用上胜人一筹。虽然如此,他仍将《文献通考》定性为类书,并列入其所修《文渊阁书目》“盈字号第一厨书目类书”中②。

褒奖者如明末学者胡应麟评价《文献通考》说:“鄱阳此书,于古今典章规制囊括网罗,无巨弗该,无细弗综,研摩之力,勤亦至矣。乃其持论衷,操见确,按证精,又昔人之难于兼美者。余尝谓涑水马氏《通鉴》出,而历代经纶治理明;鄱阳马氏《通考》成,而历代典章规制备。《通鉴》,纪传之全体;而《通考》表志之大成。宇宙间不可一日而无史,则不可一日而无二书。虽涑水主格君,鄱阳主格物,用不同而功则一也。”③他将《文献通考》与《资治通鉴》相提并论,可谓推崇备至。其后明末清初著名学者顾炎武称赞《文献通考》乃系“古人之所未及就、后世之所不可无而后为之”④之著作,即承此说而来。胡应麟又在其《经籍会通》中特意针对《经籍考》指出:“大抵历朝坟籍,自唐以前,概见《隋志》,宋兴而后,《通考》为详。”⑤指出了《经籍考》在整个目录学史上的地位。现代学者张舜徽更进一步指出:“盖有《汉书·艺文志》,而后可考见汉以上书;有《隋书·经籍志》,而后可考见唐以上书;有《文献通考·经籍考》,而后可考见宋以上书。”⑥从而给予《经籍考》(集宋代以前目录之大成)以准确的定位。胡应麟又指出:“古今书目条例,惟《隋志》最详明,马氏《经籍考》会萃晁陈诸家,折以己意,几于豪发无憾。迨今得见古人著述,大都往往借此。”⑦从而肯定其资料价值,又承认其“别裁”之心。胡氏进而又指出“以四部分门,实因旧史,而支流别,条理井然,且究极旨归,推明得失,百代坟籍烨如指掌”⑧。又说:“虽多袭晁陈,而持论折衷,咸自中的,间有重出,或类例未精,然大体得之。篇首会萃诸录统论,尤详密可喜也”⑨。这又从编辑体例上肯定了《经籍考》。

这种认识与评判集中体现在私修目录的著录上,就是将《文献通考》等典章制度史著

---

① (明)杨士奇:《东里续集》,见《影印文渊阁四库全书》第1238册,台北“商务印书馆”,1986年,第594~595页。

② (明)杨士奇:《文渊阁书目》,见冯惠民、李万健等:《明代书目题跋丛刊》(上册),书目文献出版社,1994年,第115页。

③ (明)胡应麟:《少室山房集》,见《影印文渊阁四库全书》第1290册,台北“商务印书馆”,1986年,第753页。

④ (明末清初)顾炎武著,(清)黄汝成集释:《日知录集释(外七种)》(中册),上海古籍出版社,1985年,第1445页。

⑤ (明)胡应麟:《少室山房笔丛》,上海书店出版社,2001年,第7页。

⑥ 张舜徽:《爱晚庐随笔:学林脞录》,华中师范大学出版社,2005年,第23~24页。

⑦ (明)胡应麟:《少室山房集》,见《影印文渊阁四库全书》第1290册,台北“商务印书馆”,1986年,第851页。

⑧ (明)胡应麟:《少室山房笔丛》,上海书店出版社,2001年,第3页。

⑨ (明)胡应麟:《少室山房笔丛》,上海书店出版社,2001年,第24页。

作从类书中独立出来。这个工作其实南宋的陈振孙早已做了。陈氏在其《直斋》史部设有"典故类"，并在卷5该类著录"《国朝通典》二百卷"的解题中指出"凡《通典》《会要》，前志及《馆阁书目》皆列之类书。按《通典》载古今制度沿革，《会要》专述典故，非类书也"①，并将共归入"典故"类。《文献通考·经籍考》因之，也在史部设立有"故事"类。但其后元代官修的《宋史艺文志》与明代官修的《文渊阁书目》等仍将其归入类书。直到明末黄虞稷私修的《千顷堂书目》问世，才恢复《直斋》之做法，将《文献通考》等典制之书改隶"典故类"②。陈振孙、马端临、黄虞稷之书皆私修书目，可见《文献通考》及《三通》在私修书目中早已占得一席之地。但官修目录却迟迟未予以承认。这当是由于"三通"本来皆是私修著作，而官方长期未认识到其特殊价值并予以肯定。

这种情形直到清代康、乾时期才得以改变，为网罗天下儒生并巩固其思想统治，乾隆时开设三通馆以续修典制通史。官方也对《文献通考》及其《经籍考》的编纂体例及其学术价值作出了肯定评判云："马端临以经、史、子、集分部汇目，为《经籍考》。其所采录，悉本历代史志以及王尧臣《崇文总目》，而评论则以晁公武《读书志》、陈振孙《书录解题》为宗，又复旁参众说，折以己见，凡著作之本末，流传之真赝，文理之纯驳，约略皆有考焉。若王圻《续通考》，不论书之存佚，一切捃摭，泛滥无征，则大失端临矜慎之初指矣。"③与此评价形成对比的则是明王圻于万历三十一年(1603)编纂的《续文献通考》。《四库全书总目》认为该书虽以赓续马氏之书为名，但"体例糅杂，颠舛丛生，遂使数典之书变为兔园之策"④，于是将它"改隶类书"⑤，不得厕身于典故。由此也扼要指明了类书与故事(典故)的本质区别在于：前者为"兔园之策"，后者为"数典之书"。这样官方首次从治国安邦的政治立场对其内容与学术价值予以了表彰，又对其编纂体例的精善给予了充分肯定。

《四库全书总目》也在其卷首《凡例二十则》中指出："马端临《经籍考》荟稡群言，较为赅博，而兼收并列，未能贯串折衷。"⑥又在卷81史部政书类通制之属所著录"《文献通考》三百四十八卷"之下的解题中进一步指出："(《文献通考》)大抵门类既多，卷繁帙重，未免取彼失此。然其条分缕析，使稽古者可以案类而考。又其所载宋制最详，多《宋史》各志所未备，案语亦多能贯穿古今，折衷至当。虽稍逊《通典》之简严，而详赡实为过之，非郑樵《通志》所及也。"⑦这些评论提纲挈领地指出了《文献通考》及其《经籍考》的优缺

---

① (宋)陈振孙撰：《直斋书录解题》，徐小蛮、顾美华点校，上海古籍出版社，1987年，第161页。后出注不标所属朝代。

② (明)黄虞稷撰：《千顷堂书目》，瞿凤起、潘景郑整理，上海古籍出版社，2001年，第247页。

③ (清)嵇璜：《续文献通考》，《影印万有文库十通本》，浙江古籍出版社，1988年，第4055页。

④ (清)纪昀、(清)陆锡熊、(清)孙士毅等原著总纂：《钦定四库全书总目(整理本)》(上册)，四库全书研究所整理，中华书局，1997年，第1084页。

⑤ (清)纪昀、(清)陆锡熊、(清)孙士毅等原著总纂：《钦定四库全书总目(整理本)》(上册)，四库全书研究所整理，中华书局，1997年，第1814页。

⑥ (清)永瑢等：《四库全书总目》(上)，中华书局，1965年，第17页。

⑦ (清)纪昀、(清)陆锡熊、(清)孙士毅等原著总纂：《钦定四库全书总目(整理本)》(上册)，四库全书研究所整理，中华书局，1997年，第1081页。

点，一经传出，便几乎成为定论，影响最为深远。其后如余嘉锡《目录学发微》、姚名达《中国目录学史》①、汪辟彊《目录学研究》②等皆承其说而加以发挥，今人亦多从此立论。

总之，《文献通考》及其《经籍考》从产生并为书目所著录，直到最终在官修书目中确立地位，经历了一个漫长曲折的过程，其间有过反复的批评与讨论。这反映出随着学术的发展，前人对其学术价值与编纂体例的认识不断深化，同时也为今天的研究工作奠定了基础。

第二节 《经籍考》研究述评与展望

本节在全面搜集到目前为止海内外相关研究成果的基础上，将前人时贤关于《经籍考》的研究总结为九个方面并评论其得失，在此基础上指出学界研究中存在的问题及进一步努力的方向。其领域主要涉及文献学(版本、目录、校勘、辑佚、编纂等)、文学(集部的文学史意义)、史学(时代背景、会通思想与学术史等)及历代对《经籍考》学术价值的评价与认识等诸多方面。研究中存在的主要问题有：对《经籍考》的学术价值认识不够，文本挖掘与分析不够全面深入，学科壁垒导致结合哲学等专科学术的研究还很欠缺。由于《经籍考》篇幅大，来源复杂，涉及的学术领域广泛，必须将其放在整个学术思想史的背景中，在内部做到对文本的深入挖掘，在外部做到与相关原典文献的比较分析，才能对其内容体例进行更深入的挖掘并展开相关研究。

一、成书背景的研究

历史上每一部著作都深深地打上了其所处时代的烙印。一部著作从其孕育到产生总有一个过程，需要各方面条件的成熟。《经籍考》作为一部经过精心剪裁加工的目录学著作，当然也不例外。吴雯芳(1984)③、杨寄林(1989)④等人论述了其成书的社会时代背景，指出其成书有其时代必然性。张承宗(1997)⑤重点从学术传承的角度分析了《文献通考·经籍考》产生的学术背景。如马端临受杜佑、郑樵的思想与方法(在其《自序》中有明确的说明)以及“会通”的时代思想的影响等。曹金发、董杰(2009)从三个大的方面论述了辑录体目录《经籍考》产生的历史背景：首先，社会经济与人文环境，具体包括经籍繁荣与技术进步、重文轻武与优待士人、科举考试与博学宏词科、搜集图书与藏书管理；其次，时代学术与文化因素，具体包括求通思想与文献汇辑、目录学的发展与兴盛；最后，家学渊

---

① 姚名达：《中国目录学史》，上海古籍出版社，2002 年，第 179 页。

② 汪辟疆：《目录学研究》，商务印书馆，1955 年，第 54 页。

③ 吴雯芳：《马端临〈经籍考〉辑录方法及其影响》，《江苏图书馆学报》1984 年第 3 期，第 51～56 页。

④ 杨寄林：《〈文献通考·经籍考〉的成书与价值》，《古籍整理研究学刊》1989 年第 6 期，第 5～8 页。

⑤ 张承宗：《〈文献通考·经籍考〉的学术价值》，见刘乃和：《洪皓马端临与传统文化》，中国青年出版社，1997 年，第 214～216 页。

源与个人素养①。杨丽梅、牛勇、宋戈(2012)从目录学发展与兴盛考察说明了辑录体产生的必然性②。邹明军(2015)论述了马端临家学汇辑编纂的读书著史之法对其成书的影响③。

学术界关于《经籍考》成书背景的研究可以归纳为以下诸方面：(1)物质条件：宋代印刷术和刻书的空前发达和私人藏书的丰富，为《经籍考》之编纂打下了物质基础。(2)思想渊源：补司马光《资治通鉴》之"详于治乱变革，略于典制因革"之不足；继承杜佑《通典》典制体例而扩充之，并填补唐宋之间典章之空白；继承郑樵之会通思想，又克服其取材不广、编辑粗糙拼凑之不足。(3)时代背景：宋元易代，身为遗民的马端临不能用世则埋头整理典章，探讨因革损益，以期用于后世，并保存儒家典籍文化，未尝不是文化救国之举，这是马端临的历史使命和创作动力。(4)自身条件：家学渊源、个人学养、藏书丰富、博学笃志等，使得马端临有能力和条件承担起这一浩大的文化工程。(5)学术背景：古代学术思想及目录学的发展，尤其是宋代文化及官私目录学的兴盛，为《经籍考》提供了材料来源和学术借鉴。

以上这些因素，缺一不可，共同促成了《文献通考》及其《经籍考》的产生。

二、版本、校勘及其相关研究

在《文献通考》及其《经籍考》的版本研究方面，孔建国在其硕士学位论文《〈文献通考·经籍考〉研究》第二章"《文献通考·经籍考》之版本"，以各版本初刊本的时代先后为序，分别介绍了《文献通考》单行本、《经籍考》单行本和《文献通考》"三通""十通"本的初刊、递修版本的由来和版式特征，涉及版本十分全面④。刘兆佑在其《〈文献通考〉版本考》认为《文献通考》的初刻本应是泰定元年西湖书院本，他又详细地介绍了西湖书院刊本(1324)、余谦重刊本(1339)、明正德建阳刘氏慎独斋刊本(1519)、嘉靖司礼监刊本(1524)、嘉靖冯天驭刊本、明嘉靖内府刊清康熙十二年(1673)修补本、清乾隆十二年(1747)武英殿刊本、清《四库全书荟要》本、清文渊阁《四库全书》本等版本⑤。潘洁(2009)在其《黑水城出土〈文献通考〉版本考》一文中介绍了1983年至1984年在内蒙古黑水城出土的《文献通考》残卷，并从板式、刻工等方面考证此本为元泰定元年西湖书院刻本⑥。

《经籍考》因其辑录群书的体例决定其资料基本都有原典来源，因此对其文本的校勘主要就是他校。最早进行校勘工作的是清代学者卢文弨，著有《〈文献通考·经籍〉校补》一卷，收入其《群书拾补》中，虽仅是一些零散札记，不能算是通校，但仍有不少可取之

① 曹金发、董杰：《略论辑录体目录产生的背景》，《宿州学院学报》2009年第1期，第31~33页。

② 杨丽梅、牛勇、宋戈：《辑录体的确立及其目录学价值》，《四川图书馆学报》2012年第6期，第98~100页。

③ 邹明军：《辑录体目录的确立与马端临的家学渊源》，《图书馆杂志》2015年第1期，第96~101页。

④ 孔建国：《〈文献通考·经籍考〉研究》，台湾政治大学硕士学位论文，1975年。

⑤ 刘兆佑：《〈文献通考〉版本考》，《国家图书馆馆刊》2005年第2期，第155~172页。

⑥ 潘洁：《黑水城出土〈文献通考〉版本考》，《图书馆理论与实践》2009年第7期，第108~110页。

处。1936年商务印书馆“十通本”《文献通考》也在“校勘记”中做了一些工作，多数较有价值。王义耀(1985)①、严文儒(1992)②等人在专文中指出了在将《经籍考》进行他校时发现的若干错讹。陈仕华(2006)将《经籍考》中的引文情形归纳为增字、删字、改易、误引四类③。乔衍琯(2008)将《经籍考》中的讹误归纳为增、删、易、脱四类④。温志拔(2010)指出《经籍考》中还存在“误增条目”和“漏引、误引‘晁氏曰’或‘陈氏曰’”的讹误⑤。

除了上述专门的研究之外，作为《经籍考》辑录资料来源的相关著作的现代点校本中也保留了大量的相关校勘成果。其中尤以《直斋》与《郡斋》最为重要。现行收入四库的殿本《直斋》全文共有3093条书目，其下有3076条解题，《经籍考》辑录了其中2818条解题，占《直斋》全部解题条数的92%，可知《经籍考》中保存了《直斋》绝大部分的解题。清代四库馆臣从《永乐大典》中辑出《直斋》(殿本)之前，《直斋》几乎没有单行本行世。日本学者山内正博论证了《经籍考》中所载《直斋》，比起四库馆臣从《永乐大典》中辑录出来的殿本更接近《直斋》的原本。那样的话，《经籍考》的校勘价值无疑更加重要了⑥。今学界通行的徐小蛮、顾美华点校本《直斋》即主要以《经籍考》作为校勘依据。同样，《郡斋》(包括衢本和袁本)全文共有1497条书目，其下有1496条解题，《经籍考》辑录了其中1437条解题，占《郡斋》全部解题条目数量的96%，可知《经籍考》保存了《郡斋》几乎所有的解题。今学界通行的孙猛校本《郡斋》中即以《经籍考》为其主要的他校文献。此外，《经籍考》中引用朱子的言论与文章多达279条，引用数量仅次于作为主要书目依据的《直斋》与《郡斋》，居于第三位。朱子也是除了书目之外马端临引用最多的学者。其引用内容主要出自《朱子语录》(《朱子语类》的前身)与《晦庵集》(朱子文集)。其引用文字在经部(特别是礼类与易类)最多，其次子、集、史部。因其辑录所据版本古老，具有较高的校勘价值。

《经籍考》文本目前最全面的校勘成果保存在北京中华书局2011年出版的点校本《文献通考》的《经籍考》部分。笔者在本书第四章将《经籍考》中书目之撰者与出处之原文进行对校，并一一分析其原因，以求提示其校勘价值之一斑。

三、引书、辑佚及其相关研究

《经籍考》因其辑录体的形制，得以汇聚群书，并保存大量文献，从而成为辑佚之渊

---

① 王义耀：《试论〈文献通考·经籍考〉》，《赣图通讯》1985年第4期，第53~56页。

② 严文儒：《〈文献通考·经籍考〉引文疑误(一)(二)(三)》，见《古籍整理与研究》编辑部：《古籍整理与研究》第7期，中华书局，1992年，第148~176页。

③ 陈仕华：《〈文献通考·经籍考〉辑录体解题引文之研究》，见李浩、贾三强：《古代文献的考证与诠释：海峡两岸古典文献学国际学术会议论文集》，上海古籍出版社，2006年，第139~151页。

④ 乔衍琯讲述，曾圣益记录整理：《文史哲学集成　中国历代艺文志考评稿》，台北文史哲出版社，2008年，第120~123页。

⑤ 温志拔：《〈文献通考·经籍考〉辨误》，《图书馆理论与实践》2010年第9期，第53~55页。

⑥ [日]山内正博：《文献通考经籍考と直斋陈氏书录解题——四库全书总目批判序说》，日本东京大学史学会《史学杂志》1966年第75卷，第51~69页。

薮。王承略《试论〈文献通考·经籍考〉的著录依据和著录方法》在讨论著录方法时，先把《经籍考》征引著作时明确标出书名的罗列出来，并指出了征引的次数，再统计没有明确指出资料出处的各家学者的序、跋、奏、书等，共计85家，列出人名、篇数或次数①。邓瑞《马端临与〈文献通考〉》书后附录了"《文献通考·经籍考》保存未收入四库全书的书目"②。陈仕华在其《〈文献通考·经籍考〉辑录体解题引文之研究》一文中阐述了马氏引文之作用与方式，归纳了引用资料的出处类型③。薛伟呈在《〈文献通考·经籍考〉引书之研究》(2009)中从征引文献方法，所引有传本的书、无传本的书、引书之价值等方面详尽阐发了《经籍考》的引书特色④。弄清楚《经籍考》引书的范围及其存佚情况之后，下一步就可以进行佚书、佚文的辑佚工作。以下从两个方面分析前人利用《经籍考》进行辑佚研究的相关情况。

(一)佚书的辑录

《经籍考》所著录的书籍有许多今天已经亡佚，但由于《经籍考》解题中保留了相关著录与评论资料，有助于今天了解该佚书的大致情况。朱桂昌、朱端强(1997)从《经籍考》中择出记载唐宋有关西南地区的16种已佚古籍的解题，结合其他书籍对其内容进行了分析。如唐韦齐休《云南行记》、唐李德裕《西南备边录》等，可见马氏引述材料之丰富和保存古文献的贡献之一斑⑤。邓瑞(2003)在其专著《马端临与〈文献通考〉》中统计《经籍考》共著录经、史、子、集著作约4139种。其中约2895种是现今《四库全书》未著录的，这些书大部分已经亡佚，通过《经籍考》中辑录的解题能大致了解其内容。他在书中专辟"重视保存传统文化的思想"一章共四节，分别做了《经籍考》经、史、子、集四部的"书目举例"⑥，实际上就是以《经籍考》为主要依据而做的这些书(《经籍考》中收入而《四库全书》未见者)的内容叙录⑦。邓氏在书末他还附有"《文献通考·经籍考》保存未收入《四库全书》的书目"清单。现在看来，邓瑞仅将《经籍考》中所著录之书与《四库全书》相比，虽不无意义，但范围不免有些狭隘。因为《四库全书》也只是包括了古籍中的一部分。虽说其中宋元之前的著作大体齐备，但有意(认为没有价值而不收或内容违碍加以禁毁的)或无

---

① 王承略：《试论〈文献通考·经籍考〉的著录依据和著录方法》，见山东大学古籍整理研究所：《古籍整理研究论丛》(第2辑)，山东文艺出版社，1993年，第196~219页。

② 邓瑞：《马端临与〈文献通考〉》，山西古籍出版社，2003年，第607~680页。

③ 陈仕华：《〈文献通考·经籍考〉辑录体解题引文之研究》，见李浩、贾三强：《古代文献的考证与诠释：海峡两岸古典文献学国际学术会议论文集》，上海古籍出版社，2006年，第139~151页。

④ 薛伟呈：《〈文献通考·经籍考〉引书之研究》，台湾中国文化大学硕士学位论文，2009年。

⑤ 朱桂昌、朱端强：《〈文献通考·经籍考〉所见唐宋西南古佚书叙》，见刘乃和：《洪皓马端临与传统文化》，中国青年出版社，1997年，第232~239页。

⑥ 邓瑞：《马端临与〈文献通考〉》，山西古籍出版社，2003年，第68~113页。

⑦ 如邓氏分析《经籍考》卷10经部春秋类之《左氏国纪》云："《左氏国纪》，马氏记徐得之撰。陈止斋写序称，一般认为荀悦、袁宏以两汉事改写为《汉纪》《后汉纪》为编年体，亦称为左氏体，'盖不知《左氏》于是始矣'。又言孔子定《春秋》，重在'拨乱世，反之正'的褒贬之意，其他史料未录，故此书采各国之'史记次第之，某国事若干，某事书，某事不书，以发明圣人笔削之旨'。可见此书的价值，在于记载《春秋》之个的各国编年史。"见邓瑞：《马端临与〈文献通考〉》，山西古籍出版社，2003年，第69页。

意(搜罗不全)的遗漏还有不少。那么,《经籍考》所著录之书到底有多少今天已经亡佚不存呢?或者说其在今天的流传情况如何呢?弄清楚这一问题,有助于我们认识《经籍考》的文献价值及其所著录书籍的流传情况,进而可使对古籍的整体流传亡佚情况的认识更进一步。因为《经籍考》著录的是当时"存于近世而可考者",著录书籍数量上虽不及其后官修的《宋史·艺文志》,但所记载皆真实可靠,有据可查。而要弄清这一问题,理论上就必须普查现今世界所藏所有(特别是宋代之前)的古籍刻本,并结合历代公私书目的著录情况,这方面的工作已经有人做了①。

(二)佚文的辑佚

从文献学的角度来看,《经籍考》中引文所依据的版本最迟也是宋元本,辑录时虽略有删改,但基本真实可信。这些引文所涉及的著作有一部分今天已经亡佚或残阙。笔者对《经籍考》的全文,用目前最大的古籍全文检索系统"中国基本古籍库"进行穷尽的检索分析,发现《经籍考》中保存的佚文可能有 370 条②。这些佚文大体可分为两种情况。

第一种情况是《经籍考》中保留的不少佚文,根据目前学界的考证可知其引文所出之原书已佚,而相关佚文仅见于《经籍考》。如其中保存的"周氏《涉笔》"15 条③。又如《经籍考》中保留的宋代的几部《国史艺文志》的条目,大多不见于他书,因此更显得弥足珍贵。如民国时期赵士炜的《宋国史艺文志辑本》即主要依据《经籍考》和王应麟的《玉海·艺文》辑录而成。④ 又如李焘的《文简集》已佚,但《经籍考》中保留有 33 则"巽岩李氏曰"的序跋文字,可得以窥其一斑⑤。

第二种情况是《经籍考》中该引文所出之书籍尚存但内容有残缺,在《经籍考》中可以发现若干佚文条目。如研究者经常提到的马端临之父马廷鸾的《碧梧玩芳集》,今有《四库全书》辑永乐大典本 24 卷,将其与《经籍考》中所引"先公曰"(马廷鸾)文字对比,可知其遗漏尚有不少。又如张守卫在《〈直斋书录解题〉佚文八条》(2008)中指出《经籍考》史部地理类《东京梦华录》一卷、《吴兴杂录》七卷、《北户杂记》三卷、《南行录》一卷、《岭表异录》三卷,子部小说家类《灯下闲谈》二卷,子部类书类《古今故事录》二十卷,集部别集类

---

① 刘琳、沈治宏编著的《现存宋人著述总录》(巴蜀书社,1995 年)中收录了中国、日本、美国等多个地域所收藏的共计 4855 种现存宋人著作,可谓浩如烟海。

② 这里只能说"可能"。因为"言有易,言无难",笔者虽经过多方检索并参考前人的研究成果,判定这 370 条中大部分为佚文,但有不少则有待进一步查考,因为观天下书未遍,实在不敢主其必"无",笔者这里只是给出一个大致数量以说明《经籍考》中保留佚文之丰富与价值之高罢了。

③ 仝卫敏:《周氏〈涉笔〉考》,《古籍整理研究学刊》2007 年第 1 期,第 89~93 页。

④ (民国)赵士炜辑,1933 年 4 月国立北平图书馆、中华图书馆协会合刊。此书是《古佚书录丛辑》之五,是根据宋晁公武《郡斋读书志》,陈振孙《直斋书录解题》,尤袤《遂初堂书目》和《崇文总目》等公私藏书目的著录,并以宋王应麟《玉海》,马端临《文献通考》中所引用的国史志文,由赵士炜进行逐条参照校订编成的。赵氏对宋志中著录的书名、卷数、著者进行了逐条考证。共辑 208 条,分 46 类排列。并且汇录了有关记述国史志的书籍于卷末。同时还编有书名、著者两种通检,以便读者查检。

⑤ 如王承略、杨锦先等辑有《李焘学行诗文辑考》,收入《山东大学文史哲研究院专刊》,上海古籍出版社 2004 年版。其第三篇《李每焘诗文辑存》,收录诗 32 首,文 90 篇。《经籍考》即其辑佚之主要来源之一。

《樊宗师集》一卷，其下的"陈氏曰"解题系引自陈振孙《直斋书录解题》，而今《四库全书》辑永乐大典本《直斋书录解题》中无此八条，徐小蛮、顾美华点校本也没有辑录出来，显系佚文①。杨大忠在《晁公武佚文三则》(2010)辑录了晁公武的三则佚文，其中一条即《经籍考》卷 42 子部小说类著录的"《燕丹子》三卷"，其下辑录《郡斋》云："晁氏曰：不题撰人。"但今本《郡斋》并无此条。可知此条也是佚文②。此外，《经籍考》卷 17 经部小学类著录有"《辨志录》一卷"，其下辑录有《直斋》卷 9 子部儒家类"《辨志录》一卷"之解题云："陈氏曰：皆已见上书，而无次第，当是草创本。"③此条解题不见于殿本《直斋》，徐校本引卢文弨校记云当补入④。可知此条当系佚文。

总之，《经籍考》因其辑录体而能荟萃诸家文献的突出特点，保留了大量有价值的文献，给今天相关研究者的校勘、辑佚、考证及相关研究工作提供了丰富的材料。

四、序文、解题、按语等内容要素的专题研究

《经籍考》的著录要素主要包括序文(总序、小序)、解题、按语等。

序文方面的研究，如杨寄林在《〈文献通考·经籍考〉小序析论》(1990)中从三个方面对《经籍考》的小序体例进行了归纳⑤。杨寄林又在其《〈文献通考·经籍考〉摘瑕》(1993)中指出了《经籍考》在序论编辑上的一些缺失⑥。

解题方面的研究，包括马端临辑录资料而成的解题和少量马氏自撰的解题。对于前者，马氏的主要工作就是剪裁和汇聚。杨寄林在其《〈文献通考·经籍考〉摘瑕》(1993)中指出了《经籍考》在解题编辑上的一些缺失⑦。对于马端临自撰之解题，刘石玉(1985)归纳《经籍考》中马氏自撰之解题的内容与特点有：(1)介绍作者姓氏名号、籍贯爱好、家世等，如《元祐党籍列传谱述》解题。(2)交代一书写作背景和成书经过，如《建炎假道高丽录》解题。(3)指出一书之篇目内容、编撰方法及其资料来源，如《三朝北盟会编》解题。(4)评价一书内容得失或者拈取典型篇章重点解释，如《西汉会要》《东汉会要》解题⑧。

按语是最直接体现马端临个人见解和学术主张的文字。刘石玉(1985)指出《经籍考》按语有"序按"和"书后按"两种，并分别举例进行了分析⑨。杨寄林(1988)则在《〈文献通考·经籍考〉马氏按语初探》中指出：《经籍考》中的按语主要针对文化典籍和学术流别的某些具体问题而发，并且体现了马端临儒家正统思想的根深蒂固。此外，按语中尚有一些

---

① 张守卫：《〈直斋书录解题〉佚文八条》，《中国典籍与文化》2008 年第 1 期，第 118~120 页。
② 杨大忠：《晁公武佚文三则》，《古籍整理研究学刊》2010 年第 3 期，第 80~81 页。
③ 马端临：《文献通考·经籍考》(上册)，华东师范大学出版社，1985 年，第 436 页。
④ 陈振孙撰：《直斋书录解题》，徐小蛮、顾美华点校，上海古籍出版社，1987 年，第 283 页。
⑤ 杨寄林：《〈文献通考·经籍考〉小序析论》，《河北师院学报》1990 年第 4 期，第 126~129 页。
⑥ 杨寄林：《〈文献通考·经籍考〉摘瑕》，《古籍整理研究学刊》1993 年第 3 期，第 6~9 页。
⑦ 杨寄林：《〈文献通考·经籍考〉摘瑕》，《古籍整理研究学刊》1993 年第 3 期，第 6~9 页。
⑧ 刘石玉：《〈经籍考〉主要编撰内容考析》，《赣图通讯》1985 年第 3 期，第 67~72 页。
⑨ 刘石玉：《〈经籍考〉主要编撰内容考析》，《赣图通讯》1985 年第 3 期，第 67~72 页。

明显讹误的硬伤，如年代错误①。

笔者在本书第一章及附录“《经籍考》中马端临按语一览表”中对这些要素有简要的分析。

五、一书重见问题的研究

历代学者在使用和研究过程中发现了《经籍考》中存在很多同一种书重复著录的情况。对它们的分析可以归纳为以下几种观点：疏漏说、互著说和材料来源不同说。具体分析如下。

(一)疏漏说

如钱大昕在《十驾斋养新录》卷十三《文献通考》一文中认为《经籍考》中这些重见又无任何说明的书系马氏疏失所致：“予读唐宋艺文志，往往一书而重见，以为史局不出一人之手之弊。若马贵与《经籍考》，系一人所编辑，所采者不过晁、陈二家之说，乃亦有重出者。如陆德明《经籍释文》三十卷，见卷百八十五经解类，又见卷百九十小学类……”②钱氏强调官修与私修的差异，诚为有见，但却忽视了一点：《经籍考》虽系马端临私修，但其“辑录体”——广泛钞撮前人材料而成书的体制，使其间接相当于“书出众手”的史局官书，只是经过“总纂官”马端临的增删与整理罢了，因而与书成众手来源不一的官修书目存在某些共同的利弊。正是由于其包含复杂的材料来源，稍不检点，便容易出现与出于众手之史志目录一样的重复疏漏。

(二)互著说

如刘石玉(1987)同意王重民关于《经籍考》首次运用互著法的观点，并在此基础上驳斥了钱大昕以为《经籍考》的一书重见只是马氏之疏忽的观点。并举例分析了若干条目，认为《经籍考》中一书重见是马氏有意识地运用“互著法”的体现。其结论有三：(1)《经典释文》入小学类具有极其明显的互著用意，充分体现了马端临高超的目录学识见及其对互著法含义的深刻理解，同时显示出马氏运用互著的成熟程度。(2)仅就目前所发现，《经籍考》互著图书已达十一部，范围遍布经、史、子、集，皆为“理有互通”之类，“书有二用”之书；从所引解题来看，每一部书都是一晁一陈，无一例外，且解题的出现很有规律性，在体例上看是整齐、统一的，而偶然性的东西绝不会成熟若此，也绝不会如此有规律可循。(3)运用了注语来指示图书互著位置，以加强互著效果③。刘氏所分析的几条虽然大体可信，但发现的例证比较少，遗漏比较多，还不足以概括《经籍考》中的所有一书重见现象。

(三)材料来源不同说

严文儒在其《〈文献通考·经籍考〉一书重见研究》(1993)一文中进行了较详细的分析。他首先举出钱大昕说作为靶子，接着分析其查证方法指出：《经籍考》一书重见条目

---

① 杨寄林：《〈文献通考·经籍考〉马氏按语初探》，《晋阳学刊》1988 年第 5 期，第 75~78 页。

② (清)钱大昕：《十驾斋养新录》，上海书店，1983 年，第 310 页。

③ 刘石玉：《〈经籍考〉互著小考》，《图书馆学研究》1987 年第 2 期，第 148~151 页。

甚多，据统计约有五十三种，涉及经、史、子、集四部，尤以史、集两部为多。同名而实异者，不能称之为一书重见。同一作者的同名之书分别见于别集类、诗集类等。虽是同名，但一为诗文集，一为诗集，并非一书，故亦不能称作一书重见①。接下来，严氏又从五个方面详细分析《经籍考》一书重见的原因。一是“诸家目录著录一书分类不同，《经籍考》两存而重见。”此类约有二十五种。二是“诸家目录分类重出，《经籍考》因之而一书两见”。此类约有四种。三是“诸家书目著录仅一见，马端临自行将不同部类置出互见”。此类约有七种。四是“版本不同而一书重见”。五是“因马端临疏漏而一书重见者”。这种情况又可分为：“同人异名而一书重见”；“同书异名，马氏未加审订而一书重见者”；“一书一名，但因编者疏漏，也会导致一书重见”。六是马氏“自乱体例而一书重见”。此类约有十种。严氏最后得出结论指出：“《经籍考》中绝大部分一书重见是由于古代目录学家对古箔分类的看法不同所致。故以疏漏来批评马端临的《经籍考》，是不公允的，也是不符合实际的。”②严文儒的分析证明了“疏漏说”和“互著说”皆不够全面，是目前为止关于《经籍考》一书重见问题比较全面的分析。其后温志拔在其《论〈文献通考·经籍考〉的重出与互著》(2010)则将《经籍考》中的重出归纳为四种情况：(1)《经籍考》依所辑对象的不同类属，于不同门类下分别著录同一部书，并分别照录该书的原出解题(共15条)；(2)《经籍考》辑录同一对象，而于不同门类下分别著录同一部书，并引该书的原出解题(共5条)；(3)《经籍考》于同一门中分别著录并引解题(共3条)；(4)《经籍考》明确说见于某门，而只于一处引该书解题，其例即《焦氏易林》。他进而依据前人关于互著的标准，分析指出第4类情况属互著，第3类情况不属互著，第2类是马氏抄录不同分类体系的目录(同一书归入不同分类中)而导致重出，也不是互著，第1类中真正属于互著的只有第10条所代表的除谢惠连以外的八家，以及刘石玉所举的第15条一家③。

笔者在本书第三章第二节中对此将有全面系统的论述。

六、辑录体编纂体例的研究

编纂体例及其学术价值，可以说是《经籍考》研究中最基本也最为人所关注的问题之一。主要涉及《经籍考》辑录体的起源、特点及其影响诸方面的问题。

清代，在官方的大力提倡下，学者们对《文献通考》及其《经籍考》的效法与研究逐渐兴盛起来。虽然此前即有朱彝尊仿其体例而作《经义考》，但大规模的仿作还是《四库总目》提倡之后方才涌现。这其中清末学者孙诒让的《温州经籍志》对辑录体的编纂体例有了更进一步的完善。孙氏极推重《经籍考》的创造体例之功及其对后世的影响，并将其概括

---

① 严文儒：《〈文献通考·经籍考〉一书重见研究》，《华东师范大学学报(哲学社会科学版)》1993年第1期，第50~61页。

② 严文儒：《〈文献通考·经籍考〉一书重见研究》，《华东师范大学学报(哲学社会科学版)》1993年第1期，第50~61页。

③ 温志拔：《论〈文献通考·经籍考〉的重出与互著》，《图书馆理论与实践》2010年第10期，第59~62页。

为"篇题之下，逐叙序跋，目录之外，采证群书"①。此语准确概括了"辑录体"的主要特征。而最早对《经籍考》的这种特殊的目录体制给出明确定义并予以命名的则是王重民先生，在《中国目录学史论丛》②中他首次将《经籍考》"钞辑序跋、史传、笔记和有关的目录资料以起提要作用"的编写方式，"拟称之为辑录体"③，以同古已有之的叙录体（如《四库总目》）、传录体（如《七志》）三足鼎立。他还指出其特点（定义）是"不由自己编写，而去钞辑序跋、史传、笔记和有关的目录资料以起提要的作用"④，并指出"这一考是杜佑《通典》所没有而为马端临所增修的一个文化典籍组成部门"⑤。它作为中古后期"通史的史志目录"和"综合性系统目录巨著"，其"正确可信，是远远超在郑樵之上的"⑥。此番论述，站在目录学发展史的高度，给《经籍考》的编纂体例以准确的命名与定位。今天"辑录体"的命名及其定义已成为学界之共识⑦。

概念一旦明晰，关于《经籍考》辑录体的专题研究便逐渐兴盛起来。以下分三个方面来加以总结和论述。

（一）《经籍考》辑录体的起源

在确定了《经籍考》辑录体的编纂体例之后，人们很自然地会追溯其起源。较早如余嘉锡在其《目录学发微》中认为抄录前人序跋始自释僧祐《出三藏记集》，而马端临的《经籍考》推而广之。他指出这种编辑体例在保存文献方面极有用，有利于辑佚和考证。但汇聚的取材必须如《经籍考》一样经过剪裁，删削无关宏旨及与学术关系不大的部分，否则易流于繁冗，并举《四库总目》批评《经义考》"惟序跋诸篇，与本书无所发明者，连篇备录，未免少冗"为例予以说明。余氏又指出各家序跋往往出于其自身甘苦之言，非他人所能发，述而不作，逐录序跋等的编辑体例也是势在必行⑧。当代研究者循此思路，对辑录体的形成进行了更深入的考察。如吴雯芳（1984）在其《马端临〈经籍考〉辑录方法及其影响》一文中将促成辑录体产生的原因归纳为三点："序跋和叙录体书目解题的启示"，"考据的需要"与"时代的产物"⑨。雷晓庆（1999）在其《〈文献通考·经籍考〉编撰体例探析》中承

---

① 孙诒让：《温州经籍志》，见《续修四库全书》第918册，上海古籍出版社，1996年，第129页。

② 《中国目录学史论丛》虽正式出版于1984年，但实际完成是在20世纪70年代，是由弟子朱天俊整理其课堂讲稿而成，王重民先生已于1975年去世。

③ 王重民：《中国目录学史论丛》，中华书局，1984年，第80页。

④ 王重民：《中国目录学史论丛》，中华书局，1984年，第80页。

⑤ 王重民：《中国目录学史论丛》，中华书局，1984年，第160页。

⑥ 王重民：《中国目录学史论丛》，中华书局，1984年，第162页。

⑦ 近年来南京大学武秀成教授又提出"辑考体"的概念，即所谓"以大量汇辑各类文献中的相关记载为基础，同时又融入作者自己的考订与见解"，并以与《经籍考》同时期的王应麟的《玉海·艺文》为其代表，意欲与叙录、传录、辑录三体鼎足而为四，其实只是"辑录体"的一种变相说法。《经籍考》也有不下50段按语，另外还有几十处注语，"辑录体"并不是只是钞录前人，不做任何按断考证，而是在钞录中有调整、有删改，钞录之后往往还有按语或注文说明。从这个意义上来说：《经籍考》也算是"辑考体"了。因此"辑考体"这一概念实不出"辑录体"之范围。相关论述详见武秀成：《陈振孙评传》，南京大学出版社，2006年，第384页。

⑧ 余嘉锡：《目录学发微》，中华书局，2007年，第85~88页。

⑨ 吴雯芳：《马端临〈经籍考〉辑录方法及其影响》，《江苏图书馆学报》1984年第3期，第51~56页。

余嘉锡先生之说分析了促成《经籍考》辑录体方法产生的因素①。杨寄林(2003)则提出不同的看法，他指出："(王重民)认为辑录体解题已由梁僧祐《出三藏记集》开其先声(今按：余嘉锡在王重民之前已有此说)，并影响到《文献通考·经籍考》。其实马端临同《记集》并无任何瓜葛，《经籍考·子部·释氏类》不载该书，仅收僧祐《释迦氏谱》即其明证。"②邹明军(2009)在其博士学位论文中指出僧枯等的佛经目录与传录体更接近，而马氏所发明的辑录体解题的方法主要来源于吕祖谦的《大事记》系列，并受到当时盛行的经传合抄、类书编纂学风的影响③。邹明军(2015)进而通过考察马端临的家学与《文献通考》的编纂义例，认为马端临创立的辑录体目录解题方法与僧祐《出三藏记集》无关，而是受制于马端临家学汇辑编纂的读书著史之法及与之相应的《文献通考》史料编纂上"文""献""考"三结合的编纂体例，并且是由其史书与目录的双重特性所决定的④。曹金发(2012)则批判了学界关于辑录体起源的诸种说法，包括南北朝时期梁朝僧祐《出三藏记集·总经序》说⑤，唐代元行冲《群书四部录》说⑥，南宋高似孙《史略》说⑦，南宋王应麟《玉海·艺文》说⑧，指出它们"虽然在辑录书目的序跋和他人评论等方面与《文献通考·经籍考》在某些方面有一些相似之处，不过，它们在编撰理念、编排体例以及目录学价值等方面都与真正的辑录体目录存在差距，难以成为辑录体目录的真正开端，因此，辑录体目录的产生时间应在宋末元初，以《文献通考·经籍考》为标志"⑨。

笔者认为《经籍考》的编纂体制受佛经目录的影响与否不是问题的关键。因为《文献通考》的编纂体例从大的原则来讲是"文""献""考"三位一体⑩，其"会通"的学术旨趣直接来源于《通典》《资治通鉴》及《通志》⑪等前代通史，而马端临对郑樵《通志》的批评⑫则体现了马氏对其编纂体制的改进。如他批评郑氏抄录《通典》之注文而以为已语不作说明，所以马氏在《文献通考》中就比较重视引文的题名；又如他批评郑樵所搜集的材料尚不齐

---

① 雷晓庆：《〈文献通考·经籍考〉编撰体例探析》，《晋图学刊》1999年第3期，第58~60页。

② 杨寄林：《四部群书"纪著作本末"的深层内涵——〈文献通考·经籍考〉辑录体解题探微》，《山西师大学报(社会科学版)》2003年第3期，第10~14页。

③ 邹明军：《〈文献通考·经籍考〉研究》，华中师范大学博士学位论文，2011年，第118~122页。

④ 邹明军：《辑录体目录的确立与马端临的家学渊源》，《图书馆杂志》2015年第1期，第96~101页。

⑤ 王重民：《中国目录学史论丛》，中华书局，1984年，第80页。

⑥ 申畅：《中国目录学家传略》，中州古籍出版社，1987年，第28页。

⑦ 乔好勤：《中国目录学史》，武汉大学出版社，1992年，第219页。

⑧ 李永忠：《王应麟书目著作评述》，《山东图书馆季刊》1991年第3期，第8~10页。

⑨ 曹金发：《辑录体目录何时出现？——对几种说法的辨析》，《山东图书馆学刊》2012年第6期，第20~22页。

⑩ 马端临：《文献通考》，中华书局，1986年，第3页。

⑪ 马端临虽未见到全本《通志》，但见过《通志二十略》，其中包括记载讨论经籍的《艺文》《校雠》诸略。

⑫ 详见《经籍考》卷28史部故事类"《郑夹漈通志略》"条下马氏的两段长篇按语。马端临：《文献通考·经籍考》(上)，华东师范大学出版社，1985年，第706页。

备，从而造成疏漏与缺失①，所以马氏的材料来源是以几部书目为主干，广泛采取了当时的各家文集、语类、专著等。而具体到《经籍考》这一特殊门类，则受晁公武的《郡斋读书志》与陈振孙《直斋书录解题》，尤其是受《直斋》的影响最大。笔者通过对全文的比照分析发现，不仅马端临在《经籍考》中的书目著录与解题大量辑录自《直斋》与《郡斋》，而且其分类框架与归类调整，还有《经籍考》中互著与参见的提示，及其辑录他人之材料和马氏自撰之注语、按语等，亦往往受《直斋》的直接启发。学者们站在整个学术史的角度来追溯辑录的体的起源时，可以远至梁代的释僧祐，但真正对《经籍考》的编纂给予直接指导和启发的，还是他所直接效法的《通典》与作为其材料与框架之主要来源的《直斋》等。

综上所述，《经籍考》及至整部《文献通考》采用辑录体乃时代之必然，也是马氏个人学术旨趣所决定的。

(二)《经籍考》辑录体的方法与特点

这是研究者关注较多的领域，即考察马端临辑录材料汇聚成书的过程中究竟采取了哪些方法，这些方法有哪些特点，以及马氏通过这些方法要达到怎样的目的，传递给读者一些什么信息，达到了怎样的效果等一系列问题。

吴雯芳(1984)认为马氏辑录方法的主要特点有四："文献甄择，有章可循"；"辑引加工，删浮汰繁，力求贯通一气"；"广征博采，兼收并载，不以重复为嫌"；"辑录与考证相结合，保证了《经籍考》的实用价值和文献价值"②。总之，辑录体在保存文献及其辑佚、考证方面都有很高价值。雷晓庆(1999)在全面探讨《经籍考》编辑原则及取材范围的基础上，着重分析《经籍考》对前人著述、见解的引述、取舍特点等，其观点大体与吴雯芳相近，其关于马氏按语之分析也有一定的参考价值③。

杨寄林是研究《经籍考》成果较丰富的当代学者之一。在其系列研究中，他紧扣马氏《文献通考·自序》中所云材料剪裁的三个层面——"纪其著作之本末，考其流传之真

---

① 《经籍考》卷28史部故事类著录郑樵的"《郑夹漈通志略》"下马氏之按语云："按：郑氏此书，名之曰《通志》，其该括甚大。卷首序论讥诋前人，高自称许，盖自以为无复遗憾矣。然夷考其书，则《氏族》《六书》《七音》等略，考订详明，议论精到，所谓出臣胸臆，非诸儒所得闻者，诚是也。至于《天文》《地理》《器服》，则失之太简，如古人器服之制度至详，今止樽罍一二，而谓之《器服略》可乎？若《礼》及《职官》《选举》《刑罚》《食货》五者，则古今经制甚繁，沿革不一，故杜岐公《通典》之书五者居十之八。然杜公生贞元间，故其所记述止于唐天宝。今《通志》既自为一书，则天宝而后，宋中兴以前，皆合陆续铨次，如班固《汉书》续《史记》武帝以后可也。今《通志》此五略，天宝以前则尽写《通典》全文，略无增损，天宝以后则竟不复陆续。又以《通典》细注称为己意，附其旁，而亦无所发明(《通志》此五略中所谓'臣按'云云，低一字写者，皆《通典》细注耳)。疏略如此，乃自谓'虽本前人之典，而亦非诸史之文'，不亦诬乎！夹漈讥司马子长全用旧文，间以里俗，采摭未备，笔削不遑。又讥班孟坚全无学识，专事剽窃，自高祖至武帝七世，尽窃迁书，不以为惭。至其所自为书，则不堪检点如此，然则著述岂易言哉！"见马端临：《文献通考·经籍考》上，华东师范大学出版社，1985年，第707页。

② 吴雯芳：《马端临〈经籍考〉辑录方法及其影响》，《江苏图书馆学报》1984年第3期，第51~56页。

③ 雷晓庆：《〈文献通考·经籍考〉对前人著述、见解的引述与取舍》，见萧泰芳、董国炎主编：《文献研究(第1辑)》，图书馆出版社，1999年，第122~127页。

伪，订其文理之纯驳”，并以之为纲，分别撰文分析马氏是如何剪裁运化以达到其目的的。

对于第一个层面“纪其著作之本末”，杨寄林在《四部群书“纪著作本末”的深层内涵——〈文献通考·经籍考〉辑录体解题探微》(2003)一文中分析认为，马氏立足于“纪其著作之本末”，根据所辑录各书的性质与特点，对众说当中关涉某书的推荐性文字精加选录，其叙述重点有十个方面。杨氏认为马端临所做的这些努力“为古典文献提要学扩充了容量，深化了内涵，强化了功能，乃至创设了新的方式，开辟了新的途径”①。对于第二个层面“考其流传之真伪”，杨寄林(2003)认为马氏辑录材料没有停留在“纪其著作之本末”的层面，而是推进到“考其流传之真伪”的更高层面上，即注意提取材料中不同意见的考证文字，这些考证文字具体又包括六个方面②。杨氏所论这一层面主要阐发《经籍考》中材料的考证价值。对于第三个层面“订其文理之纯驳”，杨寄林(2003)指出：马端临注意择选诸家书目和名流议论的独到见解，将辑录内容跃升到“订其文理之纯驳”的最高层面，归纳其体现至少有八个方面。杨氏认为马端临正是通过这些手段达到准确评论各书在文辞表述和内容意义上的得失之外的目的，即所谓“订其文理之纯驳”③。此外，杨寄林、董文武又在《〈文献通考·经籍考〉“诸评具载”的独特方式》(2006)中表述了类似的观点④。在另一篇文章中，杨寄林、董文武(2004)又从“儒家经典的辨惑证真”“史林要籍的指瑜摘瑕”“诸子名著的括要发覆”“文坛杰作的抉奥阐幽”四个方面论述《经籍考》辑录体的文化取向⑤。就这样，杨寄林分别在五篇文章中，从《经籍考》编辑体例的角度，阐述了马端临是如何剪裁以达到“纪其著作之本末，考其流传之真伪，订其文理之纯驳”的目的的。这些是目前关于这一方面研究最集中的成果。

(三)《经籍考》辑录体的意义及其影响

《经籍考》辑录体的意义，首先体现在其能提供大量原始文献资料的作用上。钟向群(2005)归纳其意义为：利于学者研究；拓展读者眼界；扩充研究领域；校勘和辑佚部分文献⑥。邓芳(2012)将辑录体的优点归纳为“保存书目，留存古籍原貌”“博采众说，指示阅读门径”“校勘辑佚，订证版本异同”“评论其书，便于读者研究”“取材可信，参考价值丰富”五个方面⑦。这些意义实际上都是由《经籍考》中所保存的大量文献所带来

① 杨寄林：《四部群书“纪著作本末”的深层内涵——〈文献通考·经籍考〉辑录体解题探微》，《山西师大学报(社会科学版)》2003年第3期，第10~14页。

② 杨寄林：《评〈文献通考·经籍考〉辑录式的解题》，《史学史研究》2003年第1期，第40~43页。

③ 杨寄林：《〈文献通考·经籍考〉广纳群说的极致所在》，《图书馆建设》2003年第5期，第125~127页。

④ 杨寄林、董文武：《〈文献通考·经籍考〉“诸评具载”的独特方式》，《史学月刊》2006年第4期，第72~81页。

⑤ 杨寄林、董文武：《〈文献通考·经籍考〉广纳群说的文化取向》，《华中师范大学学报(人文社会科学版)》2004年第6期，第136~141页。

⑥ 钟向群：《论目录的辑录体与马端临的〈文献通考·经籍考〉》，《大学图书情报学刊》2005年第6期，第88~89页。

⑦ 邓芳：《马端临〈文献通考·经籍考〉与辑录体目录学的创立》，《鸡西大学学报》2012年第1期，第153~154页。

的。历代以来，即使是轻视《经籍考》辑录体的学者如章学诚、汪辟疆等人，也无不承认这一点。

关于《经籍考》辑录体对后世的影响，余嘉锡在叙述辑录体的发展时也有所涉及。吴雯芳(1984)①、戴南海(1987)都归纳为以下四点：清代的续修；专科目录《经义考》《小学考》等的兴起；私人藏书目录如《爱日精庐藏书志》等；补史艺文志的兴起②。曹金发(2011)以辑录体专科目录，包括经学专科目录《经义考》、小学专科目录《小学考》、史学专科目录《史籍考》、医学专科目录《四部总录·医药编》，以及其他目录，包括辑录体私家藏书目录《爱日精庐藏书志》、辑录体地方艺文志《温州经籍志》为例，具体分析了《经籍考》开创的辑录体目录的扩展，指出它是经学、史学、小学等专科学术发展的结果，是私家藏书文化发展的结果，也是地方上文教事业发展的结果③。其论述与吴、戴二人的论述可相互参照。杨丽梅、牛勇、宋戈(2012)也论述了辑录体对明清目录学发展的影响④。其论述不出吴、戴两人的归纳。后来的研究在这一问题上也没有提出什么新的看法。

七、分类体系、书籍归类及其目录学价值的研究

《经籍考》作为一部辑录体目录学著作，虽以解题详赡、资料丰富见长，但在分类上也有自己的特色。根据《文献通考·自序》，其分类共四部55类，杨寄林(55类说)⑤、桂罗敏(56类说)⑥、雷晓庆(57类说)⑦等人对《经籍考》的类目数量进行了统计分析，其结论略有出入。

关于《经籍考》分类体系与历代目录书的因革关系，姚名达在其《中国目录学史》中附有一张“四部分类源流一览表”，其中列有包括《经籍考》在内的共计十四部主要目录书籍的分类类目的对照表格。⑧ 横可知其部类变迁，纵可览其部类多少，给后人的研究提供了便利。昌彼得⑨、雷晓庆(1992)⑩等即根据该表得出《经籍考》分类主要依据《直斋书录解题》损益而来的结论。桂罗敏(2001)则做了更细致的分析，指出马端临对陈振孙《直斋书录解题》的改动所在及其来源⑪。邹明军(2011)归纳《经籍考》的分类有以下几个特点：首

① 吴雯芳：《马端临〈经籍考〉辑录方法及其影响》，《江苏图书馆学报》1984年第3期，第51~56页。

② 戴南海：《〈经籍考〉的学术价值》，《四川图书馆学报》1987年第2期，第53~59页。

③ 曹金发：《论辑录体目录的扩展》，《图书馆论坛》2011年第6期，第214~218页。

④ 杨丽梅、牛勇、宋戈：《辑录体的确立及其目录学价值》，《四川图书馆学报》2012年第6期，第98~100页。

⑤ 杨寄林：《〈文献通考·经籍考〉分类体系发覆》，见刘乃和主编：《洪皓马端临与传统文化》，中国青年出版社，1997年，第195~213页。

⑥ 桂罗敏：《〈文献通考·经籍考〉分类法新探》，《江苏图书馆学报》2001年第4期，第46~49页。

⑦ 雷晓庆：《〈文献通考·经籍考〉分类体系得失略论》，《晋图学刊》1992年第3期，第52~54页。

⑧ 姚名达：《中国目录学史》，上海古籍出版社，2002年，第80页。

⑨ 昌彼得、潘美月：《中国目录学》，台北文史哲出版社，1986年，第180页。

⑩ 雷晓庆：《〈文献通考·经籍考〉分类体系得失略论》，《晋图学刊》1992年第3期，第52~54页。

⑪ 桂罗敏：《〈文献通考·经籍考〉分类法新探》，《江苏图书馆学报》2001年第4期，第46~49页。

先，《经籍考》在确定类目时注意保存前代史志目录旧观；其次，随时适变，调整类目，包括同一部类中小类的适当调整，以及不同部类间的类目调整①。

关于马氏在《经籍考》中一些不同以往的分类调整，早期读者往往从一些具体的分类得失上予以评说。如清人张宗泰对马端临不从惯例，将仪注类诸书不入史部而归入经部的做法表示不解②。刘石玉(1985)认为《经籍考》中阴阳、房中两类有类无书，不应赘列③。刘石玉(1987)又在其《〈文献通考·经籍考〉分类探析》中专门讨论了《经籍考》的分类体例④。雷晓庆(1992)则对《经籍考》分类体系得失有所辨析⑤。关于《经籍考》分类体系的深层学术背景，杨寄林(1997)在《〈文献通考·经籍考〉分类体系发覆》中从四个方面进行了归纳⑥。桂罗敏(2001)对比郑樵和马端临的不同分类体系后，认为马端临之所以采用“四分法”，有其学术思想及个人社会角色的深层背景因素⑦。

关于《经籍考》在具体图书归类上的调整及其特点，邹明军(2011)以222条书目的归类为例，列表将其在《经籍考》《直斋》《郡斋》《新唐志》《隋志》《汉志》中的归类显示出来，在此基础上归纳指出，各家在图书归类时除了因类目调整带来的归类差异外，其归类主要存在以下几种困惑：(1)研究、注解型图书的归类存在分歧；(2)图书性质相近而难于区分；(3)图书属性交叉，道、艺取舍相异；(4)小类设置不同及类名范畴变化。并总结指出：“《经籍考》所分类别众多且较为完备，所以绝大多数图书的归类是合理的，在对图书类别作重大调整的地方，马氏往往会用按语加以说明。”⑧

本书第二章对《经籍考》的分类体系及其对前代书目中书籍归类的调整有详细论述。

八、史学思想的研究

马端临是古代进步的史学家之一，他发展了杜佑所创立的新史书体裁，即以事类为中心叙述历史发展的典制体，又推进了郑樵所倡导的会通之义。《通考》与《通典》相比，从内容到形式上都有了扩展和提高。《通考》与《通志》相比，《通志》基本是旧史书的粗略总和，《通考》则予以重新组织，表达了若干新思想、新看法。对此，吴通福在《马端临〈经籍考〉史部三分法及其史学史意义》(1990)一文中主要从分析序文(总序、类序)入手分析马氏的会通思想和学术史意味⑨。刘石玉在《“因仍会通”：马端临之史学观和目录学的考察：兼论〈文献通考·经籍考〉的价值和影响》(1999)一文中从目录分类与编辑体例角度分

① 邹明军：《〈文献通考·经籍考〉研究》，华中师范大学博士学位论文，2011年，第59~66页。

② 张宗泰：《书马贵与〈经籍考·议注〉后》，见《近代中国史料丛刊：鲁岩所学集》，台北文海出版社1975年，第355~356页。

③ 刘石玉：《〈经籍考〉主要编撰内容考析》，《赣图通讯》1985年第3期，第67~72页。

④ 刘石玉：《〈文献通考·经籍考〉分类探析》，《四川图书馆学报》1987年第2期，第60~66页。

⑤ 雷晓庆：《〈文献通考·经籍考〉分类体系得失略论》，《晋图学刊》1992年第3期，第52~54页。

⑥ 杨寄林：《〈文献通考·经籍考〉分类体系发覆》，见刘乃和主编：《洪皓马端临与传统文化》，中国青年出版社，1997年，第195~213页。

⑦ 桂罗敏：《〈文献通考·经籍考〉分类法新探》，《江苏图书馆学报》2001年第4期，第46~49页。

⑧ 邹明军：《〈文献通考·经籍考〉研究》，华中师范大学博士学位论文，2011年，第66~79页。

⑨ 吴通福：《马端临〈经籍考〉史部三分法及其史学史意义》，《上饶师专学报(社会科学版)》1990年第4~5期，第131~134页。

析马氏史学会通思想对其目录学的指导作用①。

会通思想研究是宋代尤其是南宋学术研究的一个重要课题，关注的人较多。就《文献通考》来说，大多是结合时代学术风气，从《文献通考》的《自序》入手考察《文献通考》如何体现了作者的会通思想，对比杜佑、郑樵又有什么发展等。而《经籍考》的相关研究文章一般都会附带提及“会通思想”对《经籍考》的影响。以上举的两篇文章分别从《经籍考》序文和编辑体例的剖析入手，分析其与“会通思想”的关系，论据充分，分析到位，有一定的参考价值。

九、各部类的专题研究

《经籍考》76卷，60余万言，分为经、史、子、集四部，55小类(另有阴阳和房中这两个有类序无书目的小类)。其中每一部类都可以拿出来单独研究或放在目录学发展中进行纵向和横向的比较分析。这方面的成果目前还不多，其中史部(史学)与集部(文学)已有人分析，而经部和子部(哲学思想)还没有人做专题研究，更谈不上综合的分析。杨寄林、董文武在《〈文献通考·经籍考〉广纳群说的文化取向》一文中从“儒家经典的辨惑证真”“史林要籍的指瑜摘瑕”“诸子名著的括要发覆”“文坛杰作的抉奥阐幽”，即从经、史、子、集四部分别论证其辑录体文化取向②。虽然兼论四部，但仅数千字的文章，只能是举个例点到为止，难以深入。

史部的分析，如杨薇(2000)在其专文《说〈文献通考·经籍考〉的史部解题》中，从类序、解题、按语三个方面分析了《经籍考》的史学史阐释方式③。此外郑鹤声在其《中国史部目录学》(1956)中也简略列举了《经籍考》的史部分类④。

集部的分析，如柳燕在其硕士论文《论〈文献通考·经籍考·集部〉的文学史意义》(2001)中论述了《经籍考·集部》的分类、体例上的特点及其在文学史研究中的学术价值。指出《经籍考·集部》为古代文学史的编纂提供了丰富的资料，具体可归纳为四个方面，即：“知人论世，明其本源”；“明其存亡，晓其杂驳”；“汇辑众说，综合品评”；“因类相从，以点构面”。最后还分析认为《经籍考·集部》为古代文学史的建构提供了大致框架，其构建方式则包括：“点面结合，连而成线”与“暗线勾连，似断实贯”⑤。柳燕进而又在《〈文献通考·经籍考·集部〉对宋代文学的阐说》(2012)一文中从史料、横向与纵向三个方面论述了《经籍考·集部》对宋代文学史构建，指出：“《经籍考·集部》提供的丰富、珍贵、精要、信实的文献资料构成解读宋代文学的史料基础。”“《经籍考·集部》融会错综众家之言，展现出宋代文学横向的静态的发展状况。”“《经籍考·集部》原始要终，因

---

① 刘石玉：《“因仍会通”：马端临之史学观和目录学的考察——兼论〈文献通考·经籍考〉的价值和影响》，《江西社会科学》1999年第11期，第51~55页。

② 杨寄林、董文武：《〈文献通考·经籍考〉广纳群说的文化取向》，《华中师范大学学报(人文社会科学版)》2004年第6期，第136~141页。

③ 杨薇：《说〈文献通考·经籍考〉的史部解题》，《史学史研究》2000年第1期，第44~49页。

④ 郑鹤声：《中国史部目录学(第2版)》，商务印书馆，1956年，第123~124页。

⑤ 柳燕：《论〈文献通考·经籍考·集部〉的文学史意义》，湖北大学硕士学位论文，2001年。

仍会通，勾勒出宋代文学纵向的流动的发展脉络。"①胡正艳在其硕士论文《马端临〈文献通考·诗〉研究》(2012)中从"诗序"存废与"淫诗"说两个方面论述了《经籍考·诗》对朱熹观点的批判，指出："区别于朱熹废《序》时所采用的诗史互证逻辑理路，马端临在《文献通考·诗》中'以孔子、孟子之所以说《诗》者读《诗》'，得出废《序》之说难以成立的观点。与此同时，马端临从文体辨析、读者接受与文本阐释、知行相悖等角度批驳了废《序》之说，确立了《诗序》不可废的观点。马端临在提倡存《序》的同时，也对'淫诗'问题进行了精微的剖析。他从诗歌创作目的、诗歌解读方法、《诗经》的功用等方面进行论证，否定了宋儒对于部分诗作'淫乱'的指斥，在一定程度上洗去了这一部分诗作'淫诗'之名。在若干重要问题上，马端临《文献通考诗》与《诗经》汉学持相同观点，我们应当将其归于汉学体系；在思辨精神实质上，马端临《文献通考·诗》与《诗经》宋学貌离神合，我们应当将其归于宋学体系。"②另外，何新文在其《中国文学目录学通论》第六章第三节下"元修《宋史·艺文志》和《文献通考·经籍考》中的文学目录"中简要说明《经籍考》中集部的分类情况，并以梅尧臣《宛陵集》下的解题为例，说明辑录体保存文学资料的价值③。

总之，各部类的专题研究多基于专科学术史的视野，分析其部类下解题的学术史意义与价值，除了发掘各部类解题之外，从横向和纵向两个方向的拓展分析也是题中之意。

十、余论——目前研究之不足及展望

以上从九个大的方面论述了目前《经籍考》的相关研究成果。总的来看，近年来海内外学术界对《经籍考》的研究工作取得了很大的进展，但存在的问题还有很多。

首先，对《经籍考》的学术价值认识不够。《经籍考》这样一部集宋以前书目之大成的重要目录学著作，至今未见有研究专著出版，博士论文也仅有一部(邹明军)，不能说不是一个缺憾。这与《经籍考》篇幅大、层次多、来源复杂有一定关系。但主要还是取决于人们对它的认识以及态度。在古籍目录学著作中，人们最重视的是《四库全书总目》，甚至已经形成了"四库总目学"的专门研究领域及其机构。相关研究成果也较多，已有不少专著出版，如司马朝军的《〈四库全书总目〉研究》④和《〈四库全书总目〉编纂考》⑤，以及庄清辉的《〈四库全书总目·经部〉研究》⑥等，其他未出版的学位论文则更多。诚然，作为辑录体开山之作的《经籍考》与作为叙录体集大成之作的《四库总目》相比，其学术成就固然不在一个层级上。一般来说，辑录体目录主要依据并参考叙录体目录，并广泛搜集相关资料，重在资料性上，其原创性相对不强。像《经籍考》便是以晁、陈二志为主，辅以四代史志，旁搜其他材料而成。叙录体目录一般是自撰解题，其原创性一般来说较强。但

---

① 柳燕：《〈文献通考·经籍考·集部〉对宋代文学的阐说》，《湖北大学学报(哲学社会科学版)》，2012年第5期，第89~94页。

② 胡正艳：《马端临〈文献通考·诗〉研究》，广西大学硕士学位论文，2012年，第1页。

③ 何新文：《中国文学目录学通论》，江苏教育出版社，2001年，第130~134页。

④ 司马朝军：《〈四库全书总目〉研究》，社会科学文献出版社，2004年。

⑤ 司马朝军：《〈四库全书总目〉编纂考》，武汉大学出版社，2005年。

⑥ 庄清辉：《〈四库全书总目·经部〉研究》，见《古典文献研究辑刊》(初编：第2册)，台北花木兰文化工作坊，2005年。

由于古人引用前人文献及其论述时一般不注出处，《四库总目》看似全属自撰，实际上有一些条目也是照抄前人成说，只是没有注明罢了①。

除了对辑录体体例的学术价值判断之外，《经籍考》引发关注不够的另一个原因是其所辑录的文献今天大多还尚存，如作为其主要辑录文献来源的《直斋》与《郡斋》都有单行的点校本可供利用，这无形中降低了《经籍考》保存原始文献的价值。同时马氏自己的注文与按语等表达自身学术见解的文字又分散在全书各个地方，其对辑录材料的剪裁运化之功又非经过详细比对，难以考察。其文献价值、目录学价值和思想文化价值等不像自撰目录书那样容易为人所认识，反而容易给人以抄撮前人成说、无所发明的印象。因此，深入挖掘其文本，全面揭示其学术价值已经成了当务之急。前人时贤虽然已经做了不少工作，但远没有达到完善的程度，还有待更进一步的研究。

其次，文本分析与挖掘不够全面深入。《经籍考》的文本及其来源至今未有人做过穷尽性的分析，研究者大多是选取其部分内容(如考察某一部类)，然后举例分析下结论，虽然不无启发意义，但其结论的可信度与全面性存在疑问。同时有些材料和结论被相关研究者反复使用，缺乏新意。这反映出《经籍考》文本的挖掘还有待进一步深入。《经籍考》的篇幅较大，全文共76卷，60余万字，书目大约有4000条，而正文(包括序文与解题)约有6000条不同材料，这些书目与正文绝大多数辑录自前代书目及相关古籍，因此要想全面准确地分析《经籍考》，就必须首先找到其引文来源之书籍、撰者及其原文，然后将两者结合起来进行全面的分析与归纳，从而对其内容体例才能进行更深入的挖掘并展开相关研究。

最后，学科壁垒导致结合哲学等专科学术的研究还很欠缺。由于现代专科学术发展造成了专业壁垒，打破了传统国学研究中文史哲不分家的观念和做法，导致人们往往仅将《经籍考》视为文献目录学著作，放在文学、史学、文献学的相关领域中研究，而结合哲学与思想史等方面的研究还很少见。这在相当程度上影响了研究的进一步深入。事实上，

---

① 笔者在阅读与分析《四库全书总目》(以下简称《总目》)的过程中，发现《总目》对《经籍考》多所吸收与辨证。而《总目》与《经籍考》的关系，目前还没有人做过全面的分析。最多引用两条《总目》在其《文献通考》解题下的评论文字，不足以全面反映《总目》对《经籍考》的分析和评价全貌。《总目》作为古籍目录的集大成者，其成就的取得离不开之前的各代目录。而《经籍考》就是其重要的参考依据之一。余嘉锡先生在其名著《四库提要辨证·序录》中早已指出："故观其(今按：指《总目》)援据纷纶，似极赅博，及按其出处，则经部多取之《经义考》，史、子、集三部多取之《通考·经籍考》，即晁、陈书目，亦未尝覆检原书，无论其它也"。(余嘉锡：《四库提要辨证》，中华书局，2007年，"序录"第49页)的确，《总目》从分类到解题、考证，都对《经籍考》多有借鉴。而且四库馆臣所依据晁公武《郡斋读书志》系袁本前20卷，条目较衢本少很多，质量也不如衢本。而《经籍考》中的《郡斋读书志》是以衢本为主，袁本为辅(马端临同时兼有两本。参见孙猛：《〈郡斋读书志〉校证》附录四《〈郡斋读书志〉衢、袁二本的比较研究——兼论郡斋读书志的成书过程》，上海古籍出版社，1990年，第1361—1404页)。《直斋书录解题》则是四库馆臣从永乐大典中辑出的，从版本价值来讲并不比《经籍考》中的引文强多少。《经籍考》中几乎完整保留了晁、陈两书，文字互有差异。《总目》中有一些引用晁、陈的条目就是转引自《经籍考》，而非晁、陈原书。这种情况除了因四库馆臣手中的版本不好之外，一概归为偷懒也未免失之过责。这些也都需要全面的分析。探讨《经籍考》与《四库全书总目》的关系，有利于深化对《经籍考》的价值、影响及不足的认识，对《总目》的研究来说也一定意义。同时这一典型案例研究清楚了，则其他类似的问题也可以同样分析，比如《经籍考》与《经义考》的关系等。

《经籍考》贯彻了《文献通考》“文”(典籍文献)、“献”(贤人言论)、“考”(考订)三位一体的编纂原则，进而为了达成“记其著作之本末，考其流传之真伪，订其文理之纯驳”①的编纂目标(实即清代章学诚的所谓“辨章学术，考镜源流”)，马端临按照时代学术思想对书籍进行了忠实的记录，并论述了书籍的性质与特征、流传与真伪等方面，进而又基于其朱子学的立场检讨了书籍的内容及其背后的学术思想。白寿彝曾指出《经籍考》是以目录书的形式承担着学术文化史的任务②。如其所言，《经籍考》超越了一般的文献资料汇编，其实是关于“意识形态”的著作，有着广阔的学术思想史背景与丰富的哲学思想资源。因此对于其内容及学术意义的分析绝不仅限于《经籍考》自身，对于理解整个中国目录学史及学术思想史的发展脉络也可说有相当程度的参考价值。这方面的研究还有待具有哲学史、思想史等专业背景的学者介入。

总之，由于《经籍考》篇幅较大，文献来源复杂，涉及的学术领域十分广泛，要想更好地研究和利用它，就必须先将其做一番全面的整理校订乃至注释，进而分析归纳其体例，同时指出其错讹与不足。在研究中应当注意将其放在整个学术思想史的背景中考察，做到宏观与微观、定性与定量、横向与纵向分析相结合。内部做到对《经籍考》文本的深入挖掘，外部做到与相关文献的比较分析，从而推进对于《经籍考》的研究。

第三节　研究思路与方法

以下从三个方面简要介绍笔者的研究思路、方法，及其在本书中的体现。

一、整体与部分、宏观与微观的分析相结合

《经籍考》作为《文献通考》中最大的一门，由于其特殊的目录学性质，成为相对独立的一个部分，具有自身的一些特性，如其取材与分类体系等。但《文献通考》总的原则对《经籍考》仍然有指导作用，如“文、献、考”三位一体的编辑原则。这就使得相关研究具有整体与部分、宏观与微观相结合的特点。前人多从《文献通考》总的编纂体制及其时代环境、学术背景、历史传承等外围因素出发，从《经籍考》中找出相关例子予以论证。笔者主张转换思路，从对《经籍考》的内部分析入手，由对原始材料的归纳逐步上升到对整体体例的分析，最后还原到时代背景下进行学术价值的评判。如本书第二章第二节中便力图将《经籍考》宏观的分类体系与微观的书目归类与调整结合起来进行分析。

二、目录学与学术思想史的分析相结合

古籍目录编纂的最高目标便是“辨章学术，考镜源流”。为了发挥这种作用，书目一方面会通过序文直接叙述各部类的学术源流，又通过解题叙述各家之源流，另一方面也通过其分类与归类体系构建起一个学术的网络。此外，书目中部类次序的调整、类目的分合等，无一不取决于学术的发展。正是由于古籍目录的这种独特的学术思想史性质，使得理

---

① 马端临：《文献通考》，中华书局，1986 年，第 9 页。

② 白寿彝：《中国史学史论集》，中华书局，1999 年，第 500 页。

解与研究目录不能只停留在描述现象的层面，而必须结合相关学术史、思想史乃至哲学史的分析，才能深入理解其内容与评判其价值。因此笔者在分析《经籍考》的过程中，注意将其放在目录学史乃至整个学术思想史的背景下进行溯源和分析，相关的成果主要体现在第一章、第二章及第五章。如第二章中笔者将《经籍考》各部类书籍的归类调整放在目录学史乃至整个学术史发展的过程中予以论述，力求分析其深层的学术思想及历史意义。

三、定量与定性的分析相结合

书目作为一种特殊的著作形式，由于其包含的内容层次(序文、书目、解题等)复杂而有序，而且书目本身就是一个分类的系统。因此不难得出一些统计数据，如书目及引文的数量及其分类构成等。这些数据比较直观明确，同时与相关具体内容结合起来分析，往往能挖掘出某种学术上的信息，因此笔者在研究中注意将数据的定量分析与文本的定性分析相结合，在给出一组数据后，一般会有相关的分析与解释，以求揭示其深层的学术内涵。相关论述体现在全书各章及附录之中。

关于本书课题所使用技术分析手段，即《文献通考·经籍考》数据库分析系统及其方法，因涉及许多技术细节，笔者将其放入附录中，以供参考。

第一章 《经籍考》的内容层次及其编纂体例

中国古籍目录书的内容层次包括总序、大序、小序、小计、总计、书目(又包括作者、书名、篇卷诸要素)、版本、解题，以及注文和按语等。这些要素在目录书中并不都是必备的，其中只有“书目”中的“书名”一项是所有目录书都有的。最简单的“目录”也就是一张书名清单。余嘉锡先生指出：“目录之书有三类：一曰部类之后有小序，书名之下有解题者；二曰有小序而无解题者；三曰小序解题并无，只著书名者。”①这是古籍目录中最基本的三类著录体制。第一类如《四库全书总目》，第二类如《隋书·经籍志》，第三类如《宋史·艺文志》。《文献通考·经籍考》(以下简称《经籍考》)也属于第一类。它具体包含的内容要素有总序(总叙)、类序(四部之下各二级分类的小序)、小计(二级分类下书籍的部卷数统计)、书目(一般包括作者、书名和卷数)、解题(辑录各家书目的解题及序跋等相关文字)、注文(说明文字)、按语(表述自己的学术见解或需要特别说明的地方)。《经籍考》没有大序，即经、史、子、集四部的序文，也没有四部著录书目部卷数的合计。

本章共分为两节。第一节先梳理《经籍考》的内容层次，进而着重分析《经籍考》所著录之书目；第二节先分析《经籍考》的编纂体例，进而分析《经籍考》正文(包括书目之外的总叙、小序、小计、解题诸要素)的来源及其构成。

第一节 《经籍考》的内容层次及其书目析论

关于《经籍考》的内容层次及其著录书目，前人时贤虽已有所论述，但还不够充分。本节立足于对《经籍考》全文的统计分析，将宏观与微观、定性与定量结合起来，以阐明《经籍考》构成要素的特点及其学术价值。

一、《经籍考》内容层次的分析

《经籍考》中内容要素的构成及其顺序是：总叙→小序→小计→书目→解题。中间穿插了马端临的注文与按语。这些要素的具体内容又是通过“辑录体”，即辑录各家文献资料并加以剪裁汇聚在一起的。经过对《经籍考》全文的统计分析，笔者确定《经籍考》全文共有 6074 条引文，分别来自约 140 位撰者。从其在书中的位置来看，这 6074 条引文又分为四种类型：首卷叙述古今学术源流与图书聚散的总叙，各部类卷首叙述学术源流之类序(小序)，各部类小序之下的著录书目部卷数之小计(也有个别无小序，只有小计者)，以

① 余嘉锡：《目录学发微》，中华书局，2007 年，第 10 页。

及各部类书目下的解题。这四类文献的条数及其所占比率如表 1-1 所示。

表 1-1 《经籍考》四类辑录文献的数量统计情况

正文	条数	百分比
总叙	86	1.42%
小序	111	1.83%
小计	350	5.76%
解题	5527	90.99%
总计	6074	100.00%

(一)总叙、小序、小计：学术文化史及图书目录学史

《经籍考》开卷之总叙是全书的纲领，在内容层次上可分为两大部分。第一部分从开头辑录《尚书正义》卷一《尚书序》所云“伏牺氏始画八卦，造书契(书者，文字；契者，刻木而书其侧……，”①至马端临自撰之“右《北史·儒林传》序，言南北诸儒明经传授学术之详，最为明备，故录于此”②。主要叙述隋唐之前的历代学术传承，包括上古文字、书籍的兴起以及中国学术史上的王官时代、诸子时代、焚书坑儒及经学传承等情况，兼及图书的整理情况，如“刘歆总群书，著《七略》，大凡三万三千九十卷，王莽之乱，焚烧无遗”③，“汉世藏书，旧知有禁中、外台之别”④，并讨论了政治形势与学术文化间的互动影响关系，可视作一篇简明的学术文化史。

第二部分从“隋平陈已后，经籍渐备。检其所得，多太建时书，纸墨不精，书亦拙恶……”⑤(出自《隋书·经籍志》总序)直至马氏自撰之“右历代收书之数，藏书之所，备见前志；而叶氏、王氏所言，又近代士大夫藏书之大概也。坡翁一记，可以警蓄书而不读者，故并载焉”⑥。主要叙述汉代以来的政府对图书文籍之收集、整理及官修目录的编纂情况，兼及隋唐以下的学术传承，可视作一篇简明的图书目录学史。

总叙之后紧接着便是各部类的类序。《经籍考》共分 55 类(不计有小序无书籍的阴阳与房中两类)，除谥法、占筮、类书、杂艺术、诗集、歌词、章奏七类无序外，其他均辑有小序，但没有四部之大序。小序是二级类目下的说明文字，一般也是辑录各家艺文志小序及各家相关论述而成，间附有其父马廷鸾(“先公曰”)或马端临自己的按语。小序各段一般都冠以出处，如经部书类小序分别辑录了“孔安国《尚书序》曰”(出自孔安国《尚书大传》)、“《隋·经籍志》曰”(出自《隋书·经籍志》)、“孔颖达曰”、“九峰

① 马端临：《文献通考·经籍考》(上册)，华东师范大学出版社，1985 年，第 1 页。
② 马端临：《文献通考·经籍考》(上册)，华东师范大学出版社，1985 年，第 20 页。
③ 马端临：《文献通考·经籍考》(上册)，华东师范大学出版社，1985 年，第 16 页。
④ 马端临：《文献通考·经籍考》(上册)，华东师范大学出版社，1985 年，第 16 页。
⑤ 马端临：《文献通考·经籍考》(上册)，华东师范大学出版社，1985 年，第 21 页。
⑥ 马端临：《文献通考·经籍考》(上册)，华东师范大学出版社，1985 年，第 36 页。

蔡氏曰”(蔡沈)①、“石林叶氏曰”(叶梦得)和“先公曰”(马廷鸾)②。小序中只有易类小序未冠以出处，有人以为是马氏自撰，经笔者核查实分四段如下：

> 昔伏牺氏始画八卦，以通神明之德，以类万物之情，盖因而重之为六十四卦。……孔子为《彖辞》……谓之《十翼》。
>
> 班固曰：“孔子晚而好《易》，读之，韦编三绝，而为之传。”即《十翼》也……子乘授齐田何子装。
>
> 及秦焚书，《周易》独以卜筮得存，唯失《说卦》三篇，后河内女子得之。……《归藏》，汉初已亡，按晋《中经》有之，唯载卜筮，不似圣人之旨。
>
> 唐开元中，备有《三易》。至宋，惟《归藏》略存而不传习。……古十二篇之《易》遂亡其本。及王弼为注，亦用卦、《象》相杂之经，自晋之后，弼学独行，遂传至今。

分别辑录自《隋书·经籍志》《经典释文》《隋书·经籍志》《崇文总目》。杨寄林在其《〈文献通考·经籍考〉小序析论》(1990)中归纳了《经籍考》的小序体例，指出：“马端临通过其小序体系，使南宋宁宗以前的文化学术的基本状况及其主流和演变大势得以概见，不失为先秦至宋末封建意识形态史的缩写。”③的确，序文(总序、大序、小序)作为古籍目录学中“辨章学术，考镜源流”的重要内容，是构建学术史最有力的手段，向来为人们所重视。而《经籍考》由于其独特的“辑录体”体例，能汇集各家之精华，其序文较前代书目在内容上更为丰富，学术史的价值非常高。这是其突出优点之一。当然《经籍考》的小序不可避免也存在一些问题④。需要指出的是，各部类的小序叙述的是该类专科的学术源流，是前述总叙第一部分对学术文化及其传承的总体论述的具体深化，两者结合起来就构成了一篇简明的学术文化史。

《经籍考》中位于小序之后的“小计”是该类目下“四代史志”(指《汉志》《隋志》《新唐志》和宋代的四部《国史艺文志》)中的著录部、卷数。这也是作为辑录体目录的《经籍考》的著录特色之一。如《经籍考》卷四经部书类的小计诸条是：

> 《汉志》：凡《书》九家，四百一十二篇(入刘向《稽疑》一篇。师古曰：此凡言入者，谓《七略》之外班氏新入之也。其云出者与此同)。
>
> 《隋志》：三十二部，二百四十七卷(通计亡书，合四十一部，共二百九十六卷)。
>
> 《唐志》：二十五家，三十三部，三百六卷(王元感以下，不注录四家，二十卷)。
>
> 《宋三朝志》：十一部，一百一卷。
>
> 《宋两朝志》：二部，一十三卷。

---

① 经核查，此段实为朱熹所作，非其弟子蔡沈(九峰)撰。《经籍考》误题撰人。原文今见于《晦庵先生朱文公文集》卷八十二《跋·书临漳所刊四经后·书》。阎若璩《尚书古文疏证》引此条亦题朱熹撰。

② 马端临：《文献通考·经籍考》(上册)，华东师范大学出版社，1985年，第99~105页。

③ 杨寄林：《〈文献通考·经籍考〉小序析论》，《河北师院学报》1990年第4期，第126~129页。

④ 杨寄林：《〈文献通考·经籍考〉摘瑕》，《古籍整理研究学刊》1993年第3期，第6~9页。

《宋四朝志》：一十二部，一百二十卷。

《宋中兴志》：四十二家，五十一部，七百一十六卷。①

刘石玉(1985)认为"这种著录法是《经籍考》所首创并特有的。一看卷首，即知此类图书在旧目中之著录大概。从此类图书数量上的变化了解这一类目的历史演变过程，并以此为线索，看出学术的盛衰"②。其所言极是。但需要补充的是，前述《经籍考》的总叙的第二部分主要叙述从汉代直到宋代为止历代书籍的收集、整理及编目情况，其中就辑录有历代书目四部总的部卷数，这些叙述历代图书聚散的文字与这里反映历代图书聚散的各部类小计正相呼应，从而系统完整地勾勒出宋代之前历代图书文籍及其各部类图书典籍的整理、变迁及其相应学术的兴衰状况。

总结上述《经籍考》的总叙及各部类的小序、小计之间的关系如下所示：

总叙{总论学术源流………
图书目录源流………} 部类{小序——→部类学术源流(学术文化史)
小计——→部类文献统计(图书目录学史)}

(二)解题、注文、按语：以辨伪为例

小计之后便是书目及其下的解题文字了。书目将在下文详细论述。这里先说解题。解题(提要)是《经籍考》内容的核心和主体。《经籍考》中的解题文字包括马端临辑录文献资料而成的解题及少量马氏自撰的解题，对于前者，主要就是辑录、剪裁与汇聚，从而使其成为《经籍考》的有机组成部分③，又据全文查考，《经籍考》中约有20处为马氏自撰之解题④。前人时贤在探讨《经籍考》的文献价值与学术价值时常以其中有代表性的解题文字为例。笔者也曾对《经籍考》中辑录的所有解题内容进行分析，并将其归纳为"书目相关情况""作者相关情况""成书与流传情况""作品内容相关情况""学术分析""文学艺术分析"六个大的方面，下面又分为若干小项。"书目相关情况"方面的解题内容包括书名考异、版本情况、卷帙篇章、序跋文字、校勘考异等。"作者相关情况"方面的解题内容包括撰者题名、撰者考辨、时代、地点、事迹、言论、人物生平、人物关系、事迹考辨、人物评论、相关逸事等。"成书与流传情况"方面的解题内容包括成书背景、成书动机、成书经过、刊行、著录、流传、分类及其归类调整、重见别行、著述体例等。"作品内容相关情况"方面的解题内容包括内容概述、学术特点、主旨观点、内容考辨、学术考辨、学术评价、学术比较、内容参照、真伪考辨、治学心得等。"学术分析"方面的解题内容包括学术传承、部类源流、学术源流、学术宗旨、书籍源流、目录合计等。"文学艺术分析"方面的解题内容包括作品本事、艺术源流、作品评论、艺术特色、艺术分析、艺术比较、作文心得等。

---

① 马端临：《文献通考·经籍考》(上册)，华东师范大学出版社，1985年，第105~106页。

② 刘石玉：《〈经籍考〉主要编撰内容考析》，《赣图通讯》1985年第3期，第67~72页。

③ 之所以说马氏辑录之文字成为了《经籍考》的"有机组成部分"，是因为马端临在《经籍考》解题之中辑录各家文字并不是无别裁地简单罗列，而是往往有一定的次序，并且一条书目下辑录的众家解题往往各有侧重，总体来看又成为一个有机的整体。而且马氏为此还对辑录之文字做了很多增删改易。相关的专门文章中对此多有论述，此不赘述。

④ 刘石玉：《〈经籍考〉主要编撰内容考析》，《赣图通讯》1985年第3期，第67~72页。

因篇幅所限，再加上我们另有研究计划，这里仅举“作品内容相关情况”方面的解题中的“真伪考辨”(辨伪)为例加以分析，以见《经籍考》解题价值之一斑。笔者在《经籍考》全文中发现与“真伪考辨”相关的段落就有214处之多，内容非常丰富。按辨伪方法分析包括：(1)通过文献(史书)记载辨伪，如卷2经部易类著录之“《连山》十卷”之解题；(2)通过本文内容辨伪(或荒诞不经、或记载失实、或涉及作者身后之事等)，如卷2经部易著录之“《归藏》三卷”之解题；(3)通过学术路数的比较或师承关系来辨伪，如卷4经部书类著录的“孔安国《尚书注》十三卷”之解题；(4)通过目录或其他记载辨伪，如卷2经部易类“关子明《易传》一卷”之解题；(5)通过材料来源辨伪，如卷4经部书类“《古三坟书》一卷”之解题；(6)通过作者文风辨伪，如卷2经部易类“刘长民《易解》十五卷”之解题；(7)通过亲身见闻辨伪(亲身调查到作伪者)，如卷3经部易类所载“麻衣道者《正易心法》一卷”(引朱熹《晦庵先生朱文公文集》卷第八十一《跋·再跋麻衣易说后》及《朱子语录》，朱子叙述其亲见作伪者戴师愈的相关情况)；(8)通过他书称引多佚文且体制不类辨伪，如卷9经部春秋类“《春秋繁露》十七卷”；(9)通过依托名人(如依托黄帝、诸葛亮等)辨伪，如卷9经部春秋类“《帝王历纪谱》三卷”(依托荀况)；(10)通过作者经历(如与作者生平事迹及交际不符)辨伪，如卷36子部儒家类“《文中子》十卷”；(11)通过版本对照(如手稿本与刻本的对校、或全集中未见之可疑单行本)辨伪，如卷36子部儒家类“《潜虚》一卷”；(12)通过与作者著作水平不符辨伪，如卷60集部别集类“《李文公集》十八卷”(托名李翱)；(13)通过文本文字及言辞辨伪，如卷36子部儒家类“《孔丛子》七卷”(孔鲋)；(14)通过文本中涉及的避讳或年代辨伪，如卷20史部编年类“《元经薛氏传》十五卷”(王通、薛收、阮逸)；(15)通过前代著名学者的论述辨伪，如卷76集部文史类“《续金针诗格》一卷”(梅尧臣、白居易)；(16)通过著作的篇章卷次辨伪，如卷38子部道家类所载“《鹖冠子》八卷”；(17)通过成书过程辨伪，如卷38子部道家类所载“《亢仓子》二卷”；(18)通过与作者的学术思想不符辨伪，卷44子部小说家类所载魏泰(依托梅尧臣)的“《碧云騢》一卷”；(19)通过序文对照辨伪，如卷59集部别集类所载“《韩昌黎集》四十卷、《集外文》一卷”；(20)通过考察书籍的流传辨伪，如卷17经部小学类“《智永千字文》一卷”。把这些内容勾勒出来，实际上就是一部规模很大的四部群书辨伪的著作了。事实上，从元末宋濂《诸子辩》直到民国时期的古史辨派，对《经籍考》的材料和方法等都多有借鉴。仅仅在辨伪一个方面，《经籍考》就有如此丰富的内容，其解题的学术价值之高由此可见一斑。

此外，《经籍考》中还保存有少量注文(约83条)和按语(50条)。注文多为正文的补充说明，内容涉及版本校勘、书籍异名、卷数差异、书目附录、归类调整、亡书合计、著录异同、本书参见、他书参照、引文出处、字词训诂、治学提示、文本校勘等诸多方面。按语则多用于考证和直接发表自己的见解，篇幅一般较长。其内容涉及撰者考辨、著录考辨、分类考辨、学术源流考辨、具体内容考辨、学术观点考辨、真伪考辨、艺术评论等诸多方面。其内容笔者将在本书第四、五章中详细论述。此不赘述。

《经籍考》的著录内容中，前人还没有全面分析过《经籍考》的书目之体例，而序文、解题、按语等虽有分析，但还有待更为深入的挖掘。下文重点分析《经籍考》的书目及其学术意义。

二、书目数量及其部类分布的统计分析

上文论述了《经籍考》的内容层次，下文以其中的“书目”为中心展开讨论。首先遇到的问题就是《经籍考》究竟著录了多少条书目(不包括序文和解题)，以及总共收录了多少种著作(一般包括作者、书名和卷数)。因为马端临在《经籍考》中只是排列了某类在“四代史志”中的著录情况，而对其书本身收录的书籍数量、卷数没有做统计，而且也没有四部的大序及其总计。马端临对前代书目文献的体制与内容可谓了如指掌，运用自如。因此他这样做必有其缘由，很可能是因为《经籍考》并非官府(如《崇文》)或私人(如《直斋》)编纂的藏书目录(每著录一书皆有书籍实物可查)，其著录之书目解题基本都辑录自前人(其标准则是“存于近世而可考者”)，所以只罗列有前代书目之小计与小序。而《经籍考》四部的范围与所收录书目虽基本来自前代书目，但在分类体系与图书归类上做了不少调整，其体系不同于前代任何一家书目，所以没有辑录四部之大序与总计也在情理之中。总之是由其辑录体的特殊体制所决定的。

(一)书目及其收录书籍的统计分析

目前关于《经籍考》中所著录书籍数目还是众说纷纭，没有一个公认的数据。因为《经籍考》目录中存在“数书一录”(几种书合在一条书目中)和“一书重见”(一种书同时收录在不同类中)的现象，甚至还存在个别讹误。将这些考虑进来后再加上基本的书目统计，才能得出一个较准确的数据。刘石玉(1985)在其《〈经籍考〉主要编撰内容考析》中初步统计《经籍考》书目3894部，加上数书一录者考订得43部，除去重见9部，则全考著录图书凡3926部①。其后的研究者在相关论文中往往径直给一个数据，没有任何分析。如邓瑞指出：“马端临于《经籍考》中，著录了经、史、子、集的著作共约4139种。”②还有说4000余种的③，另有称4300余种的④，最多有称约5000种的⑤。后三说明显只是大概的估计。刘玉石与邓瑞虽分别给出了精确数据，但相差较大。诸说纷纭，莫衷一是。

笔者通过对《经籍考》全文数据的反复核查，得出《经籍考》在形式上(即不论一条书目中实际包含多少种不同的著作，只要在书中占一条书目便只算作一条)著录书目(一般包括书名、卷数，个别书目前有撰者题名)共计3938条(包括数书一录、一书重见和错讹者)，接下来将对数书一录和一书重见等情况做进一步的分析。

这里先说“数书一录”对其统计的影响。古籍在传承过程中篇卷往往会有分合，特别是集部往往是个人著作的总汇，编纂者往往会将单行的各种著作汇聚在一起，构成一条书目。这种情况十分常见。从现存最早的《汉书·艺文志》开始便已如此。如《汉志》诸子略儒家类著录的“刘向所序六十七篇。《新序》《说苑》《世说》《列女传颂图》也”以及“扬雄所

---

① 刘石玉：《〈经籍考〉主要编撰内容考析》，《赣图通讯》1985年第3期，第67~72页。

② 邓瑞：《马端临与〈文献通考〉》，山西古籍出版社，2003年，第68页。

③ 杨寄林：《〈文献通考·经籍考〉分类体系发覆》，见刘乃和主编：《洪皓马端临与传统文化》，中国青年出版社1997年版，第195页。

④ 杨寄林、董文武：《〈文献通考·经籍考〉“诸评具载”的独特方式》，《史学月刊》2006年第4期，第72~81页。

⑤ 杨薇：《说〈文献通考·经籍考〉的史部解题》，《史学史研究》2000年第1期，第44~49页。

序三十八篇。《太玄》十九，《法言》十三，《乐》四，《箴》二”即是。马端临继承了这一做法，在编纂时有时根据需要，会将同一人的著作或同类的相关著作汇聚在一条书目中，突出表现在其将所依据的前代目录中的有关条目合并在一起，尤以合并《直斋书录解题》的条目为多。合并同类著作的条目如《经籍考》卷21史部起居注类著录有“《唐宣宗实录》三十卷，《懿宗实录》二十五卷，《僖宗实录》三十卷，《昭宗实录》三十卷，《哀宗实录》八卷”，作为一条书目并引《直斋》之解题，实际上此条在《直斋》中是分开的五条书目。还有合并一人的多部相关著作的条目，如《经籍考》卷3经部易类著录郭忠孝的“《兼山易解》二卷，《传家易说》十一卷”，其下辑录了《郡斋》卷3经部易类著录的“《兼山易解》二卷”之解题，接着又辑录了《直斋》卷3经部易类著录的“《传家易说》十一卷”，可知此条书目系合并晁、陈两家而成。这就导致了一个条目下包含多部不同书籍的现象。这也是上面所说的各家书目数量相差悬殊的主要原因。如果不考虑“数书一录”，只看《经籍考》本身所著录书目条数，总的统计数量只有3938条，而考虑“数书一录”的话，则将增加不少种著作。根据我们的统计，“数书一录”的出现使得《经籍考》在其中295条书目(这些书目每条中至少包含两部著作)收录了约704部书籍，这样就多出了409种书籍。这样加起来，《经籍考》共著录书籍约4347种。而不同分类下同一书重复著录的“一书重见”现象经过笔者的分析(另有专文详细论述)，重复有近百种书籍，需要从总量中减去，因此《经籍考》中实际著录书籍数量当为4200余种。

“数书一录”(增加)与“一书重见”(减少)对于《经籍考》的收录书籍的具体数目统计虽有所干扰(使某些类增减若干部)，但只占一小部分。站在统计学的角度来说，并不影响统计的定性。而且这种书籍数量的统计因其存在主观判断因素而很难得到一个准确的数据。而《经籍考》中著录的书目则可以确切肯定是3938条，即使有误差也只在数条之间。因此为了使统计精确化，在不影响统计定性的前提下，接下来还是以《经籍考》中著录的3938条书目(而不是具体的书籍数量)为对象进行相关的统计与分析，并进而分析其书目的部类构成及其学术意义。

(二)各部类的书目统计及其学术意义

经过统计，《经籍考》中书目在四部的数量汇总及其所占总数百分比如表1-2所示，可知经、史、子、集所著录的书目数量依次递增，集部最多，子部次之，史部再次之，经部最少。

表1-2 《经籍考》中书目在四部的统计情况

一级	汇总	百分比
经	701	17.80%
史	946	24.02%
子	1092	27.73%
集	1199	30.45%
总计	3938	100.00%

表1-3则是具体至《经籍考》的二级分类中各部类所著录书目的数量及其所占总计及部

类的百分比。

表 1-3 《经籍考》中书目在二级分类的统计情况

一级	二级	汇总	占总计比	占部类比	一级	二级	汇总	占总计比	占部类比
经	易	104	2.64%	14.84%	子	儒家	89	2.26%	8.15%
	书	46	1.17%	6.56%		道家	49	1.24%	4.49%
	诗	35	0.89%	4.99%		法家	4	0.10%	0.37%
	礼	61	1.55%	8.70%		名家	5	0.13%	0.46%
	春秋	99	2.51%	14.12%		墨家	3	0.08%	0.27%
	论语	40	1.02%	5.71%		纵横家	3	0.08%	0.27%
	孟子	23	0.58%	3.28%		杂家	69	1.75%	6.32%
	孝经	14	0.36%	2.00%		小说家	219	5.56%	20.05%
	经解	26	0.66%	3.71%		农家	54	1.37%	4.95%
	乐	75	1.90%	10.70%		天文	18	0.46%	1.65%
	仪注	66	1.68%	9.42%		历算	15	0.38%	1.37%
	谥法	8	0.20%	1.14%		五行	39	0.99%	3.57%
	谶纬	6	0.15%	0.86%		占筮	19	0.48%	1.74%
	小学	98	2.49%	13.98%		形法	32	0.81%	2.93%
经 汇总		701	17.80%	100.00%		兵书	38	0.96%	3.48%
史	正史	25	0.63%	2.64%		医家	121	3.07%	11.08%
	编年	51	1.30%	5.39%		神仙	98	2.49%	8.97%
	起居注	55	1.40%	5.81%		释氏	83	2.11%	7.60%
	杂史	24	0.61%	2.54%		类书	59	1.50%	5.40%
	传记	268	6.81%	28.33%		杂艺术	75	1.90%	6.87%
	伪史霸史	61	1.55%	6.45%	子 汇总		1092	27.73%	100.00%
	史评史钞	43	1.09%	4.55%	集	赋诗	11	0.28%	0.92%
	故事	66	1.68%	6.98%		别集	483	12.27%	40.28%
	职官	69	1.75%	7.29%		诗集	343	8.71%	28.61%
	刑法	24	0.61%	2.54%		歌词	116	2.95%	9.67%
	地理	192	4.88%	20.30%		章奏	46	1.17%	3.84%
	时令	14	0.36%	1.48%		总集	131	3.33%	10.93%
	谱牒	21	0.53%	2.22%		文史	69	1.75%	5.75%
	目录	33	0.84%	3.49%	集 汇总		1199	30.45%	100.00%
史 汇总		946	24.02%	100.00%	四部总计		3938	100.00%	

由表1-3各部类的横向比较可以大致看出该部类书籍在宋代的兴盛情况。如经部著录之书目以易类最多，共计104条，占经部总计比例达14.84%；春秋类次之，共99部，占经部总计的14.12%；小学类再次之，共98条，占经部总计的13.98%；其他依次递减为乐、仪注、礼、书、论语、诗、经解、孟子、孝经、谥法、谶纬各类。可以大致看出当时经学中易学、春秋、小学三门是最发达的。这反映了宋代经学的发展状况。

《周易》是儒家五经之首，更是宋代道学尤其是程朱理学构建其思想体系的重要理论基石，包括北宋五子在内的理学家都基于《周易》(尤其是《易传》)构建其宇宙本体论。总体上又可分为义理派(胡瑗、王安石、程颐为代表)与图书象数派(刘牧、邵雍为代表)两派。各类著作和相关讨论比较多，以程颐(卷3《伊川易传》十卷)、朱熹(卷3《晦庵易传》十一卷，《易本义》十二卷，《易学启蒙》一卷)为最著名。

宋代由于优待文人，学术环境较为宽松，再加上内忧外患频仍，儒家士人多好议政，所以春秋学在宋代很发达，其特点是讲求微言大义而与现实政治密切相关，以孙复(卷10《春秋尊王发微》十五卷)、胡安国(卷10《胡文定春秋传通例通旨》共三十二卷)等为代表。如孙复的春秋学从严肃的民族大义立场出发，发明了《春秋》经文中"尊王攘夷"的思想，适应了宋朝政治界与思想界的需要，开宋代经学以义理解经的风气，并给其后的学者(胡安国、朱熹等)以很大的影响。

宋代小学也很发达。《经籍考》中小学类包括的书籍范围尤其广泛。主要包括：(1)字书：官修著作如卷16丁度、王洙、胡宿、范镇、司马光等人编的《类篇》四十九卷，私修著作如卷17王安石的《字说》二十卷；(2)韵书：官修著作如卷16陈彭年、邱雍等人编的《广韵》和丁度、李淑典领，宋祁、郑戬等修定的《景祐集韵》十卷等，私修著作如卷17贾昌朝的《群经音辨》七卷、吴棫的《韵补》五卷等；(3)训诂著作：官修著作如卷16邢昺、杜镐等的《尔雅疏》十卷，私修著作如卷16陆佃的《埤雅》等。以上三类主要继承了《汉志》的小学类传统。此外《经籍考》小学类还包括有工具书(如《隶释》一十七卷、《隶续》二十一卷)、幼教(继承朱熹思想，如《童蒙训》一卷)、蒙学(继承自《郡斋》，如《蒙求》三卷)、书法(继承自《新唐志》，如《武冈法帖释文》二十卷)等诸类书籍，可谓集前代书目小学类之大成。

宋代政府也很重视礼乐教化，所以经部乐类、仪注类、礼类书籍也比较多。

《经籍考》史部著录之书目以传记类为最多，共计有268条，占史部总计的28.33%；其次为地理类，共计192条，占史部总计的20.30%。此两类为大宗。其他著录数量依次递减为职官、故事、伪史霸史、起居注、编年、史评史钞、目录、正史、刑法、杂史、谱牒、时令诸类。《经籍考》史部传记类310条解题中有301条来自表1-4中的四部目录书，而从解题(书目)来源来看，《经籍考》史部传记类书目的基本来源于《郡斋》与《直斋》的史部传记类与杂史类。如表1-4所示。

其中来源于传记类之书目主要为行状、言行录、家传、传记等，如卷26黄榦的《朱侍讲行状》一卷，卷26朱熹的《八朝名臣言行录》二十四卷，卷26郑翁归的《夹漈家传》一卷，卷26岳珂的《岳飞事实》六卷、《辩诬》五卷等。而来源于杂史类之书目则多为与当时北方对峙政权(辽、金、西夏等)相关的出使、谈判或战争等活动的记录，反映了宋代由于边患严峻，相关军事外交活动十分频繁，所以关于这方面的书籍也相应较多，如卷26

连南夫的《宣和使金录》一卷、卷26佚名所作的《契丹讲和记》一卷，以及卷24徐梦莘的《三朝北盟会编》二百五十卷，卷24朱邦基、沈良的《靖康录》一卷、《靖康遗录》一卷等。

表1-4 《经籍考》史部传记类书目的基本来源

<table>
<tr><td>目录名</td><td>一级</td><td>二级</td><td>合计</td><td>百分比</td></tr>
<tr><td>隋志</td><td rowspan="10">史</td><td>杂传</td><td>2</td><td>0. 66%</td></tr>
<tr><td>新唐志</td><td>杂传记</td><td>1</td><td>0. 33%</td></tr>
<tr><td rowspan="4">郡斋</td><td>实录</td><td>1</td><td>0. 33%</td></tr>
<tr><td>伪史</td><td>1</td><td>0. 33%</td></tr>
<tr><td>杂史</td><td>37</td><td>12. 29%</td></tr>
<tr><td>传记</td><td>34</td><td>11. 30%</td></tr>
<tr><td rowspan="5">直斋</td><td>别史</td><td>2</td><td>0. 66%</td></tr>
<tr><td>杂史</td><td>76</td><td>25. 25%</td></tr>
<tr><td>典故</td><td>2</td><td>0. 66%</td></tr>
<tr><td>传记</td><td>144</td><td>47. 84%</td></tr>
<tr><td>子</td><td>小说家</td><td>1</td><td>0. 33%</td></tr>
<tr><td colspan="3">总计</td><td>301</td><td>100. 00%</td></tr>
</table>

史部地理类著录书目较多也与宋代的外患相关，但更多的是各种地方志，分别反映了宋代的边疆(敌国地理情况)与国内地方志编纂的兴盛。前者如卷33佚名的《契丹疆宇图》一卷以及卷33赵汝适的《南北攻守类考》、《诸蕃志》二卷等，后者如卷32袁采的《乐清志》十卷、卷32王栐的《泾川志》十三卷等。

《经籍考》子部著录之书目以小说家类为最多，计有219条，占子部总计的20.05%；其次为医家类，计有121条，占子部总计的11.08%；其下著录的数量依次递减为神仙、儒家、释氏、杂艺术、杂家、类书、农家、道家、五行、兵书、形法、占筮、天文、历算、名家、法家、纵横家、墨家诸类。

小说家类著录书目较多的一个原因是其来源较复杂，有志怪、志人小说，但更多的则是各种笔记与野史之类的书籍，反映出宋代笔记野史著作的兴盛，如卷44吴曾的《能改斋漫录》十三卷、卷44叶梦得的《石林燕语》十卷等。宋代文艺兴盛，文人活动频繁，上至国家大事，下至文人琐事，街谈巷议，无所不谈。这与宋代的政治环境相对宽松(虽然也有乌台诗案、元祐党禁、庆元党禁等案例)，特别与宋代开国即定下以文官治国、优待文人的立国方针是分不开的。正因为宋代文人的待遇优厚，他们在休暇之余往往有笔记传世。如沈括退隐后筑"梦溪园"，而有《梦溪笔谈》传世(被李约瑟誉为中国科技史上的坐标)，洪迈有《容斋随笔》，其学术价值非常高。

宋代又是我国古代科技发达的时代，在当时世界上处于领先地位，中国古代四大文明中的印刷术、指南针和火药都兴起于宋代。医学也不例外。宋代名医辈出，医学各科各症都有专家，并有专著传世，因此医家类著作也较多。其中儿科如卷 50 钱乙的《钱氏小儿方》八卷及《钱氏小儿药证真诀》三卷，妇产科如卷 50 陆子正的《胎产经验方》一卷，官修医书如宋徽宗时的《圣济经》十卷，等等。

子部名家、法家、纵横家、墨家著录著作极少且都是南北朝以前的著作，反映了南北朝之后以上各家的衰微与中绝。

《经籍考》集部著录之书目以别集类为最多，计有 483 条，占集部总计的 40.28%；其次为诗集类，计有 343 条，占集部总计的 28.61%；再次为总集类，计有 131 条，占集部总计的 10.93%；又次为歌词类，计有 116 条，占集部总计的 9.67%；其下依次递减为文史、章奏、赋诗诸类。值得注意的是诗集类(收录诗作)与歌词类(收录词作，主要即"宋词")，这两类都是陈振孙在《直斋》中首先从别集类分出，以集中反映宋代诗词创作的兴盛。而马端临在其《经籍考》中继承了陈振孙的分类、归类与解题文字，可谓准确把握了宋代之文学动向。

以上通过对《经籍考》中各著录要素(总叙、小序、小计、书目、解题)的分析，揭示出了要素的构成及其特征，并进而探讨了其学术背景及反映的学术内涵，并重点分析了书目在各部类的分布及其学术文化背景。总而言之，《经籍考》结构严谨、内容丰富，并且同时具有学术文化史与图书目录学史的学术意义，堪称宋代之前目录学的集大成者。

第二节 《经籍考》的编纂体例及其文献析论

关于《经籍考》著录内容(总叙、小序、小计、书目与解题)的文献来源，马端临在其《文献通考 · 自序》中做了如下交代：

> 宋皇祐时，命名儒王尧臣等作《崇文总目》，记馆阁所储之书而论列于其下方，然止及经、史，而亦多缺略，子集则但有其名目而已。近世昭德晁氏公武有《读书记》，直斋陈氏振孙有《书录解题》，皆聚其家藏之书而评之。今所录先以四代史志列其目，其存于近世而可考者，则采诸家书目所评，并旁搜史传、文集、杂说、诗话。凡议论所及，可以纪其著作之本末，考其流传之真伪，订其文理之纯駮者，则具载焉，俾览之者如入群玉之府，而阅木天之藏。不特有其书者，稍加研穷，即可以洞究旨趣；虽无其书者，味兹题品，亦可粗窥端倪，盖殚见洽闻之一也。①

高路明(1997)指出："《经籍考》所著录之书，是根据汉隋唐宋四代史志目录'列其目'；其存于近世可考者，则书目下有提要。提要来自'诸家书目所评'，主要是宋代的官修、私修提要目录，如《崇文总目》《国史艺文志》《郡斋读书志》《直斋书录解题》。除此之外，还旁搜史传、文集、杂说、诗话等各种典籍，凡涉及著作之本末，考订其流传真伪、文理纯驳者，俱辑录，作为提要，列于书目之下。"②雷晓庆(1999)将其归纳为四个方面：

① 马端临：《文献通考》，中华书局，1986 年，第 9 页。
② 高路明：《古籍目录与中国古代学术研究》，江苏古籍出版社，1997 年，第 161 页。

历代公私书目；史书的列传及唐宋时代的文集、诗话、杂家笔记；序跋；诸儒之议论，时人之语录①。刘石玉(1985)的分析更加细致，指出《经籍考》提要的辑录资料，从史源上可分为：全录有关旧目之解题；移录原书序跋；征引作者之正史本传；采择诸儒之议论；搜集文史笔记之记述；摭拾书信、题辞之有关文字；其他相关资料。从取材的范围来看，又可分为：不同之作者；不同之时代；不同之著作体裁；不同之学术派别。从提要撰写者的角度来看，可分为：全部自撰，凡二十五部；自撰与征引相结合，凡三十五部；全部引录成文，此类最多②。其归纳大体符合《经籍考》辑录文献的整体情况。

如上所述，目前学者对于《经籍考》辑录文献的范围和类别是大体清楚的，但迄今为止还没有人对《经籍考》中究竟引用了多少条文献资料(在本书中以文献之撰者为单位计数)作出一个较为准确的定量统计，并进而分析其所辑录文献在全书的分布及其学术意义(定性分析)。这主要是因为《经籍考》涉及的文献众多且情况复杂。虽然马端临在其辑录之解题前一般冠以"出处"的简要说明，如"本传"(指正史中传记)、"陈氏曰"(陈振孙)、"巽岩李氏曰"(李焘)、"水心叶氏曰"(叶适)、"朱子曰"(朱熹)等，似乎很容易计算辑录文献的条数，实则不然。除去一些错误和张冠李戴不说，其"出处"一般只称某氏，或其字、号，著者具体姓名尚需查对。同时一般也不注明出自哪部著作，如同样是"朱子曰"，可能出自《朱子语录》或《晦庵集》，或朱熹别的著作；更不知其所据之版本，如同样引用柳宗元的文集，可能来自宋代童宗说注《注释音辩柳集》，也有一些来自宋代魏仲举注《河东先生集》，同样没有注明，需要查考。所以说《经籍考》乃至整部《文献通考》的出处注明都比较模糊，一般需要查考、核对，甚至结合其他相关文献进行考证(如《经籍考》著录的"周氏《涉笔》"③)，才能弄清楚其材料来源，这在一定程度上影响了其使用与研究。这也是作为辑录体开山之作的《文献通考》所难以避免的粗疏之处④。对比同为辑录体而体例完善、后出转精的清代学者孙诒让的《温州经籍考》，可以看得更清楚。

---

① 雷晓庆：《〈文献通考·经籍考〉编撰体例探析》，《晋图学刊》1999年第3期，第58~60页。

② 刘石玉：《〈经籍考〉主要编撰内容考析》，《赣图通讯》1985年第3期，第67~72页。

③ 如仝卫敏的《周氏〈涉笔〉考》(2007)指出学术界对周氏《涉笔》认识的模糊不清，甚至有在引文时直接注引自"周氏《涉笔》"的，其实系从《文献通考》中转引，存在辗转传抄、以讹传讹等问题。作者首先发掘《文献通考》中共征引"周氏《涉笔》"18次(其中《经籍考》中有17次，另一次在《兵考》中)，接着考证周氏《涉笔》的成书年代应是南宋时期。作者根据《文献通考》中称其为"西麓周氏"，又称其为"周氏《西麓涉笔》"，断定"西麓"当是其号。然后结合《宋史》传记，认定《通考》中的"西麓周氏"就是周端朝。周端朝(1172—1234)，号西麓，与《涉笔》的作者年代相近。"其次，从学术视野及识见来看，周氏《涉笔》一书的内容，与周端朝本人的学术背景及复杂经历也基本一致。""最后，《通考》所引周氏《涉笔》对先秦子书的论述中，也不时透露出作者周氏与周端朝生平极为近似的消息。"作者结合其受党锢祸害之深，结合其文字之慨叹，断定其契合。又由《经籍考》中《大戴礼》和《曾子》的解题下征引的论礼制的《涉笔》文字，与《宋史·艺文志》著录周端朝有"《冠婚丧祭礼》二卷"相联系，与其精于礼制适相契合，最后得出结论："综上可知，周端朝的学术背景及生平与周氏《涉笔》一书包含之内容基本吻合。因此，我们认为周氏《涉笔》的作者应当就是周端朝。"(参见仝卫敏：《周氏〈涉笔〉考》，古籍整理研究学刊2007年第1期，第89~92页)通过以上考证，基本可以确定《经籍考》中所称的"周氏《涉笔》"全称为"周氏《西麓涉笔》"，而作者"周氏"即是周端朝。

④ 杨寄林：《〈文献通考·经籍考〉摘瑕》，《古籍整理研究学刊》1993年第3期，第6~9页。

一、辑录文献的剪裁方法

辑录体的编纂体例无疑是《经籍考》研究的焦点，自从王重民先生给予命名后，关注与研究的人很多，几乎所有与《经籍考》相关的文章和专著都有提及，相关研究主要论及辑录体的起源、特征及其影响、意义、价值等方面。诸家论著中的深度挖掘和外延疏理颇富启发意义，但也并非题无剩义。笔者在整理研究的过程中，从史源学的全文分析入手，首先将《经籍考》中所有材料都找到出处(一般追溯至宋元之前)，发现《经籍考》在书目下的一条解题往往由多条合并而成，如一条“朱子曰”下的具体内容可能来自《朱子语类》，也可能是由《晦庵集》或者朱熹的其他著作中文字合并而成。这样的情况很普遍，往往看上去语气、意义连贯的一段话里可能包含了多个来源、不同层面的文献。而经过马氏独具匠心的剪裁之后，读起来似乎是一个整体，可见其编辑加工之天衣无缝。笔者将其辑录文献的剪裁方法归纳为“多条合并”“数书一录”“省并解题”三种情况，并在下文按撰者名称统计引文条数时综合考虑这些情况。

(一)多条合并

所谓“多条合并”，是指马端临在辑录解题时往往以撰者(如朱子)或书名(如《朱子语录》)为出处单位，将来自某人或某书的不同文字段落辑录合并到一条解题之下。为了将其引文的次数计算精确，笔者在统计时首先将“多条合并”的解题依其来源分开为若干段落，每一段落都算一条引文。最典型的莫过于《经籍考》中辑录的大量《朱子语录》(《朱子语类》的前身)中的段落。《朱子语录》系宋代理学集大成者朱熹平时讲授之语，由诸弟子分别记录成集。后来黎靖德将这些由朱熹弟子记录编纂的各种《朱子语录》汇集整理并分类而成《朱子语类》，同时在每一段落之下都简要注明了该条记录之人(朱熹弟子)。由此将《经籍考》中辑录的《朱子语录》与今本《朱子语类》对照分析，可知《经籍考》中辑录的冠以“《朱子语录》”的一些段落往往是多人所记相关内容合并而成的。如《经籍考》卷11经部论语类著录有“《论语集注》十卷”，其下辑录了冠名为“《朱子语录》曰”的一段，实际包括七个来源不同的段落①，其文字及其在《朱子语类》中的来源依次是：

> 《朱子语录》曰：《集注》如秤上秤来无异，不高些，不低些。如看得透，存养熟，甚生气质。(今见于《朱子语类》卷第十九《论语一·语孟纲领》中朱熹门人友仁所记。)
>
> 《集注》添一字不得，减一字不得。(今见于《朱子语类》卷第十九《论语一·语孟纲领》中朱熹门人名节者所记。)
>
> 看《集注》时不可遗了紧要字，盖解中有极散缓者，有缓急之间者，有极紧要者。某下一字时，直是秤等轻重，方敢写出。(今见于《朱子语类》卷第十一《学五·读书法下》中门人方子所记。)
>
> 《集注》乃《集义》之精髓。(今见于《朱子语类》卷第十九《论语一·语孟纲领》中门人道夫所记。)
>
> 问：“《集注》引前辈之说，而增损改易本文，其意如何?”曰：“其说有病，不欲

① 马端临：《文献通考·经籍考》(上)，华东师范大学出版社，1985年，第286~287页。

更就下面安注脚。”(今见于《朱子语类》卷第十九《论语一·语孟纲领》中门人名节者所记。)

问:“《集注》中有两存,何者为长?”曰:“使某见得长底时,岂复存其短底?只为二说皆通,故并存之。然必有一说合圣人之本,但不可知耳。”复曰:“大率两说,前一说胜。”(今见于《朱子语类》卷第十九《论语一·语孟纲领》中门人拱寿所记。)

《集注》,某自三十岁便下工夫,到而今改犹未了。不是草草看者。(今见于《朱子语类》卷第一百一十六《朱子十三·训门人四》。)

可见以上七条分别来自《朱子语录》中不同门人所记的不同段落,而马端临在辑录时将其合并成一个段落,置于“《朱子语录》曰”之下。《经籍考》中引用《朱子语录》的段落几乎都是合并多条而成的,笔者将每一条都算作引用了一次朱熹的《朱子语录》。如此例便算引用了朱熹之言论 7 次。

“多条合并”主要是针对《直斋》与《郡斋》之外的书籍,只是解题中文字的合并,而下文将要论述的“数书一录”则是因合并《直斋》或《郡斋》的书目为《经籍考》中的一条,从而将相应的解题也合并到了一起。

(二)数书一录

所谓“数书一录”,就是马端临在辑录《直斋》《郡斋》等书目时合并书目及其解题的情况。如《经籍考》卷 24 史部传记类著录有“《金人背盟录》七卷,《围城杂记》一卷,《避戎夜话》一卷,《金国行程》十卷,《南归录》一卷,《朝野佥言》一卷”,其下辑录《郡斋》卷 6 史部杂史类著录的“《金人背盟录》七卷,《围城杂记》一卷,《避戎夜话》一卷,《金国行程》十卷,《南归录》一卷,《朝野佥言》一卷”之解题,可知此条系据《郡斋》著录。其下又引《直斋》卷 5 史部杂史类“《朝野佥言》二卷”“《南归录》一卷”与“《避戎夜话》一卷”三条之解题,马氏将其合并成一段①,分开则是:

陈氏曰:《朝野佥言》,不著名氏。有序,建炎元年八月。《系年录》称夏少曾,未详何人。

《南归录》,直秘阁沈琯撰,亦记燕山事。

《避戎夜话》,吴兴石茂良太初撰。

这种情况都必须断开,并且算引用陈振孙及其《直斋》共 3 次,而不是以马氏只题了一个“陈氏曰”而只算一次。类似的情况在《经籍考》中引用其他书籍时还有不少。笔者在全文统计分析时将其一一断开并重新计算辑录条数。

(三)省并解题

另外,《经籍考》中辑录书目时(主要是《直斋》和《郡斋》),还存在不少省并《直斋》或《郡斋》解题的现象,这种情况和上文所举合并《直斋》之“《朝野佥言》二卷”“《南归录》一卷”与“《避戎夜话》一卷”三条之解题类似,只是合并时对解题文字进行了删并,从而从字

① 马端临:《文献通考·经籍考》(上),华东师范大学出版社,1985 年,第 580 页。

面上看好像只引了《直斋》或《郡斋》之一条解题，但是其书目没有省并，其解题经过仔细分析仍然可以查出是合并多条解题而成的。

如《经籍考》卷 24 史部传记类著录有“《汴都记》一卷，《靖康野录》一卷，《痛定录》一卷”，其下辑录《直斋》云：“陈氏曰：并不著撰人名氏。”①看似好像只引用了一条《直斋》解题，其实是三条，因为书目中的三书在《直斋》中是分开著录的，分别是《直斋》卷 5 史部杂史类之“《汴都记》一卷”，其下解题原文是：“无名氏。”②又同卷同类之“《靖康野录》一卷”，其下解题原文为：“无名氏。”③又同卷同类之“《痛定录》一卷”，其下解题原文是：“不著名氏。”④可知马端临合并三条解题为一条，又将三条书目合并为一条。笔者因而将辑录条数算作三条，而不是一条。

又如《经籍考》卷 29 史部职官类“《翰林群书》三卷，《翰林遗事》一卷”，其下辑录《直斋》云：“陈氏曰：学士承旨鄱阳洪遵景严撰。自李肇而下十一家，及年表、中兴后题名，共为一书，而以其所录遗事附其末，总为三卷。《遗事》录诸书所未及者。洪氏父子兄弟四人入翰苑。”⑤看似浑然一体，好像一条解题，其实不然。查《直斋》卷 6 史部职官类著录“《翰苑群书》三卷”，其下解题云：“学士承旨鄱阳洪遵景严撰。自李肇而下十一家及年表、中兴后题名共为一书，而以其所录遗事附其末，总为三卷。遵后至签枢，父皓、兄适、弟迈，四人入翰苑，可谓盛矣。”⑥《直斋》同卷同类其下又著录“《翰林遗事》一卷”，其解题原文云：“洪遵撰。已见上录诸书所未及者。”⑦可知马氏在辑录《直斋》时将两条书目合并，其解题也合而为一。这种情况无疑应当算辑录《直斋》两条(两次)。《经籍考》全文中的类似情况还有数十处，笔者将其逐一核对，以精确统计辑录文献之条数。

从以上分析可知，马端临在辑录文献的过程中对其原典文献进行了剪裁整合，从而产生了书目与解题文字的“多条合并”“数书一录”和“省并解题”的情况。这是其辑录文献过程中的具体操作方法。下文对辑录文献的统计分析即建立在此基础之上。

二、辑录文献所属部类与出处的统计分析

如上所述，《经籍考》辑录文献存在较多的“多条合并”“数书一录”及“省并解题”的情况，这三种情况所涉及的文献条目都必须予以断开，并分别计数。

此外，干扰准确统计的因素还包括《经籍考》中一些“张冠李戴”错题撰人的现象。主要就是将“陈氏曰”误题为“晁氏曰”，或者相反的情况，这些都核对原典予以了改正。其实不光是“陈氏曰”与“晁氏曰”互混，其辑录的其他文献中也有题名错误或不准确的情况。以下是笔者发现的两个典型例子。

如《经籍考》卷 1 总叙中辑录有一条文献是：“九峰蔡氏曰：今按《周礼》：外史掌三皇

① 马端临：《文献通考·经籍考》(上)，华东师范大学出版社，1985 年，第 582 页。
② 陈振孙撰：《直斋书录解题》，徐小蛮、顾美华点校，上海古籍出版社，1987 年，第 154 页。
③ 陈振孙撰：《直斋书录解题》，徐小蛮、顾美华点校，上海古籍出版社，1987 年，第 154 页。
④ 陈振孙撰：《直斋书录解题》，徐小蛮、顾美华点校，上海古籍出版社，1987 年，第 155 页。
⑤ 马端临：《文献通考·经籍考》(上)，华东师范大学出版社，1985 年，第 726 页。
⑥ 陈振孙撰：《直斋书录解题》，徐小蛮、顾美华点校，上海古籍出版社，1987 年，第 176 页。
⑦ 陈振孙撰：《直斋书录解题》，徐小蛮、顾美华点校，上海古籍出版社，1987 年，第 176 页。

五帝之书，周公所录，必非伪妄。而春秋时《三坟》《五典》《八索》《九丘》之书，犹有存者，若果全备，孔子亦不应悉删去之；或其简编脱落，不可通晓，或是孔子所见，止自唐、虞以下，不可知耳，今亦不必深究其说也。”①看《经籍考》之题名会以为此条是蔡沈(号九峰)所作，其实此段文字今见于朱熹《晦庵集》卷第六十五《杂著·尚书》，实为朱熹所作。马氏盖因蔡氏承朱熹之命著有《书集传》而误题为蔡沈作。

又如《经籍考》卷67集部别集类著录有“《梅溪集》三十二卷、《续集》五卷”，其下辑录解题云：“刘氏集序略曰：公始以诸生对策廷中，一日数万言。被遇太上皇帝，亲擢冠多士，取其言行之。及佐诸侯，入册府，事今上于初潜，又皆以忠言直节有所裨补，上亦雅敬信之。登极之初，即召以为侍御史，纳用其说……”②此处的“刘氏”系指刘珙，刘珙的集子今虽未见。但考证可知此序并非刘珙自作。查此段序文出现在朱熹《晦庵集》卷第七十五《序·王梅溪文集序(代刘共父作)》中，可知此文系朱熹代刘珙(字共父)而作，作者应为朱熹。宋代魏齐贤辑有《五百家播芳大全文粹》卷一百七《序·詹事王公梅溪集(代刘共父作)朱晦翁》，可知同时代的人对此是清楚的。此条引文作者确为朱熹。但由于古人文集往往将他人之代作收入其中，所以此文又收入刘珙的集子中，其文应该未注明是朱熹代作，所以马端临直接题名“刘氏集序”，没有准确地指出序文的作者。笔者在统计辑录文献撰者时则力求精确，以最原始出处和作者为准，所以此条算作引朱熹文献之1条。

虽然以今天的标准来看，《经籍考》中引文的题名不够明确，但绝大多数还是比较容易确定其作者或著作的，只有少数难以确定，需要花一番工夫查考，另外有极个别的几个段落目前未找到作者(出处)，只能注明“未知”以待查考。

(一)辑录文献的部类统计及其学术意义

经过上述的分析，笔者确定《经籍考》全文共辑录有6074条文献，分别来自约140个不同出处。从其在书中的位置来看，这6074条辑录文献又分为四种类型：首卷叙述古今学术源流与图书聚散的总叙，各部类卷首叙述学术源流之类序(小序)，各部类小序之下的著录书目部卷数的小计(也有个别无小序、只有小计者)，以及各部类书目下的解题。这四类中引文数量及其所占比例如本章第一节表1-1所示。

表1-5则是《经籍考》中这四类正文分别辑录文献出处的条数统计(其中解题部分因撰者太多，有所省略，只列出引用次数靠前的一部分)。

表1-5 《经籍考》四类辑录文献出处的统计情况

正文	文献出处	汇总	正文	文献出处	汇总	正文	文献出处	汇总
总叙	马端临	14	类序	隋志	38	解题	直斋	2812
	隋志	11		汉志	27		郡斋	1434
	贾公彦	6		三朝志	11		朱熹	277
	范晔	6		两朝志	4		崇文	192

① 马端临：《文献通考·经籍考》(上)，华东师范大学出版社，1985年，第3页。

② 马端临：《文献通考·经籍考》(下)，华东师范大学出版社，1985年，第1559页。

续表

正文	文献出处	汇总	正文	文献出处	汇总	正文	文献出处	汇总
总叙	孔安国	5	类序	直斋	4	解题	刘克庄	59
	新唐志	4		郡斋	3		李焘	48
	叶梦得	4		马端临	3		中兴志	45
	程俱	4		胡寅	2		马端临	44
	郑樵	3		赵岐	2		洪迈	42
	司马光	3		叶梦得	2		叶梦得	38
	李焘	3		马廷鸾	2		叶适	36
	王明清	2		孔颖达	2		高似孙	30
	班固	2		欧阳修	2		周必大	24
	程颐	1		吴仁杰	1		苏轼	23
	刘彝	1		吕祖谦	1		郑樵	22
	胡寅	1		陆德明	1		曾巩	22
	程大昌	1		崇文	1		欧阳修	20
	魏征	1		中兴志	1		黄庭坚	18
	庄周	1		王明清	1		周端朝	17
	朱熹	1		朱熹	1		杨万里	15
	李攸	1		洪迈	1		苏辙	13
	孙逢吉	1		孔安国	1		程颐	12
	陆佃	1	类序 汇总		111		班固	11
	未知	1	小计	汉志	60		胡寅	10
	汉志	1		新唐志	55		马廷鸾	10
	应镛	1		中兴志	53		王明清	9
	洪迈	1		隋志	45		真德秀	9
	孔鲋	1		三朝志	44		柳宗元	9
	司马迁	1		四朝志	40		司马光	9
	孔颖达	1		两朝志	39		刘光祖	8
	苏轼	1		马端临	9		两朝志	7
	李延寿	1		直斋	2		范晔	7
总叙 汇总		86		郑樵	2		陈师道	7
				洪迈	1		……	……
			小计 汇总		350	解题 汇总		5527

由表 1-5 可知《经籍考》中的正文绝大多数是解题文字，这些解题主要来自《直斋》《郡斋》《崇文》这三部解题目录以及各家文字之辑录。这也决定了该书的解题书目性质及其较高的学术价值。其次为小计，主要来自《汉志》《隋志》《新唐志》，以及宋代的四部《国史艺文志》中各类部卷数的合计，这些都是历代官修书目，反映了一代国家藏书之盛，因而能较好地反映出历代书籍之兴衰。再次为类序(小序)，主要是《汉志》《隋志》《宋三朝国史艺文志》这几部以序文见长的书目，以及诸家文集、史传中论及学术源流者，从而系统全面地构建了一部学术发展史。最后为总叙(总序)，主要来自《隋志》《新唐志》等官修书目的总叙，马端临自撰之文字，以及各家经史等著作中论及古今学术传承与图书聚散的文字。

(二)辑录文献的出处统计及其学术意义

表 1-6 是《经籍考》全部 6074 条正文分属共计 140 位撰者的条数合计，所占总条数百分比及其排名。表中《直斋》(《直斋书录解题》)、《郡斋》(《郡斋读书志》)、《崇文》(《崇文总目》)、《中兴志》(《宋中兴国史艺文志》)、《隋志》(《隋书经籍志》)、《汉志》(《汉书·艺文志》)、《新唐志》(《新唐书·艺文志》)、《三朝志》(《宋三朝国史艺文志》)、《两朝志》(《宋两朝国史艺文志》)、《四朝志》(《宋四朝国史艺文志》)十部目录是《经籍考》的分类及著录书目的主要依据，不题撰者以便直观。其他均题撰者。如引用朱熹的大多来自《朱子语录》和《晦庵集》，马端临的 70 条系 50 条按语与 20 条自撰正文段落，洪迈的 45 条大多出自其《容斋随笔》等。对于撰者为多人的集体著作，为方便统计，一般只算在最主要撰者或主编的头上。如引用排名第 96 引用王珪的 1 条来自《两朝国史》，王珪是该书最主要的负责人，为方便起见只算在他一人头上。

表 1-6 《经籍考》辑录文献的原始出处统计排名

排名	出处	合计	百分比	排名	出处	合计	百分比	排名	出处	合计	百分比
1	《直斋》	2818	46.39%	15	叶梦得	44	0.72%	29	班固	13	0.21%
2	《郡斋》	1437	23.66%	16	《四朝志》	40	0.66%	30	胡寅	13	0.21%
3	朱熹	279	4.60%	17	叶适	36	0.59%	31	苏辙	13	0.21%
4	《崇文》	193	3.18%	18	高似孙	30	0.49%	32	司马光	12	0.20%
5	《中兴志》	99	1.63%	19	郑樵	27	0.44%	33	王明清	12	0.20%
6	《隋志》	95	1.56%	20	苏轼	24	0.40%	34	马廷鸾	12	0.20%
7	《汉志》	88	1.45%	21	周必大	24	0.40%	35	真德秀	9	0.15%
8	马端临	70	1.15%	22	欧阳修	22	0.36%	36	柳宗元	9	0.15%
9	《新唐志》	62	1.02%	23	曾巩	22	0.36%	37	刘光祖	8	0.13%
10	刘克庄	59	0.97%	24	黄庭坚	18	0.30%	38	陈师道	7	0.12%
11	《三朝志》	56	0.92%	25	周端朝	17	0.28%	39	林希逸	6	0.10%
12	李焘	51	0.84%	26	杨万里	15	0.25%	40	孔安国	6	0.10%
13	《两朝志》	50	0.82%	27	程颐	13	0.21%	41	汪应辰	6	0.10%
14	洪迈	45	0.74%	28	范晔	13	0.21%	42	程大昌	6	0.10%

续表

排名	出处	合计	百分比	排名	出处	合计	百分比	排名	出处	合计	百分比
43	张舜民	6	0.10%	76	蔡居厚	2	0.03%	109	欧阳鈇	1	0.02%
44	贾公彦	6	0.10%	77	孔颖达	3	0.05%	110	司马迁	1	0.02%
45	李壁	6	0.10%	78	赵汝愚	2	0.03%	111	黄榦	1	0.02%
46	胡仔	6	0.10%	79	张栻	2	0.03%	112	吕大临	1	0.02%
47	陈亮	6	0.10%	80	李心传	2	0.03%	113	黄畬	1	0.02%
48	秦观	5	0.08%	81	赵岐	2	0.03%	114	李潜	1	0.02%
49	陈傅良	5	0.08%	82	惠洪	2	0.03%	115	吴曾	1	0.02%
50	李邴	5	0.08%	83	慧能	2	0.03%	116	张鷟	1	0.02%
51	李廌	5	0.08%	84	刘敞	2	0.03%	117	陈瓘	1	0.02%
52	未知	6	0.10%	85	张淳	1	0.02%	118	李畋	1	0.02%
53	宋祁	5	0.09%	86	刘攽	1	0.02%	119	徐俯	1	0.02%
54	程俱	4	0.07%	87	赵氏	1	0.02%	120	孔鲋	1	0.02%
55	韩愈	4	0.07%	88	李大性	1	0.02%	121	李方子	1	0.02%
56	孙觌	4	0.07%	89	袁燮	1	0.02%	122	范镇	1	0.02%
57	李延寿	4	0.07%	90	陆佃	1	0.02%	123	严有翼	1	0.02%
58	王安石	4	0.07%	91	张行成	1	0.02%	124	邵伯温	1	0.02%
59	晁补之	3	0.05%	92	罗愿	1	0.02%	125	韩驹	1	0.02%
60	张耒	3	0.05%	93	林之奇	1	0.02%	126	邵博	1	0.02%
61	杨复	3	0.05%	94	陈宝之	1	0.02%	127	朱在	1	0.02%
62	刘禹锡	3	0.05%	95	胡安国	1	0.02%	128	李昭玘	1	0.02%
63	唐庚	3	0.05%	96	王珪	1	0.02%	129	刘彝	1	0.02%
64	吕祖俭	2	0.03%	97	李汉	1	0.02%	130	毕仲询	1	0.02%
65	许顗	2	0.03%	98	孔衍	1	0.02%	131	胡宏	1	0.02%
66	晁无咎	2	0.03%	99	王肃	1	0.02%	132	杜预	1	0.02%
67	吕祖谦	2	0.03%	100	陈正敏	1	0.02%	133	殷文奎	1	0.02%
68	杨时	2	0.03%	101	王应麟	1	0.02%	134	李攸	1	0.02%
69	晁说之	2	0.03%	102	郑东卿	1	0.02%	135	晁迥	1	0.02%
70	王质	2	0.03%	103	陆游	1	0.02%	136	魏徵	1	0.02%
71	李颀	2	0.03%	104	蔡沈	1	0.02%	137	孔平仲	1	0.02%
72	项安世	2	0.03%	105	王铚	1	0.02%	138	吴仁杰	1	0.02%
73	曾慥	2	0.03%	106	庄周	1	0.02%	139	应镛	1	0.02%
74	陆德明	2	0.03%	107	孙逢吉	1	0.02%	140	王得臣	1	0.02%
75	刘夷叔	2	0.03%	108	曾惦	1	0.02%	总计		6074	100.00%

从表1-6来看，《经籍考》中辑录的文献不可谓不广泛了。但是清代官修目录巨著《四库总目提要》，以及清代学者钱大昕、章学诚，直到近代姚名达、汪辟疆等人均批评《经籍考》所采不过晁、陈两家，称其取材不广，遗漏甚多。当然学界也不乏持反对意见者，如崔文印(1995)认为钱大昕称《经籍考》“实采者不过晁、陈两家之说”，有欠公允①。两种意见褒贬不一。笔者认为这个问题可以立足于定量与定性的矛盾关系来考察。从定量分析来看，由表1-6可知《经籍考》引用最多的是陈振孙的《直斋书录解题》(共2818条，占总条数的46.39%)与晁公武的《郡斋读书志》(共1437条，占总条数的23.66%)，《经籍考》共引用此两家4255条，占总条数的70.05%。可知《经籍考》确实是以《直斋》与《郡斋》为其主干。事实上，经籍考中大多数书目与解题均辑录自此两书。而除这两大家外，其他文献不过辑录一两百条，辑录在10条以上的只有32家，另外106家都只辑录数条乃至区区一条。根据笔者的统计，《直斋》全书共有3093条书目，其下有3076条解题，《经籍考》引用了2818条，占《直斋》全部解题条数的91.61%，可知《经籍考》中保留了绝大部分的《直斋》解题，由于《直斋》没有单行本，清代四库馆臣从《永乐大典》中辑出《直斋》之前，人们基本都是从《经籍考》中转引《直斋》。同样，《郡斋》全文(包括衢本和袁本，《经籍考》兼引此两种版本)有1497条书目，其下有1496条解题，《经籍考》引用了1437条，占《郡斋》全部解题条数的96.06%，可见《经籍考》中几乎完整保留了《郡斋》。因此也使《经籍考》成为校勘《直斋》与《郡斋》最主要的他校材料。

值得注意的是，《经籍考》辑录的文献虽然有70.05%的条目出自《直斋》与《郡斋》两家，但从篇幅(字数)上来看，这两家加起来约30万字，而《经籍考》总共60余万字，只占48%左右。辑录自其他138家的文献虽只占总条数的30%，却占了约52%的篇幅。这说明《经籍考》引用这138家平均每条的篇幅较长，实际上《经籍考》中有不少条目在数千字以上，可谓长篇宏论。但仅从辑录文献的数量(条数)上说，《经籍考》中辑录的文献确实是以晁、陈两家为主体的。由数量的多寡转而定性，所以前人多有取材狭窄之讥。但其实这与马端临之前的学术遗产有关，马氏要做有详细解题的群书目录，作为其《文献通考》中一个门类，在当时的情况下以一己之力势必难行，必须有前代的综合性解题目录作为基本依据，而历代即使是正史目录一般也要以《国史艺文志》为依据。但当时存世有解题的目录不多，只有晁、陈二志，再加上《崇文总目》《中兴艺文志》等有一些解题，前代有解题如汉代的《别录》《七录》，唐代的官修《群书四部录》和毌煚私撰的《古今书录》等当时均已亡佚。所以马氏以晁、陈二志为主体也是客观资料所限，不得不如此。更何况晁、陈二志都是他们花费毕生精力搜集图书、整理文献并加以检讨所得，其质量确实高于当时的官修目录②(如《崇文总目》《国史艺文志》等)③，代表了宋代目录学的最高成就。除此

① 崔文印：《〈文献通考·经籍考〉散论》，《史学史研究》1995年第2期，第56~63页。

② 宋代如此，明、清两代也不例外，除了像《四库全书总目》这样个别的官修巨著外，私修书目无论是数量还是质量都远胜于官修书目。

③ 《文献通考·自序》云：“宋皇祐时，命名儒王尧臣等作《崇文总目》，记馆阁所储之书而论列于其下方，然止及经、史，而亦多缺略，子集则但有其名目而已。近世昭德晁氏公武有《读书记》，直斋陈氏振孙有《书录解题》，皆聚其家藏之书而评之。”见马端临：《文献通考》，中华书局影印十通本，1986年，卷首第8页。

之外，还有一个对辑录体的价值判定和认识的问题，从《经籍考》问世直到近代，学者对辑录体大多评价偏低，认为马端临不过是抄撮编纂前人成说，“自为之说甚少”，难以称为用心独裁的创作之书。有成见在先，又看到满纸都是“晁氏曰”“陈氏曰”云云，马上便会加深这种成见，也不肯仔细分析便匆忙下出取材料狭窄的结论。这是由于对辑录体的价值判断转而影响了客观审查其取材。当然，现代的研究者随着对辑录体价值认识的提高，以及对其文本的全面分析，一般都充分肯定其取材广泛、内容丰富。

(三) 文献出处的部类统计及其学术意义

从表 1-6 还可看出，除了《直斋》与《郡斋》以外的八部书目《崇文》《中兴志》《隋志》《汉志》《新唐志》《三朝志》《两朝志》《四朝志》所辑录条数也都名列前茅。而加上《直斋》与《郡斋》，《经籍考》中共辑录这十部书目达 4938 条，占文献总条数(6074)的 81.30%，而其他 130 家总共只占 18.70%。其中辑录文献条数在 10 条以上的有朱熹(278)、马端临(70)、刘克庄(59)、李焘(51)、洪迈(45)、叶梦得(44)、叶适(36)、高似孙(30)、郑樵(27)、周必大(24)、苏轼(24)、欧阳修(22)、曾巩(22)、黄庭坚(18)、周端朝(17)、杨万里(15)、胡寅(13)、范晔(13)、程颐(13)、苏辙(13)、班固(13)、司马光(12)、王明清(12)、马廷鸾(12)，除班固(东汉)和范晔(南朝宋)二人以外，基本都是宋代各领域的著名学者(编著者马端临及其父马廷鸾是由宋入元)。其他辑录文献条数较少的诸家也多是历代各领域的著名学者(也以宋代居多)，可见马氏辑录的文献均来自名家名著，从而保证了《经籍考》中材料的权威性及其较高的学术质量。真正是一册在手，如览群玉之府，可谓美不胜收①。表 1-7 是十部目录书之外排名前十的撰者的辑录文献在《经籍考》总叙与各部类中的分布。

朱熹(字元晦，号晦庵，1130—1200)作为理学乃至整个宋学的集大成者，构建了博大精深的思想体系，在其数量庞大的著作中，基于其自身的学术立场，对到他那个时代为止的几乎所有著名学者的生平或学术思想都有诠释或评价。后来伴随着朱子学作为官方统治思想地位的确立，朱熹的诠释与评价成为了学术界的权威观点。马端临系朱熹再传弟子，信奉朱子学，② 除十部书目外，在诸家中辑录其文献最多也在情理之中。从著作上来说，辑录朱熹文献主要来自《朱子语类》与《晦庵集》。《朱子语录》(《朱子语类》的前身)涉及范围兼及四部，又多心得之语，学术价值非常高。《晦庵集》中的论文、书信等也有很高的学术价值。《经籍考》中辑录朱熹的文献不仅数量多而且兼及四部，以经部为首(经部内又以礼、易为多)，其次子、集、史部较少，这也与朱熹本人的学术侧重点相符。表 1-8 是《经籍考》中收录各部类中朱熹著作书目的一览表。

---

① 《文献通考·自序》云：“今所录先以四代史志列其目，其存于近世而可考者，则采诸家书目所评，并旁搜史传、文集、杂说、诗话。凡议论所及，可以纪其著作之本末，考其流传之真伪，订其文理之纯驳者，则具载焉。俾览之者如入群玉之府，而阅木天之藏。不特有其书者，稍加研穷，即可以洞究旨趣；虽无其书者，味兹题品，亦可粗窥端倪，盖殚见洽闻之一也。”见马端临：《文献通考》，中华书局影印十通本，1986 年，卷首第 8 页。

② (明)黄宗羲原著，(清)全祖望补修，陈金生、梁运华点校：《宋元学案》第 4 册，中华书局，1986 年，第 2972、2977、2980 页。

表 1-7 《经籍考》中十部目录书之外排名前十的撰者的辑录文献数量统计情况

一级	二级	朱熹	马端临	刘克庄	李焘	洪迈	叶梦得	叶适	高似孙	郑樵	周必大
总叙		1	14		3	1	4			3	
经	易	29	4		2	2	1			3	
	书	8	2			1	4			2	
	诗	6	3			1	3	1		1	
	礼	44	2					1		1	
	春秋	16	5		9		3	1		2	
	论语	16	2								
	孟子		2								1
	孝经	2									
	经解					1					
	乐	2	1	1			1				
	仪注	8	3			1	1				
	谥法		1								
	小学	8	2	1	4	2	1			3	
经 汇总		139	27	2	15	8	14	3		12	1
史	正史	5	1			3		3	1	5	2
	编年	8	1		8	1		2	1		
	起居注		1		1	1					
	杂史	2		1	1	3					
	传记	2	1	2	3						
	伪史霸史		1							2	
	史评史钞	10									1
	故事		4		1	2				1	
	职官		1		5						
	地理		1		2						
	时令										1
	谱牒					1					1
	目录		1							2	
	史钞		1								
史 汇总		27	13	3	21	11		5	2	10	5

续表

一级	二级	朱熹	马端临	刘克庄	李焘	洪迈	叶梦得	叶适	高似孙	郑樵	周必大
子	儒家	24			5			2	5		
	道家	15			1	1	2		5		
	法家							2	2		
	名家					1			2		
	墨家		1		1	1	1		1		
	纵横家					1		1	2		
	杂家	2	1			3			5		1
	小说家	1			2	5			1	1	
	农家				1						1
	天文									1	
	五行					1					
	占筮	1					1				
	形法		1					1			
	兵书	1	1		1	1		2	4		
	医家						1				
	神仙	4	3								
	释氏	9	3					2			
	类书					1					1
	杂艺术		1								
子 汇总		57	11		11	15	5	10	27	2	3
集	赋诗	6									
	别集	39	3	21	1	6	15	14	1		12
	诗集	6	1	25		1	5	1			1
	歌词										
	章奏						1				
	总集	4	1	8		3		3			2
集 汇总		55	5	54	1	10	21	18	1		15
四部总计		279	70	59	51	45	44	36	30	27	24

表 1-8 《经籍考》各部类收录朱熹著作书目一览

<table>
<tr><th>一级</th><th>二级</th><th>书目</th></tr>
<tr><td rowspan="17">经</td><td>易</td><td>晦庵《易传》十一卷，《易本义》十二卷，《易学启蒙》一卷</td></tr>
<tr><td rowspan="2">书</td><td>晦庵《书说》七卷</td></tr>
<tr><td>《书古经》及《序》共五卷</td></tr>
<tr><td rowspan="2">诗</td><td>《诗风雅颂》四卷、《序》一卷</td></tr>
<tr><td>晦庵《诗集传》《诗序辨说》共二十一卷</td></tr>
<tr><td rowspan="3">礼</td><td>《古礼经传通解》二十三卷、《集传集注》十四卷</td></tr>
<tr><td>《大学章句或问》《中庸章句或问》各三卷</td></tr>
<tr><td>《中庸辑略》二卷</td></tr>
<tr><td rowspan="4">论语</td><td>《论语集义》三十四卷</td></tr>
<tr><td>《论语集注》十卷</td></tr>
<tr><td>《论语或问》十卷</td></tr>
<tr><td>晦庵《语类》二十七卷</td></tr>
<tr><td>孟子</td><td>晦庵《孟子集注》《或问》各十四卷</td></tr>
<tr><td>孝经</td><td>晦庵《孝经刊误》一卷</td></tr>
<tr><td rowspan="2">仪注</td><td>《古今家祭礼》二十卷</td></tr>
<tr><td>《朱文公家礼》</td></tr>
<tr><td>小学</td><td>《小学书》四卷</td></tr>
<tr><td rowspan="2">史</td><td>编年</td><td>《通鉴纲目》五十九卷</td></tr>
<tr><td>传记</td><td>《八朝名臣言行录》二十四卷</td></tr>
<tr><td rowspan="6">子</td><td rowspan="5">儒家</td><td>《濂溪遗文遗事》一卷</td></tr>
<tr><td>《程氏遗书》二十五卷，《附录》一卷，《外书》十三卷</td></tr>
<tr><td>《近思录》十四卷</td></tr>
<tr><td>《晦庵语录》四十六卷</td></tr>
<tr><td>《晦庵续录》四十六卷</td></tr>
<tr><td>神仙</td><td>《参同契考异》一卷</td></tr>
<tr><td rowspan="5">集</td><td rowspan="2">赋诗</td><td>《楚辞集注》八卷、《辩证》二卷</td></tr>
<tr><td>《楚辞后语》六卷</td></tr>
<tr><td rowspan="2">别集</td><td>《校定韩昌黎集》四十卷、《外集》十卷</td></tr>
<tr><td>《晦庵集》一百卷、《紫阳年谱》三卷</td></tr>
<tr><td>文史</td><td>《文说》一卷</td></tr>
</table>

马端临自撰的条目也是兼及四部，经部为最多，史部次之，子部再次之，集部最少。

这与马氏作为擅长经史之学的博学通儒的情况相符。马端临除了著有典制通史《文献通考》外，还著有《多识录》《义根守墨》《大学集传》等著作。

刘克庄的引文则集中于集部(特别是诗集与别集两类)，都辑录自其《后村集》。这与刘氏作为南宋著名诗人、词人与诗论家，并且在江湖派诗人中年寿最长、官位最高、成就最大的情况相符。

李焘的引文主要涉及经、史、子三部，而以史部为多，这与其作为南宋著名史学家的情况相符，《经籍考》中多引用其《文简集》与《续资治通鉴长编》。

洪迈的引文也是兼及四部，《经籍考》中多引用其笔记名著《容斋随笔》。这与其作为淹通四部的博学鸿儒的情况相符。

叶梦得的引文集中在集部与经部，而以集部为多，这与其作为南宋著名诗人、词人与学者的情况相符。《经籍考》中引用了其著作《石林总集》《石林燕语》《石林诗话》《避暑录话》《过庭录》。

叶适的引文也兼及四部，而以集部与子部为多，这与其作为南宋著名思想家(浙东永嘉事功学派的集大成者)和文学家的情况相符合。《经籍考》中多引用其评论诸子的著作《习学记言序目》及其诗文集《叶适集》。

高似孙的引文集中于子部之中，都辑录自其著作《子略》与《纬略》。

郑樵的引文集中于经、史两部，与其学术专长相符，辑录条目来自其《通志略》(马端临未见《通志》全本，《经籍考》中也未著录)。

周必大的引文兼及四部而以集部为主，都来自其《文忠集》。这与其作为南宋著名的政治家、文学家的情况相符。

可见马氏所辑录的诸家文献基本与其学术专长相符，这体现了马端临对诸家学术思想的准确把握及其精心的辑录编纂，由此也提升了《经籍考》自身的学术价值。其辑录文献的方法及学术意义都值得我们深入探讨和研究。正如如杨寄林所指出的：《经籍考》在诸家书目之外所采证的史传文集和杂说诗话，上起西汉，下至南宋，多达一百余家。其中或为经学大师，或为史坛巨子，或为文苑主将，或为评论高手，或为佛门领袖，或为宰辅重臣，或为至交同仁，或为诤友劲敌，或为业师高足，或为别传同门，或为父子昆仲，或为叔侄翁婿，这些身份特殊或彼此关系非同一般的名流议论，恰恰是《经籍考》全书的精华所在①。

---

① 杨寄林：《四部群书“纪著作本末”的深层内涵——〈文献通考·经籍考〉辑录体解题探微》，《山西师大学报(社会科学版)》2003 年第 3 期，第 10~14 页。

第二章 《经籍考》的分类体系及其归类调整

如果说第一章中论述的《经籍考》中的各种著录要素(包括总叙、小序、小计、书目、解题、注语、按语)是其“血肉”的话，那么分类体系则是《经籍考》的“骨架”。如果没有分类，堆砌再多的材料也是一盘散沙。可见其对于书目的重要性。《经籍考》中的分类是马端临在广泛参考前代书目的分类体系的基础上，根据自己的取舍判断而成，具体体现在类目的废立、归属及其先后次序的调整等方面。因此弄清其与前代书目的继承关系极为重要。不光是宏观的分类体系，具体到各类之下著录的每一条书目莫不如此。由于《经籍考》的书目与解题大多是承袭前代书目(特别是《直斋》与《郡斋》)而来，决定了其每部书的具体归类也大多是来自前代书目，但这绝不意味着全盘照抄，马氏依据其体系和自身判断也做了许多变动与调整。每一类下的所有书目的归类汇聚起来，就构成了该类的总体分类特征。前人的分析一般只是注重其分类框架，笔者则将研究的视角聚集到微观下每一类具体书籍的分类归属，进而在此基础上分析其宏观类目的体系。换句话说，前人往往是由宏观设定到微观考察，笔者则试图从微观层面的分析上升到宏观层面的分析。本章的第一节概述《经籍考》分类体系的总体特征，第二节则是笔者所作各部类归类调整与分类构成之分析。

第一节 《经籍考》分类体系的总体分析

《经籍考》作为一部辑录体目录学著作，虽以解题详赡、资料丰富见长，但在分类上也有自己一套完整的体系。高路明先生指出：“其分类依四部分类法，经部分为十三类，史部分为十四类，子部分二十二类，集部分六类。子目的设置归属，参考汉隋唐宋四代官修、私修目录的分类，斟酌优劣，择其善考而从之。如对以往目录的分类有所调整，则附有按语说明其理由。”①这是依据《文献通考·自序》而来的四部55类说。经过重新分析全书，杨寄林得出其四部55类说的类目是：

经部：易、书、诗、礼、春秋、论语、孟子、孝经、经解、乐、仪注、谥法、谶纬、小学。(今按：实为14类。比马氏自言多1类。)

史部：正史、编年、起居注、杂史、传记(杂传)、伪史霸史、史评史钞、故事、职官、刑法、地理、时令、谱碟(谱系)、目录。(今按：共14类，与马氏自言

① 高路明：《古籍目录与中国古代学术研究》，江苏古籍出版社，1997年，第161页。

相符。)

子部：儒、道、法、名、墨、纵横、杂、小说、农、天文(自此以迄形法，统以“阴阳”之目)、历算(历谱)、五行、占筮、形法、兵、医、神仙(其前虚列房中)、释氏、类书、杂艺术。(今按：实为20类，比马氏自言少2类。)

集部：赋诗、别集、诗集、歌词、章奏、总集、文史。(今按：实为7类，比马氏自言多1类。)①

这样经部、集部比《文献通考·自序》所言各多1类，子部则少2类，统计的结果仍是55类。这种统计是依据其所收书目下的实际分类。此外，桂罗敏(2001)统计是56类，因其将子部有小序无书目的虚目——房中也算作一类②。雷晓庆(1992)则将子部有序无书的两个虚目——房中和阴阳都统计在内，这样便得出57类③。由于阴阳、房中两类有小序(来自《汉志》)无书目，是马端临基于学术源流的考虑有意保留小序，实际书目中并无该类书籍著录，因此笔者采纳的是杨寄林的55类说。

一、《经籍考》的分类体系及其与历代目录的因革关系

姚名达在其《中国目录学史》中附有一张“四部分类源流一览表”。该表依次开列《七略》(《汉书·艺文志》)、《七录》、《隋书·经籍志》、《古今书录》(《旧唐书·经籍志》)、《新唐书·艺文志》、《崇文总目》、《郡斋读书志》、《遂初堂书目》、《直斋书录解题》、《文献通考·经籍考》④、《宋史·艺文志》、《明史·艺文志》、《四库全书总目》共十三部主要目录书籍的分类类目的对照表格，其功用如其所言：“循左而右，则部类始末，此废彼兴，莫不明悉。自上至下，则某录分类若干，总为几部，分合删并，触目会心。”⑤横可知其部类变迁，纵可览其部类分合，给后人的研究提供了极大的便利。昌彼得⑥、许世瑛、雷晓庆(1992)⑦等即根据该表得出《经籍考》分类主要依据《直斋书录解题》损益而来的结论。桂罗敏(2001)则做了更细致地分析，指出马端临对陈振孙《直斋书录解题》的改动所在及其来源⑧。邹明军(2011)归纳《经籍考》的分类有以下几个特点：首先，《经籍考》在确定类目时注意保存前代史志目录旧观；其次，随时适变，调整类目，包括同一部类中小类的适当调整，以及不同部类间的类目调整⑨。

---

① 杨寄林：《〈文献通考·经籍考〉分类体系发覆》，见刘乃和主编：《洪皓马端临与传统文化》，中国青年出版社，1997年，第195页。

② 桂罗敏：《〈文献通考·经籍考〉分类法新探》，《江苏图书馆学报》2001年第4期，第47页。

③ 雷晓庆：《〈文献通考·经籍考〉分类体系得失略论》，《晋图学刊》1992年第3期，第52页。

④ 该表(包括《文献通考·经籍考》的部分)尚有一些错误。可参看邢丽冰：《姚名达先生〈四部分类源流一览表〉订正》，《四川图书馆学报》2008年第1期，第62~64页。

⑤ 姚名达：《中国目录学史》，上海古籍出版社，2002年，第80页。

⑥ 昌彼得、潘美月：《中国目录学》，台北文史哲出版社，1986年，第180页。

⑦ 雷晓庆：《〈文献通考·经籍考〉分类体系得失略论》，《晋图学刊》1992年第3期，第52页。

⑧ 桂罗敏：《〈文献通考·经籍考〉分类法新探》，《江苏图书馆学报》2001年第4期，第47~48页。

⑨ 邹明军：《〈文献通考·经籍考〉研究》，华中师范大学2011年博士学位论文，第59~66页。

笔者将在下一节中对《经籍考》的分类来源及其得失作较详细的论述，由分析可知《经籍考》与作为其著录与归类之主要来源与依据的六部主要书目(分别是《汉书·艺文志》《隋书·经籍志》《新唐书·艺文志》《崇文总目》《郡斋读书志》《直斋书录解题》)之间存在着错综复杂的关系，即从具体书目归类的差异上升到类目范围的诸多差异。因此《经籍考》与这六部书目类目之间的实际关系并不像姚名达《中国目录学史》中所附之《四部分类源流一览表》反映的那么简单。此表虽然从大体不差，但其中反映的不同书目类目范围的对应关系显然基本是依据类目名称和小序所包含的含义，以及类目本身的历史沿革等，不可能具体到每一本书的归类异同。笔者当然不是要强求此表得反映具体书目的归属的对应关系，而是想强调，类目之间的范围关系归根结底还是由大量书目的归属关系体现出来的。如果忽视微观的分析，只停留在类目名义上的分析上，往往只能得出一个大概的结论。因此，笔者在本章的研究中强调将《经籍考》与作为其主要来源的这六部书目之间的类目关系的分析，与具体书目归属调整的分析结合起来，即宏观分类与微观归类相结合。这也是笔者认为本研究较前人有所推进的地方。

二、《经籍考》分类类目之衡定——以阴阳类与术数类为例

对于马氏在《经籍考》中一些不同以往的分类，人们往往从一些具体的分类得失上予以评说。如清人张宗泰对马端临不从惯例，将仪注类诸书不入史部而归入经部表示不解①。刘石玉(1987)在其《〈文献通考·经籍考〉分类探析》中专门讨论《经籍考》的分类体例。他指出《经籍考》分类上的疏漏和不妥特别表现为："分类思想的复古守旧和泥古不化"，如将术数分为五行、占筮、形法，就是盲目规随《汉志》、追步宋《中兴馆阁书目》的表现②。

笔者经过分析，认为刘石玉此说有失偏颇。考《经籍考》卷 46 子部形法类首先辑录有《汉志》数术略形法类的小序，其后是《汉志》形法类，《隋志》《新唐志》《宋三朝志》《宋两朝志》《宋四朝志》《宋中兴志》的子部五行类，以及《宋中兴志》子部蓍龟类、杂占类、形法的小计。其下引《直斋》卷 12 子部阴阳家的小序云：

> 陈氏曰：自司马氏论九流，其后刘歆《七略》、班固《艺文志》皆著阴阳家，而天文、历谱、五行、卜筮、形法之属，别为《术数略》，其论"阴阳家者流，盖出于羲、和之官，敬顺昊天，历象日月星辰。拘者为之，则牵于禁忌，泥于小数。"至其论术数，则又以为羲、和、卜史之流。而所谓《司星子韦》三篇，不列于天文，而著之阴阳家之首。然则阴阳之与术数，似未有以大异也。不知当时何以别之，岂此论其理，彼具其术邪？今《志》所载二十一家之书皆不存，无所考究，而隋、唐以来子部遂阙阴阳一家。至董逌《藏书志》始以星占、五行书为阴阳类。今稍增损之，以时日、禄

① 张宗泰：《书马贵与〈经籍考·议注〉后 》，见张宗泰：《近代中国史料丛刊编辑(160)鲁岩所学集》(二册)，台北文海出版社，1975 年，第 355~356 页。

② 刘石玉：《〈文献通考·经籍考〉分类探析》，《四川图书馆学报》1987 年第 2 期，第 65 页。

命、遁甲等备阴阳一家之阙，而其他术数各自为类。①

《汉志》诸子略有“阴阳家”类，其小序云：

阴阳家者流，盖出于羲和之官，敬顺昊天，历象日月星辰，敬授民时，此其所长也。及拘者为之，则牵于禁忌，泥于小数，舍人事而任鬼神。②

又有数术略，其大序云：

数术者，皆明堂羲和史卜之职也。史官之废久矣，其书既不能具，虽有其书而无其人。……盖有因而成易，无因而成难，故因旧书以序数术为六种。③

《汉志》的数术略分为天文、历谱、五行、蓍龟、杂占、形法六种。从内容上看，此两类当是同出“羲和”，都以阴阳五行学说为主。陈振孙因而指出《汉志》中“阴阳家”与“数术”是关系十分密切的两大类。所以其中如“司星子韦”等书籍的归类有可议之处。陈氏推断这两类的区别是“此论其理，彼具其术”。诚为有见。这一点也是马端临所肯定的。《汉志》诸子略中的“阴阳家”书籍，后世皆已亡佚。所以《隋志》以后的官修书目中子部皆无“阴阳”类。而南宋董逌的《广川藏书志》(今已亡佚，《直斋》卷 8 史部目录类收录并有解题)重新在子部设立阴阳类，并以后世之“星占、五行”之书实之。陈氏因而推广之。他于子部设“阴阳家类”，以“时日、禄命、遁甲等备阴阳一家之阙”，又设“卜筮”“形法”二类以充“数术”类之书，即所谓“而其他术数各自为类”。马端临对此作法批评道：

按：陈氏之说固然矣，然时日、禄命、遁甲独非术数乎？其所谓“术数各自为类”者，曰卜筮，曰形法，然此二者，独不本于阴阳乎？④

马端临对陈振孙以“时日、禄命、遁甲等备阴阳一家之阙，而其他术数各自为类”的做法不以为然。因为在他看来，时日、禄命、遁甲也是术数，为什么单拿它们充“阴阳”类？而所谓“其他术数”的五行、卜筮与形法诸类何以不入“阴阳”类呢？也就是说前后两类并无本质的不同。马氏接着在接语中给出自己处理分类的意见：

盖班史《艺文志》阴阳家之后，又分五行、卜筮、形法，各自为类。今班《志》中五行、卜筮、形法之书虽不尽存，而后世尚能知其名义，独其所谓阴阳家二十一种之

① 马端临：《文献通考·经籍考》(下)，华东师范大学出版社，1985 年，第 1057 页。
② (汉)班固撰，(唐)颜师古注：《汉书》第 6 册，中华书局，1962 年，第 1734 页。后文出注不标作者所属朝代。
③ 班固撰，颜师古注：《汉书》第 6 册，中华书局，1962 年，第 1775 页。
④ 马端临：《文献通考·经籍考》(下)，华东师范大学出版社，1985 年，第 1058 页。

书，并无一存，而《隋史》遂不立阴阳门。盖隋、唐间已不能知其名义，故无由以后来所著之书续立此门矣。①

《汉志》中诸子略的“阴阳家”类与数术略本是同源。只是前者侧重于理论层面，后者侧重于技术层面。马氏认为《汉志》的“阴阳家”类(言理)后世中绝，书皆亡佚。后世兴起之阴阳五行之书当依《汉志》“数术略”中的门类各归其类，不必再充数于子部设立一个“阴阳家”。而对于五行类书的分类，马氏接着又在按语中指出：

然《隋书》《唐书》及《宋九朝史》，凡涉乎术数者，总以五行一门包之，殊欠分剔。独《中兴史志》乃用班《志》旧例，以五行、占卜、形法各自为门，今从之。②

马氏赞成《宋中兴国史艺文志》用《汉志》旧例，以五行、蓍龟、杂占、形法各自为类的做法，而不是像《宋九朝志》(指前后相续的北宋九朝《国史艺文志》，即《宋三朝志》《宋两朝志》《宋四朝志》)那样笼统以五行类包之。马端临关于数术类书籍的分类意见和做法在那个时代无疑是颇为通达的。集古代四部书目之大成的《四库全书总目》由于设有三级分类体系，所以在子部重新设立“数术类”这一大类，其下又设“数学、占候、阴阳五行、占卜、杂技术、相宅相墓、命书相书”这些二级小类，实际上是将《隋志》、《新唐志》、《宋九朝志》(数术类只有一个大类“五行”)与《经籍考》(数术类无大类，只有占卜、形法等小类)的分类结合起来，从而使数术类书籍的分类最终趋于完善。而马氏的分类及见解可谓是承前启后的重要一环。

笔者举此例，意在说明马端临的分类调整往往有其深层的历史内涵与合理性，只有对目录学与学术史的发展进行深入考察才能揭示出来，否则极易造成误解。

雷晓庆(1992)归纳《经籍考》分类体系的不足之处在于：“马端临的封建正统观念在一定程度上影响了他对图书分类认识的正确性”；“其分类体系在立类、归类等方面也多有不妥”(如奏议归入集部)；同时“图书的错分情况也颇多”。③ 雷氏认为马氏将奏议归入集部是不妥的，而刘石玉则理解为是马氏有意“保留有争议的原目”(今按：即原有类目)。当以刘氏之说为妥，因为奏议从形式上看文章美富，富于文学性。从编辑形式上看，奏议大多编入了个人别集之中。因此奏议归集部是合理的。《宋史·艺文志》以后，直到《四库全书总目》，多从政治历史的角度出发，着眼于悬戒劝惩，偏重于按图书内容来掌握分类的标准，将奏议归入史部。④ 应该说这是一个学术标准随着时代背景而转移的问题，我们不应该以今律古，而应该还原当时的“语境”，放在当时背景下考察，很多指责和疑惑就可释然而解了。

综上所述，关于《经籍考》的分类体系的分析，前人已经做了不少工作，但是多是从

① 马端临：《文献通考·经籍考》(下)，华东师范大学出版社，1985年，第1058页。
② 马端临：《文献通考·经籍考》(下)，华东师范大学出版社，1985年，第1058页。
③ 雷晓庆：《〈文献通考·经籍考〉分类体系得失略论》，《晋图学刊》1992年第3期，第52~54页。
④ 刘石玉：《〈文献通考·经籍考〉分类探析》，《四川图书馆学报》1987年第2期，第62~63页。

分类体系和类目的框架分析入手。笔者在整理分析并对比《经籍考》的材料来源的过程中，注意到《经籍考》材料来源的复杂性和多样性，这种特性也决定了其分类体系的杂糅和整合，从微观的整合到整个有序体系的形成，其过程尚有待发掘。因此笔者拟从《经籍考》整合此前的各代公私目录（又具体为六部主要书目，详见下节）的角度入手，穷尽每一条著录，分析其分类体系的内在构成，而不是仅仅停留在笼统的部类分析。也即从穷尽分析《经籍考》所引前代目录书籍的条目入手，分析其整合过程，进而对其分类体系与归类调整作出自己的评判。具体分析详见本章下节。

三、古籍目录归类异同的理论分析

《经籍考》作为一部目录学著作，其支撑的骨架便是分类体系。这里从宏观理论上作一番探讨，然后按《经籍考》的部类顺序逐一对其进行微观分析。

《经籍考》卷22史部伪史霸史类辑录郑樵《通志·校雠略》①云：

> 夹漈郑氏曰：古今编书所不能分者五：一曰传记，二曰杂家，三曰小说，四曰杂史，五曰故事。凡此五类之书，足相紊乱。又如文史与诗话，亦能相滥。②

郑樵所云之“不能分者”，实际上反映了古籍目录中的这些类目之间的界限不是很清晰，所涉及的领域相近而容易混淆。相应地，同一部书从不同的角度出发，很可能被归入这些相近的不同类中，从而使得分类类目与书籍归类之间存在一定的主观模糊性。郑樵的这番话精辟地道出了古籍书目的类目设立中存在的突出问题。

马端临接着又引《通志·校雠略》中的另一段③云：

> 编书之家，多是苟且，有见名不见书者，有看前不看后者。《尉缭子》，兵书也，班固以为诸子类，寘于杂家，此之谓见名不见书。《隋》、《唐》因之，至《崇文目》，始入兵书类，颜师古作《刊谬正俗》，乃杂记经史，惟第一篇说《论语》，而《崇文目》以为《论语》类，此之谓看前不看后。应知《崇文》所释，不看全书，多只看帙前数行，率意以释之耳。按《刊谬正俗》当入经解类。④

如果说因类目之间界限不明而造成的书目归类分歧还情有可原的话，那么郑樵在此段中指出的古籍目录编纂（尤其是官修目录）中存在着的“见名不见书”和“看前不看后”的问题，则是典型的人为失误了。即编目者对所著录书籍的内容并没有深入的了解，为赶工图快，往往以偏概全地仅依据书名或部分内容匆匆下判断并予以归类，从而造成了图书归类

① 今见于《通志》卷七十一《校雠略第一·编次之讹论十五篇》。马端临未见到《通志》，只见过单行的《通志二十略》。

② 马端临：《文献通考·经籍考》（上），华东师范大学出版社，1985年，第539页。

③ 此条今见于《通志》卷七十一《校雠略第一·见名不见书论二篇》，与上面所引一条本不在一处。马端临在《经籍考》中将其合并成一条，今依《通志》原文断开。

④ 马端临：《文献通考·经籍考》（上），华东师范大学出版社，1985年，第539页。

不当的问题。郑樵所指出的影响书籍准确归类的主观因素虽然确实可能存在，但其所举《尉缭子》与《刊谬正俗》这两个例子却并不很恰当。考《汉志》在诸子略杂家类著录有“《尉缭》二十九篇。六国时”，又在兵书略形势类著录有“《尉缭》三十一篇”，两者并非同一著作，后来归入杂家类的《尉缭》佚失而归入兵书的《尉缭》尚存，所以《崇文总目》只有兵书类著录。后者则是因为《崇文总目》没有设立经解类，所以将《刊谬正俗》附在论语类中。如同《汉志》将《尔雅》附于孝经类①中一样。实际上，古籍书目中归类的分歧大多有其历史背景和学术思想的深层原因，不可一概归之于编目者的疏忽大意。

由于古籍目录的分类本身就是一个基于多重标准的庞杂体系，所以其类目之间的交叉与模糊性只能尽量避免而不可能完全克服。好在一部书目的类目一般只有几十种，数量有限，一一分析起来还不算太繁。但是具体书籍归类中存在的歧义和问题则往往大量存在，不胜枚举，所以马端临下按语评论道：

> 按：夹漈言古今编书所不能分者五，可以订历代艺文志之失。所谓“见名不见书，看前不看后”者，尤足以究其所失之源。②

虽然从理论上讲，对于内容复杂、涉及多门的书籍的归类，应当尽量做到条分缕析，对于所著录的书籍也理当一一研读，全面把握其内容，才不至于以偏概全，造成归类混乱。但是受主客观条件，特别是时代和书籍条件的限制，还是会有不少有心或无心之失。由此也造成历代书目间的诸多分歧。正因为存在这些分歧，所以《经籍考》在以具体书籍为单位辑录前代书目时，就不可避免地会遇到同书而前代诸家书目归类不同的问题，这之间的取舍与调整就在所难免。那么《经籍考》中对此是否有所说明呢？马氏接下来指出：

> 然愚尝考之，经录犹无此患，而莫谬乱于史。盖有实故事而以为杂史者，实杂史而以为小说者。又有《隋志》以为故事，《唐志》以为传记，《宋志》以为杂史者。若一一考订，改而正之，则既不欲以臆见改前史之旧文，且所录诸书，盖有前史仅存其名，晚学实未尝见其书者，则亦无由知其编类之得失，是以姑仍其旧。而于所录先儒议论诸书本末，则不详加考订，但以类相从，而不尽仍前史之旧云。③

通观《经籍考》全文，确实如其所言，马氏对前代书目的归类分歧基本上采取了存而不论的做法。也就是将具体书籍按照自己的分类类目归类之后，对其书归类不同于所辑录书目的情形，一般没有给出取舍调整之理由。其原因主要是由于资料有限，无法一一考订而“姑仍其旧”，再加上如果一一指出，势必将不胜其烦，有喧宾夺主之嫌。《经籍考》主要还是一个图书资料的分类汇编，而不像胡应麟《国史经籍志》那像专注于纠谬与考证。

---

① 《论语》和《孝经》都不主一经，实为“五经之总汇”，所以在“经解”类设立之前，兼论群经的书一般都归入其中。具体可参看下节之“一、经部的分析”第九“经解”类之分析。

② 马端临：《文献通考·经籍考》(上)，华东师范大学出版社，1985年，第539页。

③ 马端临：《文献通考·经籍考》(上)，华东师范大学出版社，1985年，第539页。

第二节 《经籍考》各部类的分类渊源与归类调整

如上节所述，由于资料条件与著书体例所限，马端临对其所著录书目的分类异同无法一一考订，从而给后人留下了大量的工作。关于《经籍考》在具体图书归类上的调整及其特点，如邹明军(2011)以222条书目的归类为例，列表将其在《经籍考》《直斋》《郡斋》《新唐志》《隋志》《汉志》中的归类显示出来，在此基础上归纳指出：各家在图书归类时，除了因类目调整带来的归类差异外，其归类主要存在以下几种困惑：(1)研究、注解型图书的归类存在分歧。(2)图书性质相近而难于区分。(3)图书属性交叉，道、艺取舍相异。(4)小类设置不同及类名范畴变化。并总结指出："《经籍考》所分类别众多且较为完备，所以绝大多数图书的归类是合理的，在对图书类别作重大调整的地方，马氏往往会用按语加以说明。"①但迄今为止，学界还缺乏对《经籍考》全书中的分类异同及其所有书目的归类调整作全面而系统的分析。

《经籍考》由于其辑录体的特殊体制，决定其分类体系也具有综合众家而折衷以己意的特征。笔者在数据库系统的基础上拟对其进行全面的分析。具体做法是在本人已建立的"《文献通考·经籍考》全文分析数据库"中，将《经籍考》3938条书目下的6074条引文与其来源一一相链接，进而提取其中来自《汉书·艺文志》《隋书·经籍志》《新唐书·艺文志》《崇文总目》《郡斋读书志》《直斋书录解题》这六部现存主要书目的4693条进行各部类的统计分析。因为这六部书目是《经籍考》大到分类、小到书目著录与归类的主要依据与来源，而且《经籍考》几乎每条书目下都辑录有这六部书目中的至少一条解题，并据以将书目进行归类，所以具有普遍性和代表性，而且数量庞大又便于考察统计规律。下文就将以《经籍考》中各部类为单位，分析其引用这六部书目的情况及其所反映的学术信息，在具体的分析中则一方面注意将宏观分类与微观归类相结合，另一方面注意将对象放在整个目录学史与学术史的发展过程中予以分析。

表2-1反映的是这六部书目的辑录条数在《经籍考》总叙及四部的分布与比例。

表2-1 《汉书·艺文志》等六部书目在《经籍考》中的分布数量统计

目录名	总叙	经	史	子	集	合计	百分比
汉志	1	26	9	46	6	88	1.88%
隋志	11	28	23	28	5	95	2.02%
新唐志	4	18	15	18	7	62	1.32%
崇文		143	21	29		193	4.11%
郡斋		244	307	542	344	1437	30.62%
直斋		416	758	684	960	2818	60.05%
总计	16	875	1133	1347	1322	4693	100.00%

① 邹明军：《〈文献通考·经籍考〉研究》，华中师范大学博士学位论文，2011年，第66~79页。

可知这六部书目中以《直斋》与《郡斋》为绝对主体，这两大家再加上《崇文》就是《经籍考》分类与归类的主要来源，而所引《汉志》《隋志》和《新唐志》的材料则基本是在各部类的小序和小计中作为反映学术源流与兴衰的文字出现的。

下文将分别就《经籍考》四部引用这六部书目的情况进行分析。

一、经部的分析

《经籍考》经部引用六部主要书目的分布情况如表 2-2 所示。

表 2-2 《经籍考》经部引用六部主要书目的分布情况

目录名	一级	条数	比例	目录名	一级	条数	比例
汉志	六艺	25	2.86%	崇文	经	141	16.11%
	诸子	1	0.11%		子	2	0.23%
隋志	经	23	2.63%	郡斋	经	225	25.71%
	史	2	0.23%		史	5	0.57%
	子	3	0.34%		子	14	1.60%
新唐志	经	11	1.26%	直斋	经	318	36.34%
	史	1	0.11%		史	42	4.80%
	子	6	0.69%		子	56	6.40%
				总计		875	100.00%

可知《经籍考》经部条目以引用《直斋》经部条目为最多，引用《郡斋》经部次之，《崇文》经部再次之，三者占《经籍考》经部引用此六家书目总条数的 78.16%。除前代书目的经部外，《经籍考》经部还涉及这六部书目的史、子部，具体如表 2-3 所示。

表 2-3 《经籍考》经部涉及六部主要书目史、子部的统计情况

目录名	一级	二级	经部	目录名	一级	二级	经部
汉志	诸子	儒家	1	直斋	史	礼注	38
隋志	史	仪注	2			目录	4
	子	儒	3		子	儒家	6
新唐志	史	仪注	1			杂家	2
	子	儒家	6			音乐	27
崇文		儒家	2			杂艺	13
郡斋	史	仪注	5			类书	8
	子	儒家	10	总计			132
		类书	4				

表 2-3 反映了《经籍考》的经部范围与前代书目的范围有比较多的交错现象，前代书目归入史部、子部的书目有不少被《经籍考》归入经部之中。这种调整往往有其各种复杂的历史原因，马氏一般没有直接给出说明。所以下文将以《经籍考》经部的各二级类目为次逐一进行分析。这里先列出《经籍考》经部各二级类目引用这六部主要书目的情况，如表 2-4 所示。

表 2-4 《经籍考》经部各二级类目引用六部主要书目的情况

目录名	一级	二级	易	书	诗	礼	春秋	论语	孟子	孝经	经解	乐	仪注	谥法	谶纬	小学	总计
汉志	六艺	易	1														1
		书		1													1
		诗			2												2
		礼				2							4				6
		乐										2					2
		春秋					2										2
		孝经								2	1					4	7
		论语						2									2
		小学														2	2
	诸子	儒家							1								1
隋志	经	易	3														3
		书		3													3
		诗			3												3
		礼				2											2
		乐										1					1
		春秋					2										2
		孝经								2							2
		论语						2			1						3
		谶纬													2		2
		小学														2	2
	史	仪注											2				2
	子	儒							3								3

续表

目录名	一级	二级	易	书	诗	礼	春秋	论语	孟子	孝经	经解	乐	仪注	谥法	谶纬	小学	总计
新唐志	经	易	1														1
		书		1													1
		诗			1												1
		礼				1											1
		乐										1					1
		春秋					1										1
		孝经								1							1
		论语						1									1
		经解									1						1
		谶纬													1		1
		小学														1	1
	史	仪注											1				1
	子	儒家							6								6
崇文	经	易	14														14
		书		4													4
		诗			6												6
		礼				7							8	3			18
		乐										47					47
		春秋					27										27
		孝经								5							5
		论语						1			8						9
		小学									4					7	11
	子	儒家							2								2
郡斋	经	易	44												3		47
		书		18													18
		诗			10												10
		礼				24							3	3			30
		乐										14					14
		春秋					41										41
		孝经								4							4
		论语						17									17
		经解		1							4		1				6
		小学											3			35	38
	史	仪注											5				5
	子	儒家							10								10
		类书														4	4

续表

目录名	一级	二级	易	书	诗	礼	春秋	论语	孟子	孝经	经解	乐	仪注	谥法	谶纬	小学	总计
直斋	经	易	78														78
		书		28													28
		诗			20												20
		礼				35											35
		春秋					63										63
		孝经								5							5
		语孟						22	6								28
		经解									16			3			19
		谶纬													4		4
		小学														38	38
	史	礼注											38				38
		目录											3			1	4
	子	儒家						1	1							4	6
		杂家									1					1	2
		音乐										27					27
		杂艺														13	13
		类书														8	8
总计			141	56	42	71	136	46	29	19	36	92	68	9	10	120	875

(一)易类

如表 2-4 所示，《经籍考》经部易类的小序与小计引《汉志》六艺略易类 1 条、《隋志》经部易类 3 条与《新唐志》经部易类 1 条以叙述学术之兴衰源流，其书目下解题又引《崇文》经部易类 14 条、《郡斋》经部易类 44 条与《直斋》经部易类 78 条，共计 141 条(小序中亦引有《崇文》之 1 条)。从表 2-4 可见，《经籍考》经部易类所收书籍未超出此前书目易类的范围，其中引用《直斋》达一半以上。

(二)书类

如表 2-4 所示，《经籍考》经部书类的小序与小计引《汉志》六艺略书类 1 条、《隋志》经部书类 3 条与《新唐志》经部书类 1 条以叙述学术之兴衰源流，书目下的解题又引《崇文》经部书类 4 条及《郡斋》经部书类 18 条与经部经解类 1 条，又引《直斋》经部书类 28 条，共计 56 条。可知《经籍考》书类也基本来源于前代书目之书类，只有 1 条是来自《郡斋》之经部经解类，即《经籍考》卷 4 经部书类“《古三坟书》一卷”条下引用“晁氏曰”，此解题系来自《郡斋》卷 4 经部经解类著录的“《三坟书》七卷”。此书晁氏以为是宋代张商英伪撰。《经籍考》此条下又引《直斋》云：

陈氏曰：元丰中，毛渐正仲奉使京西，得之唐州民舍。其辞诡诞不经，盖伪书也。《三坟》之名，惟见于《左氏》右尹子革之言，盖自孔子定《书》，断自唐虞以下，前乎唐虞，无征不信，不复采取，于时固已影响不存，去之二千载，而其书忽出，何可信也！况“皇”谓之“坟”，“帝”谓之“典”，皆古史也，不当如毛所录，其伪明甚。人之好奇，有如此其僻者。晁公武云张商英伪撰，以比李筌《阴符经》。①

虽是伪书，但“三坟五典八索九丘”是与《尚书》同类的古史无疑，当归入书类。所以《直斋》卷4将其归入经部书类，而《经籍考》从之。但《四库全书总目》卷10则将其归入经部易类，四库馆臣在其下用按语指出：

案，《左传》称倚相能读三坟、五典、八索、九丘，孔安国书序所解虽出依托，至刘熙释名则确属古书，据所训释，“三坟”乃书类，非易类也。然伪本既托于三《易》，不可复附书类中，姑从《易》纬之例，附其目于诸家《易》说之末。②

《四库全书总目》因其内容包含了《连山》《归藏》《乾坤》三《易》而将其附在易类之末，从而使其分类符合其实际内容，较之前代书目无疑更合理一些。

（三）诗类

如表2-4所示，《经籍考》经部诗类的小序与小计引《汉志》六艺略诗类2条、《隋志》经部诗类3条与《新唐志》诗类1条以叙述学术之兴衰源流，而书目下解题又引《崇文》经部诗类6条、《郡斋》经部诗类10条与《直斋》经部诗类20条，共计42条。可见《经籍考》经部诗类所收书籍也未超出此前书目诗类的范围。

（四）礼类

如表2-4所示，《经籍考》经部礼类的小序与小计引《汉志》六艺略礼类2条、《隋志》经部礼类2条与《新唐志》经部礼类1条，而书目下解题又引《崇文》经部礼类7条、《郡斋》经部礼类24条与《直斋》经部礼类35条，共计71条。可见《经籍考》经部礼类所收书籍未超出此前书目礼类的范围。

（五）春秋

如表2-4所示，《经籍考》经部春秋类的小序与小计引《汉志》六艺略春秋类2条、《隋志》经部春秋类2条与《新唐志》经部春秋类1条，其书目下解题又引《崇文》春秋类27条、《郡斋》春秋类41条与《直斋》春秋类63条，共计136条。可见《经籍考》经部春秋类所收书籍未超出此前书目春秋类的范围。

（六）论语

如表2-4所示，《经籍考》经部论语类的小序与小计引《汉志》六艺略论语类2条、《隋志》经部论语类2条与《新唐志》论语类1条，其书目下解题又引《崇文》论语类1条、《郡斋》论语类17条与《直斋》经部语孟类22条、子部儒家类1条，共计46条。可见《经籍

① 马端临：《文献通考·经籍考》（上），华东师范大学出版社，1985年，第117页。

② 四库全书研究所：《钦定四库全书总目（整理本）》（上），中华书局，1997年，第137页。

考》经部论语类所收书籍基本未超出此前书目论语类的范围。只有1条例外，来自《直斋》卷9的子部儒家类，即《经籍考》卷11经部论语类所著录的最后一家《孔子家语》，此书《郡斋》卷4亦归入经部论语类。《经籍考》在此条下首先辑录了王肃托名孔安国所作的后序云：

> 王肃注。后序曰：《孔子家语》者，皆当时公卿士大夫及七十二弟子之所谘访交相对问言语也，既而诸弟子各自记其所问焉，与《论语》、《孝经》并。时弟子取其正实而切事者，别出为《论语》，其余则都集录之，名之曰《孔子家语》。①

据此说，则《孔子家语》与《论语》本是同源，内容也相近。《家语》归于论语类似无可厚非，最初出于孔壁而由孔安国撰次的《孔子家语》确实是这样，马氏在其下又辑录了汉代博士孔衍的奏疏云：

> 博士孔衍言：臣祖故临淮太守安国，逮仕于孝武皇帝之世，以经学为名，以儒雅为官，赞明道义，见称前朝。时鲁共王坏孔子故宅，得古文科斗《尚书》、《孝经》、《论语》，世人莫有能言者，安国为改今文，读而训传其义。又撰次《孔子家语》。既毕讫，会值巫蛊事起，遂各废不行于时。②

此书虽经孔安国整理，但因"巫蛊"事起而未立学官，到了汉末此书已亡佚。而魏王肃所得之《家语》实为其辑佚编纂而来。因此宋代以来多有人怀疑其为王肃伪造。陈氏对王肃的《家语》早已有所怀疑。《经籍考》所引《直斋》云：

> 陈氏曰：孔子二十四世孙猛所传。魏王肃为之注。肃辟郑学，猛尝受学于肃，肃从猛得此书，与肃所论多合，从而证之，遂行于世云。博士安国所得壁中书也，亦未必然。其间所载，多已见《左氏传》、《大戴礼》诸书。③

陈振孙认为王肃《家语》中的材料多见于《左传》《大戴礼记》诸书之中，可能是其辑录群书而成，非孔安国所得壁中原书，故将其视为王肃自己的著作而归入儒家，不得厕入经部论语类。这无疑是很有见地的。虽然在今天看来，王肃本《孔子家语》可称为辑佚书，称为伪书是不适当的。但总之，孔安国所编的壁中书《孔子家语》可附入论语类，而王肃编纂的《孔子家语》可归入儒家。其后的《宋志》同《经籍考》归入经部论语类，而《四库全书总目》、在认定为王肃伪撰后同于《直斋》，将其归入子部儒家类中。

(七)孟子

如表2-4所示，《经籍考》经部孟子类的小计引《汉志》诸子略儒家类1条、《隋志》子

① 马端临：《文献通考·经籍考》(上)，华东师范大学出版社，1985年，第289页。
② 马端临：《文献通考·经籍考》(上)，华东师范大学出版社，1985年，第291页。
③ 马端临：《文献通考·经籍考》(上)，华东师范大学出版社，1985年，第291页。

部儒类 3 条与《新唐志》子部儒家类 6 条，以及赵岐《孟子·题辞》以叙述该类之学术源流，而书目下解题又引《崇文》儒家类 2 条、《郡斋》儒家类 10 条与《直斋》经部语孟类 6 条、子部儒家类 1 条，共计 29 条。可见《经籍考》经部孟子类所收书籍基本未超出此前书目儒家类之范围。

“孟子”在《直斋》以前皆列为诸子之一而归入子部儒家类。唐代韩愈为了对抗佛道二教以重建儒学权威，提倡道统论，奉孔孟为儒学正统，认为上古以来儒家圣人之道传至孟子而断绝，并自任为道统继承人。随着孟子地位的提升，北宋学术界出现了一股将《孟子》由“诸子”(儒家)之一家抬高到经书地位的所谓“《孟子》升格运动”，褒奖孟子赞成升格的“尊孟”与贬斥孟子的“疑孟”两派相互展开了争鸣。其中李觏与司马光属于“疑孟”一派，而王安石及二程则属于“尊孟”一派①。伴随着以继承孔孟之道统为己任的道学(洛学)的兴起，特别是朱熹的集洛学大成之作《四书章句集注》的出现，《孟子》终于从诸子中脱颖而出，其经书地位得以最终确立。不过在《直斋》中“孟子”虽升入经部，但依然与“论语”并为一类，并未完全独立。到了《经籍考》才首次将其独立出来，后代因之不变。这是马端临在《直斋》基础上的一大推进。由表 2-4 中数据亦可看出，虽然《经籍考》经部孟子类是参考《直斋》经部语孟类而设立的，但具体书目却以来自《郡斋》经部儒家类者为多。

其中有 1 条来自《直斋》卷 9 子部儒家类，即《经籍考》卷 11 经部孟子类的“《尊孟辨》七卷”。其下辑录《直斋》解题云：

> 陈氏曰：建安余允文隐之撰。以司马公有《疑孟》，及李遘泰伯《常语》、郑厚叔《折衷》皆有非《孟》之言，故辩之，为五卷。后二卷则王充《论衡·刺孟》及东坡《论语说》中与《孟子》异者，亦辩焉。②

与李觏的《常语》一样，司马光的疑孟思想后来也遭到余允文与朱熹等人的批判。《尊孟辨》即是宋代余允文反“疑孟”而主“尊孟”的一部考辨著作。《直斋》既设立有经部“语孟”类，理应归入才是，此条不知何以不入孟子类。《经籍考》在此予以了调整，甚是。《四库总目》卷 35 亦将其归入经部孟子类。

(八)孝经

如表 2-4 所示，《经籍考》经部孝经类的小序与小计引《汉志》六艺略孝经类 2 条、《隋志》经部孝经类 2 条与《新唐志》孝经类 1 条以叙述学术之兴衰源流，书目下解题又引《崇文》孝经类 5 条、《郡斋》孝经类 4 条与《直斋》孝经类 5 条，共计 19 条。可见《经籍考》经部孝经类所收书籍未超出此前书目孝经类的范围。

(九)经解

如表 2-4 所示，《经籍考》经部经解类的小序与小计引《汉志》六艺略孝经类 1 条、《隋

---

① 关于“孟子升格运动”及“非孟思潮”的详细论述，参见徐洪兴：《思想的转型——理学发生过程研究》第二章“儒学更新引出的文化变动”第二节“孟子升格运动”(附论：唐宋间的“非孟”思潮)。见徐洪兴：《思想的转型——理学发生过程研究》，上海人民出版社，1996 年，第 92~138 页。

② 马端临：《文献通考·经籍考》(上)，华东师范大学出版社，1985 年，第 299 页。

志》经部论语类1条与《新唐志》经部经解类1条以叙述学术之兴衰源流，而书目下解题又引《崇文》经部论语类8条、小学类4条，《郡斋》经部经解类4条，以及《直斋》经部经解类16条、子部杂家类1条，共计36条。可见《经籍考》经部经解类所收条目的来源比较复杂。

经解类与孝经类、论语类、小学类、杂家类都有密切关系。在《汉志》中，"《五经杂议》十八篇。石渠论"这部经解类著作附在六艺略孝经类之后，而《隋志》卷1经部论语类则附录有"《五经杂义》六卷孙畅之撰"。对此，张舜徽先生指出：

> 郑玄《六艺论》云："孔子以六艺题目不同，指意殊别，恐遭离散，后世莫知根原，故作《孝经》以总会之。"可知汉儒旧说，皆以《孝经》为六艺之大本，五经之总会，故《汉志》录《五经杂议》入《孝经》家。又《论语》所包亦广，不专一业，实亦概括五经，故《隋志》录《五经异义》以下诸家附《论语》之末，其例正同。①

由此可知在《汉志》与《隋志》中"经解"附于"孝经"或"论语"类之缘由，盖皆取其为"五经之总会"。其后《旧唐志》(《古今书录》)首次在经部设立了"经解"类，其卷上著录了"《五经杂义》七卷 刘向撰"。《新唐志》因之，在卷1经部经解类著录"刘向《五经杂义》七卷"。但《崇文》不从《新、旧唐志》，又退回到《隋志》，将"经解"类著作附在"论语"和"小学"类后，可谓保守而泥古。到了《郡斋》和《直斋》，才真正确立"经解"类的著录范围。《经籍考》因之。其中来自《直斋》卷10子部杂家类的"《匡缪正俗》八卷"，《崇文》将其归入"论语"类，《郡斋》将其归入"经解"类，《经籍考》从《郡斋》归类，较《直斋》的分类更合适一些，但并不是最终的解决方案。《四库全书总目》卷40将其归入小学类训诂之属，才算最终为其找到了恰当的归属。

(十)乐类

如表2-4所示，《经籍考》经部乐类的小序与小计引《汉志》六艺略乐类2条、《隋志》经部乐类1条与《新唐志》经部乐类1条以叙述学术之兴衰源流，书目下解题又引《崇文》经部乐类47条、《郡斋》经部乐类14条及《直斋》子部音乐类27条，共计92条(又小序中分别引有《郡斋》与《直斋》小序各1条)。可见《经籍考》经部乐类所收书籍主要来自此前书目乐类的范围，以《崇文》为最多。而《经籍考》与《直斋》在乐类的归部上有所不同。《经籍考》卷13经部乐类的小序引《直斋》子部音乐类小序云：

> 陈氏曰：刘歆、班固虽以《礼》《乐》著之《六艺略》，要皆非孔氏之旧也。然《三礼》至今行于世，犹是先汉旧传，而所谓《乐》六家者，影响不复存矣。窦公之《大司乐章》既已见于《周礼》，河间献王之《乐记》亦已录于《小戴》，则古乐已不复有书。而前志相承，取乐府、教坊、琵琶、羯鼓之类，以充《乐》类，与圣经并列，不亦悖乎！晚得郑子敬氏《书目》，独不然，其为说曰："《仪注》《编年》，各自为类，不得

① 张舜徽：《汉书艺文志通释》，华中师范大学出版社，2004年，第243页。

附于《礼》《春秋》，则后之乐书，固不得列于《六艺》。”今从之。而著于子录杂艺之前。①

《直斋》认为原属先秦六艺(六经)中的古乐书已经亡佚，后世之乐书不得再厕身经部乐类，因此取消了经部乐类，将后世乐书归入子部杂艺术之前的“音乐”类。马端临对陈振孙的这种处理作出了调整。他在前面辑录“陈氏曰”条下的按语中指出：

> 按：古者《诗》《书》《礼》《乐》，皆所以垂世立教，故《班史》著之《六艺》，以为经籍之首。流传至于后世，虽有是四者，而俱不可言经矣。故自唐有四库之目，而后世之所谓《书》者入史门，所谓《诗》者入集门，独《礼》、《乐》则俱以为经，于是以历代典章、仪注等书厕之《六典》《仪礼》之后，历代乐府、教坊诸书厕之《乐记》、《司乐》之后，猥杂殊甚。陈氏之言善矣！然乐者，国家之大典，古人以与礼并称，而陈氏《书录》则置之诸子之后，而侪之于技艺之间，又太不伦矣。虽后世之乐不可以拟古，然既以乐名书，则非止于技艺之末而已。况先儒释经之书，其反理诡道，为前贤所摈斥者，亦沿经之名，得以入于经类，岂后世之乐书，尽不足与言《乐》乎！故今所叙录，虽不敢如前志相承，以之拟经，而以与仪注谶纬并列于经解之后，史、子之前云。②

马端临肯定陈氏所说的“乐类著录已非古乐”之论断，因此必须相应作出调整，但他认为陈氏将其厕入“技艺”之间，不免又有些矫枉过正。在马氏这位注重礼乐之教化作用的正统儒者看来，乐书乃“国家之大典”，与民间不登大雅之堂的“技艺”存在雅俗之分，不可混为一谈。因此他提出了折中方案，即在保留经部乐类之名目的前提下，将乐类之排序(古籍书目中排序的变化往往反映出该部类地位的升降)从原本紧跟“五经”(易、书、诗、礼、春秋)之后下降到“经解”之后，虽然地位上已不能与“五经”相提并论，但毕竟还是位于子部之前。马氏以此显示后世制定的乐书虽非“先王之古乐”，但毕竟高于子部“技艺”之意。这里可以看出马端临的儒家正统思想。到了《四库全书总目》，则循此思路对乐书进行了分化。其卷三十作经部乐类小序云：

> 而后代钟律之书亦遂得著录于《经部》，不与《艺术》同科。顾自汉氏以来，兼陈雅俗，艳歌侧调，并隶云韶。于是诸史所登，虽细至筝琶，亦附于经末。循是以往，将小说稗官未尝不记言记事，亦附之《书》与《春秋》乎？悖理伤教，于斯为甚。今区别诸书，惟以辨律吕、明雅乐者仍列于经，其讴歌末技，弦管繁声，均退列《杂艺》、《词曲》两类中。用以见大乐元音，道侔天地，非郑声所得而奸也。③

---

① 马端临：《文献通考·经籍考》(上)，华东师范大学出版社，1985年，第320页。

② 马端临：《文献通考·经籍考》(上)，华东师范大学出版社，1985年，第320页。

③ 四库全书研究所：《钦定四库全书总目(整理本)》(上)，中华书局，1997年，第500页。

《四库全书总目》将《经籍考》中萌芽的雅与俗、理论与技艺之区分正式确立了下来，集中体现了儒家正统礼乐观。而上述马端临的做法可谓是承前而启后的重要一环。

(十一)仪注

如表2-4所示，《经籍考》经部仪注类的小序与小计引《汉志》六艺略礼类4条、《隋志》史部仪注类2条与《新唐志》史部仪注类1条以叙述学术之兴衰源流，而书目下解题又引《崇文》经部礼类8条，《郡斋》经部礼类3条、经解类1条、小学类3条与史部仪注类5条，以及《直斋》史部礼注类38条与目录类3条，共计68条。可见仪注也是较有分歧的一类。

考《汉志》无“仪注”类，其中“《古封禅群祀》二十二篇”“《封禅议对》十九篇”“《汉封禅群祀》三十六篇”“《议奏》三十八篇”四部“仪注”类书籍皆附入经部礼类中。《隋志》《旧唐志》《新唐志》《崇文》《郡斋》皆设“仪注”类(《直斋》在史部设有“礼注”类，名异实同)，但皆归入史部之中，到了《经籍考》才调整上升到经部之中。“仪注”与经部礼类关系密切，《经籍考》的做法是经部礼类只著录古代“三礼”(《周礼》《仪礼》《礼记》)及其注释类著作，而后代制定的礼书则归入经部仪注类，界限很明晰。《崇文》虽有“礼”与“仪注”两类，但其礼类除“三礼”外还著录有《江都集礼》(隋代)、《开元礼义鉴》(唐代)等后世礼书，同时《崇文》的史部仪注类也著录有《礼阁新仪》《唐礼纂要》(皆唐代)等后世礼书，这样便与经部礼类混淆了界限。因此《经籍考》对其进行了调整，将8部在《崇文》厕入经部“礼”类的后世礼书归入经部仪注类。《郡斋》经部礼类著录的“《开宝通礼》二百卷”“《太常因革礼》”“《元丰郊庙礼文》三十卷”这3部和《崇文》中的归类一样，都是后世礼书厕入礼类，因而都被马端临调整到仪注类。《经籍考》对“三礼”和后代礼书的区分做法，为《四库全书总目》所继承并予以细化，即在经部设立礼类二级类目，其下分立“周礼”“仪礼”“礼记”这些“三礼”之类，又并列有“杂礼书”“三礼总义”“通礼”诸类。

除此之外，《郡斋》卷4经部经解类著录有“蔡邕《独断》二卷”，《经籍考》卷14经部仪注类收录此书，著录为“《独断》二卷”，其下辑录《郡斋》解题云：

> 杂记自古国家制度及汉朝故事。①

又辑录《直斋》卷6史部礼注类下此书解题云：

> 言汉世制度、礼文、车服及诸帝世次，而兼及前代礼乐。②

《郡斋》将《独断》归入经解类，当是着眼于其考证经义的著述形式，而《直斋》与《经籍考》的归类则着眼于其所论述之实际内容。《四库全书总目》从《郡斋》的做法出发，将《独断》归入了子部杂家的杂考类。其卷119杂家类杂考之属的按语云：

① 马端临：《文献通考·经籍考》(上)，华东师范大学出版社，1985年，第349页。

② 马端临：《文献通考·经籍考》(上)，华东师范大学出版社，1985年，第349页。

> 案：考证经义之书，始于《白虎通义》。蔡邕《独断》之类，皆沿其支流。至唐而《资暇集》、《刊误》之类为数渐繁，至宋而《容斋随笔》之类动成巨帙。其说大抵兼论经、史、子、集，不可限以一类，是真出于议官之杂家也。(班固谓杂家者流出于议官。)今汇而编之，命曰杂考。①

又《郡斋》卷4经部小学类著录有"《考古图》十卷""《博古图》二十卷"和"《钟鼎款识》二十卷"，而《直斋》卷8史部目录类则著录"《考古图》十卷""《博古图说》十一卷""《宣和博古图》三十卷"，《经籍考》在辑录以上诸书的晁、陈两家解题后下按语云：

> 按：《考古图》诸书晁氏以入小学门，陈氏以入书目门，皆失其伦类。既所考者古之礼器，则礼文之事也，故釐入仪注门。②

将以上诸书均调整归在经部仪注类下。《郡斋》将以上诸书归入小学类，当是着眼于上述诸书考证文字的功用，《直斋》归入目录类，当是着眼于其图谱的形式，而马端临则从其所体现的实质内容出发，认为其所著录之图谱皆古礼器，其记载皆与"礼文"相关，故将其归入仪注类。三家立足点不同，可谓见仁见智。《四库总目》从《直斋》的做法，在卷115将《宣和博古图》归入子部谱录类器用之属。

(十二)谥法

如表2-4所示，《经籍考》此类书目下解题引《崇文》经部礼类3条、《郡斋》经部礼类3条与《直斋》经部经解类3条，共计9条。马端临在《经籍考》中设立此类当是来源于《通志·艺文略》的"经类"→"经解"→"谥法"，只是将其三级类目"谥法"提升为与"经解"并列的二级类目。考《经籍考》卷14经部谥法类小计后之按语云：

> 按：谥者，国家送终之大典，今历代史志，俱以谥法入经解门，则伦类失当。今除《周公谥法》、《春秋谥法》二项入礼门，而历代之谥法，则俱附于仪注之后，庶以类相从云。③

《经籍考》卷8经部礼类著录有"《周公谥法》一卷"与"《春秋谥法》一卷"，前者相传源自周公，后者内容与前者相似，均被认为是先秦之谥法，属于先秦礼制的重要内容，故附入"三礼"之中，而将后世之谥法书单列于谥法类中。表2-4所引用《崇文》《郡斋》《直斋》皆出自书目下的解题。如《崇文》卷1经部礼类著录有"《谥别》十卷""《谥法》四卷"与"《续古今谥法》十四卷"三书。《郡斋》卷2经部礼类著录有"《沈贺谥法》四卷""《嘉祐谥

① 四库全书研究所：《钦定四库全书总目(整理本)》(上)，中华书局，1997年，第1600页。

② 马端临：《文献通考·经籍考》(上)，华东师范大学出版社，1985年，第375页。

③ 马端临：《文献通考·经籍考》(上)，华东师范大学出版社，1985年，第346页。

法》三卷”和“《集谥总录》一卷”三书。《直斋》则将谥法类书籍归入经解类中，在其卷3经部经解类下著录有“《六家谥法》二十卷”“《政和修定谥法》六卷”与“《郑氏谥法》三卷”三书。《经籍考》皆将其归入独立的谥法类中。这种单立谥法类的做法与对前述仪注类书籍的处理类似，集中反映了作为朱子学者的马端临对礼制的重视和正统思想，但此分类后世很少采用。如《四库总目》便将“谥法”类书籍归于史部政书类典礼之属下。

(十三)谶纬

如表2-4所示，《经籍考》经部谶纬类小序与小计引《隋志》谶纬类2条与《新唐志》谶纬类1条，小序中又引《直斋》卷32经部谶纬类所著录的“《乾坤凿度》二卷”下陈振孙之按语1条以叙述谶纬的兴衰，其书目下解题则分别辑录《郡斋》经部易类3条与《直斋》谶纬类3条，共计10条。考《郡斋》无谶纬类，因其所著录之纬书皆“易纬”，故将其附在易类之下，即《郡斋》卷1经部易类著录之“《易乾凿度》二卷”“《坤凿度》二卷”与“《周易纬稽览图》二卷，《周易纬是类谋》一卷，《周易纬辨终备》一卷，《周易纬乾元叙制记》一卷，《周易纬坤灵图》一卷，《易通卦验》二卷”共三条书目。《经籍考》由于设有单独的谶纬类，故将上述诸书调整到谶纬类中。

(十四)小学

如表2-4所示，《经籍考》经部小学类的小序与小计引《汉志》六艺略孝经类4条、小学类2条，《隋志》经部小学类2条、《新唐志》经部小学类1条以叙述学术之兴衰源流，而书目下解题又引《崇文》小学类7条，《郡斋》经部小学类35条、子部类书类4条，《直斋》经部小学类38条、史部目录类1条以及子部儒家类4条、杂家类1条、杂艺类13条、类书类8条，共计120条。可知《经籍考》与《郡斋》的关系比较简单，只引用《郡斋》经部小学类和子部类书类之条目。《经籍考》经部小学类著录之条目虽以来自《直斋》经部小学类为最多，但除此之外，《经籍考》的小学类还引用了《直斋》史部目录类与子部类书、儒家、杂家、杂艺诸类之条目，反映了《经籍考》小学类与《直斋》类目之间有着错综复杂的关系。这也使得《经籍考》的小学类所收书籍内容十分庞杂，除了传统的文字、音韵、训诂等小学类书籍外，还包括工具、幼教、蒙学、书法诸类书籍。

工具书如《直斋》卷8史部目录类著录有“《隶释》一十七卷、《隶续》二十一卷”，《经籍考》将其调整到经部小学类。《直斋》把它视作分类编排的检字工具书，《经籍考》则着眼于其记载之对象本是文字而不论其实际功用(与下文所述书法类著作归入小学类出于同一理由)。但因其所载并非先秦古文字，而是隶变之后的今文，所以究其实质，工具书性质还是大于其文字考证之作用。故《四库全书总目》卷86同《直斋》，将其归入史部目录类。

幼教书如《直斋》卷9子部儒家类著录有“《童蒙训》一卷”“《少仪外传》二卷”“《辨志录》一卷”与“《小学书》四卷”这四部“幼教”读物，是教授童蒙及初学者为人处世的具体行为规范的书籍(属于“事”的层面)，属于儒家教育中的初等教育。在前代书目中一般都归入儒家类，直到朱熹才特意将其从儒家中提出归入“小学”中，意在与讲述为人处世之道理的“大学”相表里(属于“理”的层面)，以之作为修身立命之根基，并从而规定了修身治学的前后次序(先事而后理，先小学而后大学，下学而上达)。正如《经籍考》在“《小学书》四卷”之下引《朱子语录》所云：

> 修身之法，小学备矣。后生初学，且看小学之书，这个是做人底样子。学之小大虽不同，而其道则一。小学是事，如事君、事父、事兄、处友等事，大学是发明此事之理。游倪曰：自幼既失小学之序，愿授《大学》。先生曰：授《大学》甚好，也须把小学书看，只消旬日工夫。①

马端临依据朱熹的意见，将幼教类书籍归入小学类中绝非偶然，是由其朱子学的思想立场所决定的。《宋元学案》卷89《介轩学案》中将马端临列于朱熹的再传弟子曹泾之门下，所载曹泾之小传云："(曹泾)博学知名，马端临尝师事之。"②又载马端临之小传云："时休宁曹泾精诣朱子学，先生从之遊，师承有自。"③可知马端临得朱子学之真传。同卷又辑录了《文献通考·自序》，其下编纂者之一王梓材指出："梓材谨案：先生传及《自序》，黄氏补本列《胡熊诸儒学案》，以其与程登庸友善，而并为朱学也，附入是卷。"④可知马端临与乐平程登庸等学者相友善，都信奉朱子学⑤。因此马端临深受朱子学的影响，并以之作为其思想及立论的根基，反映在《经籍考》中，便是大量吸收程朱理学，尤其是朱熹的意见和看法⑥。此例可见其一斑。

又《直斋》卷10子部杂家类著录有"《弟子职》等五书一卷"。《经籍考》辑录其解题云：

> 陈氏曰：漳州教授张时举，以《管子·弟子职篇》、班氏《女诫》、吕氏《乡约》、《乡礼》、司马氏《居家杂仪》合为一篇。⑦

《直斋》以其合五书为一卷、内容丛杂而归入杂家。《经籍考》则以其具体内容属童蒙修身之"幼教"书而调整归入小学类。两者侧重点不同，当以《经籍考》的做法为优。

蒙学书如《郡斋》卷14子部类书类著录有"《蒙求》三卷""《左氏蒙求》三卷""《左氏纲

---

① 马端临：《文献通考·经籍考》(上)，华东师范大学出版社，1985年，第436页。

② (清)黄宗羲原著，(清)全祖望补修，陈金生、梁运华点校：《宋元学案》，中华书局，1986年，第四册第2972页。

③ (清)黄宗羲原著，(清)全祖望补修，陈金生、梁运华点校：《宋元学案》，中华书局，1986年，第四册第2977页。

④ (清)黄宗羲原著，(清)全祖望补修，陈金生、梁运华点校：《宋元学案》，中华书局，1986年，第四册第2980页。

⑤ 参见邓瑞的相关考证，见其所著《马端临与〈文献通考〉》，山西古籍出版社，2003年，第23~26页。

⑥ 根据笔者对《经籍考》及其来源的全文分析统计，《经籍考》中辑录了140家不同作者共6074段不同的文字(包括序文、部卷数合计及解题文字)。其中辑录朱熹的文字达279段，仅次于辑录《直斋》的2818条与《郡斋》的1437条，位列第三。这些文字主要来自《朱子语录》(《朱子语类》的前身)与《晦庵集》。其《朱子语录》(《朱子语类》)几乎涉及当时所有学术门类，又多心得之语，学术价值很高。此外《经籍考》对朱熹《晦庵集》中的序文及其他专著也多有引用。《经籍考》辑录朱熹的文字不仅数量多而且兼及四部，其中又以经部为首(经部内又以礼、易为多)，其次子、集，史部较少，这也与朱熹的学术侧重点相吻合。

⑦ 马端临：《文献通考·经籍考》(上)，华东师范大学出版社，1985年，第437页。

领》四卷"与"《两汉蒙求》五卷，《唐史属辞》五卷，《南北史蒙求》十卷"，《经籍考》将这几部蒙学著作调整归入小学类中。同样，《直斋》卷14子部类书类著录有"《蒙求》三卷""《补注蒙求》八卷"等8部蒙学故事集，与《郡斋》子部类书类著录的4部情况一样。马端临因其本质为儒学初级读本而调整归入小学类中。《四库全书总目》则从《郡斋》和《直斋》，将其归入子部类书类中，当是着眼于其以一定的编纂体例汇聚故事而成书的特征。

书法书如《直斋》卷14子部杂艺类著录有刘次庄的"《武冈法帖释文》二十卷"、张彦远的"《法帖要录》十卷"、释适之的"《金壶记》一卷"、钱惟演的"《飞白叙录》一卷"、黄伯思的"《法帖刊误》二卷"、翟耆年的"《籀史》二卷"、姜夔的"《绛帖评》一卷"（《经籍考》著录为二十卷）、桑世昌的"《兰亭博议》十五卷"、桑世昌的"《兰亭考》十二卷"（《经籍考》著录为十三卷）、蔡端的"《法书撮要》十卷"与陈思的"《书苑菁华》二十卷"等13部著作。《经籍考》卷17将以上诸书皆调整归入经部小学类中，并在陈思的"《书苑菁华》二十卷"后以按语说明其理由云：

> 按：以字书入小学门，自《汉志》已然。历代史志从之，至陈直斋所著《书录解题》，则以为《书品》、《书断》之类，所论书法之工拙，正与射御同科，特削之，俾列于杂艺，不以入经录。夫书虽至于钟、王，乃游艺之末者，非所以为学，削之诚是也。①

马端临首先承认《直斋》所谓论"书法"的著作为"技艺"，与作为学问根基的传统小学不可混为一谈。但他在按语中接着又指出：

> 然《六经》皆本于字，字则必有真行草篆之殊矣，且均一字也，属乎偏旁音韵者则入于小学，属乎真行草篆者则入于杂艺，一书而析为二门，于义亦无所当矣。故今并以入小学门，仍前史旧云。②

可见马氏虽然从道理上赞成陈振孙的观点，但在书籍的具体归类处理上持不同的意见。他不赞成陈氏将"书法"类著作从小学分出的做法。因为在马氏的眼里"书法"也好，字书韵书也好，同样都以文字为对象，虽然其侧重点各有不同，但没有必要分立两门。所以他没有依从《直斋》，仍然将"书法"著作保留在小学类中。

综上所述，《经籍考》将"工具""幼教""蒙学""书法"类著作，分别从《郡斋》与《直斋》的目录类、儒家类、类书类、杂艺类中调整归入其"小学"类中。这些调整大多并非马氏首创，一般都有其历史依据。《四库全书总目》卷40经部小学类小序中指出：

> 古小学所教，不过六书之类。故《汉志》以《弟子职》附《孝经》，而《史籀》等十家四十五篇列为小学。《隋志》增以金石刻文，《唐志》增以书法、书品，已非初旨。自

① 马端临：《文献通考·经籍考》（上），华东师范大学出版社，1985年，第433页。

② 马端临：《文献通考·经籍考》（上），华东师范大学出版社，1985年，第433页。

> 朱子作《小学》以配《大学》，赵希弁《读书附志》遂以《弟子职》之类并入小学，又以蒙求之类相参并列，而小学益多岐矣。考订源流，惟《汉志》根据经义，要为近古。今以论幼仪者别入《儒家》，以论笔法者别入《杂艺》，以蒙求之属隶《故事》，以便记诵者别入《类书》，惟以《尔雅》以下编为《训诂》，《说文》以下编为《字书》，《广韵》以下编为《韵书》。庶体例谨严，不失古义。其有兼举两家者，则各以所重为主(如李焘《说文五音韵谱》实字书，袁子让《字学元元》实论等韵之类)。悉条其得失，具于本篇。①

由此可知，将“书法”著作从艺术类中分出归入小学类始于《新唐志》，将“幼教”著作从儒家类中分出归入小学类则由朱熹所倡导，并首先由赵希弁在其《读书附志》中予以实践(但马端临并未见到《读书附志》)，将“蒙学”著作从类书类中分出归入小学类则始自晁公武《郡斋读书志》。《经籍考》的小学类对此都予以了吸收，可谓汇集前代书目小学类于一炉。这一方面是由其辑录体的特殊体制所决定的，另一方面也体现了马端临本人的学术思想立场。不仅如此，马端临还自行将检字类“工具书”从前代书目的目录类中分出，归入其小学类中，从而使其“小学”类所包括的范围更加庞杂。

作为清代考据学结晶的《四库全书总目》，主张小学类中只载文字、音韵、训诂类书籍，而将“论幼仪”“论笔法”“蒙求”及“便记诵”之书各归其类，从而恢复了《汉志》的“小学”传统，使得“小学”类变得纯粹了。当然《经籍考》小学类的收书范围是建立在广泛汇集前代书目并吸收程朱理学思想的基础之上的，而清代出于对宋明理学以义理解经的空疏弊病的批判和反思，提倡返回先秦儒学本义并对经典以予以忠实的解释，作为朴学家解经之基础的文字、音韵、训诂的传统“小学”的研究兴盛，自清代考据学的开山鼻祖顾炎武提倡“读九经自考文始，考文自知音始”并以其《音学五书》等著作予以示范后，小学的研究日益兴盛起来，先后涌现出了戴震、王念孙、王引之、段玉裁等一大批以小学功底见长的经学大家，而官方出于钳制思想以维护专制统治的需要，对于钻故纸堆、与现实关系不大的小学也是大力提倡。正因为上述学术发展的内在理路与政治形势的影响，清代小学由经学附庸一跃而蔚为大国，所以反映在《四库全书总目》中，自然会主张恢复《汉志》的“小学”传统。两者的差别一方面是由《经籍考》与《四库全书总目》辑录体与叙录体的不同体制而决定的，另一方面更是直接反映了学术随时代背景的不同而发生的变异，《经籍考》与《四库全书总目》都不过是各自予以忠实的记录罢了。

二、史部的分析

《经籍考》史部引用六部主要书目的分布情况如表 2-5 所示。

可知《经籍考》史部条目以引用《直斋》史部条目为最多，引用《郡斋》史部次之，两者占史部引用六部书目总条数(1133)的 91.79%。除前代书目的史部外，《经籍考》史部所引用的条目涉及《汉志》的六艺略，《郡斋》的子部以及《直斋》的经、子、集三部，具体如表 2-6 所示。

---

① 四库全书研究所：《钦定四库全书总目(整理本)》(上)，中华书局，1997 年，第 526 页。

表 2-5 《经籍考》史部引用六部主要书目的分布情况

目录名	一级	合计	百分比
汉志	六艺	9	0.79%
隋志	史	23	2.03%
新唐志	史	15	1.32%
崇文	史	21	1.85%
郡斋	史	292	25.77%
	子	15	1.32%
直斋	经	1	0.09%
	史	748	66.02%
	子	7	0.62%
	集	2	0.18%
总计		1133	100.00%

表 2-6 《经籍考》史部涉及六部主要书目经、子、集部的统计情况

目录名	一级	二级	史部
汉志	六艺	春秋	9
郡斋	子	儒家	1
		农家	5
		类书	9
直斋	经	书	1
	子	小说家	2
		杂艺	3
		类书	2
	集	文史	2
总计			34

表 2-6 反映了《经籍考》的史部范围与《汉志》《郡斋》《直斋》这三部书有比较多的交错现象，下文将按《经籍考》史部各二级类目的次序逐一进行分析。这里先列出《经籍考》史部各二级类目引用这六部主要书目的情况如表 2-7 所示。

表 2-7 《经籍考》史部各二级类目引用六部主要书目的情况

目录名	一级	二级	正史	编年	起居注	杂史	传记	伪史霸史	史评史钞	故事	职官	刑法	地理	时令	谱牒	目录	总计
汉志	六艺	春秋	9														9
隋志	史	正史	2														2
		古史		2													2
		霸史						2									2
		起居注			2												2
		旧事								2							2
		杂史				2											2
		职官									2						2
		刑法										1					1
		地理											2				2
		杂传					2										2
		谱系													2		2
		簿录														2	2

续表

目录名	一级	二级	正史	编年	起居注	杂史	传记	伪史霸史	史评史钞	故事	职官	刑法	地理	时令	谱牒	目录	总计
新唐志	史	正史	2														2
		编年		1													1
		实录		1													1
		起居注			1												1
		诏令			1												1
		伪史						1									1
		杂史				1											1
		职官									1						1
		谱牒													1		1
		目录														1	1
		故事								1							1
		杂传记					1										1
		刑法										1					1
		地理											1				1
崇文	史	正史	5						7								12
		编年		1		3											4
		实录			1												1
		杂史	2			2											4
郡斋	史	大序	1														1
		正史	19														19
		编年		19	1												20
		实录			31		1										32
		伪史					1	26									27
		杂史	1			10	37			5							53
		职官								1	21						22
		传记			1	1	34										36
		谱牒													3		3
		史评				1			21								22
		仪注								2							2
		刑法										12					12
		地理											34				34
		书目														9	9
	子	儒家		1													1
		农家												5			5
		类书								9							9

续表

目录名	一级	二级	正史	编年	起居注	杂史	传记	伪史霸史	史评史钞	故事	职官	刑法	地理	时令	谱牒	目录	总计
直斋	经	书				1											1
	史	正史	14						11								25
		别史				2	2		1								5
		编年		40					8		2						50
		起居注			37												37
		诏令			8												8
		伪史						38									38
		杂史		1	1	7	76	2									87
		典故					2			50	1						53
		职官									50						50
		时令												10			10
		传记				4	144	1				1					150
		法令										14					14
		谱牒													19		19
		目录														26	26
		地理						7					169				176
	子	小说家				1	1										2
		杂艺								3							3
		类书							2								2
	集	文史							2								2
总计			55	66	84	35	301	77	52	73	77	29	206	15	25	38	1133

(一)正史

如表 2-7 所示，《经籍考》史部正史类的小序与小计引《汉志》六艺略春秋类 9 条、《隋志》史部正史类 2 条、《新唐志》史部正史类 2 条、《郡斋》史部大序之 1 条以叙述学术之兴衰源流，而其书目下解题又引《崇文》史部正史类 5 条、杂史类 2 条，《郡斋》史部正史类 19 条、杂史类 1 条，以及《直斋》史部正史类 14 条，共计 55 条。

《汉志》中“《太史公书》”(《史记》)等后世史书因数量少尚不足以独立成类，而附在六艺略“春秋”类之中。《隋志》在官修书目中正式确立史部“正史”的类目后，历代因之，但在一些具体书目的归类上仍有分歧。如《崇文》卷 2 以及《郡斋》卷 6 都将李延寿改编南北朝史书而成的“《北史》一百卷”与“《南史》八十卷”归入史部杂史类中，这是因为当时此两史的正史地位尚未确立。《崇文》在史部正史类著录有《宋书》《梁书》等南北朝史书，《北史》与《南史》则归入杂史类。到了马端临时，此两史的正史地位已经确立，故由杂史升入正史之中。考《经籍考》卷22史部杂史小序中辑录《宋三朝国史艺文志》云：

> 《宋三朝志》曰：杂史者，正史、编年之外，别为一家。体制不纯，事多异闻，言或过实。然籍以质正疑谬，补缉阙遗，后之为史者，有以取资，如司马迁采《战国策》《楚汉春秋》，不为无益也。①

《南史》《北史》主要取材自南北朝的宋、齐、梁、陈、魏、齐、周、隋八书。李延寿撰写"二史"的方法是对上述八部正史进行"抄录"和"连缀"，并"鸠聚遗逸，以广异闻"，"除其冗长，捃其菁华"。这是一个删节、补充、改写乃至提升的过程，并非一般钞录之"杂史"可比。因此《北史》与《南史》的材料虽多来源于南北朝诸史，但后出转精，成就反在南北诸史之上，后世评价很高。如《经籍考》辑录陈正敏《遯斋闲览》之语云：

> 遯斋陈氏曰：李延寿著《南》《北史》，粗得作史之体。故《唐书》本传亦谓其删略穰辞，过本书远甚。②

又辑录司马光《温国文正公文集》卷第六十二启五《与刘道原书》亦云：

> 司马公曰：光少时，惟得高氏《小史》读之，自宋迄隋并《南》《北史》，或未尝得见，或读之不熟。今因修南北朝《通鉴》，方得细观，乃知李延寿之书亦近世之佳史也。虽于禨祥诙嘲小事无所不载，然叙事简径，比于南、北正史，无烦冗芜秽之辞。窃谓陈寿之后，惟延寿可以亚之也。③

由此可见，将其地位提升与八书并列而归入正史也在情理之中。

(二) 编年

如表2-7所示，《经籍考》史部编年类的小序与小计引《隋志》史部古史类2条，又引《新唐志》史部编年类1条与实录类1条以叙述学术之兴衰源流，而书目下解题引《崇文》史部编年类1条，《郡斋》史部编年类19条、子部儒家类1条，以及《直斋》史部编年类40条、杂史类1条，共计66条。可见编年类的来源也比较复杂。

《新唐志》史部有"实录"类附于"起居注"类之下，马端临在《经籍考》卷18史部编年类的小计中引《新唐志》史部实录类小计后下按语云：

> 按：实录即是仿编年之法，惟《唐志》专立实录一门，《隋史》以实录附杂史，《宋

---

① 马端临：《文献通考·经籍考》(上)，华东师范大学出版社，1985年，第535页。
② 马端临：《文献通考·经籍考》(上)，华东师范大学出版社，1985年，第468页。
③ 马端临：《文献通考·经籍考》(上)，华东师范大学出版社，1985年，第468页。

志》以实录附编年，今从《宋志》。①

依此，马氏将《新唐志》的实录类书籍附在编年类下。

《经籍考》卷20史部编年类著录有"《元经薛氏传》十五卷"，其下辑录《郡斋》卷10子部儒家类"《元经》十卷"之解题云：

> 晁氏曰：隋王通撰，唐薛收传，皇朝阮逸学。起晋惠帝太熙元年，终于陈亡。子从兄子逸仕安康，尝得其本，归而示四父，四父读至"帝问蛙鸣"，哂其陋曰："六籍奴婢之言不为过。"按《崇文》无其目，疑逸依托为之。②

又辑录《直斋》卷4史部编年类"《元经薛氏传》十五卷"之解题云：

> 陈氏曰：称王通撰。薛收传，阮逸补并注。按河汾王氏诸书，自《中说》之外，皆《唐·艺文志》所无。其传出阮逸，或云皆逸伪作也。今考唐神尧讳渊，其祖景皇讳虎，故《晋书》戴渊、石虎皆以字行。薛收，唐人，于传称戴若思、石季龙，宜也。《元经》作于隋世太兴四年，亦书曰"若思"何哉？意逸之心劳日拙，自不能掩邪。此书始得于莆田，才三卷，止晋成帝。后从石林叶氏得全本录成之。③

可知晁公武因此书题名隋代大儒王通撰(虽然也怀疑是阮逸伪造)，故归入儒家类，而《直斋》则进一步认定其为阮逸伪撰，又内容"起晋惠帝太熙元年，终于陈亡"，系编年体裁，故归入编年类，而《经籍考》从之。

《直斋》卷5史部杂史类著录有"《行在河洛记》十卷"，《经籍考》将其归入史部编年类，题名为"《河洛行年记》十卷"。此书《郡斋》卷5也收入史部编年类。《经籍考》卷20史部编年类此条辑《郡斋》解题云：

> 晁氏曰：唐刘仁轨撰。记唐初李密、王世充事。起大业十三年二月，迄武德四年七月秦王擒窦建德。第九卷述大业都城。第十卷载宫馆园囿，且云炀帝还都之诏称务从节俭，观其宫室穷极绮丽云。④

可见此书前八卷是编年，"记李密、王世充事。末二卷记隋都城、宫殿、池苑"⑤。从其主体内容来看归入编年类是适当的。

---

① 马端临：《文献通考·经籍考》(上)，华东师范大学出版社，1985年，第443页。
② 马端临：《文献通考·经籍考》(上)，华东师范大学出版社，1985年，第479页。
③ 马端临：《文献通考·经籍考》(上)，华东师范大学出版社，1985年，第479页。
④ 马端临：《文献通考·经籍考》(上)，华东师范大学出版社，1985年，第482页。
⑤ (宋)晁公武撰，孙猛校证：《郡斋读书志校证》(上)，上海古籍出版社，1990年，第482页。后出注不标作者所属朝代。

(三)起居注

如表2-7所示，《经籍考》史部起居注类的小序与小计引《隋志》史部起居注类2条，又引《新唐志》史部起居注类1条、诏令类1条以叙述学术之兴衰源流，而书目下解题又引《崇文》史部实录类1条，《郡斋》史部编年类1条、实录类31条、传记类1条，以及《直斋》史部起居注类37条、诏令类8条与杂史类1条，共计84条。可见《经籍考》此类之来源比较复杂。

考《新唐志》史部有诏令类，《经籍考》在卷18史部起居注类小计中引《新唐志》史部诏令类小计，其后下按语云：

> 按：《唐志》特立诏令一门，历代史皆无之。按古左史记言，右史记动，后官制中起居郎、起居舍人，即左、右之任也。故以诏令并入起居注门，庶从其类云。①

据此，马氏将其诏令类书籍并入起居注类中。

《崇文》卷2史部实录类著录有"《建中实录》十卷"1部，同样《郡斋》卷6史部实录类也著录有"《唐德宗实录》五十卷""《唐顺宗实录》五卷"等共31部。马端临皆将其调整归入起居注类中。

《郡斋》卷5将"《大唐创业起居注》三卷"归入史部编年类，《经籍考》卷21将其归入史部起居注类。又《郡斋》卷9将"《穆天子传》六卷"归入史部传记类，《经籍考》卷21将其归入史部起居注类，并引《直斋》(也将此书归入史部起居注类)的解题云：

> 陈氏曰：其体制与起居注同。起居注者，自汉明德马皇后始，汉、魏以来因之。"②

但是《四库全书总目》在卷142收录《穆天子传》后下按语云：

> 案：《穆天子传》旧皆入起居注类，徒以编年纪月，叙述西游之事，体近乎起居注耳，实则恍惚无征，又非逸周书之比。以为古书而存之可也，以为信史而录之，则史体杂，史例破矣。今退置于小说家，义求其当，无庸以变古为嫌也。③

此书终因其记载荒诞不经而将其退居子部小说家类异闻之属。

《直斋》史部诏令类与上述《新唐志》诏令类一样被调整入起居注类。又《直斋》卷5将"《建康实录》二十卷"归入史部杂史类。《直斋》本有起居注类，但却不收入此书，其原因如《经籍考》在卷21史部起居注此条下辑录《郡斋》所云：

---

① 马端临：《文献通考·经籍考》(上)，华东师范大学出版社，1985年，第444页。

② 马端临：《文献通考·经籍考》(上)，华东师范大学出版社，1985年，第511页。

③ 四库全书研究所：《钦定四库全书总目(整理本)》(下)，中华书局，1997年，第1872页。

晁氏曰：唐许嵩撰。始自吴，起汉兴平元年，终于陈末祯明三年，南朝六代四十帝，四百年间君臣行事，及土地山川、城池宫苑、制置兴坏、用存古迹，其异事则注之，以益见闻。按南朝四百年，除西晋平吴之年并吴首事之年而已。吴大帝在武昌七年，梁元年都江陵三年，其实在建康宫，三百二十一年也。十父按：嵩自叙此书云"使周览而不繁，约而无失"。然自顺帝以后，复为纪传而废编年，其间重复一事牴牾者甚众；至于名号称谓，又绝无法，盖亦烦而多失矣。①

其下所引《直斋》解题亦云：

陈氏曰：载吴、晋、宋、齐、梁、陈六朝都建康者，编年附传，大略用实录体。②

由《郡斋》解题可知此书编次无法，编年为主而混用纪传，而内容又丛杂。陈振孙因此将其退居杂史类。《郡斋》则归入实录类，《经籍考》则调整入起居注类。

(四)杂史

如表2-7所示，《经籍考》史部杂史类的小序与小计引《隋志》史部杂史类2条与《新唐志》史部杂史类1条以叙述学术之兴衰源流，其书目下解题又引《崇文》史部编年类3条、杂史类2条，《郡斋》史部杂史类10条、传记类1条、史评类1条，以及《直斋》经部书类1条，史部别史类2条、杂史类7条、传记类4条与子部小说家1条，共计35条。

考《经籍考》卷22史部杂史类小序引《隋志》史部杂史类小序云：

《隋·经籍志》曰：自秦拨去古文，篇籍遗散。汉初，得《战国策》，盖战国游士记其策谋。其后，陆贾作《楚汉春秋》，以述诛锄秦、项之事。又有《越绝》，相承以为子贡所作。后汉赵晔又为《吴越春秋》。其属辞比事，皆不与《春秋》《史记》《汉书》相似，盖率尔而作，非史策之正也。灵献之世，天下大乱，史官失其自后汉以来，学者多抄撮旧史，自为一书。或起自人皇，或断之近代，亦各其志，而体制不经。又有委巷之说，迂怪妄诞，真虚莫测，然其大抵皆帝王之事。通人君子，必博采广览，以酌其要，故备而存之，谓之杂史。③

可见杂史虽然在体裁上与正史的纪、志及编年相似，记载一代或一时之事，但因其体制不纯，或内容芜杂，所以不得入正史或编年类。但这种区别往往见仁见智，可能产生分歧。所以如上所述，《经籍考》所引条目来源也非常复杂。如《崇文》卷2史部编年类著录有"《太清纪》十卷""《魏典》三十卷"与"《三国典略》二十卷"三书。而《经籍考》将其调整归入杂史。

由马端临对杂史与传记的区分可知(详见下文论述传记的部分)，传记在体裁上与杂

① 马端临：《文献通考·经籍考》(上)，华东师范大学出版社，1985年，第519页。
② 马端临：《文献通考·经籍考》(上)，华东师范大学出版社，1985年，第520页。
③ 马端临：《文献通考·经籍考》(上)，华东师范大学出版社，1985年，第535页。

史相似，都是记载一人之事。相较而言，杂史是记载一代或一时之事，但由于一人之事也可能关系到一代一时之事，而有时两者可能共存于一部书中，所以杂史与传记有时会有交错的情况出现。如《郡斋》卷9将"《开元天宝遗事》四卷"归入史部传记类，而《经籍考》卷22则将其调整入史部杂史类。《四库全书总目》则在《郡斋》的基础上将其进一步贬低，在卷140将其归入子部小说家类"杂事之属"，贬低其记载的史料价值，连史部大类都不能进入。《四库全书总目》在同卷"《南唐近事》"下用按语说明其缘由云：

> 案：偏霸事迹，例入载记。惟此书虽标南唐之名，而非其国记，故入之小说家。盖以书之体例为断，不以书名为断，犹《开元天宝遗事》，不可以入《史部》也。①

《郡斋》卷7将苏辙的"《古史》六十卷"归入史部史评类，《经籍考》卷22将其调整入杂史类，其下又引《直斋》卷4史部别史类"《古史》六十卷"之解题云：

> 陈氏曰：其书因马迁之旧，上观《诗》《书》，下考《春秋》及秦、汉杂录，为本纪、世家、列传。盖汉世古文经未出，战国诸子各自著书，或增损故事，以自信其说。迁一切信之，甚者或采世俗相传之语，以易古文旧说，故为此史以正之。然诋迁为不学浅近，则过矣。②

可知此书系以古文经纠正《史记》中所引先秦诸子经典而作，其内容并非史学评论，因此归入杂史类是适当的。此书《四库总目》卷50同《直斋》，将其归入史部别史类。

《经籍考》与《直斋》在此类关系上最复杂。《直斋》卷2将"《汲冢周书》十卷"(即今《逸周书》)归入经部书类。《经籍考》卷22此条下所辑《直斋》云：

> 陈氏曰：晋太康中，汲郡发魏安釐王冢，所得竹简书，此其一也。凡七十篇《叙》一篇，在其末。今京口刊本以叙散在诸篇，盖以仿孔安国《尚书》。相传以为孔子删《书》所余者，未必然也。文体与古文不类，似战国后人放效为之者。③

陈振孙虽然对其"相传以为孔子删《书》所余者"的说法不以为然，怀疑是战国以后人的伪作，但还是依据传说将《汲冢周书》归入其《直斋》经部书类之中。《郡斋》卷6则将此书归入史部杂史，不得厕入经部书类之中，《经籍考》因之。这种做法也是适当的。因为《汲冢周书》系诸侯国魏国之"史记"与记录上古三代历史的《尚书》来源不同，在四库体系中不应当放在一类。《四库总目》也在卷50将其归入史部别史类。

《直斋》卷4将"《高氏小史》一百三十卷"归入史部别史类，《郡斋》卷6史部杂史类则著录为"《高氏小史》一百二十卷"，《经籍考》从《郡斋》。

---

① 四库全书研究所：《钦定四库全书总目(整理本)》(下)，中华书局，1997年，第1845页。

② 马端临：《文献通考·经籍考》(上)，华东师范大学出版社，1985年，第549页。

③ 马端临：《文献通考·经籍考》(上)，华东师范大学出版社，1985年，第541页。

《直斋》卷 7 将“《西京杂记》六卷”“《东观汉纪》十卷”“《景龙文馆记》八卷”与“《唐年小录》八卷”四书归入史部传记类，马端临按照前述杂史与传记的区分标准、在《经籍考》卷 22 将其调整入史部杂史类。

《直斋》卷 11 将“《大唐说纂》四卷”归入子部小说家类。《经籍考》卷 22 将其调整归入史部杂史类。其下辑录《直斋》解题云：

> 陈氏曰：不著名氏。分门类事效《世说》，止有十二门，恐非全书。①

可知此书是效仿刘义庆的《世说新语》而作，《经籍考》在将其调整归入杂史类的同时，在卷 42 又将《世说新语》归入子部小说类，则与此处标准不一了。如果不是疏忽，则当是马端临认为此书颇有史料价值而有意为之。《四库总目》卷 140 则将其归入小说类。

(五) 传记

如表 2-7 所示，《经籍考》史部传记类的小序与小计引《隋志》史部杂传类 2 条与《新唐志》史部杂传记类 1 条，书目下的解题则引《郡斋》史部实录类 1 条、伪史类 1 条、杂史类 37 条、传记类 34 条，以及《直斋》史部别史类 2 条、杂史类 76 条、典故类 2 条、传记类 144 条和子部小说家类 1 条，共 301 条。可见传记类的来源非常复杂。

马端临《经籍考》卷 22 史部传记类小序中下按语云：

> 按：杂史、杂传，皆野史之流，出于正史之外者。盖杂史，纪、志、编年之属也，所纪者一代或一时之事；杂传者，列传之属也，所纪者一人之事。然固有名为一人之事，而实关系一代一时之事者，又有参错互见者。前史多以杂史第四，杂传第八，相去悬隔，难以参照，今以二类相附近，庶便检云。②

马氏因杂史、杂传两类性质相近，而前代书目中两类相距较远，故将杂传提升至与杂史相连。这固然体现了其依类相从的编纂原则，同时也反映了马氏在书目编纂中考虑方便读者利用的灵活变通思想。但如前所述，由于这些类目之间的界限本来就不是很清晰，再加上各人归类的标准和立场不一，杂史、杂传、别史、小说等类目往往容易相混。所以此类书籍的归属也比较复杂。

如《郡斋》卷 6 将“《邵氏辨诬》一卷”归入史部实录类，《经籍考》卷 24 将其归入史部传记类，其下引《郡斋》解题云：

> 晁氏曰：邵伯温撰。辨蔡卞、章惇、刑恕诬罔宣仁欲废哲宗立徐邸事。③

从此解题来看，《经籍考》将其归入传记类要更合适一些。

---

① 马端临：《文献通考 · 经籍考》(上)，华东师范大学出版社，1985 年，第 551 页。
② 马端临：《文献通考 · 经籍考》(上)，华东师范大学出版社，1985 年，第 538 页。
③ 马端临：《文献通考 · 经籍考》(上)，华东师范大学出版社，1985 年，第 579 页。

《郡斋》卷 7 将“《石晋陷蕃记》一卷”归入史部伪史类，《直斋》卷 5 著录为“《晋朝陷蕃记》四卷”并归入史部杂史类。《经籍考》卷 23 则调整归入传记类。其下引《郡斋》解题云：

> 晁氏曰：皇朝范质撰。质，石晋末在翰林，为出帝草《降虏表》，知其事为详。记少主初迁于黄龙府，后居于建州，凡十八年而卒。按契丹丙午岁入汴，顺数至甲子岁为十八年，实国朝太祖乾德二年也。①

“石晋”系指五代时“儿皇帝”石敬瑭(高祖)建立的后晋政权(936—946)。此书名称和归类上的变化实际是南宋偏安一隅的政治现实在书目著录中的折射。北宋时，朝廷尚能以中原正统自居，将“石晋”这种地方割据势力的史书打入“伪史霸史”。到了南宋丢失中原而偏安于江南一隅，在北方异族的重压下苟延残喘，与“石晋”已是一路。马端临所生活的元代更是北方游牧少数民族直接入主中原。所以反映在目录中则将傀儡政权“石晋”称“晋朝”，承认其割据地位，同时不再将该书列入“伪史霸史”，而是归入杂史类。《经籍考》则因其言一人之事而归入传记类。

此外《经籍考》卷 23 将《郡斋》卷 6 史部杂史类著录的“《国史补》二卷”“《幸蜀记》三卷”“《次柳氏旧闻》一卷”等 37 部，《直斋》卷 5 史部杂史类著录的“《奉天录》四卷”“《燕南记》三卷”“《建中河朔记》六卷”等 76 部，皆调整归入史部传记类，地位有所下降，当是因为这些书皆记载一人之事。到了《四库全书总目》则进一步下降，将《国史补》等书归入了子部“小说家类”杂事之属，当是因为这些著作都是描写个人之见闻，史料可信度不高。

《直斋》卷 4 史部别史著录有“《唐余录史》三十卷”，《郡斋》卷 6 史部杂史类则著录为“《唐余录》六十卷”，《经籍考》卷 23 取《郡斋》的书名与卷数著录，但将其调整归入史部传记类。其下引《郡斋》解题云：

> 晁氏曰：皇朝王皞奉诏撰。皞芟《五代旧史》繁杂之文，采诸家之说，仿裴松之体附注之。以本朝当承汉唐之盛，五代则闰也，故名曰《唐余录》。宝元二年上之。温公修《通鉴》，间亦取之。皞，曾之弟。②

盖晁氏以其内容“繁杂”而入杂史类。《经籍考》又引《直斋》解题云：

> 陈氏曰：是时惟有薛居正《五代旧史》，欧阳修书未出。此书有纪有志有传，又博采诸家小说，仿裴松之《三国志注》附其下方，盖五代别史也。《馆阁书目》以入杂传类，非是。③

① 马端临：《文献通考·经籍考》(上)，华东师范大学出版社，1985 年，第 567 页。
② 马端临：《文献通考·经籍考》(上)，华东师范大学出版社，1985 年，第 567 页。
③ 马端临：《文献通考·经籍考》(上)，华东师范大学出版社，1985 年，第 568 页。

可见陈氏因此书"有纪有志有传"，体制完备，认为当入别史，不应厕入杂传(传记)。但马端临没有认同陈氏的意见，依然将其归入史部传记类。同样，《直斋》卷4史部别史类又著录有"《东都事略》一百五十卷"，《经籍考》卷24将其调整入史部传记类中。其下引《直斋》解题云：

> 陈氏曰：承议郎知龙州眉山王偁季平撰。其书纪、传、附录略具体，但无志耳。附录用《五代史》例也。淳熙中上其书，得直秘阁。其所纪太简略，未得为全书。①

陈氏以其"纪、传、附录略具体，但无志耳"，体制较完备而归入别史，同上例一样，《经籍考》没有采纳他的意见。综合来看，《直斋》归入别史类较《经籍考》要更合理一些，《四库全书总目》卷50也将《东都事略》归入史部别史类。

《直斋》卷5史部典故类著录有"《四明尊尧集》一卷"与"《东家杂记》二卷"，《经籍考》分别在卷24与卷26将其调整归入史部传记类。前者引《直斋》云：

> 陈氏曰：司谏延平陈瓘莹中撰。专辩《王安石日录》之诬僭不孙，与配食坐像之为不恭。瓘初在谏省，未以安石为非，合浦所著《尊尧集》犹回隐不直，末乃悔之，复为此书。以谓蔡卞专用《日录》以修《神宗实录》，薄神考而厚安石，尊私史而压宗庙。于是编类其语，得六十五条，总而论之。坐此羁管台州。②

此书《宋志》卷7归入集部别集类，《四库全书总目》卷89则将其归入史部史评类。从其内容来看，《四库全书总目》的归类是比较合适的。

后者《郡斋》卷9亦将其归入史部传记类，《经籍考》从之，并引其解题云：

> 晁氏曰：亦孔传撰。孔子四十七代孙也，纂其家旧闻轶事于此书。③

从上引此书的内容概述来看，归入传记类合适一些。《四库全书总目》卷57也将其归入史部传记类圣贤之属。

《直斋》卷11子部小说家类著录有"《补江总白猿传》一卷"，《郡斋》卷9将其归入史部传记类中，《经籍考》从《郡斋》归入传记类。其下解题引《郡斋》云：

> 晁氏曰：不详何人撰。述梁大同末，欧阳纥妻为猿所窃，后生子询。《崇文总目》以为唐人恶询者为之。④

---

① 马端临：《文献通考·经籍考》(上)，华东师范大学出版社，1985年，第583页。
② 马端临：《文献通考·经籍考》(上)，华东师范大学出版社，1985年，第576页。
③ 马端临：《文献通考·经籍考》(上)，华东师范大学出版社，1985年，第613页。
④ 马端临：《文献通考·经籍考》(上)，华东师范大学出版社，1985年，第596页。

又引刘克庄《后村集》卷一百七十三《诗话前集》云：

后村刘氏曰：欧阳率更貌寝，长孙无忌嘲之曰："谁令麟阁上画此一猕猴？"好事者遂造白猿之说，谤及其亲。①

又引《直斋》云：

陈氏曰：讬言江总，必无名子所为也。②

可知此书实为杜撰诋毁之作，并非个人事迹之实录，归入小说类是适当的。《直斋》的归类较《郡斋》和《经籍考》更合适一些。

(六)伪史霸史

如表2-7所示，《经籍考》史部伪史霸史类小序与小计引《隋志》史部霸史类2条与《新唐志》史部伪史类1条，而书目下解题则引《郡斋》史部伪史类26条，以及《直斋》史部伪史类38条、杂史类2条、传记类1条、地理类7条，一共77条。可知此类条目之来源也比较复杂。

如《直斋》卷5史部杂史类著录有"《华阳国志》二十卷"与"《九州春秋》九卷"。《经籍考》卷27将此两书归入史部伪史霸史类。前者《郡斋》卷7史部伪史类著录为"《华阳国志》十二卷"。《经籍考》从《郡斋》的卷数和归类著录。此书历代(从《隋志》直到《四库全书总目》)多以之为伪史(或称霸史，或称载记)之首，唯《直斋》归入杂史，《宋志》归入别史，与诸书目不同。后者《经籍考》引《直斋》解题云：

陈氏曰：晋司马彪绍统撰。记汉永州部之乱，司、冀、徐、兖、青、荆、扬、凉、益、幽，凡盗贼僭叛皆纪之。③

可知此书《经籍考》归入伪史霸史类是适当的，陈氏可能是因其内容丛杂(涉及多地)而归入杂史。

《直斋》卷7史部传记类著录有"《奉使鸡林志》三十卷"。《郡斋》则在史部伪史类著录为"《鸡林志》三十卷"。《经籍考》依《郡斋》的书名和归类而著录。其下引《郡斋》解题云：

晁氏曰：皇朝崇宁中王云编次。崇宁中，刘逵、吴拭使高丽，云为书记官。既归，捃辑其会见之礼、聘问之辞，类分为八门。④

---

① 马端临：《文献通考·经籍考》(上)，华东师范大学出版社，1985年，第596页。
② 马端临：《文献通考·经籍考》(上)，华东师范大学出版社，1985年，第596页。
③ 马端临：《文献通考·经籍考》(上)，华东师范大学出版社，1985年，第641页。
④ 马端临：《文献通考·经籍考》(上)，华东师范大学出版社，1985年，第655页。

又引《直斋》解题云：

> 陈氏曰：自元丰创通高丽以后事实，皆详载之。①

可知此书是记录出使高丽史实的著作。高丽是古代中国的外邦属国，并不在中国的版图之内，视为与中原对立的地方割据势力并不恰当。所以《直斋》的归类较《郡斋》与《经籍考》似更合适一些。《宋志》，卷 2 也同《直斋》，将其归入史部传记类。

《直斋》卷 8 史部地理类著录有"《契丹疆宇图》一卷""《辽四京记》一卷""《燕北杂录》五卷、《西征寨地图》附"等七部反映与宋朝相对立政权的地理著作。《经籍考》在卷 27 中皆将其归入史部伪史霸史类中，反映马氏身为遗民仍以宋为正统的思想。

(七)史评史钞

如表 2-7 所示，《经籍考》史评史钞类没有小序与小计。此类书目下解题引《崇文》史部正史类 7 条，《郡斋》史部史评类 21 条，以及《直斋》史部正史类 11 条、别史类 1 条、编年类 8 条，子部类书类 2 条与集部文史类 2 条，共计 52 条。《经籍考》此类类目直接来自《郡斋》史部史评类，《直斋》因无此类而将相关书籍散在史部正史类、别史类、编年类以及子部类书类、集部文史类中。

《崇文》卷 2 史部正史类著录有张守节的"《史记正义》三十卷"，《直斋》卷 4 也将此书著录于正史类。《经籍考》卷 27 则将其著录在史部史评史钞类。事实上《史记》"三家注"的各自单行本，还有《史记音义》等相关著作，《经籍考》皆归入了史评史钞类。可能是马氏认为这些著作是对正史的评论，且多是钞撮前人著作而成。如《崇文》卷 2 史部正史著录的"陈伯宣注《史记》八十七卷"，《经籍考》在卷 27 也将其归入史评史钞类，其下辑《崇文》解题便云：

> 《崇文总目》：唐陈伯宣撰。因裴骃说有所未悉，颇增损焉。然多取司马氏《索隐》以为己说。今篇残缺。②

就这样，《经籍考》将《崇文》正史类中的 7 部和《直斋》正史类中的 11 部这些给正史作注释的著作皆归入史评史钞类。但历代目录(从《隋志》到《四库全书总目》)没有同于《经籍考》的，依然是随其被注释之史书而归类。

又《直斋》卷 4 史部别史类著录有"《新唐书略》三十五卷"，《经籍考》卷 27 将其归入史评史钞类，其下所引《直斋》解题云：

> 陈氏曰：吕祖谦授徒，患《新史》难阅，摘要抹出，而门人钞之。盖节本之有伦理者也。③

---

① 马端临：《文献通考 · 经籍考》(上)，华东师范大学出版社，1985 年，第 655 页。

② 马端临：《文献通考 · 经籍考》(上)，华东师范大学出版社，1985 年，第 664 页。

③ 马端临：《文献通考 · 经籍考》(上)，华东师范大学出版社，1985 年，第 671 页。

可知此书系《新唐书》的节钞本，《经籍考》将其调整归入史评史钞类是恰当的。

《直斋》卷 4 史部编年类著录有“《通鉴释文》二十卷”“《通鉴前例》一卷，《修书帖》一卷，《三十六条四图》共一卷”“《通鉴问疑》一卷”等 8 部编年史的相关解释著作。与上文所述处理《史记正义》等纪传体正史的相关解释著作一样，《经籍考》都将其归入了史评史钞类。历代书目皆未有从之者。从著作的相关性和体例来讲，《经籍考》的这种做法尚可商榷。

《直斋》卷 14 子部类书类著录有“《迁史删改古书异辞》十二卷”与“《马班异辞》三十五卷”两书，《经籍考》卷 27 皆将其归入史评史钞类。前者引《直斋》解题云：

> 陈氏曰：倪思撰。以迁《史》多易经语，更简严为平异，体当然也，然易辞而失其义、书事而与经易者多，不可以无考，故为是编。经之外与他书异者，亦并载焉。①

后者《经籍考》将其易名为“《班马异同》”（后世多用此名），下引《直斋》解题云：

> 陈氏曰：倪思撰。以班史仍《史记》之旧而多删改，大抵务趋简严，然或删而遗其事实，或改而失其本意，因其异则可以知其笔力之优劣，而又知作史述史之法矣。②

可知此两书皆是比较史书异同的，归入史评史钞类较归入类书要合理一些。而《四库全书总目》卷 45 则以其所论皆是正史（《史记》《汉书》）而随其所论之书归入正史类。

《直斋》卷 22 集部文史类著录有“《史通》二十卷”与“《史例》三卷”两书，《经籍考》在卷 27 皆将其归入史评史钞类。《郡斋》卷 7 将前者著录于史部史评类，《经籍考》从之，并辑录《郡斋》解题云：

> 晁氏曰：唐刘知几撰。知几长安、神龙间三为史官，颇不得志。乃以前代书史，序其体法、因习废置、掇其得失、述所曲直，分内、外篇，著为评议，备载史策之要。当时徐坚深重之，云：“居史职者，宜置坐右。”元宗朝，诏其家录进，上读而善之。宋子京称唐旧史之文猥酿不纲，谓知几工诃古人，而拙于用已。观此书，知子京之论不诬。前世史部中有史钞类，而集部中有文史类，今世钞节之学不行，而论说者为多，故自文史类内摘出论史者为史评，附史部，而废史钞云。”③

后者引《直斋》解题云：

> 陈氏曰：唐右补阙刘餗鼎卿撰。知几次子也。④

---

① 马端临：《文献通考·经籍考》（上），华东师范大学出版社，1985 年，第 664 页。
② 马端临：《文献通考·经籍考》（上），华东师范大学出版社，1985 年，第 664 页。
③ 马端临：《文献通考·经籍考》（上），华东师范大学出版社，1985 年，第 658 页。
④ 马端临：《文献通考·经籍考》（上），华东师范大学出版社，1985 年，第 659 页。

可知此两书是刘知几父子所作之史学评论著作，《经籍考》从《郡斋》著录归类是合适的。《四库总目》亦从之。（参本节“集部的分析”之“文史”类的相关分析）

（八）故事

如表2-7所示，《经籍考》史部故事类的小序与小计引《隋志》史部旧事类2条与《新唐志》史部故事类1条，书目下解题则引《郡斋》史部杂史类5条、职官类1条、仪注类2条及子部类书类9条，又引《直斋》史部典故类50条与子部杂艺类3条，共计73条。可知《经籍考》史部故事类的来源也比较复杂。

考《隋志》史部立旧事类，而《旧唐志》同之。《新唐志》始更名为“故事”类，而《经籍考》从之，《直斋》则又更名为“典故”类。《经籍考》虽依《新唐志》立史部故事类，但著录书目的主要来源则是《直斋》史部典故类。

《郡斋》卷6史部杂史类著录有“《贞观政要》十卷”“《太和辩谤略》三卷”等五书，《直斋》皆归入史部典故类。《经籍考》从之入故事类。

《郡斋》卷7史部职官类著录有“《中书备对》十卷”，《直斋》卷5则将其归入史部典故类，《经籍考》卷28从《直斋》将其归入史部故事类。其下引《郡斋》解题云：

> 晁氏曰：皇朝元丰三年毕仲衍承诏编次。序曰：《周官》所谓要会者，正今日中书所宜有，自汉至唐，莫知议此。今编成十卷，凡一百二十五门，附五十八事。李清臣尝与许将书云：《备对》乃吴正宪公居宰路，以圣问多出意表，故令中书掾毕君为之。其时预有画旨，诸司遇取会，不许濡滞，如此尚历数年乃就。后多有改革，然事亦可概见也。①

从其内容来看，乃系纂述前代典故，当属“故事”类。晁氏可能因其源出于《周官》（《周礼》）之“要会”而归入职官类。《宋志》卷2则同《经籍考》归入史部故事类。

《郡斋》卷8史部仪注类著录有“《景德会计录》六卷”与“《皇祐会计录》六卷”两书。《直斋》卷5则将此两书归入“典故”（故事）类。《经籍考》在此两书下同时辑录晁、陈两家的解题，并依据《直斋》归类。前者辑《郡斋》解题云：

> 晁氏曰：皇朝丁谓谓之撰。谓景德中纂三司户口税赋之入，及兵食吏禄之费，会计天下每岁出纳赢亏之数，书成奏御。②

又辑《直斋》解题云：

> 陈氏曰：谓时为三司使。序言岁收两京十七路帐籍四万四百有七，日入疾徐事一千五百，文移倍之。以李吉甫《国计簿》、贾耽《国要图》，总其目得四十，列为六卷，一《户赋》，二《郡县》，三《课入》，四《岁用》，五《禄食》，六《杂记》。大抵取景德

① 马端临：《文献通考·经籍考》（上），华东师范大学出版社，1985年，第697页。

② 马端临：《文献通考·经籍考》（上），华东师范大学出版社，1985年，第694页。

中一年为准。①

后者辑《郡斋》解题云：

晁氏曰：皇朝田况元钧撰。况两为三司使，谓夏戎阻命之后，增兵比之景德几一倍，加之吏员益繁，经费日侈，民力日疲。乃约丁谓《会计录》，以皇祐财赋所入多于景德，而其出又多于所入，著成此书上之。庶几朝廷稽祖宗之旧，省浮费以裕斯民云。②

又辑录《直斋》解题云：

陈氏曰：元钧仿《景德》之旧，取一岁最中者为准。又为《储运》一篇，以补其阙。③

可知此两书均是统计当时全国户口、郡县、税赋等方面的官书。由于其涉及的范围较广，从不同的角度出发可以归入不同的类中。除上文所说的《郡斋》归入仪注类、《直斋》归入典故类、《经籍考》归入故事类外，《崇文》将其归入史部地理类，大概是着眼于其内容包括全国郡县。而《宋志》则同于《经籍考》，归入史部故事类。要之，还是归入故事类合适一些。

《郡斋》卷 14 子部类书类著录有"《通典》二百卷""《唐会要》一百卷""《五代会要》三十卷""《三朝国朝会要》一百五十卷""《六朝国朝会要》三百卷"等 9 部。《经籍考》皆将其调整归入故事类。《通典》和《会要》类的政书体著作，在其出现之后长时间未得到独立的分类地位，因其编纂形式与类书相似，故从《新唐书》开始及其后《崇文》、私家书目《郡斋》都将其归入子部类书类。陈振孙在《直斋》中首先对此作出了修改，将其列入典故类。《直斋》卷 5 史部典故类下著录有"《国朝通典》二百卷"，《经籍考》卷 28 史部故事类辑录此条，并引其解题指出：

陈氏曰：不著名氏。或言魏鹤山所为，似方草创，未成书也。凡通典、会要，前书及《馆阁书目》皆列之类书。按通典载古今制度沿革，会要专述典故，非类书也。④

可见通典、会要都是有体系地编纂古今制度沿革典故的著作，是为了保存历代政治及礼乐典章制度，虽然在形式上同是采摭群书，辑录各门类或某一门类的资料，随类相从而加以编排，但其内容及社会功用并非仅供寻检、征引的工具性类书可比。《经籍考》因而从之。《直斋》和《经籍考》的做法为《四库全书总目》所继承发扬，清乾隆时修续"三通"合为

① 马端临：《文献通考·经籍考》(上)，华东师范大学出版社，1985 年，第 695 页。
② 马端临：《文献通考·经籍考》(上)，华东师范大学出版社，1985 年，第 695 页。
③ 马端临：《文献通考·经籍考》(上)，华东师范大学出版社，1985 年，第 695 页。
④ 马端临：《文献通考·经籍考》(上)，华东师范大学出版社，1985 年，第 687 页。

"九通"，使之成为治国安邦的高文典册，体现在目录上则是于史部专辟"政书类"，从而最终确立其地位。(参见导论第一节"《文献通考》及其《经籍考》的评价、著录与学术地位")

《直斋》卷 14 子部杂艺类著录有"《泉志》十五卷""《浸铜要略》一卷""《冶金录》一卷"三书。这三部著作都是讲述铸币的，《经籍考》卷 28 皆将其调整归入史部故事类。《崇文》卷 3 则将《钱谱》《续钱谱》归入子部小说家类。《四库全书总目》则归入子部谱录类。

(九)职官

如表 2-7 所示，《经籍考》史部职官类的小序与小计引《隋志》史部职官类 2 条与《新唐志》史部职官类 1 条，书目下解题则引《郡斋》史部职官类 21 条，以及《直斋》编年类 2 条、典故类 1 条、职官类 50 条，共计 77 条。可见《经籍考》与《直斋》在此类的关系上比较复杂。

如《直斋》卷 4 将"《百官公卿表》十五卷"与"《续百官公卿表》十卷、《质疑》十卷"归入史部编年类。《郡斋》则在卷 7 史部职官类著录为"《百官公卿表》一百四十二卷"。《直斋》著录的"十五卷"本是司马光原书，而《郡斋》著录的"一百四十二"本则是李焘的增订本。《经籍考》在卷 29 同时辑录晁、陈两家解题，并根据《郡斋》著录(卷数则又改为一百四十五卷)①。前者《经籍考》辑录《直斋》解题云：

> 陈氏曰：此书本入职官类。以《稽古录序》所谓"建隆接熙宁，臣又著之于《百官

---

① 除下文所引《直斋》外，《经籍考》卷 29 史部职官类"《百官公卿表》一百四十五卷(马氏自注：《书录解题》作十五卷)"还辑录了《郡斋》卷 7 史部职官类"《百官公卿表》一百四十二卷"之解题云：

> 晁氏曰：皇朝司马光君实等撰。熙宁中，光以翰林学士兼史馆修撰建议，欲据国史，旁采异闻，叙宋兴以来百官除拜，效《汉书》作表，以便御览，诏许之。光请宋敏求同修。及敏求卒，又请赵彦若继之。历十二年书成。[马端临：《文献通考·经籍考》(上)，华东师范大学出版社，1985 年，第 720 页。]

马端临在此条下还辑录了撰者司马光和李焘的序文(文烦不具引)。但并未采用晁、陈中的任何一家的卷数著录(点校本《经籍考》则改成从了《郡斋》的一百四十二卷，《文献通考》的元刻本本来记载是一百四十五卷)。查《郡斋》卷 7 史部职官类著录有"《百官公卿表》一百四十二卷"，而《直斋》卷 4 史部编年类则著录"《百官公卿表》十五卷"。陈氏知道《郡斋》的这条著录，所以马氏辑录的"陈氏曰"一段末尾有"晁《志》有一百四十二卷，未详"之语。在辑录了诸家之后，马氏直接用按语指出其著录卷数的理由云：

> 按：此序，则温公本书止十卷，巽岩《续编》推而广之，为一百四十二卷。晁氏所言乃巽岩续书，非温公本书也。陈氏以为未详者，是未见巽岩之书，然又以温公之书为十五卷，则不知其何所本也(原注：晁氏在巽岩之前，安得见其书？所谓一百四十五卷者，决非巽岩之书也)。[马端临：《文献通考·经籍考》(上)，华东师范大学出版社，1985 年，第 723 页。]

上段引文括号中的注文记载出现了矛盾，马氏所云"所谓一百四十五卷者，决非巽岩之书也"中的"五"当是"二"之误。由此可推知马氏著录的"《百官公卿表》一百四十五卷"亦当是"《百官公卿表》一百四十二卷"之误。即马氏著录的卷数同于晁氏《郡斋》，都是李焘在司马光的《百官公卿表》基础上的增订本。而《直斋》著录的十五卷本是司马光原本。但马氏在按语中接着上文又说"晁氏在巽岩之前，安得见其书？所谓一百四十五卷者，决非巽岩之书也"，对此，《郡斋》孙猛校本经过考证指出：晁公武虽卒于李焘之前，但两人过从甚密，并从同供馆职，此书在晁氏生前已经完成。晁氏应该可以看到并据以著录。[详见晁公武撰，孙猛校证：《郡斋读书志校证》(上)，上海古籍出版社，1990 年，第 320~321 页。]

表》"，即此书。盖与《通鉴》相与表里，故著之编年类。晁《志》有一百四十二卷，未详。①

《直斋》以其与《资治通鉴》相表里，可以说是司马光编纂《通鉴》过程中的一个"副产品"，因而可以归入编年，附于《通鉴》之后。而此书之编纂虽与《通鉴》相关，但内容上并无太多关联，实际上是两种不同体裁、不同领域的书。相比较而言，还是归于职官类为当。与此类似，"《续百官公卿表》十卷、《质疑》十卷"本是蔡幼学续司马光之作。《直斋》因为"《百官公卿表》十五卷"而连带一起归入编年类。

《直斋》卷5史部典故类著录有"《翰林盛事》一卷"。《崇文》卷2将其归入史部传记类。《郡斋》卷7则将其归入史部职官类，《经籍考》卷29从《郡斋》著录。《直斋》此条的解题原文是：

唐剡尉常山张著处晦撰。纪儒臣盛事，自武德中迄于天宝。首载张文成七登科者，即著之祖也。②

从此书内容来看，《直斋》归入典故类当更适当一些。

(十)刑法

如表2-7所示，《经籍考》史部刑法类的小序与小计引《隋志》史部刑法类1条与《新唐志》史部刑法类1条，书目下解题则引《郡斋》史部刑法类12条，以及《直斋》史部传记类1条、法令类14条，共计29条。《隋志》《新唐志》《郡斋》皆于史部立有刑法类，而《直斋》改名为"法令"类，《经籍考》采用"刑法"类名，而主要来源则是《直斋》法令类与《郡斋》刑法类。

《直斋》卷7史部传记类著录有"《折狱龟鉴》三卷"，《郡斋》卷8则著录为"《决狱龟鉴》二十卷"，并归入史部刑法类。《经籍考》卷30依《郡斋》的卷数和归类著录。其下引《郡斋》解题云：

晁氏曰：皇朝郑克编次。五代和凝有《疑狱集》，近时赵仝有《疑狱事类》，皆未详尽。因增广之，依刘向《晏子春秋》，举其纲要，为之目录，分二十门。③

又辑《直斋》解题云：

陈氏曰：克因和氏之书分二十门推广之，凡二百七十六条，三百九十五事。起郑子产，迄本朝。④

---

① 马端临：《文献通考·经籍考》(上)，华东师范大学出版社，1985年，第721页。
② 陈振孙撰，徐小蛮、顾美华点校：《直斋书录解题》，上海古籍出版社，1987年，第159页。
③ 马端临：《文献通考·经籍考》(上)，华东师范大学出版社，1985年，第740页。
④ 马端临：《文献通考·经籍考》(上)，华东师范大学出版社，1985年，第740页。

可知此书系案件档案，可视为案件当事人的一份特殊的传记资料。《直斋》可能因此而将其归入“传记类”。但此书终究还是刑案记录，而非普通的个人传记，理应归入刑法类。《四库总目》卷101也将其归入子部法家类。

(十一)地理

如表2-7所示，《经籍考》史部地理类的小序与小计引《隋志》史部地理类2条及《新唐志》史部地理类1条，书目下解题则引《郡斋》史部地理类34条及《直斋》史部地理类169条，共计206条。《经籍考》史部地理类所引条目虽不出六部书目地理类之范围，但《经籍考》史部地理类与史部故事类、伪史霸史类以及子部小说家类存在着交涉关系，详见本书第三章第二节中有关史部地理类书目与他类重见的分析。

另外，辑录《直斋》史部地理类的169条书目中，有5条是今本《直斋》的佚失条目。它们是：《经籍考》卷31史部地理类著录的“《东京梦华录》一卷”与“《吴兴杂录》七卷”，以及《经籍考》卷32史部地理类著录的“《北户杂记》三卷”“《南行录》一卷”“《岭表异录》三卷”。此5条书目下《经籍考》所引解题皆称“陈氏曰”，而今本《直斋》无。根据其内容与分类，此五条当系《直斋》史部地理类的佚失条目。此处统计时予以补入①。

(十二)时令

如表2-7所示，《经籍考》时令类书目下解题引《郡斋》子部农家类5条，又引《直斋》史部时令类10条，共计15条。“时令”类记载的是历法农事类的书籍，历法作为农时之指导，与农业的关系非常密切，所以前代书目(包括《郡斋》)一般都将其附入农家类中。但《经籍考》卷28史部时令类小计中引《宋中兴国史艺文志》云：

> 《宋中兴艺文志》：前史时令皆入子部农家类，惟《中兴馆阁书目》别为一类，列之史部，以诸家之所载，不专为农事故也。今从之。凡十七家，十八部，一百九十九卷。②

可知时令虽因农事应用而起源，但发展到后来范围有所扩大，不专为农事而作③。所以《崇文》在史部始立“岁时类”，将其独立出来。《直斋》改为“时令类”，《经籍考》从之。直到《四库全书总目》，仍在史部设立有时令类。

(十三)谱牒

如表2-7所示，《经籍考》史部谱牒类的小序与小计引《隋志》史部谱系类2条及《新唐志》史部谱牒类1条，书目下解题则引《郡斋》谱牒类3条及《直斋》谱牒类19条，共计25条。阮孝绪的《七录》纪传录中设有谱状部，而《隋志》则称谱系类，《旧唐志》因之。至《新唐志》始称谱牒类，遂成为通名(其后只有尤袤的《遂初堂书目》称姓氏类，是为特例)。

---

① 参见张守卫：《〈直斋书录解题〉佚文八条》，《中国典籍与文化》2008年总第64期，第118~120页。

② 马端临：《文献通考·经籍考》(上)，华东师范大学出版社，1985年，第682页。

③ 如《经籍考》卷33史部时令类著录有“《保生月录》一卷”“《岁时杂咏》、《续岁时杂咏》”等养生、怡情之作。

（十四）目录

如表 2-7 所示，《经籍考》史部目录类的小序与小计引《隋志》史部簿录类 2 条及《新唐志》史部目录类 1 条，书目下解题引《郡斋》史部书目类 9 条及《直斋》史部目录类 26 条，共计 38 条。阮孝绪的《七录》纪传录中设有簿录部，《隋志》因之于史部设簿录类，《旧唐志》则称为略录类。至《新唐志》始称目录类，遂成为通名。

三、子部的分析

《经籍考》子部引用六部主要书目的分布情况如表 2-8 所示。

表 2-8 《经籍考》子部引用六部主要书目的分布情况

目录名	一级	合计	子	目录名	一级	合计	子
汉志	诸子	19	1.41%	崇文	史	1	0.07%
	兵书	9	0.67%		子	28	2.08%
	数术	10	0.74%	郡斋	经	3	0.22%
	方技	8	0.59%		史	18	1.34%
隋志	子	16	1.19%		子	521	38.68%
	道经	4	0.30%	直斋	史	5	0.37%
	佛经	8	0.59%		子	679	50.41%
新唐志	子	18	1.34%	总计		1347	100.00%

可知《经籍考》子部条目以引用《直斋》子部条目为最多，引用《郡斋》子部次之，两者占子部引用总条数（1347）约 89.09%。除前代书目的子部外，《经籍考》子部所引用的条目还涉及《崇文》的史部，《郡斋》的经、史两部，以及《直斋》的史部，其涉及各书目的二级分类如表 2-9 所示。

表 2-9 《经籍考》子部涉及六部主要书目经、史部的统计情况

目录名	一级	二级	子部
崇文	史	杂史	1
郡斋	经	易	3
	史	杂史	1
		职官	1
		传记	13
		谱牒	1
		书目	2
直斋		杂史	1
		法令	2
		目录	2
总计			27

表2-9反映了《经籍考》的子部与《崇文》《郡斋》《直斋》这三部书目有一些的交错现象，下文将以《经籍考》子部各二级类目为次逐一进行分析。这里先列出《经籍考》子部各二级类目引用 这六部主要书目的构成情况如表2-10所示。

表2-10 《经籍考》子部各二级类目引用六部主要书目的情况

目录名	一级	二级	儒家	道家	法家	名家	墨家	纵横家	杂家	小说家	农家	天文	历算	五行	占筮	形法	兵书	医家	神仙	释氏	类书	杂艺术	总计
汉志	诸子	儒家	2																				2
		道家		2																			2
		法家			2																		2
		名家				2																	2
		墨家					1																1
		农家									2												2
		杂家							2														2
		小说家								2													2
		纵横家						2															2
		阴阳家										2											2
	兵书	（尤序）															1						1
		权谋															2						2
		形势															2						2
		阴阳															2						2
		技巧															2						2
	数术	天文										2											2
		形法														2							2
		五行												2									2
		历谱											2										2
		蓍龟												1									1
		杂占												1									1
	方技	神仙																	2				2
		医经																2					2
		经方																2					2
		房中																	2				2

续表

目录名	一级	二级	儒家	道家	法家	名家	墨家	纵横家	杂家	小说家	农家	天文	历算	五行	占筮	形法	兵书	医家	神仙	释氏	类书	杂艺术	总计
隋志	子	儒	2																				2
		道		2																			2
		法			1																		1
		名				1																	1
		墨					1																1
		纵横						1															1
		杂							1														1
		农									1												1
		天文										1											1
		五行														1							1
		小说								1													1
		兵															1						1
		历数											1										1
		医方																1					1
	道经																		4				4
	佛经																			8			8
新唐志	子	儒家	1																				1
		道家		1																			1
		法家			1																		1
		名家				1																	1
		农家									1												1
		杂家							1														1
		小说家								1													1
		神仙																	1				1
		纵横家						1															1
		天文										1											1
		释氏																		1			1
		兵书															1						1
		五行														1							1
		类书																			1		1
		历算											1										1
		杂艺术																				1	1
		明堂经脉																1					1
		医术																1					1

续表

目录名	一级	二级	儒家	道家	法家	名家	墨家	纵横家	杂家	小说家	农家	天文	历算	五行	占筮	形法	兵书	医家	神仙	释氏	类书	杂艺术	总计
崇文	史	杂史						1															1
	子	儒家	4				1																5
		道家		15																			15
		法家			2																		2
		名家				1																	1
		杂家							5														5
郡斋	经	易	2												1								3
	史	杂史								1													1
		职官																				1	1
		传记								3									4	6			13
		谱牒																		1			1
		书目																	1	1			2
	子	大序																	1				1
		儒家	40																				40
		道家		32																			32
		法家			3																		3
		名家				3																	3
		墨家					2																2
		农家								2	19												21
		杂家	1						22														23
		神仙																	52				52
		纵横家						2															2
		天文										5											5
		医书																48					48
		五行												12	9	12							33
		类书																	1		31	6	38
		小说							3	97													100
		星历											5										5
		兵家															26						26
		艺术														3		3				30	36
		释书																		51			51

续表

目录名	一级	二级	儒家	道家	法家	名家	墨家	纵横家	杂家	小说家	农家	天文	历算	五行	占筮	形法	兵书	医家	神仙	释氏	类书	杂艺术	总计
直斋	史	杂史						1															1
		法令															1					1	2
		目录																		2			2
	子	儒家	62				1																63
		道家		16															3				19
		法家			3																		3
		名家				4																	4
		墨家					1																1
		农家								1	34												35
		杂家	1						50														51
		小说家								144													144
		神仙																	46				46
		释氏																		22			22
		兵书		2													17						19
		历象										14	10										24
		阴阳家												33		1							34
		卜筮													11								11
		形法														25							25
		医书																83					83
		杂艺									9											44	53
		类书																			42		42
总计			115	70	12	12	7	8	84	252	66	25	19	49	21	45	55	141	117	92	74	83	1347

(一)儒家

如表 2-10 所示，《经籍考》子部儒家类的小序与小计引《汉志》诸子略儒家类 2 条，又引《隋志》子部儒类 2 条及《新唐志》子部儒家类 1 条，书目下解题则引《崇文》子部儒家类 4 条，《郡斋》经部易类 2 条、子部儒家类 40 条与子部杂家类 1 条，以及《直斋》子部儒家类 62 条与杂家类 1 条，共计 115 条。

儒家自《汉志》(《七略》)列为诸子之首后，历代相沿不变，但在某些书籍的具体归类上有所出入。《郡斋》卷 1 经部易类著录有"《邵康节皇极经世》十二卷"与"《邵康节观物篇》六卷"。《直斋》卷 9 将此两书均归入子部儒家类，前者题名为"《皇极经世书》十二卷"，后者题名为"《观物外篇》六卷"。《经籍考》卷 37 依据《直斋》的书名和归类著录。前者引《郡斋》云：

晁氏曰：皇朝邵雍尧夫撰。雍隐居博学，尤精于《易》，世谓其能穷作《易》之本原，前知来物。其始学之时，睡不施枕者三十年。此书以元经会，以会经运，以经世起，于尧即位之二十一年甲辰，终于周显德六年已未，编年纪兴亡治乱之事，以符其学。后又看《系述叙篇》，其子伯温解。①

后者引《郡斋》云：

晁氏曰：右邵雍之没，门人记其平生之言，合二卷。虽以次笔授，不能无小失，然足以发明成书为多，故以《外篇》名之，或分为六卷。②

此两书皆邵雍的个人哲学著作，有自己的一套思想体系。虽然其理论源于《易》，但并非直接注释《易经》的著作，只能算是易外别传。正如《经籍考》引《朱子语录》所云：

《朱子语录》曰：康节其初想只是看得"太极生两仪，两仪生四象"。心只管在上面转，久之便透，想得一举眼便成四片。……又曰：《易》是卜筮之书，《皇极经世》是推步之书。《经世》以十二辟卦管十二会，绷定时节，却就中推吉凶消长。尧时正是《乾卦》九五，其书与《易》自不相干。只是加一倍推将去。③

从学术源流来看可归入易类，从其建立了个人哲学体系的角度来看可归入儒家。《四库全书总目》则以其学主术数，实为易学之流衍(推步之书)，将其归入子部术数类。邵雍虽名列道学创始人"北宋五子"之一，但其思想渊源一般认为与道教有非常密切的关系④。仔细考察邵雍的学术渊源的话，可知作为其思想基石的象数易学并不是邵雍的自创。程颢在《邵尧夫先生墓志铭》中已经指出："独先生之学为有传也。先生得之于李挺之，挺之得

① 马端临：《文献通考·经籍考》(下)，华东师范大学出版社，1985年，第865页。

② 马端临：《文献通考·经籍考》(下)，华东师范大学出版社，1985年，第867页。

③ 马端临：《文献通考·经籍考》(下)，华东师范大学出版社，1985年，第865~866页。

④ 卷九"百源学案上"，"百家谨案：周、程、张、邵五子并时而生，又皆知交相好，聚奎之占，可谓奇验，而康节独以《图》《书》象数之学显。考其初，《先天卦图》传自陈抟，抟以授种放，放授穆修，修授李之才，之才以授先生。顾先生之教虽受于之才，其学实本于自得。始学于百源，坚苦刻厉，冬不炉，夏不扇，日不再食，夜不就席者凡数年。大名王豫尝于雪中深夜访之，犹见其俨然危坐。盖其心地虚明，所以能推见得天地万物之理。即其前知，亦非术数比。明道尝谓先生'振古之豪杰'，又曰：'内圣外王之道也。'有问朱子：'康节心胸如此快活广大，安得如之。'答曰：'他是甚么样工夫。'又有问朱子：'学者有厌拘检，乐放舒，恶精详，喜简便者，自谓慕尧夫为人，何如。'曰：'邵子这道理，岂易及哉。他胸襟中这个学，能包括宇宙，始终古今，如何不做得大，放得下。今人却恃个甚，敢复如此。'"(明)黄宗羲原著，(清)全祖望补修，陈金生、梁运华点校：《宋元学案(第1册)》，中华书局，1986年，第367页。

之于穆伯长。推其源流，远有端绪。"①其后朱震又在《周易集传》的"进书表"中指出："陈抟以《先天图》传种放，放传穆修，修传李之才，之才传邵雍。放以《河图》《洛书》传李溉、溉传许坚、坚传范谔昌、谔昌传刘牧。"②即《先天图》是由宋初的道士陈抟那里，经种放、穆修、李之才等人传至邵雍的。程颐进而指出："邵尧夫数法出于李挺之，至尧夫推数方及理。"③认为邵雍的数学方法虽出于李挺之一流，但到了他这里方才超越了术数技巧，直通到儒家的心性义理层面了。朱熹虽高度评价了邵雍庞大的象数易学体系，取邵雍的象数易学来弥补程颐的义理易学之不足④，并将其先天诸图置于《周易本义》的开头，但同时也指出《皇极经世》实际上是推步之书，其义理架构与原本作为卜筮之书的《周易》本义不符，因此只能算是"易外别传"。后来四库馆臣在《皇极经世书》的提要中则折中程朱之意见，指出邵雍的先天易学表面上是在发明天道，实际上也是在讲人事，其说超出了一般术数家之说，是纯粹的儒家学说，并进而指出这是邵雍被视为宋代道学创始人之一的主要原因⑤。其观点立场与清儒黄百家在《宋元学案》中对邵雍的评价一脉相承，即认为邵雍的先天学虽是依据其对《周易》经传的理解所作，但并非伏羲等圣人制作八卦的依据，而邵雍的象数易学特别是其先天诸图与《周易》经文的本义不相符合，从而批评了朱熹《周易本义》对邵雍先天图的迷信，但同时又承认邵雍之学是自成一家的"易外别传"⑥。

《郡斋》卷12子部杂家类著录有"《孔丛子》七卷"。《直斋》卷9将其归入子部儒家类，《经籍考》同之。其下引《郡斋》解题云：

---

① (宋)程颐、程颢著，王孝鱼点校：《二程集》(上册)，中华书局，2004年，第503页。

② (宋)朱震撰，王婷、王心田编辑点校：《朱震集》，岳麓书社，2007年，第1~2页。

③ (宋)程颐、程颢著，王孝鱼点校：《二程集》(上册)，中华书局，2004年，第197页。

④ 卷十"百源学案下"，"百家谨案：《先天卦图》传自方壶，谓创自伏皇。此即《云笈七签》中云某经创自玉皇，某符传自九天玄女，固道家术士假托以高其说之常也。先生得之而不改其名，亦无足异，顾但可自成一说，听其或存或没于天地之间。乃朱子过于笃信，谓程演周经，邵传牺画，掇入《本义》中，竟压置于文《彖》、周《爻》、孔《翼》之首，则未免奉螟蛉为高曾矣。归震川疑之，谓因《传》而有图，图未必出于伏圣也。岂知《传》中所谓'天地定位'与先天八卦并初无干涉邪。况邵伯温《经世辨惑》云：'希夷《易》学，不烦文字解说，止有图以寓阴阳消长之数与卦之生变。图亦非创意以作，孔子《系辞》述之明矣。'则以此图明明直云出自希夷也。惜朱子固不之考，震川亦不之疑耳。"黄宗羲原著，全祖望补修，陈金生、梁运华点校：《宋元学案(第1册)》，中华书局，1986年，第413页。

⑤ 《四库全书总目》卷一〇八子部十八术数类、《皇极经世书》十二卷(通行本)："宋邵子撰。据晁说之所作《李之才传》，邵子数学本于之才，之才本于穆修，修本于种放，放本陈抟。盖其术本自道家而来，当之才初见邵子于百泉，即授以义理、物理性命之学，《皇极经世》盖即所谓物理之学也。其书以元经会，以会经运，以运经世。起于帝尧甲辰，至后周显德六年己未，凡兴亡治乱之迹，皆以卦象推之。厥后王湜作《易学》，祝泌作《皇极经世解起数诀》，张行成作《皇极经世索隐》，各传其学。《朱子语录》尝谓自《易》以后，无人做得一物如此整齐，包括得尽。又谓康节《易》看了，都看别人的不得。其推之甚至。然《语录》又谓《易》是卜筮之书，羲之卦象大异。至近时黄宗炎、朱彝尊，攻之尤力。夫以邵子之占验如神，则此书似乎可信，而此书之取象配数，又往往实不可解。据王湜《易学》所言，则此书实不尽出于邵子。流传既久，疑以传疑可矣。至所云学以人事为大，又云治生于乱，乱生于治，圣人贵未然之防，是谓《易》之大纲，则粹然儒者之言，非术数家所能及。斯所以得列于周、程、张、朱间欤。"四库全书研究所：《钦定四库全书总目(整理本)》(上)，中华书局，1997年，第1422页。

⑥ 黄宗羲原著，全祖望补修，陈金生、梁运华点校：《宋元学案(第1册)》，中华书局，1986年，第365页。

晁氏曰：楚孔鲋撰。鲋字子鱼，孔子八世孙也。仕陈胜为博士，以言不见用，讬目疾而退，论集其先仲尼、子思、子上、子高、子顺之言，及己之行事，名之曰《孔丛子》，凡二十一篇。从之为言，聚也。《邯郸书目》云：一名《盘盂》，取事杂也。至汉，孔臧又以其所著赋与书，谓之《连丛》，附于卷末，十一篇。嘉祐中，宋咸为之注。按《汉志》无《孔丛子》，而儒家有《孔臧》十篇，杂家有孔甲《盘盂》书二十六篇。其注谓"孔甲，黄帝史。或曰夏帝，疑皆非"。今此书一名《盘盂》，《独治篇》又云鲋或称孔甲，《连丛》又出孔臧。意者《孔丛子》即《汉志》孔甲《盘盂》书，而亡六篇；《连丛》即《汉志》孔臧书，而其子孙或续之也。①

又引高似孙《子略》卷一《孔丛子》云：

高氏《子略》曰：《汉艺文志》无《孔丛子》，而孔甲《盘盂》二十六篇出于杂家。②

从上文画线部分可知《郡斋》归入杂家取其内容丛杂③，且有《汉志》、《崇文》(卷3子部杂家著录)为依据。《旧唐志》将其归入"论语类"，大概是因其出孔门。但此书终非解释《论语》的著作，而且与孔子弟子及其再传弟子集体编纂的《论语》并不同源，在四部分类体系下归入经部"论语类"不合适，只能算单独的一部儒学典籍。所以自《直斋》将其归入儒家类后，《经籍考》《宋志》《四库全书总目》皆从之归入儒家类。

《直斋》卷10子部杂家类著录有"《颜氏家训》七卷"。《新唐志》卷3著录于子部儒家类。《郡斋》卷10著录为"《家训》七卷"，并同《新唐志》归入儒家类，《经籍考》卷36同《新唐志》与《郡斋》的书名与归类著录。其下引《郡斋》云：

晁氏曰：北齐颜之推撰。之推本梁人，所著凡二十篇。述立身治家之法，辩正时俗之谬，以训子孙。④

而《直斋》解题原文云：

北齐黄门侍郎琅邪颜之推撰。古今家训以此为祖，而其书崇尚释氏，故不列于儒家。⑤

可知陈振孙以其书杂有佛教思想而退之杂家。《新唐志》《郡斋》《经籍考》则以其内容

① 马端临：《文献通考·经籍考》(下)，华东师范大学出版社，1985年，第847页。
② 马端临：《文献通考·经籍考》(下)，华东师范大学出版社，1985年，第847页。
③ 如归入小学类中别行的《小尔雅》原本即《孔丛子》之一篇。
④ 马端临：《文献通考·经籍考》(下)，华东师范大学出版社，1985年，第848页。
⑤ 陈振孙撰，徐小蛮、顾美华点校：《直斋书录解题》，上海古籍出版社，1987年，第849页。

主要是儒家思想而归入儒家类中。《崇文》卷3将其归入子部小说家类。《四库全书总目》亦因其儒释杂糅而同《直斋》归入子部杂家类中。

(二)道家

如表2-10所示,《经籍考》子部道家类的小序与小计引《汉志》诸子略道家类2条、《隋志》子部道类2条与《新唐志》子部道家类1条,书目下解题则引《崇文》子部道家类15条,《郡斋》子部道家类32条,以及《直斋》道家类16条、兵书类2条,共计70条。可知《经籍考》此类主要来自《郡斋》道家类。

《直斋》卷12子部兵书类著录有"《黄石公素书》一卷"。而《郡斋》卷11则将其著录为"《素书》一卷",并归入子部道家类,《经籍考》卷38从《郡斋》的书名与归类著录。其下引《郡斋》云:

> 晁氏曰:题黄石公著。凡一千三百六十六言。其书言治国治家治身之道,庞杂无统,盖采诸书以成之者也。①

所引《直斋》亦云:

> 陈氏曰:后人傅会依托以为之者。②

此书系依托黄石公无疑。陈振孙盖以有《黄石公三略》这样的兵书,而黄石公又是汉代谋臣张良的老师,所以将此依托之作列入兵书类。《四库全书总目》卷99便同《直斋》将其归入子部兵家类,置于《黄石公三略》之后。但黄石公本为黄老道家之人,且从其书"言治国治家治身之道"的内容来看,归入道家似更合适一些。

《直斋》卷12子部兵书类还著录有"《阴符玄机》一卷"。《崇文》卷3将其题为"《阴符天机经》一卷",并归入子部道家类。《经籍考》卷38中书名依《直斋》,而归类则同《崇文》。其下引《崇文》云:

> 《崇文总目》:唐李筌撰。自号少室山达观子。筌好神仙,尝于嵩山虎口岩石壁得《黄石阴符》本,题云"魏道士寇谦之传诸名山"。筌虽略钞记,而未晓其义。后入秦骊山,逢老母传授。③

又引《直斋》云:

> 陈氏曰:即《阴符经》也。监察御史新安朱安国注。此书出于李筌,云得于骊山

---

① 马端临:《文献通考·经籍考》(下),华东师范大学出版社,1985年,第906页。
② 马端临:《文献通考·经籍考》(下),华东师范大学出版社,1985年,第906页
③ 马端临:《文献通考·经籍考》(下),华东师范大学出版社,1985年,第909页。

> 老母，旧志列于道家。安国以为兵书之祖。要之非古书也。①

《直斋》因注释者朱安国以之为“兵书之祖”而归入兵书类，实不可从。不然将置《孙子兵法》于何地？何况此书又系道士李筌所造的伪书。所以《崇文》《四库全书总目》等均将其归入道家(或道书)类中。

(三)法家

如表2-10所示，《经籍考》子部法家类的小序与小计引《汉志》诸子略法家类2条，以及《隋志》子部法类1条、《新唐志》子部法家类1条，书目下解题又引《崇文》子部法家类2条、《郡斋》子部法家类3条与《直斋》子部法家类3条，共计12条。其所著录仅《管子》、《商子》(即《商君书》)、《韩非子》三部先秦法家著作。

(四)名家

如表2-10所示，《经籍考》子部名家类的小序与小计引《汉志》诸子略名家类2条、《隋志》子部名家类1条及《新唐志》子部名家类1条，书目下解题则引《崇文》子部名家类1条、《郡斋》子部名家类3条与《直斋》子部名家类4条，共计12条。其所著录仅先秦的《尹文子》与《公孙龙子》两部，以及魏国刘劭的《人物志》与唐代杜周士的《广人物志》，共四部著作。

(五)墨家

如表2-10所示，《经籍考》子部墨家类的小序与小计引《汉志》诸子略墨家类1条与《隋志》子部墨家1条，书目下解题则引《崇文》子部儒家类1条、《郡斋》子部墨家类2条与《直斋》子部儒家类1条、墨家类1条，共计7条。其所著录仅《墨子》与《晏子春秋》两部先秦著作。

《崇文》卷3与《直斋》卷9均将“《晏子春秋》十二卷”归入子部儒家类。《郡斋》卷11则将其归入子部墨家类。这是因为采纳了柳宗元《辩晏子春秋》的看法。《经籍考》卷39也从之归入子部墨家类。《郡斋》解题原文云：

> 右齐晏婴也。婴相景公，此书著其行事及谏诤之言。昔司马迁读而高之，而莫知其所以为书。或曰晏子为而人接焉，或曰晏子之后为之。唐柳宗元谓迁之言不然，以为“墨子之徒有齐人者为之。墨好俭，晏子以俭名于世，故墨子之徒尊著其事，以增高为己术者。且其旨多尚同、兼爱、非乐、节用、非厚葬久丧、非儒、明鬼，皆出《墨子》，又往往言墨子闻其道而称之，此甚显白。自向、歆、彪、周皆录之儒家，非是。后宜列之墨家。”今从宗元之说云。②

其实墨本脱胎于儒，皆“祖述尧舜，宪章文武”，观点与行事都有许多相近之处。柳宗元的“墨子之徒有齐人者为之”的推测虽不无道理，但缺乏可靠依据。要之，此书仍当以归入儒家为是。张舜徽先生也指出：

---

① 马端临：《文献通考·经籍考》(下)，华东师范大学出版社，1985年，第909页。

② 晁公武撰，孙猛校证：《郡斋读书志校证》(上)，上海古籍出版社，1990年，第500页。

且观《晏子》书中，称引孔子之言独多，援用墨子之言甚少；陈说义理，亦多同于儒而与墨异。柳宗元谓其书出于墨氏之徒，非也。①

《四库全书总目》卷57则以其所载皆晏子个人行事而列史部传记类之首。其下按语解释云：

案《晏子》一书，由后人摭其轶事为之。虽无传记之名，实传记之祖也。旧列《子部》，今移入于此。②

(六)纵横家

如表2-10所示，《经籍考》子部纵横家类的小序与小计引《汉志》诸子略纵横家类2条、《隋志》子部纵横家类1条与《新唐志》子部纵横家类1条，书目下解题则引《崇文》史部杂史类1条、《郡斋》子部纵横家类2条与《直斋》史部杂史类1条，共计8条。其所著录仅《鬼谷子》《战国策》与《鲍氏校定战国策》三部著作。

《崇文》卷2史部杂史类著录有"《战国策》八卷"。此书《汉志》六艺略春秋类著录为"《战国策》三十三篇"，《隋志》卷2、《旧唐志》卷上、《新唐志》卷2、《直斋》卷5均同《崇文》著录于史部杂史类。《郡斋》卷11著录于子部纵横家类，《经籍考》卷39同。而《宋志》卷4子部纵横家类著录有"高诱注《战国策》三十三卷"，同时又在卷6子部兵书类著录"《战国策》三十三卷"。《四库全书总目》卷51同《崇文》归入子部杂史类。此书虽多记战国纵横家说客辩士的言论活动，同时又有很高的史料价值，因此可归入杂史类。同样，《直斋》卷5史部杂史类著录有"《鲍氏校定战国策》十卷"，《经籍考》附在"《战国策》"条后归入纵横家类。

(七)杂家

如表2-10所示，《经籍考》子部杂家类的小序与小计引《汉志》诸子略杂家类2条、《隋志》子部杂家类1条与《新唐志》子部杂家类1条，书目下解题又引《崇文》子部杂家类5条，《郡斋》子部杂家类22条、小说类3条，以及《直斋》子部杂家类50条，共计84条。

《郡斋》卷13子部小说类著录有"《景文笔录》三卷"。《经籍考》卷41则题为"《宋景文笔录》三卷"，并将其归入子部杂家类。其下辑录《郡斋》解题云：

晁氏曰：皇朝宋祁撰。皆故事异闻、嘉言奥语，可为谈助。不知何人所编，每章冠以"公曰"。景文，乃祁谥也。③

《四库全书总目》亦将其归入子部杂家类。此外，《郡斋》卷13子部小说类又著录有

① 张舜徽：《汉书艺文志通释》，华中师范大学出版社，2004年，第257页。

② 四库全书研究所：《钦定四库全书总目(整理本)》(上)，中华书局，1997年，第797页。

③ 马端临：《文献通考·经籍考》(下)，华东师范大学出版社，1985年，第958页。

"《孔氏杂说记》一卷",《经籍考》卷41将其归入子部杂家类。其下引《郡斋》云:

> 晁氏曰:皇朝孔武仲撰。论载籍中前言往行,及国家故实、贤哲文章,亦时记其所见闻者。①

《郡斋》同卷小说类又著录"《缃素杂记》十卷"。《直斋》卷10将此书归入子部杂家类。《经籍考》卷41同《直斋》归入杂家类而著录为"《湘素杂说》十卷"。其下引《郡斋》云:

> 晁氏曰:皇朝黄朝英撰。所记二百事。朝英,建州人,绍圣后举子也。为王安石之学者,以"赠之以芍药"为男淫女,"贻我握椒"为女淫男,鄙亵不典,前辈尝以是为嗤笑,朝英特爱重之,以为得诗人深意,其他可知矣。②

又引程大昌《演繁露》卷三《湘素杂记》云:

> 程氏《演繁露》曰:此书辩正世传名物音义,多有归宿,而时有阙疑者。至释宋子京《刈麦诗》,以四月为麦秋,而曰"按《北史·苏绰传》,麦秋在野,其名远矣",是未尝读《月令》也。以此知博记之难。③

从其内容看系辨正名物音义的著作,内容博杂,应当归入杂家类。晁公武盖以其"为王安石之学"(新学),多穿凿附会而退之小说类中。

(八)小说家

如表2-10所示,《经籍考》卷42子部小说家类著录"《燕丹子》三卷",其下引《郡斋》云:"晁氏曰:不题撰人。"④此条不见于今本《郡斋》,当系佚失条目,今补入《郡斋》子部小说类,统计时一并算入。《经籍考》卷42子部小说家类还著录有"《灯下闲谈》二卷",其下引《直斋》云:"陈氏曰:不知作者。"⑤此条亦不见于今本《直斋》,同上补入《直斋》子部小说家类,统计时一并算入。

《经籍考》子部小说家类的小序与小计引《汉志》诸子略小说家类2条、《隋志》子部小说类1条与《新唐志》子部小说家类1条,书目下解题引《郡斋》史部杂史类1条、史部传记类3条及子部农家类2条、子部小说类97条,又引《直斋》子部农家类1条与子部小说家类144条,共计252条。可知小说类与杂史类、传记类、农家类都有所交涉。

如《郡斋》卷6史部杂史类著录有"《碧云騢》一卷",《直斋》卷11则将其归入子部小说家类,《经籍考》卷44同《直斋》。其下引《直斋》云:

---

① 马端临:《文献通考·经籍考》(下),华东师范大学出版社,1985年,第959页。
② 马端临:《文献通考·经籍考》(下),华东师范大学出版社,1985年,第963页。
③ 马端临:《文献通考·经籍考》(下),华东师范大学出版社,1985年,第963页。
④ 马端临:《文献通考·经籍考》(下),华东师范大学出版社,1985年,第968页。
⑤ 马端临:《文献通考·经籍考》(下),华东师范大学出版社,1985年,第993页。

陈氏曰：题梅尧臣撰。以厩马为书名，其说曰："世以旋毛为丑，此以旋毛为贵，虽贵矣，病可去乎？"其不逊如此，圣俞必不尔也。所记载十余条，公卿多所毁讦，虽范文正亦不免。或云实魏泰所作，托之圣俞。王性之辨之甚详，而《邵氏闻见后录》乃不然之。①

魏泰是当时科场失意之文人，且多造伪书。此书是其伪撰而依托梅尧臣，属编造内容，既非事实更不是真实的史料，意在诋毁他人，以发泄其对社会之不满，从其内容来看当如其同类之《补江总白猿传》一样归入小说类。因此《经籍考》的归类是适当的。

《郡斋》卷9史部传记类又著录有"《十洲记》一卷"。《直斋》卷11将其归入子部小说家类，《经籍考》卷42同《直斋》归类。其下辑《直斋》云：

陈氏曰：亦称东方朔撰。二书(今按：另一书指《直斋》著录的"《神异经》一卷")诡诞不经，皆假托也。《汉书》本传叙朔之辞，末言刘向所录朔书具是矣，世所传他事皆非也。《赞》又言，朔之谈谐，其事浮浅，行于众庶，而后世好事者，因取奇言怪语附著之朔，故详录焉。史家欲祛妄惑，可谓明矣。②

可知此书内容荒诞不经，绝非实录，《郡斋》归入史部传记类实属不当。《郡斋》同卷又著录有"《洞冥记》四卷，《拾遗》一卷"，《直斋》卷11亦将其归入子部小说家类，《经籍考》卷42同《直斋》。其下引《直斋》云：

陈氏曰：题《汉武别国洞冥记》，其《别录》又于《御览》中钞出，然则四卷亦非全书也。凡若是者，藏书之家备名数而已，无之不足为损，有之不足为益，况于详略，尤非所计也。《唐志》入神仙家。③

此书情况同上书，不应归入传记，而当归入小说类。《四库全书总目》卷142也将其归入小说家类。同理，《郡斋》同卷传记类著录的"《王子年拾遗记》十卷"也被《经籍考》卷42调整归入小说家类。

《郡斋》卷12子部农家类著录有"《平泉草木记》一卷"，《经籍考》卷42将其归入子部小说家类。其下引《郡斋》解题云：

晁氏曰：唐李德裕撰。记其别墅奇花异草、树石名品，仍以叹咏其美者诗二十余篇附于后。平泉，即别墅地名。④

---

① 马端临：《文献通考·经籍考》(下)，华东师范大学出版社，1985年，第1016页。
② 马端临：《文献通考·经籍考》(下)，华东师范大学出版社，1985年，第969页。
③ 马端临：《文献通考·经籍考》(下)，华东师范大学出版社，1985年，第969页。
④ 马端临：《文献通考·经籍考》(下)，华东师范大学出版社，1985年，第977页。

此书虽记花草，但实不关农事，乃退居后寄情养性的闲适作品，归入农家类有些牵强，入小说类更合适一些。《宋志》卷 7 则将其归入集部别集类，大概是因为该书前有文章记花草，而后又“以叹咏其美者诗二十余篇附于后”，将其视为李德裕的诗文别集了。

《郡斋》卷 12 著录有“《忘怀录》三卷”，《直斋》卷 10 著录有“《梦溪忘怀录》三卷”，两者为同书异名，且都归入子部农家类。《经籍考》卷 43 依《郡斋》的书名著录而自行将其调整归入子部小说家类。其下引《郡斋》解题云：

> 晁氏曰：皇朝元丰中梦溪丈人撰。所集皆饮食器用之式、种艺之方，可以资山居之乐者。或云沈括也。①

可知此书与上述《平泉草木记》一样，系退休隐居后吟花弄草之作。不过既然“所集皆器用之式，种艺之方”，如《郡斋》与《直斋》一样归入农家类似亦无不可。

（九）农家

如表 2-10 所示，《经籍考》子部农家类的小序与小计引《汉志》诸子略农家类 2 条、《隋志》子部农家类 1 条与《新唐志》子部农家类 1 条，书目下解题则引《郡斋》子部农家类 19 条，又引《直斋》子部农家类 34 条、杂艺类 9 条，共计 66 条（小序中引有《直斋》子部农家类小序 1 条）。

考《经籍考》卷 45 子部农家类小序引《直斋》卷 10 子部农家类小序云：

> 陈氏曰：农家者流，勤耕桑以足衣食。神农之言，许行学之，汉世野老之书，不传于后，而《唐志》著录，杂以岁时月令及相牛马诸书，是犹薄有关于农者。至于钱谱、相贝、鹰鹤之属，于农何预焉？今既多从其类，而花果栽植之事，犹以农圃一体，附见于此，其实则浮末之病农者也。②

《经籍考》卷 45 子部农家类著录的首部为“《齐民要术》十卷”，其下引《郡斋》卷 12 子部农家类“《齐民要术》十卷”之解题云：

> 晁氏曰：元魏贾思勰撰。记民俗、岁时、治生、种莳之事，凡九十二篇。<u>农家者，本出于神农氏之学。</u>仲尼既称“礼义信足以化民，焉用稼”，以诮樊须，而告曾参以“用天之道，分地之利，为庶人之孝”。言非不同，意者，以躬稼非治国之术，乃一身之任也。然则仕之倦游者，讵可不知乎？故今所取，皆种艺之书也。前世录史部中有岁时，子部中有农事，两类实不可分，今合之农家。又以钱谱置其间，今以其不类，移附类书。③

---

① 马端临：《文献通考·经籍考》（下），华东师范大学出版社，1985 年，第 999 页。
② 马端临：《文献通考·经籍考》（下），华东师范大学出版社，1985 年，第 1035 页。
③ 马端临：《文献通考·经籍考》（下），华东师范大学出版社，1985 年，第 1036 页。

此条也是《郡斋》子部农家类之首部，《郡斋》的部类小序都附在该类首部解题之后，此条也不例外，即“农家者，本出于神农氏之学”开始至结束皆小序内容。《经籍考》同晁、陈两家一样在农家类中将“钱谱、相贝、鹰鹤”一类书分出，又将园艺类著作附于农家类末。其不同于《郡斋》的地方是依据《直斋》将时令类从农家类分出，在史部另设时令类。

又《直斋》卷 14 子部杂艺类著录有“《酒谱》一卷”“《北山酒经》三卷”“《茶经》一卷”“《煎茶水记》一卷”等九部与酒茶相关的著作。《直斋》以其为民间艺术(如茶艺)，但酒茶亦是农家余事，附入农家类亦可。所以《郡斋》卷 12、《经籍考》卷 45、《宋志》卷 4 都将它们归入子部农家类。《四库全书总目》则将其归入子部谱录类食谱之属。

(十)天文

如表 2-10 所示，《经籍考》子部天文类的小序与小计引《汉志》诸子略阴阳家类 2 条与数术略天文类 2 条，又引《隋志》子部天文类 1 条与《新唐志》子部天文类 1 条，书目下解题则引《郡斋》子部天文类 5 条与《直斋》子部历象类 14 条，共计 25 条。

《汉志》诸子略有“阴阳家”类，其小序云：

> 阴阳家者流，盖出于羲和之官，敬顺昊天，历象日月星辰，敬授民时，此其所长也。及拘者为之，则牵于禁忌，泥于小数，舍人事而任鬼神。①

而数术略又有“天文”类，其小序云：

> 天文者，序二十八宿，步五星日月，以纪吉凶之象，圣王所以参政也。《易》曰：“观乎天文，以察时变。”然星事殑悍，非湛密者弗能由也。夫观景以谴形，非明王亦不能服听也。以不能由之臣，谏不能听之王，此所以两有患也。②

此两类关系密切。“阴阳家”是观天象(天文)以定人事。张舜徽先生指出：

> 至于人之行事，有禁有宜，必择时日而后可动，此乃后世阴阳家傅会五行生克之理，私定吉凶，以欺世惑民者，所宜杜绝而尽废之。《汉志》著录阴阳家言，虽不为少，而皆亡佚无存，至《隋志》遂不复立此门，可以觇此类书之升降盛衰矣。③

《汉志》诸子略阴阳家类之书虽皆亡佚，但作为学术源流依然应当追溯。因此《经籍考》在卷 46 子部天文类小序辑录有上述两段。

(十一)历算

如表 2-10 所示，《经籍考》子部历算类的小序与小计引《汉志》数术略历谱类 2 条、《隋志》子部历数类 1 条与《新唐志》子部历算类 1 条，书目下解题则引《郡斋》子部星历类

① 班固撰，颜师古注：《汉书》第 6 册，中华书局，1962 年，第 1734 页。
② 班固撰，颜师古注：《汉书》第 6 册，中华书局，1962 年，第 1765 页。
③ 张舜徽：《汉书艺文志通释》，华中师范大学出版社，2004 年，第 308 页。

5 条与《直斋》子部历象类 10 条，共计 19 条。

天文与历算，一个是观测对象，另一个是计算结果，前者观天象，后者定人事(历法)，观天象才能定人事，两者实密不可分。所以《直斋》将子部天文类与历算类合并，统称为“历象”类。故《经籍考》天文类与历算类所引条目皆有来自《直斋》历象类的。前者如《景祐乾象新书》《二十四气中星日月宿度》等天文书，后者如《崇天历》《开禧历》等历法书。

(十二)五行

如表 2-10 所示，《经籍考》子部五行类的小序与小计引《汉志》数术略五行类 2 条、蓍龟类 1 条与杂占类 1 条，书目下解题则引《郡斋》子部五行类 12 条与《直斋》子部阴阳家类 33 条，共计 49 条。

自从《汉志》(《七略》)设五行类，历代书目基本都设有五行类，独《直斋》将五行类并入子部阴阳家类，即《直斋》卷 12 子部阴阳家类著录有“《景祐遁甲玉函符应经》二卷”“《景祐太一福应集要》十卷”“《遁甲选时图》二卷”等 33 部“奇门遁甲”数术预测类书籍。这类书籍在《隋志》卷 3、《新唐志》卷 3、《崇文》卷 4、《郡斋》卷 14、《经籍考》卷 47、《宋志》卷 5 中皆归入子部五行类。《四库全书总目》卷 111 归入子部术数类“阴阳五行”之属。

(十三)占筮

如表 2-10 所示，《经籍考》占筮类无小序，其所收书目下解题引《郡斋》经部易类 1 条与子部五行类 9 条，以及《直斋》子部卜筮类 11 条，共计 21 条。此类在《汉志》中属于数术略蓍龟类，其后《七录》技术录设立有卜筮类而《直斋》因之，《经籍考》则改称占筮类。《郡斋》则无此类，将其书归入经部易类与子部五行类，即《郡斋》卷 1 经部易类著录有“《焦氏易林》十六卷”，《直斋》卷 12 则题为“《易林》十六卷”，并其归入子部卜筮类。《经籍考》卷 47 从《郡斋》之书名而按《直斋》归入子部占筮类。其下引叶梦得语云：

> 石林叶氏曰：吾家有焦贡《易林》、《京房易》二书，大抵皆卜筮、阴阳、气候之言，不复更及《易》道。①

可知其虽源出于《易》而流于卜筮，当入占筮类。《郡斋》由于子部未立占筮(卜筮)类而将其附于易类。《四库全书总目》卷 109 亦将其归入子部术数类占卜之属。

《郡斋》卷 14 子部五行类著录有“《常阳经》一卷”“《六壬要诀》一卷”“《六壬课钤》一卷”等 9 部有关“六壬”之法的著作。此类书籍从《隋志》卷 3、《旧唐志》卷下、《新唐志》卷 3、《崇文》卷 4 直到《郡斋》卷 14 皆入子部五行类。《直斋》卷 12 始入子部卜筮类。《经籍考》卷 47 也归入占筮(即卜筮)类中。其“《六壬要诀》一卷”条下引《郡斋》云：

> 晁氏曰：未详何人撰。《隋志》载六壬之书两种。《金銮密记》及《五代史记》颇言其验。今世龟筮道息，而此术独行。②

① 马端临：《文献通考 · 经籍考》(下)，华东师范大学出版社，1985 年，第 1082 页。
② 马端临：《文献通考 · 经籍考》(下)，华东师范大学出版社，1985 年，第 1087 页。

《四库全书总目》卷 109 将此类书籍归入子部术数类占卜之属。其下按语云：

> 案：《汉志》《隋志》皆立《蓍龟》一门，此为古法言之也。后世非惟龟卜废并，蓍亦改为钱卜矣。今于凡依托易义，因数以观吉凶者，统谓之占卜。①

可知其亦占卜吉凶之术，只是占卜手段不再是蓍龟而已。因此《经籍考》从《直斋》归入占筮类是恰当的。

(十四) 形法

如表 2-10 所示，《经籍考》子部形法类的小序与小计引《汉志》数术略形法类 2 条、《隋志》子部五行类 1 条与《新唐志》子部五行类 1 条，书目下解题则引《郡斋》子部五行类 12 条艺术类 3 条，又引《直斋》子部阴阳家类 1 条、形法类 25 条，共计 45 条。

考《汉志》数术略形法类小序云：

> 形法者，大举九州之势，以立城郭室舍形；人及六畜骨法之度数、器物之形容，以求其声气、贵贱、吉凶。犹律有长短，而各征其声，非有鬼神，数自然也。然形与气相首尾，亦有有其形而无其气，有其气而无其形，此精微之独异也。②

《汉志》术数略设形法类后，《七录》也在技术录设有形法部。但由于其与阴阳五行关系密切，再加上书又不多，所以《隋志》《旧唐志》《新唐志》《崇文》《郡斋》均取消了此类，将其书并入五行类，直到《遂初堂书目》才在子部数学类下重设形势一类，《直斋》则直接在子部恢复形法类而《经籍考》从之。

《郡斋》卷 15 子部艺术类著录有"《相马经》二卷""《相牛经》一卷""《相鹤经》一卷"三书。《经籍考》卷 47 将其调整归入子部形法类中。《相马经》在《隋志》卷 3 中被归入子部五行类，《旧唐志》卷下、《新唐志》卷 3 则将其归入子部农家类，《崇文》卷 3 则归入子部艺术类而为《郡斋》所本，《宋志》则同《隋志》归入五行类，诸家纷纭，莫衷一是。《四库全书总目》卷 102 子部农家类小序批判道：

> 农家条目，至为芜杂。诸家著录，大抵辗转旁牵，因耕而及《相牛经》，因《相牛经》及《相马经》《相鹤经》《鹰经》《蟹录》至于《相贝经》，而《香谱》《钱谱》相随入矣……今逐类汰除，惟存本业，用以见重农贵粟，其道至大，其义至深，庶几不失《豳风》无逸之初旨。③

据此《四库总书全目》用一个更庞杂的谱录类包之。这一方面反映了该类书籍在传统

---

① 四库全书研究所：《钦定四库全书总目（整理本）》（上），中华书局，1997 年，第 1437 页。
② 班固撰，颜师古注：《汉书》第 6 册，中华书局，1962 年，第 1775 页。
③ 四库全书研究所：《钦定四库全书总目（整理本）》（上），中华书局，1997 年，第 1322 页。

四部书目中没有地位，另一方面也反映了传统目录的局限性。其实古籍的分类就是一个“比附”的过程，因人及物，由此及彼，本无高下之分。相比较而言，归入形法类还是比较合适的。

所引《直斋》卷12子部“阴阳家”类小序1条的考辨见本章第一节中的相关论述，此不赘述。

(十五)兵书

如表2-10所示，《经籍考》子部兵书类的小序与小计引《汉志》兵书略大序1条及权谋类2条、形势类2条、阴阳类2条、技巧类2条，又引《隋志》子部兵类1条与《新唐志》子部兵书类1条，书目下解题则引《郡斋》子部兵家类26条，《直斋》史部法令类1条与子部兵书类17条，共计55条。

《汉志》兵书略分为“兵权谋”“兵形势”“兵阴阳”“兵技巧”四类。后世书目统之以“兵”(《隋志》)、“兵家”(《郡斋》《四库全书总目》)或“兵书”(《新唐志》《直斋》《经籍考》)类。

《直斋》卷7史部法令类著录有“《修城法式条约》二卷”，《经籍考》卷48将其归入子部兵书类。其下引《直斋》解题云：

> 陈氏曰：判军器监沈括、知监丞吕和卿等所修敌楼、马面、团敌式样，并申明条约，熙宁八年上。①

从内容看属于军事条约，归入法令或兵书类均可，以入兵书类为胜。

(十六)医家

如表2-10所示，《经籍考》子部医家类的小序与小计引《汉志》文技略医经类2条与经方类2条，又引《隋志》子部医方类1条，《新唐志》子部明堂经脉类1条、医术类1条，书目下解题则引《郡斋》子部医书类48条、艺术类3条，又引《直斋》子部医书类83条，共计141条。

《汉志》方技略分为“医经”(医理)与“经方”(药理)两类，后代一般统之为“医方”“医术”“医书”“医家”类(《经籍考》《四库全书总目》)。又《新唐志》卷3从子部医术类分出“明堂经脉”一类，所载皆针灸明堂之书，为其所特有。

《郡斋》卷15子部艺术类又著录有“《皇帝医相马经》三卷”“《育骏方》三卷”“《相马经》一卷”(此书与上面“形法”类讨论的“《相马经》二卷”系不同之书)三书。《经籍考》卷50皆将其调整归入子部医家类。第一部书看书名可知是治马疾病之书。而“《育骏方》三卷”条，《经籍考》引《郡斋》云：

> 晁氏曰：未详撰人。相马术及医治畜牧之方。②

① 马端临：《文献通考·经籍考》(下)，华东师范大学出版社，1985年，第1120页。

② 马端临：《文献通考·经籍考》(下)，华东师范大学出版社，1985年，第1154页。

“《相马经》一卷”条，《经籍考》引《郡斋》云：

> 晁氏曰：未详撰人。相马法式，并著马之疾状及治疗之术。《李氏书目》有之。①

可知亦是治疗马疾之书。晁公武可能因其书系医马而非治人之病，故不得厕入医书之属，但是放在主要著录书画之作的“艺术”类中，则比较牵强了。古代四部书目中虽没有专门的兽医一类，但以畜疾附人病之后，也不失为类比之法。

(十七) 神仙

如表 2-10 所示，《经籍考》子部神仙类的小序与小计引《汉志》方技略神仙类 2 条与房中类 2 条，又引《隋志》道经类大序 4 条与《新唐志》子部神仙类 1 条，书目下解题则引《郡斋》史部传记类 4 条、书目类 1 条，以及子部大序 1 条、神仙类 52 条、类书类 1 条，又引《直斋》子部道家类 3 条、神仙类 46 条，共计 117 条。

其中《经籍考》卷 52 子部神仙类著录有“《道藏书目》一卷”，其下辑录文字来自《郡斋》子部之大序云：

> 晁氏曰：序九流者，以谓皆出于先王之官，咸有所长，及失其传，故各有弊，非道本然，特学者之过也，是以录之。又有医、卜技艺，亦先王之所不废，故附于九流之末。夫儒、墨、名、法，先王之教；医、卜技艺，先王之政，其相附近也固宜。昔刘歆既录神仙之书，而王俭又录释氏，今亦其循之者，何哉？自汉以后，九流浸微，隋、唐之间，又尚辞章，不复问义理之实，虽以儒自名者，亦不知何等为儒术矣，况其次者哉！百家壅底，正涂之弊虽息，而神仙服食之说盛，释氏因果之教兴，杂然与儒者抗衡，而意常先之。君子虽有取焉，而学之者不为其所误者鲜矣，则为患又甚于汉。盖彼八家皆有补于时，而此二教皆无意于世也。八家本出于圣人，有补于时，特学者失之，而庄、老犹足以亡晋，申、商犹足以灭秦，况二教无意于世，不自附于圣人，若学而又失之，则其祸将如何？故存之以为世戒云。②

此段说明其著录道释之书系“存之以为世戒”之目的。

《汉志》方技略神仙类小序云：

> 神仙者，所以保性命之真，而游求于其外者也。聊以荡意平心，同死生之域，而无怵惕于胸中。然而或者专以为务，则诞欺怪迂之文弥以益多，非圣王之所以教也。③

《汉志》以前道家与神仙本是两类，前者是源出于王官的诸子之一，后者则是民间宗

---

① 马端临：《文献通考·经籍考》(下)，华东师范大学出版社，1985 年，第 1154 页。
② 马端临：《文献通考·经籍考》(下)，华东师范大学出版社，1985 年，第 1199 页。
③ 班固撰，颜师古注：《汉书》第 6 册，中华书局，1962 年，第 1780 页。

教。但由于汉代道教兴起后，依托经典于道家的老、庄、列等，在佛教经典的刺激下又造出了大量的道书，又多托名于教主神仙。由于道家(道书所依托)与神仙的关系十分密切，所以道书多置于神仙类(溯源但并不等于《汉志》中的神仙类，道教是东汉末张道陵创立，而《汉志》著录则截止于西汉末年)中，所以后世书目很多将神仙类(道书)附于道家之后。由于道经有其专科目录(道藏目录)，以儒家思想为主导的传统四部书目除了《太平经》《云笈七签》等道教经典之外，不会著录很多道书。《新唐志》虽在书目中有"神仙"类的小计，但并未完全从道家中独立出来。到了《郡斋》才又独立成一类。《郡斋》《直斋》皆将道教著作著录于"神仙"类，与诸子中的道家分离开来。而《经籍考》从之。在代表官方立场，恪守儒家正统、排斥异端的《四库全书总目》之中，道书(神仙)的类目被彻底取消，仍附若干主要道经于子部道家之末。马端临虽笃信程朱理学，可谓鸿儒，但还是在《经籍考》中专设"神仙"类著录了不少道书，从而使其目录体系更趋完备。

《经籍考》卷51为子部"房中、神仙"类，但其实"房中"是个有目无书的"虚类"，马氏只是在此卷卷首辑录《汉志》方技略房中类的小序与小计。而下面真正的书目著录及其解题中并无一部"房中"类书籍。"房中"类书籍自《汉志》以后因其内容禁忌，不为正统四部书目所容。马端临在小序中于"神仙"类前虚列"房中类"，当是从保存学术源流的角度考虑，因为"房中术"也成了后世道教中"保性命之真"的修炼之术。

《郡斋》卷9史部传记类著录有"《神仙传》十卷""《王氏神仙传》四卷""《降圣记》五十卷""《先天记》三十六卷"。《经籍考》卷52皆将其调整归入子部神仙类。此四书皆道教人物传记(成仙)，故可归入"神仙"类中。《经籍考》的传记皆记释道以外的人物，而《郡斋》的传记类则包括了儒释道等三教九流之人物。

《郡斋》卷9史部书目类又著录有"《道藏书目》一卷"。此书本系道书目录。《郡斋》的书目类兼收儒释道三家之书目。《经籍考》卷52将其调整归入专门著录道书的神仙类。其下又辑录有《郡斋》卷10子部大序。

《郡斋》卷14子部类书类著录有"《仙苑编珠》二卷"一书，《经籍考》卷52将其归入子部神仙类。其下引《郡斋》云：

> 晁氏曰：唐王松年撰。取阮仓、刘向、葛洪所传神仙，又取经记中梁以后神仙百二十八人，比事属辞，效《蒙求》体为是书。①

此类从内容看无疑是道书，应入神仙类。《郡斋》则以其编纂方式类《蒙求》(《郡斋》卷14子部类书类著录)而归诸类书之。但此书还是入神仙类更适当一些。

《直斋》卷9子部道家类著录有葛洪的"《抱朴子》二十卷"，此书《郡斋》卷16题为"《抱朴子内篇》二十卷"，并归入子部神仙类。《经籍考》依《郡斋》的书名与归类著录。此书的《直斋》解题原文云：

> 晋句漏令丹阳葛洪稚川撰。洪所著书，《内篇》言神仙黄白变化之事，《外篇》驳

---

① 马端临：《文献通考·经籍考》(下)，华东师范大学出版社，1985年，第1196页。

难通释。此二十卷者，《内篇》也。《馆阁书目》有《外篇》五十卷。①

可知《抱朴子》之《内篇》系道书，《外篇》则杂糅三教(以儒为主)。所以《隋志》卷3、《旧唐志》卷下、《新唐志》卷3、《崇文》卷3、《郡斋》卷12与卷16、《经籍考》卷41与卷52都分别将《抱朴子外篇》归入杂家，将《抱朴子外篇》归入道家或神仙。到了《宋史》卷4则于子部杂家类同时著录“葛洪《抱朴子内篇》二十卷”与“又《抱朴子外篇》五十卷”。《四库全书总目》卷146则总题为“《抱朴子内外篇》八卷”著录于部道家类中。

《直斋》卷9子部道家类又著录有“《坐忘论》一卷”与“《天隐子》一卷”。《郡斋》卷16则将此两书归入子部神仙类。《经籍考》卷52同《郡斋》归类。此两书皆道家讲述修行之书。虽源于道家(庄子)，但旨趣不同，归入神仙类为宜。《坐忘论》一书，《新唐志》卷3归入子部神仙类，《崇文》卷4归入子部道书类。

(十八)释氏

如表2-10所示，《经籍考》子部释氏类的小序与小计引《隋志》所附佛经大序8条与《新唐志》子部释氏类1条，书目下解题则引《郡斋》史部传记类6条、谱牒类1条、书目类1条及子部释书类51条，又引《直斋》史部目录类2条与子部释氏类22条，共计92条。可知《经籍考》此部引《郡斋》条目最多而关系也最为复杂。

佛经作为与中国汉代以来的官方统治思想儒家学说相对立的“异端之学”，因其来自西域印度，非中国固有思想，在传统四部书目比道书更受到排斥，特别是在官修书目中没有地位。如《隋志》只是在末尾有佛经大序叙述其源流，但并未著录一部佛经。《新唐志》卷3子部释氏类著录有若干佛书，但主要是佛教人物传记与佛经目录，并未著录真正的佛经。《四库全书总目》也继承了《新唐志》的做法。倒是《郡斋》《直斋》《经籍考》这样的私家书目不像官修书目一定要反映官方的意识形态倾向而排斥异端，所以往往著录有较多的佛经。像《郡斋》卷16子部释书类便著录了《四十二章经》《华严经》《金刚经》等几十部佛经。这是一般四部书目中很少见的。

《郡斋》卷9史部传记类又著录有“《高僧传》六卷”“《续高僧传》三十卷”等9部佛教人物传记书。上面讨论神仙类时已说过，《郡斋》的传记类是兼载儒释道三教，与一般书目(包括《经籍考》)传记类仅载儒家人物不同。所以《经籍考》卷54与其他书目将此9书归入释氏类。

《郡斋》卷9史部谱牒类又著录有“《释迦氏谱》十卷”，《经籍考》卷54亦将其归入子部释氏类。其下引《郡斋》解题云：

晁氏曰：唐释僧祐撰。僧祐以释迦谱记杂见于经论，览者难通，因纂成五卷，又取内外族姓及弟子名氏附于后。②

可知此书系佛教人物谱系。包括《经籍考》(卷54)的其他书目都归入释氏(或释家)

① 陈振孙撰，徐小蛮、顾美华点校：《直斋书录解题》，上海古籍出版社，1987年，第290页。

② 马端临：《文献通考·经籍考》(下)，华东师范大学出版社，1985年，第1244页。

类，而《郡斋》的谱牒类却是三教谱系杂糅，与其他书目不同。

与上面类似，《郡斋》卷9又将“《开元释教录》三十卷”归入史部书目类，从而使得其书目类也是三教书目杂糅。《经籍考》卷54将此部佛教书目归入子部释氏类中。同样，《直斋》卷8史部目录类也著录有“《释书品次录》一卷”与“《法宝标目》十卷”两部佛教目录，《经籍考》卷54也将其调整入子部释氏类中。

(十九)类书

如表2-10所示，《经籍考》此类也没有小序，所引《新唐志》1条出自小计。而书目下解题又引《郡斋》子部类书类31条与《直斋》子部类书类42条，共计74条。其中《经籍考》卷55子部类书类著录有“《古今故事录》二十卷”，其下辑录《直斋》云：“陈氏曰：知建昌军金陵阎一德撰。”①此条不见于今本《直斋》，当系《直斋》子部类书类之佚失条目。今于统计时予以补入。

(二十)杂艺术

如表2-10所示，《经籍考》此类也没有小序，所引《新唐志》1条出自小计，而书目下解题引《郡斋》史部职官类1条及子部类书类6条、子部艺术类30条，又引《直斋》史部法令类1条与子部杂艺类44条，共计83条。

其中《郡斋》卷7史部职官类著录有“《将作营造法式》三十四卷”，《直斋》卷7则题为“《营造法式》三十四卷、《看详》一卷”，并归入史部法令类。《经籍考》综合两者，题名为“《将作营造法式》三十四卷、《看详》一卷”，而调整归入子部杂艺术类。其下引《郡斋》解题云：

> 晁氏曰：皇朝李诫撰。熙宁中，敕将作监编修法式。诫以为未备，乃考究经史，并询讨匠氏，以成此书，颁于列郡。世谓喻皓《木经》极为精详，此书殆过之。②

又引《直斋》解题云：

> 陈氏曰：熙宁初，始诏修定，至元祐六年书成。绍圣四年命诫重修，元符三年上，崇宁二年颁印。前二卷为《总释》，其后曰《制度》、曰《功限》、曰《料例》、曰《图样》，而壕寨石作，大小木调镟锯作，泥瓦，彩画刷饰，又各分类，匠事备矣。③

此书系总结古代木结构建筑制作规程的名著。《郡斋》将其附于“职官”类末，可能是着眼于此书系“奉敕”而编，可算是一部官书，而且“考工”(“冬官”)之类也属于《周官》(《周礼》)的职官之一。《直斋》归入“法令”类，则当是着眼于其将建筑制作流程予以规范制度化。《宋志》卷3在史部“仪注”类著录“《营造法式》二百五十册”，又在卷5子部五行类著录“李诫《营造法式》三十四卷”。马端临以建筑为技艺之一种，将其归入杂艺术类，

① 马端临:《文献通考·经籍考》(下)，华东师范大学出版社，1985年，第1275页。
② 马端临:《文献通考·经籍考》(下)，华东师范大学出版社，1985年，第1290页。
③ 马端临:《文献通考·经籍考》(下)，华东师范大学出版社，1985年，第1290页。

较以上诸家分类更为适当一些。《四库全书总目》则于史部政书类专设“考工”之属，并在卷 82 中将其归入此类，从而在古籍四部分类范围内给此书找到了比较合适的归属。

《郡斋》卷 14 子部类书类又著录有“《文房四谱》五卷”“《墨谱》一卷”“《砚谱》二卷”“《古鼎记》一卷”“《印格》一卷”“《香谱》一卷”计 6 部著作，《经籍考》卷 56 皆将其归入子部杂艺术类。前三部系书法器具，后三部分别是古器物鉴赏、篆刻和香料制作，均属技艺之类。将其归入杂艺术无疑比归入类书合适。《四库全书总目》卷 115 则归入子部谱录类“器物”之属。

四、集部的分析

《经籍考》集部引用六部主要书目的分布情况如表 2-11 所示。

表 2-11 《经籍考》集部引用六部主要书目的分布情况

目录名	一级	合计	百分比
汉志	诗赋	6	0.45%
隋志	集	5	0.38%
新唐志	集	7	0.53%
郡斋	子	7	0.53%
	集	337	25.49%
直斋	史	1	0.08%
	集	959	72.54%
总计		1322	100.00%

可知《经籍考》集部条目以引用《直斋》集部条目为最多，《郡斋》集部次之，两者占子部引用六部书目总条数(1322)约 98.03%。除前代书目的集部外，《经籍考》子部所引用的条目还涉及《郡斋》的子部与《直斋》的史部，具体如表 2-12 所示。

表 2-12 《经籍考》集部涉及六部主要书目子、史部的统计情况

目录名	一级	二级	集部
郡斋	子	小说	7
直斋	史	典故	1
总计			8

表 2-12 反映了《经籍考》的集部与这两部书目有一些交错的现象，下文将以《经籍考》集部各二级类目为次逐一进行分析。这里先列出《经籍考》集部各二级类目引用这六部主要书目的构成情况，如表 2-13 所示。

表 2-13 《经籍考》集部各二级类目引用六部主要书目的情况

目录名	一级	二级	赋诗	别集	诗集	歌词	章奏	总集	文史	总计
汉志	诗赋	总序	1							1
		赋(屈原等)	1							1
		赋(陆贾等)	1							1
		赋(孙卿等)	1							1
		杂赋	1							1
		歌诗	1							1
隋志	集	楚辞	2							2
		总集						2		2
		别集		1						1
新唐志	集	楚辞	1							1
		总集						1		1
		别集		1	3					4
		文史							1	1
郡斋	子	小说							7	7
	集	总序		1						1
		楚辞	6							6
		总集						35		35
		别集		187	91		8			286
		文说							9	9
直斋	史	典故					1			1
	集	楚辞	9							9
		总集						98		98
		别集		353						353
		诗集		4	281					285
		歌词				120				120
		章奏					38			38
		文史							56	56
总计			24	547	375	120	47	136	73	1322

(一)赋诗

如表 2-13 所示,《经籍考》集部赋诗类的小序与小计分别引《汉志》诗赋略大序 1 条、赋(屈原等)1 条、赋(陆贾等)1 条、赋(孙卿等)1 条、杂赋 1 条、歌诗 1 条,又引《隋志》

集部楚辞类 2 条及《新唐志》集部楚辞类 1 条，书目下解题则引《郡斋》集部楚辞类 6 条与《直斋》集部楚辞类 9 条，共计 24 条。

《汉志》诗赋略共分为五类，只有一篇大序，各类下无小序。其中“赋”类又分为“屈赋之属”“陆赋之属”与“荀赋之属”三种。由于《汉志》对此三种赋之区分未做任何说明，后世特别是清末以来议论纷纷，如：清章学诚《校雠通义・汉志诗赋第十五》①、清林颐山《重刻张编修(惠言)七十家赋钞序》②等侧重于从文学风格来区分；民国章太炎《国故论衡・辨诗》③与刘师培《论文杂记・南北文学不同论》④则侧重于从学术思想源流来区分；今人程千帆《汉志诗赋略首三种分类遗意考》则从反面来论证⑤；张舜徽在《汉书艺文志通释》中以为“贵能心知其意，不必求其齐同也”⑥，主张不必深究；李士彪在《三品论赋——〈汉书・艺文志・诗赋略〉前三种分类遗意新说》⑦中又主“上、中、下”三品区分说；熊良智在《〈汉志・诗赋略〉分类义例新论》⑧又主“风雅颂三体说”。诸说见仁见智，迄无定论。相关论述详见附录一中《〈汉书・艺文志・诗赋略〉中赋分三种说考论》。正由于这种界定模糊不清，所以后世书目都不再作此区分而统之以“楚辞”类，置于集部之首。

(二)别集

如表 2-13 所示，《经籍考》集部别集类的小序与小计引《隋志》集部别集类 1 条与《新唐志》集部别集类 1 条，又引《郡斋》集部之大序 1 条，书目下之解题则引《郡斋》集部别集类 187 条及《直斋》集部别集类 353 条、诗集类 4 条，共计 547 条。其中《经籍考》卷 60 集部别集类著录有“《樊宗师集》一卷、《绛守园池记注》一卷”，其下辑录《直斋》中的两条解题云：

> 陈氏曰：唐谏议大夫南阳樊宗师绍述撰。韩文公为《墓志》，称《魁纪公》三十卷，《樊子》三十卷，诗文千余篇，今所存才数篇耳，读之殆不可句。有王晟者，天圣中为绛倅，取其《园池记》，章解而句释之，犹有不尽通者。孔子曰：“辞达而已矣。”为文而晦涩若此，其湮没弗传宜哉。⑨
>
> 陈氏曰：《国史补》云，元和之后，文章则学奇于韩愈，学涩于樊宗师。退之作樊《墓志》，称其为文不剽袭。观《绛守居园池记》，诚亦太奇涩矣。本朝王晟、刘忱皆为之注解，如“瑶翻碧潋蒐眼廙耳”等语，皆前人所未道也。欧阳公跋《绛守居》：偶来登览周四隅；异哉樊子怪可吁，心欲独去无古初。穷荒探幽入有无，一语诘曲百

---

① (清)章学诚著，王重民通解：《校雠通义通解》，上海古籍出版社，1987 年，第 116~118 页。

② 马积高：《历代辞赋研究史料概述》，中华书局，2001 年，第 52 页。

③ 章太炎：《国故论衡》，上海古籍出版社，2003 年，第 90 页。

④ 刘师培：《论文杂记》，人民文学出版社，1959 年，第 115 页。

⑤ 程千帆：《闲堂文薮》，见《程千帆全集》第七卷，河北教育出版社，2000 年，第 216 页。

⑥ 详见张舜徽：《汉书艺文志通释》，华中师范大学出版社，2004 年，第 371~372 页。

⑦ 李士彪：《三品论赋——〈汉书・艺文志・诗赋略〉前三种分类遗意新说》，《鲁东大学学报(哲学社会科学版)》2006 年第 3 期。

⑧ 熊良智：《〈汉志・诗赋略〉分类义例新论》，《中州学刊》2002 年第 3 期。

⑨ 马端临：《文献通考・经籍考》(下)，华东师范大学出版社，1985 年，第 1370 页。

盘纡；孰云已出不剽袭，句断欲学《盘庚书》。①

第一条解题即今本《直斋》卷 16 集部别集之"《樊宗师集》一卷、《绛守园池记注》一卷"条下之解题，第二条则不见于今本《直斋》(也不见于《郡斋》等他书)，应当系《直斋》之佚文，今统计时则单独算作一条计算。

集部别集类一般系历代作者个人一生诗文的结集。宋代之前其分类大体比较固定，而陈振孙则在其《直斋》卷 19 从"别集"类中独立出"诗集"类，并自述其分类标准是：

凡无他文而独有诗，及虽有他文而诗集复独行者，别为一类。②

依此则不论是否有诗文别集，凡是有诗集别行本的都应在诗集类中予以著录。《经籍考》依《直斋》也从"别集"中分出"诗集"类，但在个别集子的归类上仍存在分歧。如《直斋》卷 20 集部诗集类著录有陈与义"《简斋集》十卷"。而《郡斋》卷 19 则著录为"《陈参政简斋集》二十卷"，并归入集部别集类。《经籍考》从《郡斋》的书名、卷数与归类著录。其下辑录《郡斋》解题云：

晁氏曰：陈与义字去非，汝州叶县人。中进士第。宣和中，徽宗见其所赋《墨梅诗》，喜之，遂登册府。建炎中掌内外制，拜参知政事以卒。晚年诗尤工，周葵得其家所藏五百余篇刊行之，号《简斋集》。③

又引《直斋》云：

陈氏曰：去非其先盖蜀人，东坡所传陈希亮公弼者，其曾祖也。崇、观间，尚王氏经学，风雅几废绝，而去非独以诗名，中兴后，遂显用。④

陈与义是宋代著名诗人，"江西诗派"的"三宗"(黄庭坚、陈师道、陈与义)之一。《直斋》所著录的十卷本《简斋集》当为纯诗集，依据陈氏的标准自当归入诗集。《郡斋》所著录的二十卷本《简斋集》当为诗文合集，故归入别集类，《经籍》从《郡斋》。两者是诗集单行本与诗文合集本的区别，所以《直斋》与《经籍考》的归类按其标准都是适当的。

《直斋》卷 20 集部诗集类又著录"《平庵悔稿》十五卷、《后编》六卷"，《经籍考》卷 68 亦将其归入集部别集类。其下引《直斋》云：

陈氏曰：太府卿松阳项安世平父撰。《悔稿》者，以语言得罪，悔不复为也。自

① 马端临：《文献通考·经籍考》(下)，华东师范大学出版社，1985 年，第 1371 页。
② 陈振孙撰，徐小蛮、顾美华点校：《直斋书录解题》，上海古籍出版社，1987 年，第 555 页。
③ 马端临：《文献通考·经籍考》(下)，华东师范大学出版社，1985 年，第 1515 页。
④ 马端临：《文献通考·经籍考》(下)，华东师范大学出版社，1985 年，第 1516 页。

序当庆元丙辰。《后编》，自丁巳至壬戌。①

其后又引项安世《自序》云：

> 自序：项子题所为文稿曰《滑稽篇》。客曰："是所谓'文似相如始类俳'之意，非邪？"曰："非也。世之人，无贵贱，皆畏人笑；独滑稽者不畏人笑，非独不畏，且甚欲之。凡其貌服言动，皆欲得人之笑。人小笑之，则小惬；大笑之，则大惬；人不笑之，则大愧。若予之为文，亦若是耳。人之笑，予之药也。人小笑之，则予亡其小病矣；人大笑之，则予亡其大病矣；人不笑之，则予之病其危哉！是与滑稽之技，无以异也。"客闻其说，观其文，大笑，冠带尽脱。项子赧然汗下，矍然神醒。曰："予病瘳矣。"再拜谢客，书以为序。②

此书系项安世的诗集，所以《直斋》归入诗集类，《经籍考》可能是将其与项安世的文稿《滑稽篇》合在一起，所以归入别集类。

《直斋》卷20集部诗集类又著录仲至的"《东平集》二十七卷"，《经籍考》卷68亦将其归入别集类。其下辑录叶适所作《墓志铭》③云：

> 水心墓志略曰：……仲至学敏而早成，自童丱时，前辈源绪，古今音节，事之因革总统，如注水千丈之壑，迫前随后，宿艾骇服，以为积数十年灯火勤力，聚数十家师友讲明，犹不能到也。其文无险怪华巧，而以理屈人，片词半牍，皆清朝得言外趣，尤工为诗，多至三千余首。④

可知此集亦是诗文合集，依体例当入别集类。《经籍考》得之。

《直斋》卷20集部诗集类又著录"《倚松集》二卷"，《郡斋》卷19集部别集类则著录有"《饶德操集》一卷"。《经籍考》卷68别集类从《郡斋》的书名、卷数与归类著录。其下引《郡斋》"《饶德操集》一卷"的解题系介绍撰者饶节之生平。然后又引《直斋》"《倚松集》二卷"的解题云：

> 陈氏曰：节为僧，号如璧。其诗名《倚松集》二卷。⑤

由上述可知，《直斋》著录之"《倚松集》二卷"是诗集，当入诗集类。而《郡斋》及《经籍考》著录的"《饶德操集》一卷"当是文集或诗文合集(很可能已包括《倚松集》在内，不然

---

① 马端临：《文献通考·经籍考》(下)，华东师范大学出版社，1985年，第1571页。
② 马端临：《文献通考·经籍考》(下)，华东师范大学出版社，1985年，第1571页。
③ 今见于叶适《水心集》卷二十二《前集·墓志铭》之《巩仲至墓志铭》。
④ 马端临：《文献通考·经籍考》(下)，华东师范大学出版社，1985年，第1571页。
⑤ 马端临：《文献通考·经籍考》(下)，华东师范大学出版社，1985年，第1580页。

马端临何以在"《饶德操集》"条下引《直斋》"《倚松集》"的解题呢?），应当归入别集。《经籍考》和《直斋》的归类都是适当的。

此外，《经籍考》别集类、诗集类及章奏类有很多重见的条目，详见本书第三章第二节"跨类重见"中的相关分析。

(三)诗集

如表2-13所示，《经籍考》此类无小序，其书目下解题引《新唐志》集部别集类3条、《郡斋》集部别集类91条与《直斋》集部诗集类281条，共计375条。

如前文别集类之所述，前代书目中集部无诗集类，皆归入别集，至《直斋》始单列出"诗集"类而《经籍考》从之。所以《经籍考》将《新唐志》与《郡斋》中归入别集类的诗集分出调整入"诗集"类。如《新唐志》卷60著录有"《张南史诗》一卷"，是为诗集。《直斋》卷19将其题为"《张南史集》一卷"，归入诗集类，《经籍考》卷69因而从之。

(四)歌词

如表2-13所示，宋代填词十分发达，以"诗余"之附庸而蔚为大国，成为宋代文学之代表，后世皆以"唐诗、宋词、元曲、明清小说"并称。陈振孙为了在目录中集中反映宋代词作的兴盛，特意在集部单列出"歌词"之类以收之，可谓准确地把握了一代文学之动向。《经籍考》因之于卷73也在集部设歌词类，其所收书目解题则全部来自《直斋》卷22歌词类，共计120条。《四库总目》于卷198也设有集部词曲类。

(五)章奏

如表2-13所示，《经籍考》此类无小序，其书目下解题则引《郡斋》集部别集类8条，《直斋》史部典故类1条、集部章奏类38条，共计47条。

考《四库全书总目》卷55于史部设有"诏令奏议"类，其小序云：

> 记言记动，二史分司。起居注，右史事也，左史所录蔑闻焉。王言所敷，惟诏令耳。《唐志·史部》初立此门。黄虞稷《千顷堂书目》则移"制诰"于《集部》，次于《别集》。夫涣号明堂，义无虚发，治乱得失，于是可稽。此政事之枢机，非仅文章类也。抑居词赋，于理为亵。《尚书》誓诰，经有明征。今仍载《史部》，从古义也。《文献通考》始以"奏议"自为一门，亦居集末。考《汉志》载奏事十八篇，列《战国策》《史记》之间，附《春秋》末。则论事之文，当归《史部》，其证昭然。今亦并改隶，俾易与纪传互考焉。①

如其所述，《新唐志》于史部设有诏令类，收录历代朝廷诏令，而臣子之奏议(奏章)则仍附在别集中。《直斋》于史部有诏令类，于集部则从别集中分出"奏议"类，专收大臣奏议。《经籍考》虽然继承了《直斋》于集部设"章奏"类的做法，但其史部并无诏令类，而是将诏令附于起居注类。《四库全书总目》此类的真正源头当是《直斋》而非《经籍考》。《四库全书总目》对《直斋》的变动，就是将集部的"奏议"类并入史部"诏令类"而总称为"诏令奏议"，因为在其看来"奏议"(臣子对君主)与"诏令"(君主对臣民)一样是"政事之

① 四库全书研究所：《钦定四库全书总目(整理本)》(上)，中华书局，1997年，第763页。

枢机，非仅文章类也”，故当由集部升入史部。

《郡斋》无“章奏(奏议)”类，仍附于别集类。所以《郡斋》卷 17、18 集部别集类所载“《李绛论谏集》七卷”“《令狐楚表奏》十卷”等 8 部都被《经籍考》卷 74 调整归入章奏类。

《直斋》卷 5 史部典故类著录有“《魏郑公谏录》五卷”，《经籍考》卷 74 则将其题为“唐《魏郑公谏录》五卷”，并归入集部章奏类。其下引《直斋》解题云：

> 陈氏曰：唐尚书吏部郎中琅琊王綝集。綝字方庆，以字行。相武后。其为吏部，当在高宗时。《馆阁书目》作王綝，误也。所录魏公进谏奏对之语。又名《魏文贞公故事》。①

此书系王方庆所编纂魏徵的奏议集。《直斋》本有奏议类，而此书不入，当是以此书系后人编纂，且内容多载魏徵的个人事迹。魏徵作为以“直谏”闻名的贞观名臣，其个人事迹当然是进谏奏议为主，这也是《经籍考》将其归入“章奏”类的理由，但纯粹意义上的“章奏”类书籍应该只是个人奏章的结集，一般不会记载其全部个人事迹，如陆贽的《陆宣公奏议》。所以此书不是典型意义上的章奏集。《四库全书总目》正是着眼于这一点，于卷 57 中将其归入史部传记类“名人”之属。

(六)总集

如表 2-13 所示，《经籍考》集部总集类的小序与小计引《隋志》集部总集类 2 条与《新唐志》集部总集类 1 条，书目下解题则引《郡斋》集部总集类 35 条与《直斋》集部总集类 98 条，共计 136 条。所引《郡斋》与《直斋》条目则基本出现在所著录具体书目的解题之中。《经籍考》总集类所引条文虽不出前代书目之范围，但《经籍考》内容总集类与诗集类存在重见的现象，详见本书第三章第二节之相关分析。

(七)文史

如表 2-13 所示，《经籍考》此类无小序，其书目下解题则引《新唐志》集部文史类 1 条，《郡斋》子部小说类 7 条、集部文说类 9 条，以及《直斋》集部文史类 56 条，共计 73 条。

“文史”类主要收录诗文评论与史学评论类的书籍。诗文评论兴起于南北朝时(以刘勰《文心雕龙》、钟嵘《诗品》为代表)，但由于当时此类书籍数量很少，在《隋志》及《旧唐志》中均将其附入“总集”类。史学评论则至唐代兴起，而以《史通》为代表，《崇文》卷 2 将其归入史部“杂史”类。由于此两类皆评论，且不断发展壮大，书籍渐多，至《新唐志》始于集中专立“文史”类统之，而《崇文》从之。晁公武则分立史部“史评”类与集部“文说”类，分别著录史评与诗文评。其《郡斋》卷 7“《刘氏史通》二十卷”下解题(实为“史评”类小序，《郡斋》各类小序皆排在该类首部著作的解题后)云：

> 前世史部中有史钞类而集部中有文史类，今世钞节之学不行而论说者为多。教自

---

① 马端临：《文献通考 · 经籍考》(下)，华东师范大学出版社，1985 年，第 1741 页。

文史类内，摘出论史者为史评，附史部，而废史钞云。①

但是晁公武的卓识长时间内并未引起重视。《直斋》《经籍考》仍然以“文史”类统摄史评与诗文评。至《四库全书总目》始采纳《郡斋》的分类，在其史部设“史评”类，又于其集部设“诗文评”类。

“诗话”是宋代欧阳修(《六一诗话》)创立的一种介于小说与诗文评论之间(因其多寓评论于叙事之间)的著述体裁②。由于其体裁形式灵活，内容多样，为人们所喜爱，所以自欧阳修之后续作与仿作者不绝(如司马光的《续诗话》等)，但在宋代尚未多到需要独立成类的程度。所以《郡斋》卷 13 将 7 部“诗话”类著作归入子部“小说”类③。而更多的处理方法是将其当作诗文评议置于“文史”类，《经籍考》便是如此。《四库全书总目》也将“诗话”类著作置于集部“诗文评”类。

综上所述，马端临在《经籍考》中辑录前代书目的过程中，对其分类类目与具体书籍的归类进行了整合，这些调整往往都有其深层的学术背景，反映了学术的时代变迁。马端临在《经籍考》中广纳百川的同时，又敏锐地抓住了学术发展的脉搏，并最终形成了自己的一套完整的分类与归类体系，其承前启后的经验与内涵均值得人们深入思考和挖掘。这对于深入了解《经籍考》乃至整个目录学史与学术史的发展，都有着一定的参考价值。

---

① 晁公武撰，孙猛校证：《郡斋读书志校证》(上)，上海古籍出版社，1990 年，第 295 页。

② 蔡镇楚在其《诗话学》中从文字的考释和意义的历史演变入手，认为“诗话”之话，就是“故事”的意思，与唐宋“说话”之“话”同义。因此“诗话”的本义，就其内容来说，就是诗歌的故事；就其形式来说，就是关于诗歌之漫谈；就其体制来说，就是关于诗的随笔。分析详见蔡镇楚：《诗话学》，湖南教育出版社，1990 年，第 22~23 页。

③ 蔡镇楚在其《诗话学》中又引罗根泽、章学诚等人的论述，认为“诗话”这一体裁受“记叙诗歌故事原委”的“本事诗”的影响，指出中国古代诗话的发展一般认为经过由“论诗及事”到“论诗及辞”之变化。早期多“论诗及事”，多系闲谈纪事，与小说的界限很模糊(这也是将其书目归入小说类之原因)。而成熟之后的诗话(最早的代表作就是张戒的《岁寒堂诗话》和严羽的《沧浪诗话》)理论性加强，成为一种自觉地探讨诗歌理论的论说体裁。因此郑樵在其《通志·艺文略》中首先将诗话归入诗评类，就是反映了诗话内容的这一变化。详见蔡镇楚：《诗话学》，湖南教育出版社，1990 年，第 44~50 页。《直斋》与《经籍考》未立诗文评类，将诗话归入文史(诗文评与史评)类，也是着眼于诗文评论的角度。而《郡斋》虽已单立文说类以收诗文评论之书，但仍将诗话归入小说类。

第三章 《经籍考》中重见与参见现象的分析

历代学者在研究和利用《经籍考》的过程中发现其存在不少重复著录的现象。这些重复著录条目究竟是有意为之，还是无心之失呢？历代以来对此不乏讨论。笔者经过全面分析归纳，认为这些意见按时间先后大体可以分成三类：第一类是“疏漏说”，代表者如钱大昕；第二类是“互著说”，代表者如刘石玉；第三类是“材料来源不同说”，代表者为严文儒。笔者在统计《经籍考》所收书目数量的过程中，对《经籍考》的全文进行了穷尽性的分析，发现了数倍于前人的重见与别行(别本单行)的例子，并在此基础上进行了逐一的归纳分析。

第一节 《经籍考》中互著与别裁的分析

互著法作为一种为解决分类体系与书籍内容之间的限制矛盾而引入的手段，一方面可以方便检索，另一方面能更全面地揭示书籍的内容。这两点使它兼具经济价值(提高效率)和学术价值(揭示内容)。一般来说，书籍内容要求有合适的分类体系来容纳它，而分类体系一旦形成，对书籍内容又有一定的制约作用。分类体系在一段时间内相对稳定，而书籍内容总是随时代发展不断推陈出新。这就要求分类体系也相应地做出调整，其调整方法除了使用新的体系(如六分法到四分法的转变)、增设新的类目(如《直斋》增设诗集类)外，还有互著方法。互著法本是为了解决书籍内容“跨类”的问题，今天则发展成为从多学科视角反映和检索书籍内容的一个重要手段。

互著法的运用或者说成立必须满足以下条件：首先是内容标准，即互见在不同部类著录的书必须是同一种书，内容应该基本一致。对此形成干扰的因素之一就是古籍中存在的同名异书的现象。此外，一为全本、一为别本(一般为残本)，或版本不同而内容互有交叉而重出者也不少。这些都不算互著。其次是形式标准，即在首先满足了上述条件的前提下，还必须在互著的地方明确予以说明。即有文字在书目下说明此类此书又著录于或又见于某部某类之下。因为只有这样才能明确表明是有意识的使用互著法，而不是无心的疏漏或杂钞前人所无意留下而导致重复著录的。如前代官修史志目录(如《新唐书·艺文志》《宋史·艺文志》等)由于书出众手，往往重复著录之书不少，又没有任何说明，因此只是无意识地重复著录，而不是互著。

关于互著法的起源，清代章学诚在其《校雠通义·互著第三》中从理论上予以归纳分析，认为刘歆《七略》(《汉书·艺文志》)首先采用了互著法①。但此说已被姚名达、王重

---

① (清)章学诚撰，王重民通解：《〈校雠通义〉通解》，上海古籍出版社，1987年，第15~22页。

民、吕绍虞等学者否定，认为《七略》之所谓互著实际上是别本重出。杨新勋(2001)在其《〈七略〉"互著"、"别裁"辨正》一文中，通过全面考察《汉书·艺文志》反映的《七略》中著录的同名书的情况，从而认定《七略》中存在的同名书是刘氏有意为之，这些书或因篇数不等而著录，或因内容不同而著录，不是同一本书，所以《七略》中没有"互著"；而兵书略著录的实际是流传已久的别裁单行之本，并非编目者有意而为①。其分析比较全面深入。《汉志》首创"互著别裁"说被否定后，又有研究者认为明代祁承爜首先阐发并使用了互著别裁法。祁氏在其《澹生堂藏书目·庚申整书略例》中提出了"通"的概念，即所谓"流通于四部之中"②，指通过别裁的方法，把一书中不属于此类的内容离析出来，分类著录到其他部类中，使四部之内的图书能从一类流通到另一类。祁氏又提出了"互"的概念，即所谓"互见于四部之中"③，指书的内容若涉及多个类目，则在这些类目中均应著录。这是互著法。祁承爜不但提出理论，还在其《澹生堂藏书目》中具体予以了实践。应该说祁氏的互著别裁法从理论和实践上都比较自觉了。到了章学诚那里，则达到非常成熟的地步。那么互著法的最早使用到底应追溯至哪里呢？王重民在《章学诚的目录学》(1979)一文中指出："据我现在所知，我国第一次有意识的使用互著法是第十四世纪初期马端临撰的《文献通考·经籍考》。第一次互著与别裁兼用的是1620年祁承爜编成的《澹生堂书目》。"④其《中国目录学史论丛》中也持相同看法。他同时又承认钱大昕《十驾斋养新录》卷13内指出的重出的五条，如其所说确是编排上的错误而不是互见⑤。

但是王重民先生只是下了结论，还没有给出具体例证。他在《校雠通义通解·互著》中，又特别予以提示道："马端临在十四世纪初期编成的《文献通考·经籍考》，已经正式使用互著法，但只有一两处，迹象并不是十分明白的。"⑥王先生所云互著例即《经籍考》在卷二经部"易门"和卷47子部"占筮门"分别著录了《焦氏易林》一书，皆十六卷，并在《经籍考》卷二"易门"《焦氏易林》条目下注明"说见'占筮门'"⑦。既为完全相同的一书，又特别说明又见于某类，因此完全符合互著成立的条件，可以确定不是疏漏，而是有意为之。王先生认为，《经籍考》一书中真正的互著仅有《焦氏易林》一例，只是偶一为之，还不能算十分自觉，更没有上升为一种普遍的体例。所以"互著法"的使用在《经籍考》中还只是处于萌芽阶段。

近些年来，学者在整理研究宋代书目时又发现了更早的例子。笔者在分析《经籍考》全文(特别是其辑录原典)的过程中也发现其实《直斋》中有非常明确的互著与别裁的例子。

互著的例子有：《直斋》卷9子部儒家类著录有"《忘筌书》二卷"，其解题云："浦城

---

① 杨新勋：《〈七略〉"互著""别裁"辨正》，《史学史研究》2001年第4期，第56~66页。

② (明)祁承爜：《澹生堂藏书目》，见冯惠民、李万健等：《明代书目题跋丛刊》(上)，书目文献出版社，1994年，第927页。

③ (明)祁承爜：《澹生堂藏书目》，见冯惠民、李万健等：《明代书目题跋丛刊》(上)，书目文献出版社，1994年，第927页。

④ 王重民：《章学诚的目录学》，《文史》1979年第七辑，第265~266页。

⑤ 王重民：《中国目录学史论丛》，中华书局，1984年，第162页。

⑥ 章学诚撰，王重民通解：《〈校雠通义〉通解》，上海古籍出版社，1987年，第15页。

⑦ 马端临：《文献通考·经籍考》(上)，华东师范大学出版社，1985年，第45页。

潘植子醇撰。多言《易》，亦涉异端，凡五十一篇。此书载《鸣道集》为九十二篇，附见者又十有三，而《馆阁书目》又称七十七篇，皆未详。"①同时《直斋》卷 11 子部杂家类又著录有"《忘筌书》二卷"，其下解题云："潘植子醇撰。新安所刻本凡八十二篇，与《馆阁书目》、《诸儒鸣道集》及余家写本篇数皆不同。本已见儒家，而《馆目》置之杂家者，以其多用释、老之说故也。今亦别录于此。"②此条《直斋》解题中说明了互著儒家类。两处系同书之不同版本，《直斋》特意予以互著。马端临在《经籍考》中也依《直斋》分著于两类。

又如《直斋》卷 2 经部诗类著录有"《毛诗前说》一卷"，其下之解题云："项安世撰。考定《风》《雅》篇次，而为之说。其曰"前说"者，末年之论有少不同故也。"③《直斋》卷 2 经部礼类又著录有"《周礼丘乘图说》一卷"，其下之解题云："项安世撰。"④《直斋》卷 2 经部礼类又著录有"《中庸说》一卷"，其下之解题云："项安世撰。"⑤而《直斋》卷 3 经部经解类又著录有"《项氏家说》十卷、《附录》四卷"，其下之解题云："项安世撰。九经皆有论著，其第八卷以后杂说文史政学。附录《孝经》《中庸》《诗篇次》《丘乘图》则各为一书，重见诸类。"可知前面著录之《毛诗前说》《周礼丘乘图说》《中庸说》各一一卷均系"《附录》四卷"之重见单行本。此处也是互著之说明。

以上互著的两例，张守卫、何广棪、武秀成等已经发现，并有所论述⑥。学者们也一致肯定《直斋》才是目前已知最早明确使用互著法的目录学著作。但我们发现，除了互著之外，《直斋》中其实还有很明显的别裁例证。

如《直斋》第 19 卷集部诗集类著录有"《王建集》十卷"，其下之解题云："唐陕州司马王建仲和撰。建长于乐府，与张籍相上下，大历十年进士也。历官昭应县丞，太和中为陕州司马。尤长宫词。"⑦《直斋》同卷同类此条之下又著录有"《王建宫词》一卷"，其解题云："即集中第十卷，录出别行。"⑧可知《王建宫词》系陈振孙所录《王建集》中词作的别裁本。

又如《直斋》卷 19 集部诗集类著录有"《柳宗元诗》一卷"，其解题云："唐柳宗元撰。子厚诗在唐与王摩诘、韦应物相上下，颇有陶、谢风气，古律、绝句总一百四十五篇，在全集中不便于观览，因钞出别行。"⑨可知此一卷本诗集，系陈振孙自己从全集中钞出而成之别裁本。《直斋》中同时著录有柳宗元全集的两种本子。《直斋》卷 16 集部别集类著录有"《柳柳州集》四十五卷、《外集》二卷"，其下解题云："唐礼部员外郎柳州刺史河东柳宗元子厚撰。刘禹锡作序，言编次其文为三十二通，退之之志若祭文，附第一通之末。今世

---

① 陈振孙撰，徐小蛮、顾美华点校：《直斋书录解题》，上海古籍出版社，1987 年，第 282 页。
② 陈振孙撰，徐小蛮、顾美华点校：《直斋书录解题》，上海古籍出版社，1987 年，第 315 页。
③ 陈振孙撰，徐小蛮、顾美华点校：《直斋书录解题》，上海古籍出版社，1987 年，第 40 页。
④ 陈振孙撰，徐小蛮、顾美华点校：《直斋书录解题》，上海古籍出版社，1987 年，第 45 页。
⑤ 陈振孙撰，徐小蛮、顾美华点校：《直斋书录解题》，上海古籍出版社，1987 年，第 49 页。
⑥ 详见武秀成：《陈振孙评传》，南京大学出版社，2006 年，第 443~460 页。
⑦ 陈振孙撰，徐小蛮、顾美华点校：《直斋书录解题》，上海古籍出版社，1987 年，第 565 页。
⑧ 陈振孙撰，徐小蛮、顾美华点校：《直斋书录解题》，上海古籍出版社，1987 年，第 566 页。
⑨ 陈振孙撰，徐小蛮、顾美华点校：《直斋书录解题》，上海古籍出版社，1987 年，第 565 页。

所行本皆四十五卷，又不附志文，非当时本也，或云沈元用所传穆伯长本。”①同时《直斋》卷59集部别集类还著录有“《柳先生集》四十五卷、《外集》二卷、《别录》一卷、《摭异》一卷、《音释》一卷、《附录》二卷、《事迹本末》一卷”，其解题则云：“方崧卿既刻《韩集》于南安军，其后，江阴葛峤为守，复刊《柳集》以配之。《别录》而下，皆峤所裒集也。《别录》者，《龙城录》及《法言注》五则。《龙城》近世人伪作。”②其中必有一种是陈振孙据以钞出别裁之底本。

《直斋》中这些互著与别裁的例证的出现绝非偶然。陈振孙作为宋代首屈一指的大藏书家，藏书逾五万卷，可谓“富甲天下”。这些书都是他经过了多年的搜求所得，正因为藏书丰富、版本众多，陈氏又勤于校勘，因此体现在《直斋书录解题》中，就是其解题内容特别注重书目著录所依据之版本的说明与考辨③，这是《直斋》内容上的一大突出特点。以上的互著和别裁的例子实际上都是陈氏多年勤学苦思的必然结果。这对马端临在《经籍考》中的互著与别裁产生了直接的影响。

《经籍考》中除了诸家所举《焦氏易林》系互著外，我们还发现有以下两例：

其一是《经籍考》卷60别集类著录有孟郊的“《孟东野集》十卷(详见诗集)”，此条注文系马氏自撰的互著之提示，其下辑录《直斋》卷16别集类“《孟东野集》十卷”解题云：“集惟末卷有书二篇，赞一篇，余皆诗也。”④《经籍考》卷69诗集类又著录“《孟东野诗集》十卷”，其下辑录《郡斋》卷17别集类“《孟郊诗集》十卷”之解题云：“集，宋次道重编。先时，世传汴吴镂本，五卷，一百二十四篇；周安惠本，十卷，三百三十一篇；别本五卷，三百四十篇。蜀人蹇濬周退之赠郊句，纂《咸池集》，二卷，一百八十篇。自余不为编秩，杂录之，家家自异。次道总拾遗逸，摘去重复，若体制不类者，得五百十一篇，四十联句不与焉。一赞二书附于后，郊集于是始有完书。”⑤

可知两本内容一致，均为诗集(一赞两书系附录，不计入正文)，当系同一著作。

其二是《经籍考》卷59别集类著录有陆贽“《陆宣公奏议》十二卷”，其下辑录《郡斋》卷17别集类“《陆贽奏议》十二卷”解题云：“旧《翰苑集》外有《榜子集》五卷，《议论集》三卷。元祐中，苏子瞻乞校正进呈，改从今名，疑是时裒诸集以成云。”⑥又辑录《直斋》卷16别集类“《陆宣公集》二十二卷”条解题云：“陈氏曰：权德舆为之序，称《制诰集》十三卷，《奏草》七卷，《中书奏议》七卷。今所存者，《翰苑集》十卷，《榜子集》十二卷。序又称《别集》文、赋、表、状十五卷，今不传。”⑦马端临于别集类中采用《郡斋》的十二卷本

① 陈振孙撰，徐小蛮、顾美华点校：《直斋书录解题》，上海古籍出版社，1987年，第477页。

② 陈振孙撰，徐小蛮、顾美华点校：《直斋书录解题》，上海古籍出版社，1987年，第477页。

③ 笔者对《经籍考》解题中有关版本的条目做过分析，可知《经籍考》中涉及版本考辨的内容基本上来自《直斋》，而且内容非常丰富，涉及后世版本学的各个方面。陈振孙在版本学上的造诣与贡献由此可见一斑。武秀成的《陈振孙评传》第五章“陈振孙的文献学思想”之第二小节“陈振孙的版本学思想”对此亦有所论述，说见是书460~476页，南京大学出版社，2006年。

④ 马端临：《文献通考·经籍考》(下)，华东师范大学出版社，1985年，第1373页。

⑤ 马端临：《文献通考·经籍考》(下)，华东师范大学出版社，1985年，第1597页。

⑥ 马端临：《文献通考·经籍考》(下)，华东师范大学出版社，1985年，第1351页。

⑦ 马端临：《文献通考·经籍考》(下)，华东师范大学出版社，1985年，第1352页。

著录。《经籍考》卷 74 集部章奏类又著录“《陆宣公奏议》二十卷”，其下辑录《直斋》卷 22 章奏类“《陆宣公奏议》二十卷”解题云：“又名《榜子集》(议论并见别集类)。”①《直斋》卷 22 集部章奏类小序云：“凡无他文而独有章奏，及虽有他文而章奏复独行者，亦别为一类。”②依据《直斋》的章奏类仅著录章奏别行本的规定，再加上“又名《榜子集》”的提示，笔者以为《直斋》章奏类著录的“《陆宣公奏议》二十卷”当系“《陆宣公奏议》十二卷”之误，即《直斋》卷 16 别集类著录的“《陆宣公集》二十二卷”中的“《榜子集》十二卷”。因此《经籍考》的这两处“《陆宣公奏议》十二卷”与“《陆宣公奏议》二十卷”(“十二卷”之误)，实同为“《榜子集》十二卷”③，又有注文提示，当是互著。

以上两例都是马氏用注文提示互著。

从以上的分析可知，陈振孙在《直斋》中自觉地使用了互著与别裁的方法而为马端临所继承效仿。马端临虽不是最早使用互著与别裁之人，但由于他在《经籍考》中几乎完整保留了《直斋》的解题(当然也包括互著与别裁的内容)，再加上清四库辑本《直斋》问世之前，人们实际上是从《经籍考》中转引《直斋》，所以给后人保存了宝贵的资料。而他自己更效法陈氏之做法，因此对促成后世互著与别裁的完善也作出了一定的贡献。

第二节 《经籍考》中一书重见及别行的分析

在导论第二节关于《经籍考》研究述评的分析中，笔者将前人时贤关于这一问题的论述分成三种意见予以了归纳和分析，并肯定了严文儒的“材料来源不同说”是目前对这一问题比较全面的分析。但是笔者在对《经籍考》及其引文来源进行全文的比较，又通过数据库的撰者排序类聚对其逐一分析之后发现，《经籍考》中约有 180 条书目存在重见与别行的问题，从数量上看是严文儒所发现约 53 种的 3 倍多(实际收书则接近 4 倍)。笔者也因此对这约 180 条书目进行了全面分析，后将其归纳为四个大的方面：一是跨类重见，其下又分为 22 种情况；二是撰者之总集与别集分别著录而重见；三是部分内容之单行本；四是因版本不同而在同类重见。通过这些归纳分析，以期在严氏的基础上进一步揭示《经籍考》中的诸多重见条目背后的原因。

---

① 马端临：《文献通考·经籍考》(下)，华东师范大学出版社，1985 年，第 1742 页。

② 陈振孙撰，徐小蛮、顾美华点校：《直斋书录解题》，上海古籍出版社，1987 年，第 634 页。

③ 又考《四库全书总目》卷 150 集部别集类著录有陆贽的“《翰苑集》二十二卷(内府藏本)”下解题云：“唐陆贽撰。贽事迹具《唐书》本传。案《艺文志》载贽《议论表疏集》十二卷。又《翰苑集》十卷，常处厚纂。陈振孙《书录解题》载《陆宣公集》二十二卷，中分《翰苑》《榜子》为二集，其目亦与史志相同。惟晁公武《读书志》所载乃只有《奏议》十二卷。且称旧有《榜子集》五卷、《议论集》三卷、《翰苑集》十卷。元祐中苏轼乞校正进呈，改从今名。疑是裒诸集成此书，与史志名目全不相合。今考尤袤《遂初堂书目》所列，实作《翰苑集》。而钱曾《读书敏求记》载所见宋椠大字本二十二卷者，亦作《翰苑集》。则自南宋以后，已合议论表疏为一集，而总题以《翰苑》之名。公武所见乃元祐本，恐非全册。而今世刊行贽集，亦有题作《陆宣公奏议》者，则又沿《读书志》而失之者也。”

可知《四库全书总目》著录的“《翰苑集》二十二卷”，即《直斋》卷 16 集部别集类著录的“《陆宣公集》二十二卷”，包括了《翰苑集》十卷和《榜子集》十二卷。

一、跨类重见

(一)经部易类与子部占筮类重见

《经籍考》卷2经部易类著录有焦延寿"《焦氏易林》十六卷",其下马氏自撰云:

> 说见占筮门。①

此处系互著之说明。《经籍考》卷47子部占筮类正著录有"《焦氏易林》十六卷",其下辑录有《郡斋》卷1经部易类焦延寿"《焦氏易林》十六卷"之解题,又辑录《直斋》卷12子部卜筮类焦延寿"《易林》十六卷"之解题。《经籍考》此处采用《郡斋》之书名卷数与《直斋》的归类著录。此条实际上仍是马端临因来源不同而分著两类(前者依《郡斋》归易类,后者依《直斋》归占筮类)。

(二)经部经解类与经部小学类重见

第一条:《经籍考》卷12经部经解类著录有"《群经音辩》七卷",其下辑录《直斋》卷3经部经解类"《群经音辨》七卷"之解题云:

> 陈氏曰:丞相真定贾昌朝子明撰。康定中,侍讲天章阁所上,凡五门。②

《经籍考》卷17经部小学类又著录"《群经音辨》七卷",其下辑录《郡斋》卷4经部小学类"《群经音辨》七卷"之解题云:

> 晁氏曰:皇朝贾昌朝撰。先是,大臣稽古不过秦、汉,引经义议政,盖自昌朝始。此书以古文多通借音诂,乃辨正之,凡五门。③

可知此两处著录系同书。马端临因来源不同而分著两类。

第二条:《经籍考》卷12经部经解类著录陆德明"《经典释文》三十卷",其下辑录有《崇文》卷1经部小学类"《经典释文》三十卷"之解题,又辑录《直斋》卷3经部经解类"《经典释文》三十卷"之解题,马端临此处从《直斋》之归类。《经籍考》卷17经部小学类又著录陆德明"《经典释文》三十卷",其下辑录《郡斋》卷4经部小学类"《经典释文》三十卷"之解题。两处著录系同书。马端临因来源不同而分著两类。

(三)经部乐类与集部总集类重见

第一条:《经籍考》卷13经部乐类著录有郭茂倩"《乐府诗集》一百卷",其下辑录《郡斋》卷2经部乐类"《乐府诗集》一百卷"之解题。《经籍考》卷75集部总集类又著录"《乐府诗集》一百卷",其下辑录《直斋》卷15集部总集类郭茂倩"《乐府诗集》一百卷"之解题。

---

① 马端临:《文献通考·经籍考》(上),华东师范大学出版社,1985年,第45页。
② 马端临:《文献通考·经籍考》(上),华东师范大学出版社,1985年,第314页。
③ 马端临:《文献通考·经籍考》(上),华东师范大学出版社,1985年,第422页。

两处著录系同书。马端临因来源不同而分著两类。

第二条：《经籍考》卷13经部乐类著录有李康成“《玉台后集》十卷”，其下辑录《郡斋》卷2经部乐类“《玉台后集》十卷”之解题。《经籍考》卷75集部总集类又著录有“《玉台后集》十卷”，其下辑录《直斋》卷15集部总集类李康成“《玉台后集》十卷”之解题。两处所载系同书。马端临因来源不同而分著两类。

第三条：《经籍考》卷13经部乐类著录有徐陵“《玉台新咏》十卷”，其下辑录《郡斋》卷2经部乐类“《玉台新咏》十卷”之解题。《经籍考》卷75集部总集类又著录徐陵“《玉台新咏》十卷”，其下辑录《直斋》卷15集部总集类“《玉台新咏》十卷”之解题。可知此两处著录系同书。马端临因来源不同而分著两类。

（四）经部仪注类与史部职官类重见

《经籍考》卷14经部仪注类著录有卫宏“《汉旧仪》四卷”，其下马氏自撰云：

> 卫敬仲撰。《隋志》四卷，今本止三卷。①

今查《隋志》卷2史部仪注类著录有云：

> 《汉旧仪》四卷卫敬仲撰。梁有卫敬仲《汉中兴仪》一卷，亡。②

可知此处来自《隋志》。《经籍考》卷29史部职官类又著录有卫宏“《汉官旧仪》三卷”，其下辑录《直斋》卷6史部职官类“《汉官旧仪》三卷”之解题云：

> 陈氏曰：汉议郎东海卫宏敬仲撰。或云胡广。按宏本传，作《汉旧仪》四篇，以载西京杂事，不名《汉官》。今此惟三卷，而又有《汉官》之目，未知果当时本书否？《唐志》亦无“官”字，旧在仪注类，以其载官制为多，故著于此。③

《直斋》此条解题说明其归类调整之理由。由上可知两处著录系同书。马端临因来源不同而分著两类。

（五）经部仪注类与史部时令类重见

《经籍考》卷14经部仪注类著录有“《咸镐故事》一卷”，其下辑录《郡斋》卷8史部仪注类“《咸镐故事》一卷”之解题云：

> 晁氏曰：唐韦慎微撰。纂长安自元日至除夜朝廷庆贺事。④

---

① 马端临：《文献通考·经籍考》（上），华东师范大学出版社，1985年，第349页。
② （唐）魏徵等：《隋书》第4册，中华书局，1974年，第969页。
③ 马端临：《文献通考·经籍考》（上），华东师范大学出版社，1985年，第710页。
④ 马端临：《文献通考·经籍考》（上），华东师范大学出版社，1985年，第355页。

《经籍考》卷33史部时令类又著录“《咸镐故事》一卷”，其下辑录《直斋》卷6史部时令类“《咸镐故事》一卷”之解题云：

> 陈氏曰：韦慎微撰。其书与前大同小异，竟不知何人作也，末卷却有“神鬼大者号傩公母”一语。按《馆阁书目》，《秦中岁时记》一名《咸镐岁时记》。①

可知两处著录系同书。马端临因来源不同而分著两类。

(六)史部起居注类与集部总集类重见

《经籍考》卷75集部总集类著录有“《纶言集》一百卷”，其下辑录《郡斋》卷20集部总集类“《纶言集》一百卷”之解题云：

> 晁氏曰：或编国朝制册、诏诰成此书，以为皆王言也，故以为名。②

《经籍考》卷21史部起居注类又著录有“《纶言集》三十一卷”，其下辑录有《直斋》卷5史部诏令类“《纶言集》三十一卷”之解题云：

> 陈氏曰：宇文粹中、虚中兄弟所编集。③

从上述来看，两处著录的很可能是同书的不同卷数之版本。马端临因来源不同而分著两类。

(七)史部传记类与史部编年类重见

《经籍考》卷24传记类著录有“《绍运图》一卷”，其下引《郡斋》卷6史部杂史类“《绍运图》一卷”之解题云：

> 晁氏曰：未详何人撰。自伏羲至皇朝神庙，五德之传及记事，皆著于篇。④

《经籍考》卷20编年类又著录有“《绍运图》一卷”，其下引《直斋》卷4史部编年类“《绍运图》一卷”之解题云：

> 陈氏曰：诸葛深通甫撰。元祐中人，亦未详爵里，其书颇行于世俗。⑤

此两书当系同一书，马端临分别依据《郡斋》与《直斋》著录于两类。

---

① 马端临：《文献通考·经籍考》(上)，华东师范大学出版社，1985年，第799页。
② 马端临：《文献通考·经籍考》(下)，华东师范大学出版社，1985年，第1784页。
③ 马端临：《文献通考·经籍考》(上)，华东师范大学出版社，1985年，第533页。
④ 马端临：《文献通考·经籍考》(上)，华东师范大学出版社，1985年，第589页。
⑤ 马端临：《文献通考·经籍考》(上)，华东师范大学出版社，1985年，第494页。

(八)史部传记类与史部伪史霸史类重见

第一条:《经籍考》卷25传记类著录有樊绰"《蛮书》十卷",其下辑录《直斋》卷7史部传记类"《蛮书》十卷"之解题云:

> 陈氏曰:唐安南宣慰使樊绰。记南诏事,咸通五年奏之。①

《经籍考》卷27伪史霸史类又著录樊绰"《云南志》十卷",其下引《郡斋》卷7史部伪史类"《云南志》十卷"之解题云:

> 晁氏曰:唐樊绰撰。咸通中,南诏数寇边,绰为安南宣慰使,纂入诏始末、名号种族、风俗物产、山川险易、疆境接联闻于朝。②

《蛮书》与《云南志》系同书异名,云南在古代中原王朝眼里属于蛮荒之地。此两处记载系同一书,《经籍考》依据《直斋》与《郡斋》而分别著录于两类。

第二条:《经籍考》卷26传记类著录有冯炳"《皇祐平蛮记》二卷",其下辑录《直斋》卷7史部传记类"《皇祐平蛮记》二卷"之解题云:

> 陈氏曰:殿中丞冯炳撰。记侬智高事。③

《经籍考》卷27伪史霸史类又著录"《皇祐平蛮记》一卷",其下辑录《郡斋》卷7史部伪史类"《皇祐平蛮记》一卷"解题云:

> 晁氏曰:皇朝冯炳撰。记侬智高叛,朝廷遣狄青平之。④

可知此两处记载为同一书的不同版本(一为二卷,一为一卷)。马端临因来源不同而分著两类。

(九)史部传记类与史部地理类重见

第一条:《经籍考》卷25史部传记类著录有余知古的"《渚宫故事》五卷",其下辑录《直斋》史部传记类"《渚宫故事》五卷"之解题云:

> 陈氏曰:后周太子校书郎余知古撰。载荆楚事,自鬻熊至唐末。本十卷,今止晋代,阙后五卷。⑤

---

① 马端临:《文献通考·经籍考》(上),华东师范大学出版社,1985年,第600页。
② 马端临:《文献通考·经籍考》(上),华东师范大学出版社,1985年,第657页。
③ 马端临:《文献通考·经籍考》(上),华东师范大学出版社,1985年,第620页。
④ 马端临:《文献通考·经籍考》(上),华东师范大学出版社,1985年,第658页。
⑤ 马端临:《文献通考·经籍考》(上),华东师范大学出版社,1985年,第603页。

《经籍考》卷32史部地理类又著录“《渚宫旧事》十卷”，其下辑录《郡斋》卷8史部地理类“《渚宫旧事》十卷”的解题云：

> 晁氏曰：唐余知古(今按：《经籍考》原阙“余”字，今据《郡斋》卷8此条解题原文校补)撰。自鬻熊至唐，江陵君臣人物事迹，史氏传记所载者，悉编次之。①

可知传记类著录之五卷本系残本，地理类著录之十卷本为全本。

第二条：《经籍考》卷25史部传记类著录有李德裕“《西南备边录》一卷”，其下引《直斋》卷7史部传记类“《西南备边录》一卷”之解题云：

> 陈氏曰：唐宰相李德裕文饶撰。太和中镇蜀所作，内州、县、城、镇兵食之数，大略具焉。②

《经籍考》卷33史部地理类又著录有“《西南备边录》十三卷”，其下引李焘语云：

> 巽岩李氏曰：唐李德裕撰。今特存其第一卷，而《崇文总目》亦止载一卷，岂嘉祐以前已亡逸乎？德裕之深谋远虑，虽至今可用也，而所存止此，可惜哉！③

此条李焘所云亦为一卷之残本，而马氏地理类著录的是十三卷之全本。虽然也有可能马氏自己见到十三卷本，但笔者倾向于马氏系根据《新唐志》卷3子部兵书类的十三卷全本著录，而非其真见到十三卷本。因为在其后不久的官修书目《宋史艺文志》卷2史部故事类亦只著有“李德裕《西南备边录》一卷”。

(十)史部传记类与子部小说家类重见

第一条：《经籍考》卷23传记类著录有“《耳目记》二卷”，其下辑录《郡斋》卷6史部杂史类“《耳目记》二卷”之解题云：

> 晁氏曰：题云刘氏，未详何时人。杂记唐及五代事。④

《经籍考》卷43子部小说家类著录有“《耳目记》一卷”，其下辑录《直斋》卷11子部小说家类“《耳目记》一卷”之解题云：

> 陈氏曰：无名氏。《邯郸书目》云刘氏撰，未详其言。记唐末以后事。⑤

---

① 马端临：《文献通考·经籍考》(上)，华东师范大学出版社，1985年，第772页。
② 马端临：《文献通考·经籍考》(上)，华东师范大学出版社，1985年，第600页。
③ 马端临：《文献通考·经籍考》(上)，华东师范大学出版社，1985年，第794页。
④ 马端临：《文献通考·经籍考》(上)，华东师范大学出版社，1985年，第565页。
⑤ 马端临：《文献通考·经籍考》(下)，华东师范大学出版社，1985年，第991页。

可知两本系同书之不同版本。马端临因来源不同而分著两类。

第二条：《经籍考》卷25传记类著录有"《贾公谈录》一卷"，其下辑录《直斋》卷7史部传记类"《贾公谈录》一卷"之解题云：

> 陈氏曰：序言庚午衔命宋都，闻于补阙贾黄中。凡二十六条，而不著其名。别本题"清辉殿学士张洎"，盖洎，江南奉使也。庚午实开宝三年。黄中，晋开运中以七岁为童一关关头，十六岁进士及第第三人。①

《经籍考》卷43小说家类又著录"《贾氏谈录》一卷"，其下辑录《郡斋》卷13子部小说类"《贾氏谈录》一卷"之解题云：

> 晁氏曰：南唐张洎奉使来朝，录贾黄中所谈三十余事，归献其主。②

可知此两本系同书，而晁、陈两家题名不同。马端临因来源不同而分著两类。

（十一）史部地理类与史部伪史霸史类重见

第一条：《经籍考》卷27史部伪史霸史类著录有"《西域志》十二卷"，其下辑录《郡斋》卷7史部伪史类"《西域志》十二卷"之解题云：

> 晁氏曰：唐僧玄奘撰。奘西游天竺求佛书，既归，记其所历诸国风俗。其自序云：自黑领以西，皆土著，尚东左衽，务田畜，重财贿，嫁娶无礼，独天竺则异，别记于后云。或云玄奘译，大总持寺僧辩机撰。③

《经籍考》卷33史部地理类又著录有"《大唐西域记》十二卷"，其下辑录《直斋》卷8史部地理类"《大唐西域记》十二卷"之解题云：

> 陈氏曰：唐三藏法师玄奘译，大总持寺僧辩机撰。④

可知此两本系同书异名。马端临因来源不同而分著两类。

第二条：《经籍考》卷27史部伪史霸史类著录有"《至道云南录》三卷"，其下辑录《郡斋》卷7史部伪史类"《至道云南录》三卷"之解题云：

> 晁氏曰：皇朝辛怡显撰。蜀贼李顺既平，余党窜入云南，雷有终募怡显招出之。

---

① 马端临：《文献通考·经籍考》（上），华东师范大学出版社，1985年，第605页。
② 马端临：《文献通考·经籍考》（下），华东师范大学出版社，1985年，第993页。
③ 马端临：《文献通考·经籍考》（上），华东师范大学出版社，1985年，第655页。
④ 马端临：《文献通考·经籍考》（上），华东师范大学出版社，1985年，第795页。

至道初归，因书其所历，成此书。①

又辑录《直斋》卷 8 史部地理类“《至道云南录》三卷”之解题云：

> 陈氏曰：怡显入云南招李顺余党，因赐蛮酋告敕，而遂为此录。天禧四年自序称“左侍禁知兴化军”。或云此书妄也。余在莆田，视壁记无怡显名字，恐或然。②

《经籍考》卷 33 史部地理类又著录有“《至道云南录》三卷”，其下辑录《直斋》卷 8 史部地理类“《至道云南录》三卷”之解题云：

> 陈氏曰：左侍禁、知兴化军辛怡显撰。李顺之乱，余党有散入蛮中者，怡显往招安之，继驰赐蛮酋告敕而归，遂为此录。天禧四年自序。或云此书妄也。余在莆田，视壁记无怡显名字，恐或然。③

此处所引《直斋》解题与伪史霸史类所引《直斋》解题本系一条解题，《经籍考》分别引于两处，文字上略有调整。可知此两处著录系同一书。马端临因来源不同而分著两类。

第三条：《经籍考》卷 27 史部伪史霸史类著录有“《高丽图经》四十卷”，其下辑录有《直斋》卷 9 子部地理类之解题云：

> 陈氏曰：奉议郎徐兢明叔撰。宣和六年，路允迪、傅墨卿使高丽，兢为之属，归上此书。物图其形，事为之说。今所刊不复有图矣。兢，铉之后。④

《经籍考》卷 33 史部地理类又著录有“《高丽图经》四十卷”，其下引《直斋》卷 9 子部地理类“《高丽图经》四十卷”之解题云：

> 陈氏曰：奉议郎徐兢明叔撰。宣和六年，路允迪、傅墨卿使高丽，兢为之属，归上此书。物图其形，事为之说。今所刊不复有图矣。兢，铉之后，善篆书，亦能画，尝自题“保大骑省世家”、“宣和书学博士”，又自号自信居士。⑤

两处所引《直斋》解题本系《直斋》中的一条解题，《经籍考》重复引用于两处，文字上略有调整。可知此两处著录系同一书。来源虽同，但马端临自行将其分著两类。

第四条：《经籍考》卷 27 史部伪史霸史类著录有“《南诏录》三卷”，其下辑录《直斋》

---

① 马端临：《文献通考·经籍考》(上)，华东师范大学出版社，1985 年，第 657 页。
② 马端临：《文献通考·经籍考》(上)，华东师范大学出版社，1985 年，第 657 页。
③ 马端临：《文献通考·经籍考》(上)，华东师范大学出版社，1985 年，第 796 页。
④ 马端临：《文献通考·经籍考》(上)，华东师范大学出版社，1985 年，第 656 页。
⑤ 马端临：《文献通考·经籍考》(上)，华东师范大学出版社，1985 年，第 796 页。

卷 8 史部地理类“《南诏录》三卷”之解题云：

> 陈氏曰：唐岭南节度巡官徐云虔撰。乾符中，邕中遣云虔使南诏所作。上卷计山川风俗，后二卷纪行及使事。①

《经籍考》卷 33 史部地理类又著录有“《南诏录》三卷”，其下又辑录了《直斋》卷 8 史部地理类“《南诏录》三卷”之解题。两处所引本系《直斋》中的一条解题，《经籍考》分别引于两处，文字上略有调整。可知此两处著录系同一书。来源虽同，但马端临自行将其分著两类。

第五条：《经籍考》卷 27 史部伪史霸史类著录有“《契丹疆宇图》一卷”，其下辑录《直斋》卷 8 史部地理类“《契丹疆宇图》一卷”之解题云：

> 陈氏曰：不著名氏。录契丹诸夷地及中国所失地。②

《经籍考》卷 33 史部地理类又著录“《契丹疆宇图》一卷”，其下辑录《直斋》卷 8 史部地理类“《契丹疆宇图》一卷”之解题。两处所引本系《直斋》中的一条解题，《经籍考》分别引于两处，文字上略有调整。可知此两处著录系同一书。来源虽同，但马端临自行将其分著两类。

第六条：《经籍考》卷 27 史部伪史霸史类著录有“《海外使程广记》三卷”，其下辑录《直斋》卷 8 史部地理类“《海外使程广记》三卷”之解题云：

> 陈氏曰：南唐如京使章僚撰。使高丽所记海道及其国山川、事迹、物产甚详。史虚白为作序，称己未十月，盖本朝开国前一岁也。③

《经籍考》卷 33 史部地理类又著录“《海外使程广记》三卷”，其下辑录《直斋》卷 8 史部地理类“《海外使程广记》三卷”之解题。两处所引本系《直斋》中的一条解题，《经籍考》分别引于两处，文字上略有调整。可知此两处著录系同一书。来源虽同，但马端临自行将其分著两类。

第七条：《经籍考》卷 27 史部伪史霸史类著录有“《诸蕃志》二卷”，其下辑录《直斋》卷 9 子部地理类“《诸蕃志》二卷”之解题云：

> 陈氏曰：福建提举市舶赵汝适记诸蕃国及物货所出。④

---

① 马端临：《文献通考 · 经籍考》(上)，华东师范大学出版社，1985 年，第 656 页。

② 马端临：《文献通考 · 经籍考》(上)，华东师范大学出版社，1985 年，第 650 页。

③ 马端临：《文献通考 · 经籍考》(上)，华东师范大学出版社，1985 年，第 656 页。

④ 马端临：《文献通考 · 经籍考》(上)，华东师范大学出版社，1985 年，第 658 页。

《经籍考》卷 33 史部地理类又著录“《诸蕃志》二卷”，其下辑录《直斋》卷 9 子部地理类“《诸蕃志》二卷”之解题。两处所引本系《直斋》中的一条解题，《经籍考》分别引于两处，文字上略有调整。可知此两处著录系同一书。来源虽同，但马端临自行将其分著两类。

(十二) 史部地理类与史部故事类重见

《经籍考》卷 28 史部故事类著录有“《历代年号并宫殿等名》一卷”，其下辑录《直斋》卷 5 史部典故类“《历代年号并宫殿等名》一卷”之解题云：

> 陈氏曰：丞相饶阳李昉明叔在翰苑时所纂。①

《经籍考》卷 33 史部地理类又著录“《历代宫殿名》一卷”，其下辑录《直斋》卷 8 史部地理类“《历代宫殿名》一卷”之解题云：

> 陈氏曰：翰林承旨李昉等纂。历代及僭伪宫殿、门阙、楼观、园苑、池馆名，无不毕录②。

可知此两处当系同书异名。马端临因来源不同而分著两类。

(十三) 史部地理类与子部农家类重见

《经籍考》卷 33 史部地理类著录有陆羽“《顾渚山记》一卷”，其下辑录《直斋》卷 8 史部地理类“《顾渚山记》一卷”条之解题云：

> 陈氏曰：唐陆羽鸿渐撰。乡邦不贡茶久矣，遗迹未必存也。③

《经籍考》卷 45 子部农家类又著录有“《顾渚山记》二卷”，其下辑录《郡斋》卷 12 子部农家类“《顾渚山记》二卷”之解题云：

> 晁氏曰：陆羽撰。羽与皎然、朱放辈论茶，以顾渚为第一。顾渚山在湖州，吴王夫差顾望，欲以为都，故以名山。④

可知此两本为同一书之不同版本。马端临因来源不同而分著两类。

(十四) 史部地理类与子部小说家类重见

《经籍考》卷 31 史部地理类著录有“《洽闻记》三卷”，其下辑录《郡斋》卷 8 史部地理类“《洽闻记》三卷”之解题云：

---

① 马端临：《文献通考 · 经籍考》(上)，华东师范大学出版社，1985 年，第 694 页。
② 马端临：《文献通考 · 经籍考》(上)，华东师范大学出版社，1985 年，第 787 页。
③ 马端临：《文献通考 · 经籍考》(上)，华东师范大学出版社，1985 年，第 790 页。
④ 马端临：《文献通考 · 经籍考》(下)，华东师范大学出版社，1985 年，第 1043 页。

晁氏曰：唐郑常撰。记郡国旧事，故附之地理类。①

《经籍考》卷 42 子部小说家类又著录"《洽闻记》三卷"，其下辑录《郡斋》卷 13 子部小说类"《洽闻记》三卷"之解题云：

晁氏曰：唐郑常撰。记古今神异诡谲事，凡百五十六条。或题曰郑遂。②

可知此两处著录当系同书。马端临因来源不同而分著两类。

(十五) 史部史评史钞类与子部类书类重见

《经籍考》卷 27 史部史评史钞类著录有"《两汉博闻》十二卷"，其下辑录《郡斋》卷 7 史部史评类"《两汉博闻》十二卷"之解题云：

晁氏曰：皇朝杨侃纂。景德中，侃读两《汉书》，取其名数前儒解释为此书，以资涉猎者。侃尝编《职林》，此亦其类也。③

《经籍考》卷 55 子部类书类又著录"《两汉博闻》二十卷"，其下辑录《直斋》卷 14 子部类书类"《两汉博闻》二十卷"之解题云：

陈氏曰：无名氏。或曰杨侃。④

可知此两处著录当系同书之不同版本。马端临因来源不同而分著两类。

(十六) 史部故事类与史部职官类重见

第一条：《经籍考》卷 28 史部故事类著录有"《辅弼名对》四十卷"，其下辑录《直斋》卷 5 史部典故类"《辅弼名对》四十卷"之解题云：

陈氏曰：天禧中前进士刘颜编。自汉迄五代，为四十门。⑤

《经籍考》卷 29 史部职官类又著录"《辅弼名对》四十卷、《目录》一卷"，其下辑录《郡斋》卷 7 史部职官类"《辅弼名对》四十卷、《目录》一卷"之解题云：

晁氏曰：皇朝刘颜撰。纂西汉迄五代群臣应对之名者。汲黯有"天子置公卿辅弼之臣，宁令从谀承意，陷主不谊"之言，颜取以名其书。天圣初，冯元为侍讲，上

① 马端临：《文献通考・经籍考》(上)，华东师范大学出版社，1985 年，第 750 页。
② 马端临：《文献通考・经籍考》(下)，华东师范大学出版社，1985 年，第 978 页。
③ 马端临：《文献通考・经籍考》(上)，华东师范大学出版社，1985 年，第 667 页。
④ 马端临：《文献通考・经籍考》(下)，华东师范大学出版社，1985 年，第 1272 页。
⑤ 马端临：《文献通考・经籍考》(上)，华东师范大学出版社，1985 年，第 696 页。

之。颜常为令，坐事免，由是诏复其官。①

可知此两处所载系同书。马端临因来源不同而分著两类。

第二条：《经籍考》卷28史部故事类著录有"《翰林盛事》一卷"，其下辑录《直斋》卷5史部典故类"《翰林盛事》一卷"之解题云：

> 陈氏曰：唐剡尉常山张著处晦撰。记儒人盛事，自武德中，迄于天宝。首载张文成七登科者，即著之祖也。②

《经籍考》卷29史部职官类又著录有"《翰林盛事》一卷"，其下辑录《直斋》卷5史部典故类"《翰林盛事》一卷"之解题。两处所引本系《直斋》中的一条解题，《经籍考》分别引于两处，文字上略有调整。可知此两处著录系同一书。但是笔者不认为此例是马端临自行将其分著两类，因为《郡斋》卷7史部职官类就著录有"《翰林盛事》一卷"，其下解题云："右唐张著撰。记唐朝儒臣美事，凡三十八。"③此当是马氏著录于职官类之所本。那为什么在职官类下不引《郡斋》之解题，而是重复引用《直斋》典故类之解题呢？笔者分析当是因为《郡斋》的解题太过简略，且其内容已包含在《直斋》中。可见此条当仍是马氏因来源不同而分著两类。

（十七）子部儒家类与子部杂家类重见

《经籍考》卷37子部儒家类著录有"《忘筌书》一卷"，其下辑录《直斋》卷9子部儒家类"《忘筌书》二卷"之解题云：

> 陈氏曰：浦城潘植子醇撰。多言《易》，亦涉异端，凡五十一篇。此书载《鸣道集》为九十二篇，附见者又十有三，而《馆阁书目》又称七十七篇，皆未详。④

《经籍考》卷41子部杂家类又著录"《忘筌书》二卷"，其下辑录《直斋》卷11子部杂家类"《忘筌书》二卷"之解题云：

> 陈氏曰：潘植子醇撰。新安所刻本凡八十二篇，与《馆阁书目》、《诸儒鸣道集》及余家写本篇数皆不同。本已见儒家，而《馆目》置之杂家者，以其多用释、老之说故也。今亦别录于此。⑤

此条所引《直斋》中说明了互著儒家类。两处系同书之不同版本，《直斋》特意予以互

---

① 马端临：《文献通考·经籍考》（上），华东师范大学出版社，1985年，第723页。
② 马端临：《文献通考·经籍考》（上），华东师范大学出版社，1985年，第684页。
③ 晁公武撰，孙猛校证：《郡斋读书志校证》（上），上海古籍出版社，1990年，第313页。
④ 马端临：《文献通考·经籍考》（下），华东师范大学出版社，1985年，第874页。
⑤ 马端临：《文献通考·经籍考》（下），华东师范大学出版社，1985年，第966页。

著。马端临依《直斋》而分著两类。

（十八）子部杂家类与子部小说家类重见

《经籍考》卷41子部杂家类著录有李匡文"《资暇集》三卷"，其下辑录《直斋》卷10子部杂家类"《资暇集》二卷"（卷数不同）之解题云：

> 陈氏曰：唐李匡文济翁撰。①

《经籍考》子部小说家类又著录"《资暇》三卷"，其下辑录《郡斋》卷13子部小说类"《资暇》三卷"之解题云：

> 晁氏曰：唐李匡义②济翁撰。序称世俗之谈，类多讹误，虽有见闻，默不敢证，故著此书。上篇正误，中篇谭原，下篇本物，以资休暇云。③

可知两处记载系同书。马端临因来源不同而分著两类。

（十九）子部类书类与子部杂艺术类重见

《经籍考》卷55子部类书类著录有陶弘景"《古今刀剑录》一卷"，其下辑录《郡斋》卷14子部类书类"《古今刀剑录》一卷"之解题。《经籍考》卷56子部杂艺术类又著录陶弘景"《古今刀剑录》一卷"，其下辑录《直斋》卷14子部杂艺类"《古今刀剑录》一卷"之解题。可知此两处著录系同书。马端临因来源不同而分著两类。

（二十）集部别集类与集部诗集类重见

《直斋》卷19集部章奏类卷首小序云："凡无他文而独有诗，及虽有他文而诗集复独行者，别为一类。"④《经籍考》依《直斋》于集部设立诗集类，因而与集部别集类产生重见现象。具体分析如下：

第一条：《经籍考》卷58集部诗集类著录有"《常建诗》一卷"，其下辑录有《郡斋》卷17集部别集类"《常建诗》一卷"之解题云：

> 晁氏曰：唐常建也。开元十五年进士。欧阳永叔尝爱"竹径通幽处，禅房花木深"之句，乃建诗也。⑤

可知此本系诗集。《经籍考》卷69集部诗集类又著录有"《常建集》一卷"，其下辑录《直斋》卷19集部诗集类"《常建集》一卷"之解题云：

---

① 马端临：《文献通考·经籍考》（下），华东师范大学出版社，1985年，第953页。

② 今按：经考证此处所载"李匡义"当系"李匡文"，"文""义"形近而误。相关运考证见本文第四章之分析。

③ 马端临：《文献通考·经籍考》（下），华东师范大学出版社，1985年，第980页。

④ 陈振孙撰，徐小蛮、顾美华点校：《直斋书录解题》，上海古籍出版社，1987年，第555页。

⑤ 马端临：《文献通考·经籍考》（下），华东师范大学出版社，1985年，第1336页。

陈氏曰：唐盱眙尉常建撰。①

可知前后两本内容相同，但因来源不同而重见。

第二条：《经籍考》卷64集部别集类著录有陈师道的“陈无已《后山集》二十卷”，其下辑录有《郡斋》卷19集部别集类“陈无已《后山集》二十卷”之解题云：

晁氏曰：陈师道无已，彭城人。少以文谒曾南丰，南丰一见奇之，许其必以文著。元祐中，侍从合荐于朝，起为太学博士。绍圣初，以进非科举而罢。建中靖国初，入秘书为正字以卒。为文至多，少不中意则焚之。②

又辑录朱熹《朱子语录》③云：

《朱子语录》曰：陈后山文有法度，如《黄楼铭》出，当时诸公皆敛衽，便是今人都无他抑扬顿挫。如《仁宗飞白书记》大段好，曲折甚多，过得好。墓志亦好。有典有则，方是文字。其他文亦有太局促不好者。后山文字简洁。极有法度，做许多碎句子，是学《史记》。④

又辑录《直斋》卷17集部别集类著录的“《后山集》十四卷、《外集》六卷、《谈丛》六卷、《理究》一卷、《诗话》一卷、《长短句》二卷”之解题云：

陈氏曰：《后山集》十四卷，《外集》六卷，《谈丛》六卷，《理究》一卷，《诗话》一卷，《长短句》二卷。师道一字履常。蜀本但有诗文，合二十卷。按魏衍作集记云：离诗为六卷，类文为十四卷。今蜀本正如此。又言受其所遗甲、乙、丙稿，诗曰五七，文曰千百。今四明本如此。此本刘孝韪刊于临川，云未见魏本全仍其旧十四卷为正集，盖不知其所谓十四卷者，止有文而诗不与也。《外集》，诗二百余篇，文三篇，皆正集所无。《谈丛》《诗话》，或谓非后山作。后山者，其自号也。⑤

可见马端临采用了《郡斋》之书名卷数及《郡斋》《直斋》之归类著录。而《郡斋》(于蜀中编纂而成)与《经籍考》所著录的二十卷本就是《直斋》解题中所说的“但有诗文”之蜀本。

《经籍考》卷71集部诗集类又著录有“《后山集》六卷、《外集》五卷”，其下辑录《直斋》卷20集部诗集类“《后山集》六卷、《外集》五卷”条之解题云：

---

① 马端临：《文献通考·经籍考》(下)，华东师范大学出版社，1985年，第1587页。
② 马端临：《文献通考·经籍考》(下)，华东师范大学出版社，1985年，第1475页。
③ 今见于《朱子语类》卷一百三十九《论文上》。
④ 马端临：《文献通考·经籍考》(下)，华东师范大学出版社，1985年，第1475~1476页。
⑤ 马端临：《文献通考·经籍考》(下)，华东师范大学出版社，1985年，第1476页。

陈氏曰：陈师道无已撰。亦于正集中录出，入《诗派》。江西宗派之说，出于吕本中居仁，前辈固有议其不然者矣。后山虽曰见豫章之诗，尽弃其学而学焉，然其造诣平澹，真趣自然，实豫章之所阙也。①

可知此本系前本中诗词部分的别裁单行本，而别集著录的则是诗文合集。

第三条：《经籍考》卷58别集类著录有"《储光羲集》五卷"，其下辑录《郡斋》卷17集部别集类之解题云：

晁氏曰：唐储光羲也。鲁人。登开元十四年进士第。尝为监察御史，后从安禄山伪署，贼平贬死。②

《经籍考》卷69诗集类又著录有"《储光羲集》五卷"，其下辑录《直斋》卷19集部诗集类"《储光羲集》五卷"之解题云：

陈氏曰：唐监察御史鲁国储光羲撰。与崔国辅、綦毋潜皆同年进士。天宝末任伪官，贬死。顾况为集序。③

此两本当系同本且均为诗集，马氏因来源不同而分著两类。

第四条：《经籍考》卷58别集类著录有"《杜审言集》十卷"，其下辑录有《郡斋》卷17集部别集类"《杜审言集》一卷"条之解题云：

晁氏曰：杜审言必简也。襄阳人，预之后裔。擢进士，恃才傲世，尝对武后，赋《欢喜诗》，后叹重其文。与李峤、崔融、苏味道为文章四友。集有诗四十余篇而已。④

则《郡斋》著录之一卷本《杜审言集》均是诗。

《经籍卷》卷69诗集类又著录有"《杜必简集》一卷"，其下辑录《直斋》卷19诗集类"《杜必简集》一卷"之解题，又引杨万里《杜必简诗集序》⑤云：

杨诚斋序略曰：必简尝为吉州司户。今户曹赵君彦清旁搜远摭，得其诗四十二首，将刻枣以传好诗。⑥

---

① 马端临：《文献通考·经籍考》(下)，华东师范大学出版社，1985年，第1664页。
② 马端临：《文献通考·经籍考》(下)，华东师范大学出版社，1985年，第1335页。
③ 马端临：《文献通考·经籍考》(下)，华东师范大学出版社，1985年，第1587页。
④ 马端临：《文献通考·经籍考》(下)，华东师范大学出版社，1985年，第1332页。
⑤ 今见于杨万里《诚斋集》卷八十二《序·杜必简诗集序》。
⑥ 马端临：《文献通考·经籍考》(下)，华东师范大学出版社，1985年，第1584页。

杜审言字必简，《直斋》所著录一卷本《杜必简集》的内容只是四十二首诗，可知与《郡斋》著录之一卷《杜审言集》一样均为诗集单行本，而马端临著录的十卷本《杜审言集》则是诗文合集。

第五条：《经籍考》卷58别集类著录有"《李嘉祐诗》二卷"，其下辑录有《郡斋》卷17别集类"《李嘉祐诗》二卷"条解题云：

> 晁氏曰：唐李嘉祐，别名从一，赵州人。天宝七年进士。为秘书正字，袁、台二州刺史。善为诗，绮靡婉丽，有齐、梁之风，时以比吴均、何逊云。①

可知别集类此本为诗集。

而卷69诗集类又著录有"《李嘉祐集》一卷"，其下辑录有《直斋》卷19诗集类"《李嘉祐集》一卷"条解题，云：

> 陈氏曰：唐台州刺史李嘉祐从一撰。天宝七载进士。亦号《台阁集》。李肇称其"水田飞白鹭，夏木啭黄鹂"之句，王维取之以为七言。今按此集无之。②

可知这个一卷本《李嘉祐集》应该是个诗集残本，而别集本二卷本则为诗集全本。

第六条：《经籍考》卷58别集类有"《孟浩然诗》一卷"，其下辑录《郡斋》卷17别集类"《孟浩然诗》一卷"，云：

> 所著诗二百一十首，宜城处士王士源序次为三卷，今并为一，又有天宝中韦绍序。③

可知此集原为三卷，晁公武将其合并为一卷；《经籍考》卷69诗集类又著录有"《孟襄阳集》三卷"，其下辑录《直斋》卷19集部诗集类"《孟襄阳集》三卷"之解题云：

> 陈氏曰：唐进士孟浩然撰。宜城王士源序之。凡二百十八首，分为七类，太常卿韦绍为之重序。④

可知此本与别集著录的一卷本系孟浩然诗集的两个不同版本，而收诗数量基本一致。

第七条：《经籍考》卷57别集类著录有"《阮籍集》十卷"，其下辑录《郡斋》卷17别集类"《阮籍集》十卷"解题云：

---

① 马端临：《文献通考·经籍考》(下)，华东师范大学出版社，1985年，第1343页。
② 马端临：《文献通考·经籍考》(下)，华东师范大学出版社，1985年，第1591页。
③ 马端临：《文献通考·经籍考》(下)，华东师范大学出版社，1985年，第1339页。
④ 马端临：《文献通考·经籍考》(下)，华东师范大学出版社，1985年，第1585页。

晁氏曰：魏阮籍嗣宗也。尉氏人。籍志气宏放，博览群籍，尤好庄、老，属文不留思。嗜酒，能啸，善弹琴，当其得意，忽忘形体，虽不拘礼教，而发言元远。晋帝辅政，为从事中郎，后求为步兵校尉。①

《经籍考》卷69诗集类又著录有“《阮步兵集》”（未著录卷数），其下辑录《直斋》卷19诗集类“《阮步兵集》四卷”条解题，云：

陈氏曰：魏步兵校尉陈留阮籍嗣宗撰。其题皆曰《咏怀》。首卷四言，十三篇；余皆五言，八十篇。通为九十三篇，《文选》所收十七篇而已。②

可知别集类著录的十卷本当为诗文合集本，诗集类著录之四卷本为诗集单行本。

第八条：《经籍考》卷65别集类著录有汪革的“《青溪集》十卷、《附录》一卷”，其下辑录《直斋》卷17别集类“《清溪集》十卷、《附录》一卷”条解题云：

陈氏曰：楚州教授临川汪革信民撰。绍圣四年试礼部第一，遂登甲科。蔡京当国，召为宗子博士，力辞不就。年才四十卒。吕原明志其墓，晁以道为词以哀之。革尝有言曰：“咬得菜根，则万事可做。”诚名言也。③

《经籍考》卷72诗集类又著录汪革的“《青溪集》一卷”，其下辑录《直斋》卷20诗集类“《青溪集》一卷”之解题，又引刘克庄语④云：

后村刘氏曰：吕荥阳居符离，信民为教官，从荥阳学，故紫微公尤推尊信民。其诗云：“富贵空中花，文章木上瘿；要知真实地，惟有华严境。”盖吕氏家世本喜谈禅，而紫微与信民皆尚禅学。⑤

可知别集类之十卷本当为诗文合集本，诗集类著录之一卷本为诗集单行本（很可能即是十卷本后的《附录》一卷）。

第九条：《经籍考》卷58别集类著录有“《王昌龄诗》六卷”，其下辑录《郡斋》卷17别集类“《王昌龄诗》六卷”条解题云：

晁氏曰：唐王昌龄少伯也。江宁人。开元十五年进士，为秘书郎，又中宏词，不护细行，贬龙标尉。以世乱归乡里，为刺史闾丘晓所杀。昌龄工诗，缜密而思清，时

① 马端临：《文献通考·经籍考》（下），华东师范大学出版社，1985年，第1314页。
② 马端临：《文献通考·经籍考》（下），华东师范大学出版社，1985年，第1581页。
③ 马端临：《文献通考·经籍考》（下），华东师范大学出版社，1985年，第1499页。
④ 今见于刘克庄《后村集》卷九十五《序·汪信民》。
⑤ 马端临：《文献通考·经籍考》（下），华东师范大学出版社，1985年，第1680页。

谓王江宁云。①

《经籍考》卷69诗集类又著录有“《王江宁集》一卷”，其下辑录《直斋》卷19诗集类“《王江宁集》一卷”之解题云：

> 陈氏曰：唐龙标尉江宁王昌龄少伯撰。与常建俱开元十四年进士。二十二年选宏词，超绝群类，为汜水尉，不护细行，贬龙标。世乱还里，为刺史闾丘晓所杀。为诗绪密而思清。②

可知别集类六卷本与诗集类一卷本均为王昌龄之诗集，而版本不同。

第十条：《经籍考》卷57别集类著录有“《谢惠连集》五卷”，其下辑录《郡斋》卷17别集类“《谢惠连集》五卷”条解题云：

> 晁氏曰：宋谢惠连也。元嘉七年为彭城王法曹行参军。十岁能属文，为《雪赋》，以高丽见奇。族兄灵运每见其新文，曰：“张华重生，不能易也。”③

《经籍考》卷69诗集类又著录有“《谢惠连集》一卷”，其下辑录《直斋》卷19诗集类“《谢惠连集》一卷”条解题云：

> 本集五卷，今惟诗二十四首。④

此条所去“本集五卷”，当即指别集类著录的五卷本，而此一卷本为五卷本中二十四首诗之单行本，可知别集类五卷本是诗文合集本。

第十一条：《经籍考》卷64别集类著录有谢薖的“《竹友集》十卷”，其下辑录《直斋》卷17别集类“《竹友集》十卷”之解题云：

> 陈氏曰：临川谢薖幼槃撰。逸从弟也。吕居仁题其后曰：“逸诗似康乐，薖诗似元晖。”⑤

《经籍考》卷71诗集类又著录谢薖的“《竹友集》七卷”，其下辑录《直斋》卷20诗集类“《竹友集》七卷”之解题。又引刘克庄《后村集》卷95《序·二谢》云：

---

① 马端临：《文献通考·经籍考》(下)，华东师范大学出版社，1985年，第1336页。
② 马端临：《文献通考·经籍考》(下)，华东师范大学出版社，1985年，第1587页。
③ 马端临：《文献通考·经籍考》(下)，华东师范大学出版社，1985年，第1320页。
④ 马端临：《文献通考·经籍考》(下)，华东师范大学出版社，1985年，第1582页。
⑤ 马端临：《文献通考·经籍考》(下)，华东师范大学出版社，1985年，第1494页。

后村刘氏曰：吕紫微评无逸诗似康乐，幼槃诗似元晖。按康乐一字百炼乃出冶，元晖尤丽密；无逸轻快有余而欠工缴，幼槃差苦思，其合元晖者亦少。然弟兄在政、宣间，科举之外，有岐路可进身，韩子苍诸人或自鬻其技至贵显，二谢乃老死布衣，其高节亦不可及。①

可知别集类十卷本与诗集类七卷本当均为诗集单行本而版本不同。

第十二条：《经籍考》卷64别集类著录有"《溪堂集》二十卷"，其下辑录《直斋》卷17别集类"《溪堂集》二十卷"之解题。

《经籍考》卷71诗集类又著录有"《溪堂集》五卷、《补遗》二卷"，其下辑录《直斋》卷20诗集类"《溪堂集》五卷、《补遗》二卷"之解题。又辑录释惠洪《冷斋夜话》卷七《谢无逸佳句》云：

《冷斋夜话》：无逸工诗能文，黄鲁直读其诗曰："晁、张流也，恨未识之耳。"无逸诗曰："老凤垂头噤不语，枯木槎牙噪春鸟。"又曰："贪夫蚁旋磨，冷官鱼上竿。"又曰："山寒石发瘦，水落溪毛彫。"皆为鲁直所称赏。②

则别集类之二十卷本当为诗文合集本，诗集类著录为诗集别行本。

第十三条：《经籍考》卷57别集类著录有"《阴铿集》一卷"，其下辑录《郡斋》卷17别集类"《阴铿集》一卷"之解题云：

有集三卷，《隋志》已亡其二，今所存十数诗而已。③

《经籍考》卷69诗集类又著录"《阴铿集》一卷"，其下辑录《直斋》卷19诗集类"《阴铿集》一卷"之解题云：

才三十余篇。④

可知此两本当系同本，皆诗集。

第十四条：《经籍考》卷66别集类著录有朱松的"《韦斋小集》十二卷"，其下辑录《直斋》卷18别集类"《韦斋小集》十二卷"解题云：

陈氏曰：吏部员外郎新安朱松乔年撰。侍讲文公之父也。文公尝言："韦斋先生自为儿童时，出语已惊人，及去场屋，<u>始放意为诗文</u>。其诗初亦不事雕饰，而天然秀

① 马端临：《文献通考·经籍考》（下），华东师范大学出版社，1985年，第1672页。
② 马端临：《文献通考·经籍考》（下），华东师范大学出版社，1985年，第1671页。
③ 马端临：《文献通考·经籍考》（下），华东师范大学出版社，1985年，第1324页。
④ 马端临：《文献通考·经籍考》（下），华东师范大学出版社，1985年，第1584页。

发，格律间暇，超然有出尘寰之趣。”①

《经籍考》卷72诗集类又著录“《韦斋小集》一卷”，其下辑录《直斋》卷20诗集类“《韦斋小集》一卷”之解题云：

陈氏曰：朱松乔年撰。②

可知别集类十二卷本当是诗文合集本，诗集类一卷本是诗集单行本。

第十五条：《经籍考》卷60别集类著录有孟郊的“《孟东野集》十卷(详见诗集)”，此条注文系互著之提示，其下辑录《直斋》卷16别集类“《孟东野集》十卷”解题云：

集惟末卷有书二篇，赞一篇，余皆诗也。③

《经籍考》卷69诗集类又著录“《孟东野诗集》十卷”，其下辑录《郡斋》卷17别集类“《孟郊诗集》十卷”之解题云：

集，宋次道重编。先时，世传汴吴镂本，五卷，一百二十四篇；周安惠本，十卷，三百三十一篇；别本五卷，三百四十篇。蜀人蹇濬周退之赠郊句，纂《咸池集》，二卷，一百八十篇。自余不为编秩，杂录之，家家自异。次道总拾遗逸，摘去重复，若体制不类者，得五百十一篇，四十联句不与焉。一赞二书附于后，郊集于是始有完书。④

可知两本内容一致，均为诗集(一赞两书系附录，不入正文)，当系同本。

(二十一)集部别集类与集部章奏类重见

《直斋》卷22集部章奏类卷首小序云：“凡无他文而独有章奏，及虽有他文而章奏复独行者，亦别为一类。”⑤《经籍考》依《直斋》于集部设立章奏类，因而与集部别集类产生重见现象。具体分析如下：

第一条：《经籍考》卷61集部别集类著录有富弼的“《富文忠劄子集》六卷、《奏议》十二卷、《安边策》”，其下辑录《郡斋》卷19集部别集类“《富文忠札子集》六卷、《奏议》十二卷”之解题云：

晁氏曰：宋朝富弼字彦国，河南人。天圣八年中制科。至和二年，召拜同中书门

---

① 马端临：《文献通考·经籍考》(下)，华东师范大学出版社，1985年，第1532页。
② 马端临：《文献通考·经籍考》(下)，华东师范大学出版社，1985年，第1689页。
③ 马端临：《文献通考·经籍考》(下)，华东师范大学出版社，1985年，第1373页。
④ 马端临：《文献通考·经籍考》(下)，华东师范大学出版社，1985年，第1597页。
⑤ 陈振孙撰，徐小蛮、顾美华点校：《直斋书录解题》，上海古籍出版社，1987年，第634页。

下平章事。元丰中卒，年八十。谥文忠。其为文章，辩而不华，质而不俚。①

《经籍考》卷 74 集部章奏类著录有"《富文忠公箚子》十六卷"，其下辑录《直斋》卷 22 集部章奏类"《富文忠札子》十六卷"条之解题云：

平生历官辞免陈情之文也。②

前后两本版本不同，但内容应当大体一致。

第二条：《经籍考》卷 59 别集类著录有陆贽"《陆宣公奏议》十二卷"，其下辑录《郡斋》卷 17 别集类"《陆贽奏议》十二卷"解题，又辑录《直斋》卷 16 别集类"《陆宣公集》二十二卷"解题。《经籍考》卷 74 集部章奏类又著录"《陆宣公奏议》二十卷"，其下辑录《直斋》卷 22 章奏类"《陆宣公奏议》二十卷"解题云：

又名《榜子集》(议论并见别集类)。③

马端临此处用注文提示互著。此条之详细论述见本章第一节。

(二十二)集部诗集类与集部总集类重见

《经籍考》卷 70 集部诗集类著录有"《断金集》一卷"，其下辑录《郡斋》卷 18 集部别集类"《断金集》一卷"之解题云：

晁氏曰：唐李逢吉、令狐楚自未第至贵显所唱和诗也。后逢吉卒，楚编次之，得六十余篇。裴夷直名曰《断金集》，为之序。④

《经籍考》卷 75 集部总集类又著录"《断金集》一卷"，其下辑录《郡斋》卷 20 集部总集类"《断金集》一卷"之解题云：

晁氏曰：唐令狐楚、韩琪与李逢吉自为进士以至宦达所与酬唱诗什。开成初，裴夷直序之。⑤

可知此两处著录系同书而《郡斋》分著两类。马端临因之分著两类。

二、个人之总集与别集分别著录而重见

第一条：《经籍考》卷 41 子部杂家类著录有"《耄智余书》三卷"，其下辑录《直斋》卷

① 马端临：《文献通考·经籍考》(下)，华东师范大学出版社，1985 年，第 1414 页。
② 马端临：《文献通考·经籍考》(下)，华东师范大学出版社，1985 年，第 1744 页。
③ 马端临：《文献通考·经籍考》(下)，华东师范大学出版社，1985 年，第 1742 页。
④ 马端临：《文献通考·经籍考》(下)，华东师范大学出版社，1985 年，第 1622 页。
⑤ 马端临：《文献通考·经籍考》(下)，华东师范大学出版社，1985 年，第 1768 页。

10 子部杂家类“《耄智余书》三卷”之解题云：

> 陈氏曰：太子少保致仕澶渊晁迥德远撰。晁善养生，兼通释、老书，年至八十四，子孙多闻人。①

《经籍考》卷 41 子部杂家类又著录有“《昭德新编》一卷”，其下辑录《直斋》卷 10 子部杂家类“《昭德新编》一卷”之解题云：

> 陈氏曰：晁迥撰。“昭德”者，京师居第坊名也。晁氏子孙皆以为称。②

《经籍考》卷 54 子部释氏类又著录“《法藏碎金》十卷”，其下辑录《直斋》卷 12 子部释氏类“《法藏碎金》十卷”之解题云：

> 陈氏曰：太子少傅晁迥撰。③

《经籍考》卷 61 集部别集类又著录“晁文元公《道院别集》十五卷、《法藏碎金录》十卷、《耄智余言》三卷、《昭德新编》三卷、《理枢》一卷”，其下辑录《郡斋》卷 19 集部别集类“《晁文元道院别集》十五卷，《法藏碎金发》十卷，《耄智余书》三卷，《昭德新编》三卷，《理枢》一卷”之解题云：

> 晁氏曰：五世祖文元公也。讳迥，字明远，澶州人……《法藏碎金》世传最广，先得之于赵郡苏符；《昭德新编》则得之于丹棱李焘；《道院集要》则得之于知阆州王辅；《耄智余书》则得之于眉山程敦厚；《理枢》则得之于《渑池卷》中。④

可知前面《经籍考》依《直斋》著录之“《耄智余书》三卷”“《昭德新编》一卷”“《法藏碎金》十卷”，与其依据《郡斋》著录于别集类之“《晁文元道院别集》十五卷，《法藏碎金发》十卷，《耄智余书》三卷，《昭德新编》三卷，《理枢》一卷”重见。

第二条：《经籍考》卷 34 史部目录类著录有董逌“《广川藏书志》二十六卷，《书跋》十卷，《画跋》五卷”，其下辑录《直斋》卷 8 史部目录类之“《广川藏书志》二十六卷”与“《广川书跋》十卷、《画跋》五卷”两条之解题。而《经籍考》卷 56 子部杂艺术类又著录有“《广川画跋》五卷”，其下辑录有《直斋》卷 14 子部杂艺类“《广川画跋》五卷”之解题云：“陈氏曰：董逌撰。”⑤可知后条著录之“《广川画跋》五卷”，即前条著录中的“《画跋》五卷”。

① 马端临：《文献通考·经籍考》(下)，华东师范大学出版社，1985 年，第 957 页。
② 马端临：《文献通考·经籍考》(下)，华东师范大学出版社，1985 年，第 957 页。
③ 马端临：《文献通考·经籍考》(下)，华东师范大学出版社，1985 年，第 1243 页。
④ 马端临：《文献通考·经籍考》(下)，华东师范大学出版社，1985 年，第 1396 页。
⑤ 马端临：《文献通考·经籍考》(下)，华东师范大学出版社，1985 年，第 1282 页。

《直斋》中重见，《经籍考》因之。

第三条：《经籍考》卷 67 集部别集类著录有陆游"《渭南集》三十卷，《剑南诗稿》《续稿》八十七卷"，其下辑录《直斋》卷 18 集部别集类"《渭南集》三十卷，《剑南诗稿》《续稿》八十七卷"之解题。《经籍考》卷 72 集部诗集类又著录有陆游"《剑南诗稿》二十卷、《续稿》六十七卷"，其下辑录《直斋》卷 20 集部诗集类"《剑南诗稿》二十卷、《续稿》六十七卷"之解题，此处著录即前条中之"《剑南诗稿》《续稿》八十七卷"（一共八十七卷）。

第四条：《经籍考》卷 24 史部传记类著录有"《维扬过江录》一卷"，其下辑录《直斋》卷 5 史部杂史类"《维扬过江录》一卷"之解题云：

> 陈氏曰：尚书左丞叶梦得少蕴撰。①

《经籍考》卷 41 子部杂家类著录有《经籍考》卷叶梦得"《石林家训》一卷"，其下辑录《直斋》卷 10 子部杂家类"《石林家训》一卷"之解题。

《经籍考》卷 41 子部杂家类又著录有"《石林过庭录》二十七卷"，其下辑录有《直斋》卷 10 子部杂家类叶梦得"《石林过庭录》二十七卷"之解题云：

> 陈氏曰：叶梦得与诸子讲说者，其中子模编辑之。②

《经籍考》卷 44 子部小说家类又著录有"《石林燕语》十卷"，其下辑录《直斋》卷 11 子部小说家类"《石林燕语》十卷"之解题云：

> 陈氏曰：叶梦得少蕴撰。宣和五年所作也。③

《经籍考》卷 44 子部小说家类又著录有"《玉涧杂书》十卷"，其下辑录《直斋》卷 11 子部小说家类"《玉涧杂书》十卷"之解题云：

> 陈氏曰：叶梦得撰。其中所记，亦当在宣和时所作。玉涧者，石林山居涧水名也。④

《经籍考》卷 44 子部小说家类著录有"《避暑录话》二卷"，其下辑录《直斋》卷 11 子部小说家类"《避暑录话》二卷"之解题云：

---

① 马端临：《文献通考·经籍考》（上），华东师范大学出版社，1985 年，第 585 页。
② 马端临：《文献通考·经籍考》（下），华东师范大学出版社，1985 年，第 962 页。
③ 马端临：《文献通考·经籍考》（下），华东师范大学出版社，1985 年，第 1021 页。
④ 马端临：《文献通考·经籍考》（下），华东师范大学出版社，1985 年，第 1021 页。

陈氏曰：叶梦得绍兴五年所作。①

《经籍考》卷44子部小说家类又著录有“《岩下放言》一卷”，其下辑录《直斋》卷11子部小说家类“《岩下放言》一卷”之解题云：

陈氏曰：叶梦得撰。休致后所作。②

《经籍考》卷65集部别集类著录有“《石林建康集》十卷”，其下辑录《直斋》卷18集部别集类“《石林建康集》十卷”之解题云：

陈氏曰：皆帅建康时诗文。其初以所莅官各为一集，后其家编次总而合之，此集其一也。③

《经籍考》卷65集部别集类著录有“《石林审是集》八卷”，其下辑录《直斋》卷18集部别集类“《石林审是集》八卷”之解题云：

陈氏曰：其门人盛光祖子绍所录，亦已入《总集》。④

《经籍考》卷73集部歌词类又著录有“《石林词》一卷”，其下辑录《直斋》卷21集部歌词类“《石林词》一卷”之解题云：

陈氏曰：叶梦得少蕴撰。⑤

《经籍考》卷74集部章奏类著录有叶梦得“《石林奏议》十五卷”，其下辑录有《直斋》卷22集部章奏类之解题。

《经籍考》卷76又著录有叶梦得“《石林诗话》二卷”，其下辑录有《直斋》卷22集部文史类“《石林诗话》一卷”之解题。

《经籍考》卷65集部别集类又著录有“《石林总集》一百卷、《年谱》一卷”，其下辑录《直斋》卷18集部别集类“《石林总集》一百卷、《年谱》一卷”之解题云：

陈氏曰：尚书左丞吴郡叶梦得少蕴撰……石林二字，本出《楚辞·天问》。⑥

---

① 马端临：《文献通考·经籍考》(下)，华东师范大学出版社，1985年，第1021页。
② 马端临：《文献通考·经籍考》(下)，华东师范大学出版社，1985年，第1021页。
③ 马端临：《文献通考·经籍考》(下)，华东师范大学出版社，1985年，第1513页。
④ 马端临：《文献通考·经籍考》(下)，华东师范大学出版社，1985年，第1513页。
⑤ 马端临：《文献通考·经籍考》(下)，华东师范大学出版社，1985年，第1720页。
⑥ 马端临：《文献通考·经籍考》(下)，华东师范大学出版社，1985年，第1512页。

由画线文字与卷数统计可知，以上诸集后皆收入最末之“《石林总集》一百卷、《年谱》一卷”，而《直斋》将诸单行本与总集分别著录，《经籍考》因之而重见。

三、部分内容之别行本

此种情况指一书中的若干部分有其单独的别行本，《经籍考》依前人书目均予著录而形成的部分重见。具体分析如下：

第一条：《经籍考》卷 72 集部诗集类著录有京镗“《松坡集》七卷、《乐府》一卷”，其下辑录《直斋》卷 20 集部诗集类“《松坡集》七卷、《乐府》一卷”之解题。《经籍考》卷 73 集部歌词类又著录京镗“《松坡词》一卷”，其下辑录《直斋》卷 21 集部歌词类“《松坡词》一卷”之解题。歌词类之“《松坡词》一卷”实即诗集类著录的“《松坡集》七卷、《乐府》一卷”中的“《乐府》一卷”的词集单行本。

第二条：《经籍考》卷 16 经部小学类著录有“《小尔雅》一卷”，其下辑录《郡斋》卷 4 经部小学类“《小尔雅》一卷”之解题云：

> 晁氏曰：孔子古文也。见于孔鲋书。①

又辑录《直斋》卷 3 经部小学类“《小尔雅》一卷”之解题云：

> 陈氏曰：《汉志》有此书，亦不著名氏。《唐氏》有李轨《解》一卷。今《馆阁书目》云孔鲋撰。盖即《孔丛子》弟十一篇也。曰《广诂》《广言》《广训》《广义》《广名》《广服》《广器》《广物》《广鸟》《广兽》，凡十章；又《度量衡》为十三章。当是好事者抄出别行。②

《经籍考》卷 36 子部儒家类又著录有“《孔丛子》七卷”，其下辑录有《郡斋》卷 12 子部杂家类之解题，又辑录《直斋》卷 9 子部儒家类“《孔丛子》七卷”之解题云：

> 陈氏曰：孔氏子孙杂记其先世系言行之书也。《小尔雅》一篇，亦出于此。③

可知《小尔雅》系《孔丛子》之单篇别行本。

第三条：《经籍考》卷 45 子部农家类著录有“《何首乌传》一卷”，其下辑录《直斋》卷 10 子部农家类解题云：

> 陈氏曰：初见唐《李翱集》，今后人增广之耳。④

---

① 马端临：《文献通考·经籍考》(上)，华东师范大学出版社，1985 年，第 391 页。
② 马端临：《文献通考·经籍考》(上)，华东师范大学出版社，1985 年，第 391 页。
③ 马端临：《文献通考·经籍考》(下)，华东师范大学出版社，1985 年，第 847 页。
④ 马端临：《文献通考·经籍考》(下)，华东师范大学出版社，1985 年，第 1048 页。

《经籍考》卷60集部别集类又著录有李翱"《李文公集》十八卷"，其下辑录《郡斋》卷17集部别集类"《李翱集》十八卷"之解题，又辑录《直斋》卷16集部别集类"《李文公集》十卷"之解题。可知《李文公集》即《李翱集》，《何首乌传》本是其中一篇文章，后人增广后形成单行本。

第四条：《经籍考》卷60集部别集类著录有"《会昌一品集》二十卷、《别集》十卷、《外集》四卷"，其下辑录《郡斋》卷18集部别集类著录之"《李德裕会昌一品集》二十卷，《姑臧集》五卷，《平泉诗》一卷，《穷愁志》三卷，《别集》八卷，又《赋》一卷"的解题云：

> 晁氏曰：唐李德裕文饶也……《一品集》，郑亚为之序，皆会昌制诰、表状、外内册赞、碑序文也。赋诗四首。《穷愁志》乃崖州所撰；《姑臧集》题段全纬纂，上四卷亦制诰，第五乃《戛黠斯朝贡传》与八诗；《别集》乃哀合古赋，《平泉诗》、集外杂著。又有古赋一卷，载《金松》等四赋。①

又辑录《直斋》卷16集部别集类著录之"《会昌一品集》二十卷、《别集》十卷、《外集》四卷"的解题云：

> 陈氏曰：《一品集》者，皆会昌在相位制诰、诏册、表疏之类也。《别集》诗赋杂著，《外集》则《穷愁志》也。德裕自穆宗时已掌内外制，累践方镇，遂相文宗，平生著述讵止此，此外有《姑臧集》四卷而已，其不传于世者亦多矣。《穷愁志》，晚年迁谪后所作，凡四十九篇，其论精深，其辞峻洁，犹可见其英伟之气。《周秦行纪》一篇，奇章怨家所为，而文饶遂信之尔。②

《经籍考》同卷同类此条之下紧接着著录有"《平泉杂文》一卷"，其下辑录《直斋》卷16集部别集类"《平泉杂文》一卷"之解题云：

> 陈氏曰：即《别集》第九卷、第十卷，平泉山居所作诗、赋、记也。③

可知《平泉杂文》系前面著录之"《别集》十卷"之部分内容的单行本。

第五条：《经籍考》卷60集部别集类著录有"李商隐《樊南甲集》二十卷、《乙集》二十卷、又《文集》八卷"，其下辑录《郡斋》卷18集部别集类著录的"《李商隐樊南甲集》二十卷，《乙集》二十卷，又《文集》八卷"之解题云：

> 今《樊南甲》《乙集》，皆四六，自为序，即所谓繁缛者。又有古赋及文共三卷，辞旨恢谲，末景文序传中称"诡怪则商隐"，盖以此。诗五卷，清新纤艳，故旧史称

① 马端临：《文献通考·经籍考》(下)，华东师范大学出版社，1985年，第1375页。
② 马端临：《文献通考·经籍考》(下)，华东师范大学出版社，1985年，第1376页。
③ 马端临：《文献通考·经籍考》(下)，华东师范大学出版社，1985年，第1377页。

其与温庭筠、段成式齐名，时号“三十六体”云。①

又辑录《直斋》卷60集部别集类著录的“《李义山集》八卷、《樊南甲乙集》四十卷”之解题云：

《甲》《乙集》皆表、章、启、牒四六之文。既不得志于时，历佐藩府，又依卢弘正、柳仲郢，故其所作应用若此之多。商隐本为古文，令狐楚长于章奏，遂以授商隐，所作当时以为工，以近世四六较之，未见其工也。②

《经籍考》同卷同类此条之下紧接着著录有“《玉溪生集》三卷”，其下辑录《直斋》卷16集部别集类“《玉溪生集》三卷”之解题云：

陈氏曰：李商隐自号。此集即前卷中赋及杂著也。③

可知《玉溪生集》是前面著录李商隐集子的部分内容(赋及杂著)之单行本。此外，《经籍考》卷70集部诗集类又著录有“《李义山集》三卷”，其下辑录《直斋》卷19集部诗集类“《李义山集》三卷”之解题，此集系李商隐诗集的一个单行本。

第六条：《经籍考》卷34史部目录类著录有“《唐艺文志》四卷”，其下辑录《直斋》卷8史部目录类之解题云：

陈氏曰：《新唐书》中录出别行。监中有印本。④

可知当时已有《新唐书》之《艺文志》的单行本。而《经籍考》卷19史部正史类又著录有“《新唐书》二百二十五卷”，其下辑录有《郡斋》卷5史部正史类与《直斋》卷4史部正史类“《新唐书》二百二十五卷”之解题。

第七条：《经籍考》卷45子部农家类著录有秦观“秦少游《蚕书》”，其下马氏自撰云：

见少游《淮海集》第六卷。⑤

可知此系秦观《淮海集》第六卷部分内容之单行本。此书实为秦观之子秦湛所作。而《经籍考》卷64集部别集类正著录有秦观“秦少游《淮海集》三十卷”，其下辑录《郡斋》卷19集部别集类“《秦少游淮海集》三十卷”之解题。此处，《经籍考》卷73集部歌词类又著

① 马端临：《文献通考·经籍考》(下)，华东师范大学出版社，1985年，第1374页。
② 马端临：《文献通考·经籍考》(下)，华东师范大学出版社，1985年，第1374页。
③ 马端临：《文献通考·经籍考》(下)，华东师范大学出版社，1985年，第1375页。
④ 马端临：《文献通考·经籍考》(上)，华东师范大学出版社，1985年，第812页。
⑤ 马端临：《文献通考·经籍考》(下)，华东师范大学出版社，1985年，第1038页。

录有秦观“《淮海集》一卷”，这是秦观的词集单行本。

第八条：《经籍考》卷37子部儒家类著录有邵雍“《观物内篇》二卷”，其下辑录有《直斋》卷9子部儒家类“《观物内篇》二卷”之解题云：

> 陈氏曰：康节之子右奉直大夫伯温撰。即《经世书》之第十一、十二卷也。张氏曰：“先生《观物》有《内》《外篇》。《内篇》，先生所著之书也；《外篇》，门人所记先生之言也。《内篇》理深而数略，《外篇》数详而理显。学先天者，当有《外篇》始。”先生诗云：“若无扬子天人学，安有庄周《内》《外篇》。”以此知《外篇》亦先生之文，门人盖编集之耳。①

可知《观物内篇》为邵雍之子邵伯温编其父之文而成。《经籍考》卷37子部儒家类又著录有邵雍“《皇极经世书》十二卷”，其下辑录《郡斋》卷1经部易类“邵康节《皇极经世》十二卷”之解题，又辑录《直斋》卷9子部儒家类“《皇极经世书》十二卷”之解题云：

> 书谓之《皇极经世》，篇谓之《观物》，凡六十二篇。其子伯温为之《叙系》，具载《先天》《后天》《变卦》《反对》诸图，又为《易学辨惑》一篇，叙传授本末真伪。然世之能明其学者，盖鲜焉。②

可知“《观物内篇》二卷”系“《皇极经世书》十二卷”中部分内容之单行本。

第九条：《经籍考》卷43子部小说家类著录有“《东坡手泽》三卷”，其下辑录《直斋》卷11子部小说家类“《东坡手泽》三卷”之解题云：

> 陈氏曰：今俗本《大全集》中所谓《志林》者也。③

这里的俗本系指麻沙本。《经籍考》卷62集部别集类著录有“《东坡别集》四十六卷”，其下辑录《直斋》卷17集部别集类“《东坡别集》四十六卷”之解题云：

> 陈氏曰：坡之曾孙给事峤季真刊家集于建安，大略与杭本同。盖杭本当坡公无恙时，已行于世矣。麻沙书坊又有《大全集》，兼载《志林》《杂说》之类，亦杂以颍滨及小坡之文，且间有讹伪剿入者。有张某为吉州，取建安本所遗尽刊之，而不加考订，中载《应诏》《策论》，盖建安本无《应诏集》也。④

可知《东坡手泽》系麻沙本《大全集》中的《东坡志林》之单行本。

---

① 马端临：《文献通考·经籍考》(下)，华东师范大学出版社，1985年，第867页。
② 马端临：《文献通考·经籍考》(下)，华东师范大学出版社，1985年，第865页。
③ 马端临：《文献通考·经籍考》(下)，华东师范大学出版社，1985年，第1007页。
④ 马端临：《文献通考·经籍考》(下)，华东师范大学出版社，1985年，第1441页。

第十条：《经籍考》卷42子部小说家类著录有"《王子年拾遗记》十卷"，其下辑录《郡斋》卷9史部传记类"《王子年拾遗记》十卷"之解题云：

晁氏曰：梁萧绮叙录。晋王嘉字子年，尝著书二百十篇，载伏羲以来异事，前世奇诡之说。书逸不完，绮缀拾残缺而叙之。①

《经籍考》同卷同类紧接着上条著录有"《名山说》一卷"一卷，其下辑录《直斋》卷11子部小说家类"《名山记》一卷"之解题（在《直斋》中此条也是紧接上条"《王子年拾遗记》十卷"之后）云：

陈氏曰：亦称王子年，即前之第十卷，大抵皆诡诞。嘉，苻秦人，见《晋书·艺术传》。②

可知《名山记》系《王子年拾遗记》第十卷之单行本。

第十一条：《经籍考》卷69集部诗集类著录有"《王建集》十卷"，其下辑录《直斋》第19卷集部诗集类"《王建集》十卷"之解题云：

陈氏曰：唐陕州司马王建仲和撰。建长于乐府，与张籍相上。下大历十年进士。历官昭应县丞。太和中为陕州司马。尤长宫词。③

又辑录《直斋》同卷同类此条之下著录的"《王建宫词》一卷"之解题云：

在集中第十卷，录出别行。④

可知《王建宫词》系陈振孙所录王建词集的别裁本。

第十二条：《经籍考》卷6经部诗类著录有"项安世《毛诗前说》一卷"，其下辑录《直斋》卷2经部诗类"《毛诗前说》一卷"之解题云：

陈氏曰：考定风、雅篇次，而为之说。其曰前说者，末年之论，有少不同故也。⑤

《经籍考》卷8经部礼类又著录"《周礼丘乘说》一卷"，其下辑录《直斋》卷2经部礼类

① 马端临：《文献通考·经籍考》(下)，华东师范大学出版社，1985年，第970页。
② 马端临：《文献通考·经籍考》(下)，华东师范大学出版社，1985年，第971页。
③ 马端临：《文献通考·经籍考》(下)，华东师范大学出版社，1985年，第1600页。
④ 马端临：《文献通考·经籍考》(下)，华东师范大学出版社，1985年，第1600页。
⑤ 马端临：《文献通考·经籍考》(上)，华东师范大学出版社，1985年，第165页。

“《周礼丘乘图说》一卷”之解题云：

陈氏曰：项安世撰，一卷。①

《经籍考》卷8经部礼类又著录有“《中庸说》一卷”，其下辑录《直斋》卷2经部礼类“《中庸说》一卷”之解题云：

陈氏曰：项安世撰。②

《经籍考》卷12经部经解类又著录有“项氏《家说》十卷，《附录》四卷”，其下辑录《直斋》卷3经部经解类“《项氏家说》十卷、《附录》四卷”之解题云：

陈氏曰：项安世撰。《九经》皆有论注，其第八卷以后杂说文史正学。附录《孝经》《中庸》《诗篇次》《丘乘图》则各为一书，重见诸类。③

可知前面著录之《毛诗前说》《周礼丘乘图说》《中庸说》各一卷均系“《附录》四卷”之别裁单行本。

第十三条：《经籍考》卷27史部伪史霸史类著录有“《阴山杂录》十六卷，《契丹录》一卷”，其下辑录《直斋》卷5史部伪史类“《阴山杂录》十六卷”之解题云：

陈氏曰：不著名氏。莆田郑氏《书目》云赵志忠撰。欧公《归田录》云：志忠本华人，自幼陷虏，为人明敏，在虏中举进士，至显官。归国能述虏中君臣世次、山川风物甚详。今观此书，可以概见矣。④

又辑录《直斋》同卷同类“《阴山杂录》十六卷”之下的“《契丹录》一卷”之解题云：

其首一卷名《契丹录》。⑤

而《直斋》解题原文则为：

即《阴山杂录》之首卷也。⑥

---

① 马端临：《文献通考·经籍考》(上)，华东师范大学出版社，1985年，第198页。
② 马端临：《文献通考·经籍考》(上)，华东师范大学出版社，1985年，第210页。
③ 马端临：《文献通考·经籍考》(上)，华东师范大学出版社，1985年，第317页。
④ 马端临：《文献通考·经籍考》(上)，华东师范大学出版社，1985年，第650页。
⑤ 马端临：《文献通考·经籍考》(上)，华东师范大学出版社，1985年，第650页。
⑥ 陈振孙撰，徐小蛮、顾美华点校：《直斋书录解题》，上海古籍出版社，1987年，第140页。

可知"《契丹录》一卷"系"《阴山杂录》十六卷"之首卷的别行本。

第十四条：《经籍考》卷 64 集部别集类著录有"《姑溪集》五十卷、《后集》二十卷"，其下辑录《直斋》卷 17 集部别集类"《姑溪集》五十卷、《后集》二十卷"之解题云：

> 陈氏曰：朝请大夫赵郡李之仪端叔撰。①

《经籍考》卷 73 集部歌词类又著录有"《姑溪集》一卷"，其下辑录《直斋》卷 21 集部歌词类"《姑溪集》一卷"之解题云：

> 陈氏曰：李之仪端叔撰。②

可知此一卷本《姑溪集》系词集单行本。《四库全书总目》卷 198 集部词曲类词集之属著录之"《姑溪词》一卷"即此处之"《姑溪集》一卷"。

第十五条：《经籍考》卷 69 集部诗集类著录有"《柳宗元诗》一卷"，其下辑录《直斋》卷 19 集部诗集类"《柳宗元诗》一卷"之解题云：

> 陈氏曰：唐柳宗元撰。子厚诗在唐与王摩诘、韦应物相上下，颇有陶、谢风气。古律、绝句总一百四十五篇。在全集中不便于观览，因钞出别行。③

可知此一卷本诗集，系陈振孙从全集中钞出之别裁本。《经籍考》卷 59 集部别集类有两处著录柳宗元之全集，参见下文之分析。

第十六条：《经籍考》卷 2 经部易类著录有陆德明"《周易释文》一卷"，其下辑录《直斋》卷 1 经部易类"《周易释文》一卷"之解题。《经籍考》卷 4 经部书类又著录有"陆德明《尚书释文》一卷"，其下辑录《崇文》卷 1 经部书类与《直斋》卷 2 经部书类"《尚书释文》一卷"之解题。《经籍考》卷 16 经部小学类又著录有陆德明"《尔雅释文》一卷"，其下辑录《直斋》经部小学类"《尔雅释文》一卷"之解题。《经籍考》卷 38 子部道家类又著录"《庄子音义》三卷"，其下辑录《直斋》卷 9 子部道家类"《庄子音义》三卷"之解题云：

> 陈氏曰：唐陆德明撰。即《经典释文》二十六至二十八卷。④

可知以上诸书皆三十卷本《经典释文》的部分内容的单行本。而《经籍考》于卷 12 经部经解类与卷 17 经部小学类两处著录有"《经典释文》三十卷"。

---

① 马端临：《文献通考·经籍考》(下)，华东师范大学出版社，1985 年，第 1481 页。
② 马端临：《文献通考·经籍考》(下)，华东师范大学出版社，1985 年，第 1720 页。
③ 马端临：《文献通考·经籍考》(下)，华东师范大学出版社，1985 年，第 1599 页。
④ 马端临：《文献通考·经籍考》(下)，华东师范大学出版社，1985 年，第 901 页。

四、因版本不同而在同类重出

第一条：《经籍考》卷 23 史部传记类著录有“《太和野史》三卷”，其下辑录《直斋》卷 5 史部杂史类“《太和野史》三卷”之解题云：

> 陈氏曰：不著名氏。但称大中戊辰陈郡袁涛序。自郑注而下十七人，本共为一轴，涛分之为三卷。①

《经籍考》同卷同类其下紧接着著录有“《太和摧凶记》一卷”，其下辑录《直斋》卷 5 史部杂史类“《太和摧凶记》一卷”（在《直斋》中也紧接上条之后）之解题云：

> 陈氏曰：文与上同，而不分卷，岂其初本邪？②

可知“《太和野史》三卷”与“《太和摧凶记》一卷”为同书之两个不同版本，《直斋》在同类予以著录，《经籍考》因之。

第二条：《经籍考》卷 59 集部别集类著录有“《韩昌黎集》四十卷、《集外文》一卷”，其下辑录有《郡斋》卷 17 集部别集类“《韩愈集》四十卷，《集外文》一卷”之解题，又辑录《直斋》卷 16 集部别集类“《昌黎集》四十卷、《外集》十卷”之解题云：

> 陈氏曰：李汉序公文，言辱知最厚，且亲收拾遗文，无所失坠者，惧后之人伪妄，辄附益其中也。外有《注论语》十卷传学者，《顺宗实录》五卷列于史官，不在集中。今《实录》在《外集》。然则世所谓《外集》者，自《实录》外皆伪妄，或韩公及其婿所删去也。南阳者，唐东都之河阳，《春秋传》“晋于是始启南阳”者也。《新书》以为邓州，非是。方崧卿《年谱》辩之详矣。③

《经籍考》卷 59 集部别集类又著录有“《韩昌黎集》四十卷、《外集》一卷、《附录》五卷、《年谱》一卷、《举正》十卷、《外抄》八卷”，其下辑录《直斋》卷 16 集部别集类著录的“《昌黎集》四十卷、《外集》一卷、《附录》五卷、《年谱》一卷、《举正》十卷、《外钞》八卷”之解题云：

> 陈氏曰：《年谱》，洪兴祖撰。莆田方崧卿增考，且撰《举正》以校其同异，而刻之南安。《外集》但据嘉祐蜀本刘烨所录二十五篇，而附以石刻、联句、诗文之遗见于他集者。及葛峤刻柳文，则又以大庾丞韩郁所编注诸本号《外集》者，并考疑误，

---

① 马端临：《文献通考·经籍考》（上），华东师范大学出版社，1985 年，第 560 页。
② 马端临：《文献通考·经籍考》（上），华东师范大学出版社，1985 年，第 560 页。
③ 马端临：《文献通考·经籍考》（下），华东师范大学出版社，1985 年，第 1356 页。

辑遗事，共为《外抄》刻之。①

可知两处著录为韩愈集子的两个不同版本，《直斋》在同类予以著录，《经籍考》因之。

第三条：《经籍考》卷 42 子部小说家类著录有“《唐语林》十卷”，其下辑录《郡斋》卷 13 子部小说类“《唐语林》十卷”之解题云：

晁氏曰：未详撰人。效《世说》体，分门记唐世名言，新增《嗜好》等十七门，余皆仍旧。②

《经籍考》卷 44 子部小说家类又著录有“《唐语林》八卷”，其下辑录《直斋》卷 11 子部小说类“《唐语林》八卷”之解题云：

陈氏曰：长安王谠正甫撰。以唐小说五十家，仿《世说》分门三十五，又益十七，为五十二门。《中兴书目》十一卷，而阙《记事》以下十五门；又云本亦止八卷，而门目皆不阙。③

可知《郡斋》与《直斋》分别在同类著录同书之不同版本，而《经籍考》因之。

第四条：《经籍考》卷 6 经部诗类著录有“《陈氏诗解》二十卷”，其下辑录经部诗类“《陈氏诗解》二十卷”之解题云：

晁氏曰：陈少南撰，凡二十卷。④

《经籍考》同卷同类又著录有“陈鹏飞《诗解》二十卷”，其下辑录《直斋》卷 2 经部诗类“《诗解》二十卷”之解题云：

陈氏曰：不解《殷》《鲁》二《颂》，以为《商颂》当阙，而《鲁颂》可废。⑤

陈鹏飞字少南，可知两处著录系同书。《郡斋》与《直斋》分别在同类著录，而《经籍考》因之在同类重复著录。

第五条：《经籍考》卷 59 集部别集类著录有“《柳柳州文集》四十五卷、《外集》二卷”，其下辑录《郡斋》卷 17 集部别集类“《柳宗元集》三十卷，《集外文》一卷”之解题，又辑录《直斋》卷 16 集部别集类“《柳柳州集》四十五卷、《外集》二卷”之解题云：

① 马端临：《文献通考·经籍考》(下)，华东师范大学出版社，1985 年，第 1357 页。
② 马端临：《文献通考·经籍考》(下)，华东师范大学出版社，1985 年，第 979 页。
③ 马端临：《文献通考·经籍考》(下)，华东师范大学出版社，1985 年，第 1026 页。
④ 马端临：《文献通考·经籍考》(上)，华东师范大学出版社，1985 年，第 159 页。
⑤ 马端临：《文献通考·经籍考》(上)，华东师范大学出版社，1985 年，第 165 页。

陈氏曰：刘禹锡序，言编次其文为三十二通，退之之志若祭文，附第一通之末。今世所行本皆四十五卷，又不附志文，非当时本也。或云沈元用所传穆伯长本。①

《经籍考》卷59集部别集类又著录有"《柳先生集》四十五卷、《外集》二卷、《别录》二卷、《摭异》一卷、《音释》一卷、《附录》二卷、《事迹本末》一卷"，其下辑录《直斋》卷59集部别集类"《柳先生集》四十五卷、《外集》二卷、《别录》一卷、《摭异》一卷、《音释》一卷、《附录》二卷、《事迹本末》一卷"之解题云：

陈氏曰：方崧卿既刻韩集于南安，其后江阴葛峤为守，复刊柳集以配之，《别录》而下皆峤所裒集也。《别录》者，《龙城录》及《法言注》五则。《龙城》，近世人之伪作。②

可知《直斋》别集类著录此两个不同版本，而《经籍考》因之。

第六条：《经籍考》卷75集部总集类著录有"《岁时杂咏》二十卷"，其下辑录《郡斋》卷20集部总集类"《岁时杂咏》二十卷"之解题云：

晁氏曰：皇朝宋绶编。宣献公昔在中书第三阁，手编古诗及魏、晋迄唐人岁时章什一千五百有六，釐为十八卷，今益为二十卷云。③

而《经籍考》卷33史部时令类又著录有"《岁时杂咏》《续岁时杂咏》"，其下马氏自撰云：

宣献公宋庠及其孙刚叔撰。④

接着又引晁补之《续岁时杂咏序》⑤。可知前面著录之"《岁时杂咏》二十卷"系宋绶改编后者而成，后者系原本。而后者不见其他著录(《经籍考》中不著录卷数的书目一般系亡书)，盖前者宋绶之改编本行而后者宋庠之原本废矣。《宋志》亦只在卷4子部农家类著录有前者而无后者。

第七条：《经籍考》卷4经部书类著录有"孔安国《尚书注》十三卷"，其下辑录《郡斋》卷1经部书类"《尚书》十三卷"之解题。又辑录《直斋》卷2经部书类"《尚书》十二卷、《尚书注》十三卷"之解题。《经籍考》卷4经部书类又著录有"《古文尚书》十三卷"，其下辑录《郡斋》卷1经部书类"《古文尚书》十三卷"之解题。又辑录郑樵《通志艺文略》⑥之语，紧

① 马端临：《文献通考·经籍考》(下)，华东师范大学出版社，1985年，第1359页。
② 马端临：《文献通考·经籍考》(下)，华东师范大学出版社，1985年，第1359页。
③ 马端临：《文献通考·经籍考》(下)，华东师范大学出版社，1985年，第1779页。
④ 马端临：《文献通考·经籍考》(上)，华东师范大学出版社，1985年，第801页。
⑤ 今见于晁补之《鸡肋集》卷三十四《序·续岁时杂咏序》。
⑥ 今见于《通志》卷六十三《艺文略第一·经类第一·书·古文经·古文尚书》。

接又自撰一段按语。经过笔者考证，可知"《古文尚书》十三卷"系隶古定之古本（应系伪造），而前面著录的"孔安国《尚书注》十三卷"则是唐明皇改成楷书后的一个版本。具体考证如下：

《经籍考》卷4经部书类著录有"《古文尚书》十三卷"。其下辑录《郡斋》卷1经部书类之解题交待《古文尚书》文字上的两次"古今"之变及其著录之"《古文尚书》"的来源云：

> 晁氏曰：汉孔安国以隶古定五十九篇之《书》，盖以隶写籀，故谓之隶古。其书自汉迄唐，行于学官，明皇不喜古文，改从今文，由是古文遂绝。陆德明独存其一二于《释文》而已。皇朝吕大防得本于宋次道、王仲至家，以较陆氏《释文》，虽小有异同，而大体相类。观其作字奇古，非字书傅会穿凿者所能到。学者考之，可以知制字之本也。①

又引郑樵《通志·艺文略》②云：

> 夹漈郑氏曰：按《易》《诗》《书》《春秋》皆有古文，自汉以来，尽易以今文，惟孔安国得屋壁之书，依古文而隶之。安国授都尉朝，朝授胶东庸生，谓之《尚书》古文之学。郑玄为之注，亦不废古文，使天下后学于此一书而得古意。③

可见郑樵认为孔安国的"隶古定"（以隶写篆）是比较成功的。郑氏接着又指出：

> 不幸遭明皇更以今文，其不合开元文字者谓之"野书"。然易以今文，虽失古意，但参之古书，于理无碍，亦足矣。④

但是实际情况却是：

> 明皇之时，去隶书既远，不通变古之义，所用今文，违于古义尤多。⑤

对唐明皇以"今文"易"古文"而使得失古意而文义不通的做法提出了批判，为此他提出：

> 考今《书》之文，无妨于义者从今，有妨于义者从古，庶古今文义两不相违。曰《书考》。迨《武成》而未及终编，又有《书辨讹》七卷，皆可见矣。⑥

① 马端临：《文献通考·经籍考》（上），华东师范大学出版社，1985年，第112页。
② 今见于《通志》卷六十三《艺文略第一·经类第一·书·古文经·古文尚书》条下。
③ 马端临：《文献通考·经籍考》（上），华东师范大学出版社，1985年，第112页。
④ 马端临：《文献通考·经籍考》（上），华东师范大学出版社，1985年，第112页。
⑤ 马端临：《文献通考·经籍考》（上），华东师范大学出版社，1985年，第112页。
⑥ 马端临：《文献通考·经籍考》（上），华东师范大学出版社，1985年，第112页。

马端临针对上引晁、郑两家的论述指出：

按：《汉儒林传》言孔氏有《古文尚书》，孔安国以今文读之。《唐·艺文志》有《今文尚书》十三卷，注言元宗诏集贤学士卫包改古文从今文。然则汉之所谓古文者科斗书，今文者隶书也。唐之所谓古文者隶书，今文者世所通用之俗字也。隶书，秦、汉间通行，至唐则久变而为俗书矣……①

马氏首先指出孔安国时的"古文"与"今文"分别指"科斗文"(六国文字)与汉代通行的隶书。到了唐代，"古文"与"今文"则分别指"隶书"与当时通行之"俗字"。也就是说"古文"与"今文"是一对发展中的相对概念，时代不同，所指也不同。因此马氏认为《郡斋》中所著录的《古文尚书》当是孔安国时代的隶古定本。但是这样的一个古本何以在沉寂逾千年之后突然出现于宋次道、王仲至家呢？对此马氏指出：

何《尚书》犹存古文乎？盖安国所得孔壁之书，虽为之传，而未得立于学官。东京而后，虽名儒亦未尝传习，至隋、唐间方显，往往人犹以僻书奥传视之，缮写传授者少，故所存者皆古物，尚是安国所定之隶书，而未尝改以从俗字，犹今士大夫蓄书之家有奇异之书，世所罕见者，必是旧本，且多古字是也。②

马氏认为孔安国所传之《古文尚书》虽在当时未立为学官，但民间传承不绝，所以其"隶古定"本得以流传下来。而对比《经典释文》可知其未尝改从俗字。最后马氏总结道：

噫！百篇之《书》，遭秦火而亡其半，所存者五十八篇，而其间此二十五篇者，书虽传，而字复不谐于俗。传于汉者为科斗书，传于唐者为隶书，皆当时之人所罕习者。盖出自孔壁之后，又复晦昧数百年，而学者始得以家传人诵也。③

《经籍考》同卷此书之前已著录有"《尚书大传》三卷""孔安国《尚书注》十三卷""孔颖达《尚书正义》二十卷""陆德明《尚书释文》一卷"诸书。这里所著录的"《古文尚书》十三卷"依以上所言实际上是孔安国所传《古文尚书》的一个"隶古定"写本。成书在《经籍考》后的《宋史·艺文志》卷1经部书类就著录有"《古文尚书》二卷，孔安国隶"，可知此"隶古定"本在元代尚存，但其后亡佚。笔者以为从晁公武所云这个"隶古定"本的来源"皇朝吕大防得本于宋次道、王仲至家"来看，有可能是其中一位伪造的。这个《古文尚书》的"定本"，实际上是一个改俗以从古文(隶古定)的本子。只要有相当的小学功底，自造一部并非不可能。像清代的列《说文》"四大家"之首的小学泰斗段玉裁就曾作有"《毛诗故训传定本》三十卷"(今收入《续修四库全书》第64册)，也是一个改俗字为古字(隶古定)以力图恢复到《毛传》所据之古本。段氏在研究《诗经》时，从《汉志》著录之"《毛诗》经二十九卷"、又"《毛诗故训传》二十传"，发现周末汉初《经》《传》本各自单行。段氏进一步分

---

① 马端临：《文献通考·经籍考》(上)，华东师范大学出版社，1985年，第112页。
② 马端临：《文献通考·经籍考》(上)，华东师范大学出版社，1985年，第112页。
③ 马端临：《文献通考·经籍考》(上)，华东师范大学出版社，1985年，第112页。

析经书的“疏”与“经注”本来也都是各自单行的。而后世合“经、传”，进而又合“经传、注疏”的过程中授受不同，其字其说，龃龉者多，必须借助《经典释文》与小学知识对其进行分离与校订，以复古代“经”“传”别行时之旧。因其按近《毛传》之“原本”，所以自称为“定本”。段氏还将考证《诗经》字义的文字汇聚成专著《诗经小学》，以存校订“定本”之考证依据。段氏的工作与上文所引郑樵校订《古文尚书》而作之《书考》与《书辨讹》十分类似。

对比可知此来历可疑的“《古文尚书》十三卷”，也应当是一个力图恢复“经”(古文经)、“传”(孔传)别行之旧的“定本”，可以基本肯定是类似《毛诗故训传定本》的一个复古(文字接近唐明皇改字之前之古本)校订本，而不应是汉代孔安国传下来的底本或其钞本。

以上分成四大类 25 小类共 77 例(涉及约 180 种书)，全面分析了《经籍考》中重见与别行(部分重见)的现象。为便于下文分析，这里先列表 3-1。

表 3-1 《经籍考》中重见与别行现象的统计情况

次序	原因	具　体	条数
1	跨类重见	经部易类与子部占筮类重见	1
2		经部经解类与经部小学类重见	2
3		经部乐类与集部总集类重见	3
4		经部仪注类与史部职官类重见	1
5		经部仪注类与史部时令类重见	1
6		史部起居注类与集部总集类重见	1
7		史部传记类与史部编年类重见	1
8		史部传记类与史部伪史霸史类重见	2
9		史部传记类与史部地理类重见	2
10		史部传记类与子部小说家类重见	2
11		史部地理类与史部伪史霸史类重见	7
12		史部地理类与史部故事类重见	1
13		史部地理类与子部农家类重见	1
14		史部地理类与子部小说家类重见	1
15		史部史评史钞类与子部类书类重见	1
16		史部故事类与史部职官类重见	2
17		子部儒家类与子部杂家类重见	1
18		子部杂家类与子部小说家类重见	1
19		子部类书类与子部杂艺术类重见	1
20		集部别集类与集部诗集类重见	15
21		集部别集类与集部章奏类重见	2
22		集部诗集类与集部总集类重见	1

续表

次序	原因	具　体	条数
23	个人之总集与别集分别著录而重见		4
24	部分内容之别行本		16
25	因版本不同而在同类重出		7
总计			77

第一大类“跨类重见”又分为22种不同情况，涉及《经籍考》中经、史、子、集四部共25个二级部类，而《经籍考》总计55类，也就是接近一半的类目存在着重见(或部分重见)的现象。这51例大部分是由于《经籍考》的两大主要著录来源《郡斋》与《直斋》因分类类目体系不同而将同书归入不同类目之下，而马端临在《经籍考》中由于其类目同时兼有《直斋》与《郡斋》之类目，在钞录时在两类分别据《郡斋》与《直斋》著录而导致重见。而《郡斋》与《直斋》的著录也不是无源之水，如《郡斋》的分类与归类同于《崇文》者居多，可见这种跨类重见本身就反映了此书在内容上的跨类性。那么，马端临自己是否清楚自己分钞两书而导致的这种重见呢？换句话说，是否是有意识这样做的呢？我们认为马氏自己是意识到这一点的。最明显的例证就是这其中有多例是马氏依《直斋》或《郡斋》中的一条书目自行重复分著两类，而且钞录的解题也大体一致。如上文所分析的卷27史部伪史霸史类与卷33史部地理类重复著录有“《高丽图经》四十卷”“《南诏录》三卷”“《契丹疆宇图》一卷”“《海外使程广记》三卷”“《诸蕃志》二卷”五部，皆来自《直斋》地理类下的同一条，马氏重复著录并两条引用《直斋》同一解题。更何况有几条还有互著的提示。其他大多数只是分钞两类而没有特别提示，这当是因为互著提示在马端临那里只是偶一用之，没有上升到其书的一个编纂体例的高度。但马氏对其重见的现象是清楚且有意为之的，这一点当无可疑。

第二类“个人之总集与别集分别著录而重见”，基本上都是因为《直斋》本身在不同类中同时著录了作者的总集和其各个别行集子，而马端临直接钞录《直斋》所导致。《直斋》是私人藏书目录，而陈振孙作为宋代数一数二的大藏书家，藏书逾五万卷，其中有许多同一作者的不同版本的集子(既有总集，又有单行别集)，陈氏因此在《直斋》中分别著录而马端临因之。

第三类“部分内容之别行本”，实际上就是别裁本，也基本上来自《直斋》。其中第十二条“《王建宫词》一卷”与第十六条“《柳宗元诗》一卷”两条是陈振孙自己从全集中录出的别裁本，而其他各条虽非陈振孙自己录出，但陈氏都知道其录出之来源，如第四条“《何首乌传》一卷”、第五条“《平泉杂文》一卷”下所引《直斋》解题等。这样看来，陈振孙是有非常清晰的别裁意识的，不仅收录并指出别裁本之来源，还自己亲自动手录出别裁本。马端临因之在辑录中都予以保留。

第四类“因版本不同而在同类重出”与前三类不同的是，前三类基本是在不同的类目中重见，而第四类的七例都是在同类之下著录同部著作的不同版本。其中第四条经部诗类著录的“《陈氏诗解》二十卷”与“陈鹏飞《诗解》二十卷”，前者依据《郡斋》，后者依据《直斋》，而书名略异，很可能是同书之同一版本。马氏当是未见其书本身，不知两处题名陈少南与陈鹏飞实系一人，而在同类重复。

总的来看，《经籍考》中的重见主要是因同时辑录《郡斋》与《直斋》而致，虽然没有逐一说明，但对于大多数情况，马氏应该是清楚的。这种做法在最大程度上保留了《郡斋》与《直斋》不同的分类体系及书籍归类，对于提示书籍之内容也有一定的作用。

第三节 《经籍考》中参见法之分析

除了“互著法”之外，崔文印(1995)指出《经籍考》中还使用了“参见法”。所谓参见，即有些话彼处已说，此处不再重复。如《经部·孟子》著录有下列五种书：(1)张无垢《孟子解》十四卷；(2)张南轩《孟子说》十七卷；(3)晦庵《孟子集注》《或问》各十四卷；(4)石鼓《孟子答问》三卷；(5)陈寿老《孟子纪蒙》十四卷。在这五种书之后，马《考》著录说：“说并见《论语》条下。”在《论语》门，果然著录有：(1)张氏《论语解》二十卷，引陈振孙《直斋书录解题》的话云：“张九成撰。”而张九成即有名的无垢居士，作《孟子解》的张无垢，正是其人；(2)南轩《论语说》十卷；(3)朱熹(晦庵)《论语集注》十卷、《论语或问》十卷；(4)石鼓《论语答问》三卷；(5)陈耆卿(寿老)《论语纪蒙》六卷。崔氏指出，因在《论语》门皆已把其书作者大抵介绍清楚，故在《孟子》门的相应著述省略对这些作者的评介是完全必要的①。

“互著法”是指同一书目著录在不同类目下的互见说明。而“参见法”则是解题内容之间此详彼略的照应说明。两者不是一个内容层面的问题。前者注重由书籍的归类而揭示其内容；后者注重行文的照应与简洁，相当于史学研究中常说的《史记》“互见法”(如此传某事详见彼传)。

除崔文印所指出的一例外，其实《经籍考》全文中的参见文字还有多处。这些参见文字，从其作者来看，可分为马氏自撰之文字与钞录他人之文字；从形式上看，又可分为注文与正文两类；从内容上看，可分为本书参见和他书参照两类。此处只分析正文中的马氏自撰之文字与辑录他人之文字。

一、马氏自撰之文字

(一)本书参见

第一条：《经籍考》卷2经部易类著录有焦延寿“《焦氏易林》十六卷”，其下马氏自撰云：“说见占筮门。”②此处系互著之说明。而《经籍考》卷47子部占筮类正著录有“《焦氏易林》十六卷”，其下辑录有《郡斋》卷1经部易类焦延寿“《焦氏易林》十六卷”之解题，又辑录《直斋》卷12子部卜筮类焦延寿“《易林》十六卷”之解题。《经籍考》此处采用《郡斋》之书名卷数与《直斋》的归类著录。此条实际上仍是马端临因来源不同而分著两类(前者依《郡斋》归易类，后者依《直斋》归占筮类)。

---

① 崔文印：《〈文献通考·经籍考〉散论》，《史学史研究》1995年第2期，第60页。

② 马端临：《文献通考·经籍考》(上)，华东师范大学出版社，1985年，第45页。

第二条：《经籍考》卷 69 集部诗集类著录有“《李嘉祐集》一卷”，其下马氏自撰云：“右谢惠连、阴铿、杜审言、储光羲、王昌龄、常建、孟浩然、岑参、李嘉祐《九家集》。晁氏书录在《别集门》，所论已附在本门，此更不重具。”①指所述谢惠连等九人的集子在别集类（诗文合集或诗集单行本）与诗集（诗集单行本）类都有著录，这九家集子晁公武在《郡斋》中都著录于别集类，故别集类此九家集据《郡斋》著录，并分别辑录其在《郡斋》中的解题。而《直斋》将此九家集子都归入诗集，《经籍考》诗集类根据《直斋》著录，并辑录其下之解题。这九家集子的具体分析见前文《经籍考》中一书重见现象分析之“跨类重见”。

（二）他书参照

《经籍考》卷 45 子部农家类著录有“秦少游《蚕书》”，其下马氏自撰云：“见少游《淮海集》第六卷。”②分析详见上节“三、部分内容之别行本”。

二、辑录他人之文字

（一）本书参见

第一条：《经籍考》卷 6 经部诗类著录有“《诗物性门类》八卷”，其下辑录《直斋》卷 2 经部诗类“《诗物性门类》八卷”之解题云：“陈氏曰：不著名氏。多取《说文》，今考之，盖陆农师所作《埤雅》稿也。详见《埤雅》。”③《经籍考》卷 16 经部小学类便著录有“《埤雅》”（未著录卷数），其下辑录《郡斋》卷 4 经部小学类“《陆氏埤雅》二十卷”之解题，又辑录《直斋》卷 3 经部小学类“《埤雅》二十卷”之解题云：“陈氏曰：释鱼释兽，以及于鸟虫马木草，而终之以释天，所以为《尔雅》之辅也。此书本号《物性门类》，其初尝以《说鱼》、《说木》二篇上之朝，编纂将就，而永裕上宾，不及再上。既注《尔雅》，遂成此书。其于物性精详，所援引甚博，而亦多用《字说》。”④

第二条：《经籍考》卷 6 经部诗著录有“《毛诗补音》十卷”，其下辑录《直斋》卷 2 经部诗类“《毛诗补音》十卷”之解题云：“陈氏曰：吴棫撰。其说以为《诗》韵无不叶者……棫又有《韵补》一书，不专为《诗》作也。要之古人韵缓之说，是为确论，不必一一改字。详见《韵补》。”⑤《经籍考》卷 17 经部小学类著录有“《韵补》五卷”，其下辑录《直斋》卷 3 经部小学类“《韵补》五卷”之解题云：“陈氏曰：吴棫撰。取古书自《易》《书》《诗》而下，以及本朝欧、苏凡五十种，其声韵与今不同者皆入焉。朱侍讲多用其说于《诗传》《楚辞注》，其为书详且博矣。又有《毛诗补音》一书，别见《诗》类，大归亦如此。”⑥

第三条：《经籍考》卷 21 史部起居注类著录有“《汉隐帝实录》十五卷”，其下辑录《直斋》史部起居注类“《汉隐帝实录》十五卷”之解题云：“陈氏曰：张昭等撰。事已见前。”⑦此条之前《经籍考》卷 21 史部起居注类著录有“《后唐废帝实录》十七卷”，其下辑录《直

① 马端临：《文献通考·经籍考》（下），华东师范大学出版社，1985 年，第 1591 页。
② 马端临：《文献通考·经籍考》（下），华东师范大学出版社，1985 年，第 1038 页。
③ 马端临：《文献通考·经籍考》（上），华东师范大学出版社，1985 年，第 160 页。
④ 马端临：《文献通考·经籍考》（上），华东师范大学出版社，1985 年，第 393 页。
⑤ 马端临：《文献通考·经籍考》（上），华东师范大学出版社，1985 年，第 160 页。
⑥ 马端临：《文献通考·经籍考》（上），华东师范大学出版社，1985 年，第 417 页。
⑦ 马端临：《文献通考·经籍考》（上），华东师范大学出版社，1985 年，第 521 页。

斋》卷 4 史部起居注类"《后唐废帝实录》十七卷"(《直斋》中此条亦在上条之前)之解题云："陈氏曰：张昭、尹拙、刘温叟撰。按昭本传，撰梁均王郢王、后唐愍帝废帝、汉隐帝《实录》，惟梁二王祀浸远，事皆遗失，遂不修，余三帝实录皆藏史阁，周世宗时也。盖昭本撰《周祖实录》，以其历试之迹多在隐汉帝时，故请先修《隐录》，因并及前代云。"①

（二）他书参照

《经籍考》卷 46 子部历算类著录有"《崇天历》一卷"，其下辑录《直斋》卷 12 子部历象类"《崇天历》一卷"之解题云："陈氏曰：司天夏官正、权判监宋行古等撰。天圣二年上。学士晏殊序。国初有建隆《应天历》，次有《乾元历》、《仪天历》，详见《三朝史志》。"②

由上可见陈振孙在《直斋》中广泛使用了参见法，这可算其一大特色，说明《直斋》的编纂经过了一番仔细的打磨与加工，而马端临在《经籍考》中保留了这些参见文字，并且在注文与解题中广泛而自觉地使用了参见法，从而使其行文更加简洁，前后照应更加周密，可算是《经籍考》的一条成功的编纂体例。

---

① 马端临：《文献通考·经籍考》(上)，华东师范大学出版社，1985 年，第 520 页。

② 马端临：《文献通考·经籍考》(下)，华东师范大学出版社，1985 年，第 1066 页。

第四章 《经籍考》中书目撰者的校勘分析

此处所说的校勘，是指对《经籍考》文本本身，即对马端临原本的校勘，而不是对点校本的勘误。其工作主要就是他校。大体上又可分为三种情况：(1)作为《经籍考》辑录之材料来源的原书现存(有全本)。这种情况可以作为参校的材料，如孙猛在《〈郡斋读书志〉校证》对《经籍考》引文的参校。(2)作为《经籍考》辑录之材料来源的原书已残缺不全。这种情况除了参校还可作补充材料，如《直斋书录解题》的四库辑本。(3)原书已佚而有同时期其他材料参证。如《崇文总目》钱辑本即主要依据《经籍考》和王应麟的《玉海·艺文》等相关材料参校而成。

目前已知较早对《经籍考》进行校勘工作并留下著作的是清代著名学者卢文弨。他著有《〈文献通考·经籍〉校补》一卷收入其《群书拾补》中，可惜仅是一些零散札记，还不能算是通校。但其校记仍有不少可取之处，如《经籍考》卷20史部编年类"《汉纪》三十卷"①下引"陈氏曰"(陈振孙)中有一句，《文献通考》各本作"曰达道义章法或通古今著勋表质能"，这句话很难读通。卢校云"二十汉纪三十卷下陈氏云云达道义章法式(误或)通古今著功(脱)勋表贤(误质)能"②，这是卢文弨以陈振孙《直斋书录解题》(原文作"曰达道义、章法式、通古今、著功勋、表贤能"③)对校而来，这样就读通了(华东师大点校本已按卢校予以更正)。1936年商务印书馆"十通本"《文献通考》也在"校勘记"中做了一些工作，有一定参考价值。而目前关于《经籍考》最全面的校勘成果则集中体现于本书导论第一节所提到的上海师范大学与华东师范大学合作点校的全本《文献通考》中的《经籍考》部分，此本以殿本为底本，参校以余谦西湖书院补修本，以及冯天驭本和慎独斋本等，搜罗资料比较全面，但疏漏尚有不少。

以下举若干校勘中发现的问题。如《经籍考》卷60《陈黯文集》下所引晁氏条目系误引《郡斋读书志》中《刘绮庄歌诗》条之解题，其致误原因可能有二。王义耀(1985)认为是马端临误抄而造成的张冠李戴的错误④。严文儒则认为最有可能是《经籍考》脱简，现存最早的全本元后至五年余谦西湖书院补修本已如此(《经籍考》中《陈黯文集》与《刘绮庄歌

---

① 马端临：《文献通考·经籍考》(上)，华东师范大学出版社，1985年，第477页。

② 卢文弨：《群书拾补·文献通考·经籍》一卷，见《续修四库全书》第1149册，上海古籍出版社，1996年，第336页。

③ 陈振孙撰，徐小蛮、顾美华点校：《直斋书录解题》，上海古籍出版社，1987年，第110页。

④ 王义耀：《试论〈文献通考·经籍考〉》，《赣图通讯》1985年第4期，第60页。

诗》两条相邻而排)①。严氏认为前者是马端临的疏忽，后者是刊刻者的疏漏，其后果都是造成了今本《经籍考》文字上的误引。我们认为还是马氏误引的可能性较大。这样的例子并不孤立，如《经籍考》卷66高登《东溪集》②下引"水心叶氏序"亦系张冠李戴，叶氏原文是给刘伯熊《东溪先生集》作的序，马端临误系于高登《东溪集》下③。这是因为书名相近而误引。

此外，《经籍考》引文中有将"晁氏曰"(晁公武)与"陈氏曰"(陈振孙)弄混的情况。如卷57集部《二十四箴》④引文"晁氏曰"系"陈氏曰"之误；卷60《田霖四六集》⑤、《扈载集》两条⑥，均将"陈氏曰"误作"晁氏曰"；卷61陈文惠公《愚邱集》⑦、卷74《李公择庐山奏议》⑧，均将"晁氏曰"误作"陈氏曰"。严文儒分析致误原因可能是版刻错误或马端临笔误，现在最早的元后至元五年余谦西湖书院补修本已如此⑨。

我们在研究的过程中，对《经籍考》及其引文的原文做过较详细的校勘，也在《经籍考》中发现了不少题名张冠李戴的例子。这里举若干典型的例子予以分析：

如《经籍考》卷14经部仪注类著录有"《太常因革礼》"，其下辑录解题云："陈氏曰：皇朝姚辟、苏洵撰。嘉祐中，欧阳修言礼书文书放轶，请礼官编修。六年，用张洞奏，以命辟、洵，至治平二年乃成，诏赐以名。李清臣云：'开宝已修辑三礼书，推其要归，嘉祐尤悉。'然繁简失中，讹阙不补，岂有拘而不得骋乎？何楦酿之甚也！"⑩今按：《直斋》中无此条解题。此条实是《郡斋》卷2经部礼类"《太常因革礼》一百卷"之解题，应题为"晁氏曰"，《经籍考》误。

《经籍考》卷27史部伪史类著录有"《江表志》三卷"，其下辑录解题云："晁氏曰：郑文宝撰。序言徐铉、汤悦所录事多遗落，无年可编。然《前录》固为略，而尤以年月记事；今此书亦止杂记，如事实之类耳。近事称太平兴国二年丁丑，今称庚戌者，大中祥符三年。"⑪今按：此条解题实出自《直斋》卷5史部伪史类"《江表志》三卷"条下，应题作"陈氏曰"，《经籍考》误。

《经籍考》卷47子部形法类著录有"《集马相书》一卷"，其下辑录解题云："晁氏曰：

---

① 严文儒：《〈文献通考·经籍考〉引文疑误(二)》，见《古籍整理与研究》编辑部：《古籍整理与研究》(第七期)，中华书局，1992年，第176页。

② 马端临：《文献通考·经籍考》(下)，华东师范大学出版社，1985年，第1533页。

③ 严文儒：《〈文献通考·经籍考〉引文疑误(二)》，见《古籍整理与研究》编辑部：《古籍整理与研究》(第七期)，中华书局，1992年，第148页。

④ 马端临：《文献通考·经籍考》(下)，华东师范大学出版社，1985年，第1311页。

⑤ 马端临：《文献通考·经籍考》(下)，华东师范大学出版社，1985年，第1387页。

⑥ 马端临：《文献通考·经籍考》(下)，华东师范大学出版社，1985年，第1387页。

⑦ 马端临：《文献通考·经籍考》(下)，华东师范大学出版社，1985年，第1402页。

⑧ 马端临：《文献通考·经籍考》(下)，华东师范大学出版社，1985年，第1746页。

⑨ 严文儒：《〈文献通考·经籍考〉引文疑误(三)》，见《古籍整理与研究》编辑部：《古籍整理与研究》(第七期)，中华书局，1992年，第232页。

⑩ 马端临：《文献通考·经籍考》(上)，华东师范大学出版社，1985年，第358页。

⑪ 马端临：《文献通考·经籍考》(上)，华东师范大学出版社，1985年，第644页。

光禄少卿孙珪撰。”①今按：此条实来自《直斋》卷12子部形法类“《集马相书》一卷”之解题，应题作“陈氏曰”，《经籍考》误。

《经籍考》卷51子部神仙类著录有“《中黄经》二卷”，其下辑录解题云：“晁氏曰：题九仙君撰，中黄真人注。亦名《胎脏论》。”②今按：此条实来自《直斋》卷12子部神仙类“《内景中黄经》一卷”之解题，应题作“陈氏曰”，《经籍考》误。

《经籍考》卷60集部别集类著录有“田霖《四六集》一卷”，其下辑录解题云：“晁氏曰：南唐田霖撰。”③今按：此条实来自《直斋》卷60集部别集类“《田霖四六集》一卷”之解题，应题作“陈氏曰”，《经籍考》误。

《经籍考》卷70集部诗集类著录有“《罗邺集》一卷”，其下辑录解题云：“晁氏曰：唐罗邺撰。”④今按：此条实出自《直斋》卷19集部诗集类“《罗邺集》一卷”之解题，应题作“陈氏曰”，《经籍考》误。

以上所列的“张冠李戴”的例子算是比较严重的失误，但在《经籍考》中只占极少数。实际上《经籍考》与其所辑录引文的原文的差异之处非常多，但大多无关宏旨，属于为行文方便而作的合理的字词增删改易。为了有针对性地说明《经籍考》的校勘价值，并结合研究的需要(本书第一章第二节就是以正文撰者为单位进而统计分析，对正文尤其是引文撰者的校勘当然是其基础)，笔者以《经籍考》全文中的所有撰者题名为中心，将其与引文来源中的撰者名称一一进行校勘，主要采考版本是北图中华再造善本之元本《文献通考》⑤、上海师大与华东师大点校本《文献通考》及其校记、中华书局影印十通本《文献通考》⑥、华东师大点校本《文献通考·经籍考》、徐小蛮所校《直斋书录解题》⑦与孙猛所校《郡斋读书志》⑧及其校记，还有相关的古籍刻本(《直斋》殿本、《郡斋》衢本、袁本等)，以及前人时贤之相关研究等。具体归纳分析如下。为方便分析起见，以下原文中撰者名称异文作比较时一般使用繁体字，其形式是“异文/异文”，如下文第一条“李構/李結”等。因为古籍文本本来都是繁体，其错讹也是因繁体而误，而今校勘时有些字转成简体后，其错讹缘由反而很难看出来了。

一、因避讳制度而形成的异文

这种情况就是由于古代的避讳制度而导致有意的窜改，从而形成异文。

第一条：《经籍考》卷29史部职官类著录有“《御史台故事》三卷”，其下辑录《直斋》云：“陈氏曰：唐朝集使洺州录事参军李构撰。”⑨而《直斋》卷6史部职官类“《御史台故

① 马端临：《文献通考·经籍考》(下)，华东师范大学出版社，1985年，第1096页。

② 马端临：《文献通考·经籍考》(下)，华东师范大学出版社，1985年，第1167页。

③ 马端临：《文献通考·经籍考》(下)，华东师范大学出版社，1985年，第1387页。

④ 马端临：《文献通考·经籍考》(下)，华东师范大学出版社，1985年，第1635页。

⑤ 本书中简称元本《文献通考》。

⑥ 本书中简称殿本《文献通考》。

⑦ 本书中简称“徐校本”。

⑧ 本书中简称“孙校本”。

⑨ 马端临：《文献通考·经籍考》(上)，华东师范大学出版社，1985年，第713页。

事》三卷”下的解题原文为：“唐朝集使洺州录事参军李结撰。”①《经籍考》与《直斋》形成异文“李構/李結”。

《直斋》徐校本引随斋批注云：结本名构，避光尧御讳。

今按：此条系避南宋高宗赵构之讳，光尧系宋孝宗为其所上之尊号。这就是说《经籍考》是原字，今殿本《直斋》是避讳后的改字(同意替换)。相比之下，《经籍考》为胜。

第二条：《经籍考》卷 76 集部文史类著录有“《缘情手鉴诗格》一卷”，其下辑录《直斋》云：“陈氏曰：题樵人李弘宣撰。”②而《直斋》卷 22 集部文史类“《缘情手鉴诗格》一卷”下的解题原文为：“题樵人李宏宜撰。”③《经籍考》与《直斋》形成异文“李弘宣/李宏宜”。

今按：是书今有《诗学指南》本和《吟窗杂录》本，均题作“洪宣”。但《经籍考》所依据《直斋》当作“弘宣”，“洪”“弘”义同。殿本《直斋》又因避讳(清高宗弘历)而改“弘”为“宏”，又因形近误“宣”为“宜”。相比之下，当以《经籍考》为是。

二、因文字发展而形成的异文

这是由于文字随时间地域的自然发展而造成的异文，又分为古今字、通假字和异体字三种情况。

(一)古今字

第一条：《经籍考》卷 3 经部易类著录有“《周易变体》十六卷”，其下辑录《直斋》云：“陈氏曰：吏部郎中都洁圣与撰。”④而《直斋》卷 1 经部易类“《周易变体》十六卷”下的解题原文为：“吏部郎中京口都絜圣与撰。”⑤《经籍考》与《直斋》形成异文“都潔/都絜”。

今按：絜、潔古同。絜为古字，潔为今字。两者均可。

第二条：《经籍考》卷 43 子部小说家类著录有“《渑水燕谈》十卷”，其下辑录《直斋》云：“陈氏曰：渑，齐水名，《左传》‘有酒如渑’。辟之，治平四年进士。”⑥而《直斋》卷 11 子部小说家类“《渑水燕谈》十卷”下的解题原文为：“齐国王闢之圣涂撰。渑，齐水名，《春秋传》‘有酒如渑’。闢之，治平四年进士。”⑦《经籍考》与《直斋》形成异文“王辟之/王闢之”。

今按：辟、闢古今字。辟为古字，闢为后起本字。两者均可。

第三条：《经籍考》卷 76 集部文史类著录有“《四六余话》一卷”，其下辑录《直斋》云：“陈氏曰：杨囦撰。”⑧而《直斋》卷 22 集部文史类“《四六余话》一卷”下的解题原文为：

---

① 陈振孙撰，徐小蛮、顾美华点校：《直斋书录解题》，上海古籍出版社，1987 年，第 174 页。
② 马端临：《文献通考 · 经籍考》(下)，华东师范大学出版社，1985 年，第 1817 页。
③ 陈振孙撰，徐小蛮、顾美华点校：《直斋书录解题》，上海古籍出版社，1987 年，第 644 页。
④ 马端临：《文献通考 · 经籍考》(上)，华东师范大学出版社，1985 年，第 89 页。
⑤ 陈振孙撰，徐小蛮、顾美华点校：《直斋书录解题》，上海古籍出版社，1987 年，第 21 页。
⑥ 马端临：《文献通考 · 经籍考》(下)，华东师范大学出版社，1985 年，第 1008 页。
⑦ 陈振孙撰，徐小蛮、顾美华点校：《直斋书录解题》，上海古籍出版社，1987 年，第 331 页。
⑧ 马端临：《文献通考 · 经籍考》(下)，华东师范大学出版社，1985 年，第 1825 页。

“杨渊撰。”①《经籍考》与《直斋》形成异文“楊囦/楊淵”。

今按：囦，淵字之古文。两者均可。

(二)通假字

《经籍考》卷68集部别集类著录有“《龙川集》四十卷、《外集》四卷”，其下辑录《直斋》云：“陈氏曰：永康陈亮同甫撰。”②而《直斋》卷18集部别集类“《龙川集》四十卷、《外集》四卷”下的解题原文为：“永康陈亮同父撰。”③《经籍考》与《郡斋》形成异文“同甫/同父”。

今按：“甫”，古代在男子名字下所加之美称，后指人的表字，亦作“父”。如台甫(询问别人名号的礼貌用语)。一般用“甫”字。当以《经籍考》为胜。

(三)异体字

《经籍考》卷73集部歌词类著录有“《阳春白雪》五卷”，其下辑录《直斋》云：“陈氏曰：赵粹夫编。”④而《直斋》卷22集部歌词类“《阳春白雪》五卷”下的解题原文为：“赵稡夫编。”⑤《经籍考》与《直斋》形成异文“赵粹夫/赵稡夫”。

今按：赵闻礼，字粹夫，“粹”“稡”为异体字。“米”“禾”偏旁相通。一般写作“粹”字。当以《经籍考》为胜。

三、因文字错讹而形成的异文

清代著名学者王念孙在其《广雅疏证·自序》中指出：“是书(指《广雅》)之讹脱久矣，今据耳目所及，旁考诸书，以校此本，凡字之讹者五百八十，脱者四百九十，衍者三十九，先后错乱者百二十三，正文误入音内者十九，音内字误入正文者五十七。”⑥由上可见书面材料在流传的过程中大体上会出现四种文字上的错误，即讹、脱、衍、错乱。下文要讨论的就是《经籍考》在辑录、传抄、刊刻过程中由于讹、脱、衍、错乱而造成的异文。

(一)讹文

1. 偏旁缺失

第一条：《经籍考》卷33史部地理类著录有“《潮说》一卷”，其下辑录《直斋》云：“陈氏曰：知钱塘县张尹房撰。”⑦而《直斋》卷8史部地理类“《潮说》一卷”下的解题原文为：“知钱塘县张君房撰。”⑧《经籍考》与《直斋》形成异文“張尹房/張君房”。

王利器先生在其《葛洪著述考略》一文中对此有所考证⑨。今按：张君房，北宋著名

---

① 陈振孙撰，徐小蛮、顾美华点校：《直斋书录解题》，上海古籍出版社，1987年，第651页。
② 马端临：《文献通考·经籍考》(下)，华东师范大学出版社，1985年，第1564页。
③ 陈振孙撰，徐小蛮、顾美华点校：《直斋书录解题》，上海古籍出版社，1987年，第549页。
④ 马端临：《文献通考·经籍考》(下)，华东师范大学出版社，1985年，第1740页。
⑤ 陈振孙撰，徐小蛮、顾美华点校：《直斋书录解题》，上海古籍出版社，1987年，第634页。
⑥ 王念孙著，钟宇讯点校：《广雅疏证》，中华书局，1983年，第2页。
⑦ 马端临：《文献通考·经籍考》(上)，华东师范大学出版社，1985年，第794页。
⑧ 陈振孙撰，徐小蛮、顾美华点校：《直斋书录解题》，上海古籍出版社，1987年，第266页。
⑨ 见王利器：《葛洪著述考略》，见中华书局编辑部：《文史》第37辑，中华书局，1993年，第36页。

藏书家、道藏目录学家。字允方，岳州安陆(今湖北安陆)人。存世著作有《云笈七签》《乘异论》《野语胠说》《科名分定录》《潮说》等。《经籍考》“君”脱偏旁误为“尹”字①。当以《直斋》为是。

第二条：《经籍考》卷 51 子部神仙类著录有“洞玄注《西升经》四卷”，其下辑录《郡斋》云：“晁氏曰：唐洞玄子注。”②但《郡斋》卷 16 子部神仙类“《同玄注西升经》四卷”下的解题原文为：“右唐同玄子注。”③《经籍考》与《郡斋》形成异文“洞玄子/同玄子”。

《郡斋》孙猛校本考证认为“同”当作“冲”，晁公武系因避父讳(晁冲之)而改。并列举《通志艺文略》《道藏目录详注》《新唐书艺文志》《崇文总目》均作“冲玄子”为证。据此，则《经籍考》盖因《郡斋》作“同玄子”而误。两者皆非。

第三条：《经籍考》卷 55 子部类书类著录有“《备忘小抄》十卷”，其下辑录《郡斋》云：“晁氏曰：伪蜀文俗撰。”④《郡斋》卷 14 子部类书类“《备忘小抄》十卷”下的解题原文为：“右伪蜀文谷撰。”⑤《经籍考》与《郡斋》形成异文“文俗/文谷”。

今按：殿本《文献通考》(即今通行本)“谷”作“俗”，误。元刊《文献通考》同《郡斋》作“谷”。

第四条：《经籍考》卷 56 子部杂艺术类著录有“《后画录》一卷”，其下辑录《郡斋》云：“晁氏曰：唐僧彦宗撰。”⑥而《郡斋》卷 15 子部艺术类“《后画录》一卷”下的解题原文为：“右唐僧彦悰撰。”⑦《经籍考》与《郡斋》形成异文“彦宗/彦悰”。

今按：《经籍考》同《郡斋》衢本作“宗”，袁本作“悰”。孙校本校记引《宋高僧传》卷四证明当作“悰”。则以《郡斋》为是。

第五条：《经籍考》卷 76 集部文史类著录有“《观林诗话》一卷”，其下辑录《直斋》云：“陈氏曰：楚东吴律子书撰。”⑧而《直斋》卷 22 集部文史类“《观林诗话》一卷”下的解题原文为：“楚东吴聿子书撰。”⑨《经籍考》与《直斋》形成异文“吴律/吴聿”。

《直斋》徐校本校记引张跋云：案《尔雅》不律谓之笔，以字子书意推之，当以作吴律者为是。据此，则当以《经籍考》为是。

第六条：《经籍考》卷 13 经部乐类著录有“《琴操谱》十五卷，《调谱》四卷”，其下辑录《直斋》云：“陈氏曰：参政历阳张岩肖翁以善鼓琴闻一时，余从其子佖得此谱。”⑩《直斋》卷 14 子部音乐类“《琴操谱》十五卷、《调谱》四卷”下的解题原文为：“参政历阳张严

---

① 北京大学中国古文献研究中心的吴国武先生赐教提出，宋代规定君字避讳，所以“君”字多缺笔而成“尹”字，如徐君平多作徐尹平。此例“张君房”作“张尹房”也是一样。据此，则此例可归入前文归纳之“因避讳制度而造成的差异”中。

② 马端临：《文献通考·经籍考》(下)，华东师范大学出版社，1985 年，第 1174 页。

③ 晁公武撰，孙猛校证：《郡斋读书志校证》(下)，上海古籍出版社，1990 年，第 745 页。

④ 马端临：《文献通考·经籍考》(下)，华东师范大学出版社，1985 年，第 1264 页。

⑤ 晁公武撰，孙猛校证：《郡斋读书志校证》(上)，上海古籍出版社，1990 年，第 658 页。

⑥ 马端临：《文献通考·经籍考》(下)，华东师范大学出版社，1985 年，第 1278 页。

⑦ 晁公武撰，孙猛校证：《郡斋读书志校证》(下)，上海古籍出版社，1990 年，第 681 页。

⑧ 马端临：《文献通考·经籍考》(下)，华东师范大学出版社，1985 年，第 1828 页。

⑨ 陈振孙撰，徐小蛮、顾美华点校：《直斋书录解题》，上海古籍出版社，1987 年，第 650 页。

⑩ 马端临：《文献通考·经籍考》(上)，华东师范大学出版社，1985 年，第 342 页。

肖翁以善鼓琴闻一时，余从其子伀得此谱。”①《经籍考》与《直斋》形成异文“張巗/張嚴”。

今按：《宋史》卷 396《张岩传》同《经籍考》。殿本《直斋》脱偏旁“山”而误为“嚴(严)”。当以《经籍考》为是。

2. 形近而误

第一条：《经籍考》卷 8 经部礼类著录有“《石经周礼》十二卷”，其下辑录《郡斋》云：“晁氏曰：伪蜀孙朋古书。”②《郡斋》卷 2 经部礼类“《石经周礼》十二卷”下的解题原文为：“右伪蜀孙朋吉书。”③《经籍考》与《郡斋》形成异文“孫朋古/孫朋吉”。

今按：《经籍考》同《郡斋》，孙校本从李富孙校语古作吉。两者均误。孙朋古系五代后蜀人，一作朋吉。官秘书省校书郎。尝书成都石本周礼。《容斋续笔》卷十四“周易九经”条云：“成都石本诸经，《毛诗》《仪礼》《礼记》，皆秘书省秘书郎张绍文书；《周礼》者，秘书省校书郎孙朋古书。”则《容斋随笔》同于《经籍考》。刘兆祐先生对此指出：“近人张国淦所撰《历代石经考》，《蜀石经提纲》所载书石者，均不著官衔，不若兹编之详；书石者姓名，《周礼》部分，张书作孙鹏吉，此作孙朋古。……两者颇有不同，此条可供研究石刻文献者取资。”④古、吉字形相近，一时难以判断孰正孰误。此条存疑。

第二条：《经籍考》卷 11 经部论语类著录有“《石经论语》十卷”，其下辑录《郡斋》云：“晁氏曰：右伪蜀张德钧书。”⑤《郡斋》卷 4 经部论语类“《石经论语》十卷”下的解题原文为：“右伪蜀张德钊书。”⑥《经籍考》与《郡斋》形成异文“張德鈞/張德釗”。

今按：《经籍考》从衢本作“鈞”。孙校本据李富孙校记定为“釗”。当以《郡斋》为是。

第三条：《经籍考》卷 13 经部乐类著录有“《琴手世谱》一卷”，其下辑录《崇文》云：“《崇文总目》：唐道士赵邪利撰。记古琴指法，为左右手图二十一种。”⑦《崇文》卷 1 经部乐类“《琴手势谱》一卷”下的解题原文为：“《琴手势谱》一卷　原释唐道士赵邦利撰，记古琴指法为左右手图二十一种。”⑧《经籍考》原文与钱辑本《崇文》形成异文“趙邪利/趙邦利”。

今按：陈乐素在《〈宋史·艺文志〉错误举例》据《新唐志》考证当作“赵邪利”⑨。钱辑本据《宋史艺文志》改作“赵邦利”，误。据此，则当以《经籍考》为是。

第四条：《经籍考》卷 14 经部仪注类著录有“《孟氏家祭礼》一卷”，其下辑录《直斋》

---

① 陈振孙撰，徐小蛮、顾美华点校：《直斋书录解题》，上海古籍出版社，1987 年，第 402 页。

② 马端临：《文献通考·经籍考》(上)，华东师范大学出版社，1985 年，第 194 页。

③ 晁公武撰，孙猛校证：《郡斋读书志校证》(上)，上海古籍出版社，1990 年，第 70 页。

④ 刘兆祐：《宋休杂著笔记所载文献之综合研究之三——非图书文献部分》，中国文化大学文学组研究计划书，2007 年，第 3 页。

⑤ 马端临：《文献通考·经籍考》(上)，华东师范大学出版社，1985 年，第 278 页。

⑥ 晁公武撰，孙猛校证：《郡斋读书志校证》(上)，上海古籍出版社，1990 年，第 132 页。

⑦ 马端临：《文献通考·经籍考》(上)，华东师范大学出版社，1985 年，第 325 页。

⑧ 见(宋)王尧臣等撰，(清)钱东垣等辑释，(清)钱侗补遗：《崇文总目辑释》五卷、《附录》一卷，见《续修四库全书》第 916 册，上海古籍出版社，1996 年，第 621 页。

⑨ 见陈乐素：《〈宋史·艺文志〉错误举例》，见中国社会科学院历史研究所宋辽金元史研究室：《宋辽金史论丛》(第 2 辑)，中华书局，1991 年，第 247~248 页。

云："陈氏曰：唐侍御史平昌孟诜撰。"①而《直斋》卷6史部礼注类"《孟氏家祭礼》一卷"下的解题原文为："唐侍御史平昌孟铣撰。"②《经籍考》与《直斋》形成异文"孟詵/孟銑"。

今按：据《旧唐书》卷191《孟诜传》。当以《经籍考》为是。

第五条：《经籍考》卷17经部小学类著录有"《啸台集古录》二卷"，其下辑录《直斋》云："陈氏曰：王球子弁撰。"③而《直斋》卷3经部小学类"《啸堂集古录》二卷"下的解题原文为："王俅子弁撰。"④《经籍考》与《直斋》形成异文"王球/王俅"。

今按：《经籍考》偏旁"亻"误作"王"。根据其字"子弁"来看，当以名"俅"(《说文解字·人部》：俅，冠饰貌。)为是。据此，则当以《直斋》为是。

第六条：《经籍考》卷17经部小学类著录有"《两汉蒙求》十卷"，其下辑录《直斋》云："陈氏曰：枢密吴兴刘班希苑撰。"⑤《直斋》卷14子部类书类"《两汉蒙求》十卷"下的解题原文为："枢密吴兴刘珏希范撰。"⑥《经籍考》与《直斋》形成异文"劉班希苑/劉珏希範"。

今按：元本《经籍考》作"劉珏希範"，同于殿本《直斋》。点校本《经籍考》据殿本《经籍考》误作"劉班希苑"。当以《直斋》为是。

第七条：《经籍考》卷23史部传记类著录有"《广陵妖乱志》三卷"，其下辑录《直斋》云："陈氏曰：唐晋阳郑廷诲撰。"⑦《直斋》卷5史部杂史类"《广陵妖乱志》三卷"下的解题原文为："唐晋阳郑延晦撰。"⑧《经籍考》与《直斋》形成异文"鄭廷誨/鄭延晦"。

今按：《新唐志》卷2《广陵妖乱志》条下题作"郭廷誨"。据水渭松在《〈广陵妖乱志〉作者考》一文的详细考证作"郭廷诲"为是⑨。据此，则两者均误。

第八条：《经籍考》卷24史部传记类著录有"《北狩行录》一卷"，其下辑录《直斋》云："陈氏曰：蔡絛、王若冲撰。"⑩而《直斋》卷5史部杂史类"《北狩行录》一卷"下的解题原文为："蔡鞗、王若冲撰。"⑪《经籍考》与《直斋》形成异文"蔡絛/蔡鞗"。

今按：蔡鞗，蔡京之第五子。所著《北狩行录》，今收入《续修四库全书》第423册史部杂史类。全文八千余字。详细地记录了宋徽宗"北狩"八年(实为被金所俘虏囚禁)生活中的事件，有很高的史料价值。据此，则当以《直斋》为是。

第九条：《经籍考》卷25史部传记类著录有"《安禄山事迹》三卷"，其下辑录《直

---

① 马端临：《文献通考·经籍考》(上)，华东师范大学出版社，1985年，第363页。

② 陈振孙撰，徐小蛮、顾美华点校：《直斋书录解题》，上海古籍出版社，1987年，第186页。

③ 马端临：《文献通考·经籍考》(上)，华东师范大学出版社，1985年，第428页。

④ 陈振孙撰，徐小蛮、顾美华点校：《直斋书录解题》，上海古籍出版社，1987年，第93页。

⑤ 马端临：《文献通考·经籍考》(上)，华东师范大学出版社，1985年，第434页。

⑥ 陈振孙撰，徐小蛮、顾美华点校：《直斋书录解题》，上海古籍出版社，1987年，第428页。

⑦ 马端临：《文献通考·经籍考》(上)，华东师范大学出版社，1985年，第565页。

⑧ 陈振孙撰，徐小蛮、顾美华点校：《直斋书录解题》，上海古籍出版社，1987年，第148页。

⑨ 水渭松：《〈广陵妖乱志〉作者考》，《杭州大学学报(哲学社会科学版)》1987年第3期，第49~54页。

⑩ 马端临：《文献通考·经籍考》(上)，华东师范大学出版社，1985年，第585页。

⑪ 陈振孙撰，徐小蛮、顾美华点校：《直斋书录解题》，上海古籍出版社，1987年，第156页。

斋》云:"陈氏曰:唐华阴尉姚汝能撰。"①而《直斋》卷5史部杂史类"《安禄山事迹》三卷"下的解题原文为:"唐华阴尉姚汝龙撰。"②《经籍考》与《直斋》形成异文"姚汝能/姚汝龍"。

今按:《新唐志》著录有姚汝能《安禄山事迹》三卷,此书今尚存。当以《经籍考》为是。

第十条:《经籍考》卷26史部传记类著录有"《谢修撰行状墓志》一卷",其下辑录《直斋》云:"陈氏曰:《行状》,里人黄遹景声撰。"③而《直斋》卷7史部传记类"《谢修撰行状墓志》一卷"下的解题原文为:"《行状》,里人黄适景声撰。"④《经籍考》与《直斋》形成异文"黄遹/黄適"。

今按:黄遹,字景声,自号熙春野老,邵武(今属福建)人。《全宋诗》卷2338录其诗二首。文收入《全宋文》卷5009。事迹见《永乐大典》卷7650引何澹《小山杂著·黄公墓志铭》。据此,当以《经籍考》为是。

第十一条:《经籍考》卷27史部伪史霸史类著录有"《江南野史》二十卷",其下辑录《郡斋》云:"晁氏曰:皇朝龙兖撰。"⑤而《郡斋》卷7史部伪史类"《江南野史》二十卷"下的解题原文为:"右皇朝龙衮撰。"⑥《经籍考》与《郡斋》形成异文"龍兖/龍衮"。

今按:龙衮,字君章,吉州永新(今属江西)人。"衮(袞)"与"君章"名字相承。据此,当以《郡斋》为是。

第十二条:《经籍考》卷27史部史评史钞类著录有"《西汉决疑》五卷",其下辑录《直斋》云:"陈氏曰:国子司业宛丘王述致君撰。"⑦《直斋》卷4史部正史类"《西汉决疑》五卷"下的解题原文为:"国子司业宛邱王逨致君撰。"⑧《经籍考》与《直斋》形成异文"王述/王逨"。

今按:王逨(1117—1178)宋陈州宛丘(今淮阳)人,字致君。逨,古同"來",到来之义。与其字"致君"相承。当以《直斋》为是。

第十三条:《经籍考》卷28史部故事类著录有"《本朝事实》三十卷",其下辑录《直斋》云:"陈氏曰:右承议郎李伋撰。"⑨而《直斋》卷5史部典故类"《本朝事实》三十卷"下的解题原文为:"右承议郎李攸撰。"⑩《经籍考》与《直斋》形成异文"李伋/李攸"。

今按:李攸,南宋学者、藏书家。字好德。泸州(今属四川)人。撰有《宋朝事实》(《经籍考》中题作"《本朝事实》",反映出其遗民思想)。当以《直斋》为是。

---

① 马端临:《文献通考·经籍考》(上),华东师范大学出版社,1985年,第597页。
② 陈振孙撰,徐小蛮、顾美华点校:《直斋书录解题》,上海古籍出版社,1987年,第144页。
③ 马端临:《文献通考·经籍考》(上),华东师范大学出版社,1985年,第627页。
④ 陈振孙撰,徐小蛮、顾美华点校:《直斋书录解题》,上海古籍出版社,1987年,第218页。
⑤ 马端临:《文献通考·经籍考》(上),华东师范大学出版社,1985年,第644页。
⑥ 陈振孙撰,徐小蛮、顾美华点校:《直斋书录解题》,上海古籍出版社,1987年,第282页。
⑦ 马端临:《文献通考·经籍考》(上),华东师范大学出版社,1985年,第666页。
⑧ 陈振孙撰,徐小蛮、顾美华点校:《直斋书录解题》,上海古籍出版社,1987年,第108页。
⑨ 马端临:《文献通考·经籍考》(上),华东师范大学出版社,1985年,第699页。
⑩ 陈振孙撰,徐小蛮、顾美华点校:《直斋书录解题》,上海古籍出版社,1987年,第167页。

第十四条：《经籍考》卷34史部谱牒类著录有"《帝王系谱》一卷"，其下辑录《直斋》云："陈氏曰：武夷吴达公路撰。"①而《直斋》卷8史部谱牒类"《帝王系谱》一卷"下的解题原文为："武夷吴逵公路撰。"②《经籍考》与《直斋》形成异文"吴達/吴逵"。

今按：《直斋》卷8史部谱牒类、《宋志》卷3史部谱牒类、《玉海》卷47均题作吴逵。当以《直斋》为是。

第十五条：《经籍考》卷41子部杂家类著录有"《刊语》二卷"，其下辑录《直斋》云："陈氏曰：唐国子祭酒李谙撰。"③《直斋》卷10子部杂家类"《刊误》二卷"下的解题原文为："唐国子祭酒李涪撰。"④《经籍考》与《直斋》形成异文"李諳/李涪"。

今按：《直斋》卷10及《新唐志》卷3子部小说家类、《崇文总目》卷3子部小说家类、《宋志》卷1经部经解类俱题作"李涪"。当以《直斋》为是。

第十六条：《经籍考》卷42子部小说家类著录有"《资暇》三卷"，其下辑录《郡斋》云："晁氏曰：唐李匡乂济翁撰。"⑤《郡斋》卷13子部小说类"《资暇》三卷"下的解题原文为："右唐李匡乂济翁撰。"⑥《经籍考》与《郡斋》形成异文"李匡义/李匡乂(李匡文)"。

今按：《郡斋》衢本作"李匡文"，袁本作"李匡乂"，《经籍考》作"义"。孙校本校记引钱大昕、周中孚《郑堂读书记》卷54、《四库提要辩证》卷15均为"匡文"。陈垣《史讳举例》卷4以为作"匡乂"。岑仲勉论证以为"李匡乂"与"李匡文"系两人，袁本未必误。⑦ 据此，《经籍考》当是据《郡斋》袁本而误。《郡斋》衢本为胜。

第十七条：《经籍考》卷43子部小说家类著录有"《牧竖闲谈》三卷"，其下辑录《郡斋》云："晁氏曰：皇朝景渔纂十九事。"⑧而《郡斋》卷13子部小说类"《牧竖闲谈》三卷"下的解题原文为："右皇朝景溪纂十九事。"⑨《经籍考》与《郡斋》形成异文"景漁/景溪(景焕)"。

今按：《郡斋》衢本作"景溪"，袁本作"景焕"，《经籍考》作"景渔"。孙校本校记考证当从袁本作"景焕"。则《经籍考》与《郡斋》衢本皆误。当以《郡斋》袁本为是。

第十八条：《经籍考》卷45子部农家类著录有"《农书》三卷"，其下辑录《直斋》云："陈氏曰：称西山隐居全真子陈雩撰。"⑩而《直斋》卷10子部农家类"《农书》三卷"下的解题原文为："称西山隐居全真子陈旉撰。"⑪《经籍考》与《直斋》形成异文"陳雩/陳旉"。

今按：《经籍考》与殿本《直斋》均作"陈雩"。《宋志》卷4子部农家类、《四库全书总

① 马端临：《文献通考·经籍考》(上)，华东师范大学出版社，1985年，第809页。
② 陈振孙撰，徐小蛮、顾美华点校：《直斋书录解题》，上海古籍出版社，1987年，第230页。
③ 马端临：《文献通考·经籍考》(下)，华东师范大学出版社，1985年，第953页。
④ 陈振孙撰，徐小蛮、顾美华点校：《直斋书录解题》，上海古籍出版社，1987年，第307页。
⑤ 马端临：《文献通考·经籍考》(下)，华东师范大学出版社，1985年，第980页。
⑥ 晁公武撰，孙猛校证：《郡斋读书志校证》(上)，上海古籍出版社，1990年，第562页。
⑦ 晁公武撰，孙猛校证：《郡斋读书志校证》(上)，上海古籍出版社，1990年，第562页。
⑧ 马端临：《文献通考·经籍考》(下)，华东师范大学出版社，1985年，第1000页。
⑨ 晁公武撰，孙猛校证：《郡斋读书志校证》(上)，上海古籍出版社，1990年，第582页。
⑩ 马端临：《文献通考·经籍考》(下)，华东师范大学出版社，1985年，第1040页。
⑪ 陈振孙撰，徐小蛮、顾美华点校：《直斋书录解题》，上海古籍出版社，1987年，第297页。

目》卷102子部农家类均题作“陈旉”。《四库全书总目》考证云：“陈氏作‘雱’，则字形相近而误也。”①《直斋》徐校本亦改作“陈旉”。旉是敷的古字。据此则两者均误。

第十九条：《经籍考》卷45子部农家类著录有“《东溪试茶录》一卷”，其下辑录《郡斋》云：“晁氏曰：皇朝朱子安集拾丁、蔡之遗。”②《郡斋》卷12子部农家类“《东溪试茶录》一卷”下的解题原文为：“右皇朝宋子安集拾丁、蔡之遗。”③《经籍考》与《郡斋》形成异文“朱子安/宋子安”。

今按：《经籍考》同《郡斋》衢本作“朱子安”，而袁本作“宋子安”。是书今皆题“宋子安”。则《郡斋》袁本胜。

第二十条：《经籍考》卷46子部天文类著录有“《景祐乾象新书》三十卷”，其下辑录《直斋》云：“陈氏曰：司天春官正杨雄德等撰。”④《直斋》卷12子部历象类“《景祐乾象新书》三十卷”下的解题原文为：“司天春官正杨惟德等撰。”⑤《经籍考》与《郡斋》形成异文“楊雄德/楊惟德”。

今按：《郡斋》卷13子部天文类、《续资治通鉴长编》卷115、《宋志》卷5子部天文类等均题作“楊惟德”。《续修四库全书》第1050册子部术数类亦收入此书，亦题作“楊惟德”。据此，则《直斋》为胜。

第二十一条：《经籍考》卷46子部历算类著录有“《会元历》一卷”，其下辑录《直斋》云：“陈氏曰：夏官正刘孝荥造。”⑥《直斋》卷12子部历象类“《会元历》一卷”下的解题原文为：“夏官正刘孝荣造。”⑦《经籍考》与《直斋》形成异文“劉孝滎/劉孝榮”。

今按：是书今皆题“刘孝荣”，唯《经籍考》作“刘孝荥”，当是形近而误。《直斋》为胜。

第二十二条：《经籍考》卷47子部五行类著录有“《珞琭子疏》五卷”，其下辑录《郡斋》云：“晁氏曰：皇朝李全、东方明撰。”⑧《郡斋》卷14子部五行类“《珞琭子疏》五卷”下的解题原文为：“右皇朝李仝、东方明撰。”⑨《经籍考》与《郡斋》形成异文“李全/李仝”。

今按：《经籍考》同《郡斋》衢本作“李全”，误。当以袁本作“李仝”为是。孙校本校记中有详细考证。当以《郡斋》为是。

第二十三条：《经籍考》卷47子部五行类著录有“《弹冠必用》一卷”，其下辑录《直斋》云：“陈氏曰：周谓撰。”⑩《直斋》卷12子部阴阳家类“《弹冠必用》一卷”下的解题原

① 四库全书研究所：《钦定四库全书总目(整理本)》(上)，中华书局，1997年，第1323页。
② 马端临：《文献通考·经籍考》(下)，华东师范大学出版社，1985年，第1045页。
③ 晁公武撰，孙猛校证：《郡斋读书志校证》(上)，上海古籍出版社，1990年，第536页。
④ 马端临：《文献通考·经籍考》(下)，华东师范大学出版社，1985年，第1062页。
⑤ 晁公武撰，孙猛校证：《郡斋读书志校证》(上)，上海古籍出版社，1990年，第365页。
⑥ 马端临：《文献通考·经籍考》(下)，华东师范大学出版社，1985年，第1067页。
⑦ 陈振孙撰，徐小蛮、顾美华点校：《直斋书录解题》，上海古籍出版社，1987年，第368页。
⑧ 马端临：《文献通考·经籍考》(下)，华东师范大学出版社，1985年，第1075页。
⑨ 晁公武撰，孙猛校证：《郡斋读书志校证》(上)，上海古籍出版社，1990年，第619页。
⑩ 马端临：《文献通考·经籍考》(下)，华东师范大学出版社，1985年，第1081页。

文为："周渭撰。"①《经籍考》与《直斋》形成异文"周謂/周渭"。

此处胡玉缙认为《经籍考》当系传写致误②。

今按：《宋志》卷5子部五行类亦作"周渭"。当以《直斋》为是。

第二十四条：《经籍考》卷47子部形法类著录有"《诸家相书》五卷"，其下辑录《直斋》云："陈氏曰：知莆田县昭武黄庚毅夫撰集。"③《直斋》卷12子部形法类"《诸家相书》五卷"下的解题原文为："知莆田县昭武黄唐毅夫撰集。"④《经籍考》与《直斋》形成异文"黄庚/黄唐"。

今按：黄庚(1260—1328)，字星甫，台州天台(今属浙江)人。《直斋》(陈振孙卒于1189年)不可能著录其著作。当依《直斋》作黄唐为是。《福建通志》第41册《艺文志存目》收录此书亦作黄唐。当以《直斋》为是。

第二十五条：《经籍考》卷50子部医家类著录有"《医说》十卷"，其下辑录《直斋》云："陈氏曰：新安张景季明撰。"⑤《直斋》卷13子部医书类"《医说》十卷"下的解题原文为："新安张杲季明撰。"⑥《经籍考》与《直斋》形成异文"張景/張杲"。

点校本《文献通考》校记云："'张杲'原作'张景'，据《直斋书录解题》卷一三、文渊阁本《医说》及其前罗项序改。"⑦据此，则《直斋》为胜。

第二十六条：《经籍考》卷53子部释氏类著录有"《楞严经疏》二十卷"，其下辑录《郡斋》云："晁氏曰：唐神龙二年中天竺国僧彼岸于广州译，房融笔授，皇朝僧于璿撰疏。译经润文者也。"⑧《郡斋》卷16子部释书类"《楞严经疏》二十卷"下的解题原文为："右唐神龙二年，天竺国僧彼岸于广州译，房融笔授，皇朝僧子璿撰疏，王随为之序。"⑨《经籍考》与《郡斋》形成异文"于璿/子璿"。

点校本《文献通考》校记云："'子'原讹'于'……按《五灯会元》卷一二谓子璿'尝疏《楞严》等经'。"⑩据此，则当以《郡斋》为是。

第二十七条：《经籍考》卷54子部释氏类著录有"《道院集要》三卷"，其下辑录《直斋》云："陈氏曰：王古撰。"⑪《直斋》卷12子部释氏类"《道院集要》三卷"下的解题原文为："户部尚书三槐王右敏仲撰。"⑫《经籍考》与《直斋》形成异文"王古/王右"。

---

① 陈振孙撰，徐小蛮、顾美华点校：《直斋书录解题》，上海古籍出版社，1987年，第371页。

② 胡玉缙撰，吴格整理：《续四库提要三种》卷三子部，上海书店出版社，2002年，第179页。

③ 马端临：《文献通考·经籍考》(下)，华东师范大学出版社，1985年，第1095页。

④ 陈振孙撰，徐小蛮、顾美华点校：《直斋书录解题》，上海古籍出版社，1987年，第380页。

⑤ 马端临：《文献通考·经籍考》(下)，华东师范大学出版社，1985年，第1146页。

⑥ 陈振孙撰，徐小蛮、顾美华点校：《直斋书录解题》，上海古籍出版社，1987年，第385页。

⑦ 上海师范大学古籍研究所与华东师范大学古籍研究所点校：《文献通考》，海南国际新闻出版中心，1996年，第2782页。

⑧ 马端临：《文献通考·经籍考》(下)，华东师范大学出版社，1985年，第1218页。

⑨ 晁公武撰，孙猛校证：《郡斋读书志校证》(下)，上海古籍出版社，1990年，第782页。

⑩ 上海师范大学古籍研究所与华东师范大学古籍研究所点校：《文献通考》，海南国际新闻出版中心，1996年，第2807页。

⑪ 马端临：《文献通考·经籍考》(下)，华东师范大学出版社，1985年，第1244页。

⑫ 陈振孙撰，徐小蛮、顾美华点校：《直斋书录解题》，上海古籍出版社，1987年，第358页。

今按：是书历代皆题为“王古”，王古是宋代名相王旦的曾孙，《宋史》卷269有其传记。殿本《直斋》因形近而误。当以《经籍考》为是。

第二十八条：《经籍考》卷54子部释氏类著录有“《法宝标目》十卷”，其下辑录《直斋》云：“陈氏曰：户部尚书三槐王古敏仲撰。”①《直斋》卷8史部目录类“《法宝标目》十卷”下的解题原文为：“户部尚书三槐王右敏仲撰。”②

此条的分析同上第二十七条。

第二十九条：《经籍考》卷55子部类书类著录有“《侍女小名》一卷”，其下辑录《郡斋》云：“晁氏曰：王经纂。”③《郡斋》卷14子部类书类“《侍女小名录》一卷”下的解题原文为：“右皇朝王铚纂。”④《经籍考》与《郡斋》形成异文“王經/王銍”。

点校本《文献通考》校记云：“‘銍’原作‘經’，据《郡斋读书志》卷一四、《直斋书录解题》卷一一改。”⑤据此，《郡斋》为胜。

第三十条：《经籍考》卷55子部类书类著录有“《汉隽》十卷”，其下辑录《直斋》云：“陈氏曰：括苍林钺撰。”⑥《直斋》卷14子部类书类“《汉隽》十卷”下的解题原文为：“括苍林越撰。”⑦《经籍考》与《直斋》形成异文“林鉞/林越”。

今按：《续古逸丛书》第26册收有《宋本汉隽》，亦题作“林钺”。当以《经籍考》为是。

第三十一条：《经籍考》卷57集部别集类著录有“《吴均集》三卷”，其下辑录《郡斋》云：“晁氏曰：梁吴均叔宰也。”⑧《郡斋》卷17集部别集类“《吴均集》三卷”下的解题原文为：“右梁吴均叔庠也。”⑨《经籍考》与《郡斋》形成异文“叔宰/叔庠”。

点校本《文献通考》校记云：“‘庠’原作‘宰’，据《梁书》卷四九《吴均传》、《南史》卷七二《吴均传》、《郡斋读书志》卷一七《别集类》上改。”⑩

据此，《郡斋》为胜。

第三十二条：《经籍考》卷61集部别集类著录有“《鲜于伯圭集》一卷”，其下辑录《郡斋》云：“晁氏曰：宋朝鲜于怀字伯圭，阆中人。”⑪《郡斋》卷19集部别集类“《鲜于伯圭集》一卷”下的解题原文为：“右皇朝鲜于环字伯圭，阆中人。”⑫《经籍考》与《郡斋》形成异文“鲜于懷/鲜于瓌”。

---

① 马端临：《文献通考·经籍考》(下)，华东师范大学出版社，1985年，第1248页。

② 陈振孙撰，徐小蛮、顾美华点校：《直斋书录解题》，上海古籍出版社，1987年，第237页。

③ 马端临：《文献通考·经籍考》(下)，华东师范大学出版社，1985年，第1271页。

④ 晁公武撰，孙猛校证：《郡斋读书志校证》(上)，上海古籍出版社，1990年，第671页。

⑤ 上海师范大学古籍研究所与华东师范大学古籍研究所点校：《文献通考》，海南国际新闻出版中心，1996年，第2826页。

⑥ 马端临：《文献通考·经籍考》(下)，华东师范大学出版社，1985年，第1273页。

⑦ 陈振孙撰，徐小蛮、顾美华点校：《直斋书录解题》，上海古籍出版社，1987年，第430页。

⑧ 马端临：《文献通考·经籍考》(下)，华东师范大学出版社，1985年，第1322页。

⑨ 晁公武撰，孙猛校证：《郡斋读书志校证》(下)，上海古籍出版社，1990年，第822页。

⑩ 上海师范大学古籍研究所与华东师范大学古籍研究所点校：《文献通考》，海南国际新闻出版中心，1996年，第2846页。

⑪ 马端临：《文献通考·经籍考》(下)，华东师范大学出版社，1985年，第1407页。

⑫ 晁公武撰，孙猛校证：《郡斋读书志校证》(下)，上海古籍出版社，1990年，第972页。

今按：以名、字当相承或相反的关系来看，作“瓌”为是。当以《郡斋》为是。

第三十三条：《经籍考》卷 64 集部别集类著录有“《田承君集》三卷”，其下辑录《直斋》云：“陈氏曰：大宗正丞阳翟田昼承君撰。”①《直斋》卷 17 集部别集类“《田承君集》三卷”下的解题原文为：“大宗正丞阳翟田画承君撰。”②《经籍考》与《直斋》形成异文“田晝/田畫”。

今按：《宋史》卷 345《列传》第 104 有《田晝传》。殿本《直斋》因形近而误。当以《经籍考》为是。

第三十四条：《经籍考》卷 65 集部别集类著录有“《欧阳修撰集》六卷”，其下辑录《直斋》云：“陈氏曰：崇仁布衣赠秘阁修撰欧阳彻德明撰。”③《直斋》卷 18 集部别集类“《欧阳修撰集》六卷”下的解题原文为：“崇仁布衣赠秘阁修撰欧阳澈德明撰。”④《经籍考》与《直斋》形成异文“歐陽徹/歐陽澈”。

点校本《文献通考》校记云：“‘澈’原作‘彻(徹)’，据《宋史》卷四五五《欧阳澈传》、《直斋书录解题》卷一八《别集类》及《欧阳修撰集》署名改。”⑤据此，则当以《直斋》为是。

第三十五条：《经籍考》卷 69 集部诗集类著录有“《刘乂诗》一卷”，其下辑录《郡斋》云：“晁氏曰：唐刘乂。”⑥而《郡斋》卷 18 集部别集类“《刘义诗》一卷”下的解题原文为：“右唐刘义也。”⑦《经籍考》与《郡斋》形成异文“劉乂/劉义”。

点校本《文献通考》校记云：“‘义’原作‘乂’，据元本、慎本、冯本、《新唐书》卷一七六《刘义传》改。今按：《直斋书录解题》卷一九《诗集类》上作‘叉’，疑是。参见《郡斋读书志校证》卷一八《别集类》中该条校记。”⑧据此，则当以《郡斋》为是。

第三十六条：《经籍考》卷 69 集部诗集类著录有“《羊士鹗诗》一卷”，其下辑录《郡斋》云：“晁氏曰：唐羊士鹗。”⑨《郡斋》卷 17 集部别集类“《羊士谔诗》一卷”下的解题原文为：“右唐羊士谔也。”⑩《经籍考》与《郡斋》形成异文“羊士鶚/羊士諤”。

点校本《文献通考》校记云：“‘谔’原作‘鹗’，据《唐才子传》卷五《羊士谔》条、《郡斋读书志》卷一七《别集类》上、《直斋书录解题》卷一九《诗集类》上改。”⑪据此，则当以《郡斋》为是。

---

① 马端临：《文献通考·经籍考》(下)，华东师范大学出版社，1985 年，第 1489 页。

② 陈振孙撰，徐小蛮、顾美华点校：《直斋书录解题》，上海古籍出版社，1987 年，第 513 页。

③ 马端临：《文献通考·经籍考》(下)，华东师范大学出版社，1985 年，第 1504 页。

④ 陈振孙撰，徐小蛮、顾美华点校：《直斋书录解题》，上海古籍出版社，1987 年，第 525 页。

⑤ 上海师范大学古籍研究所与华东师范大学古籍研究所点校：《文献通考》，海南国际新闻出版中心，1996 年，第 2918 页。

⑥ 马端临：《文献通考·经籍考》(下)，华东师范大学出版社，1985 年，第 1603 页。

⑦ 晁公武撰，孙猛校证：《郡斋读书志校证》(下)，上海古籍出版社，1990 年，第 906 页。

⑧ 上海师范大学古籍研究所与华东师范大学古籍研究所点校：《文献通考》，海南国际新闻出版中心，1996 年，第 2948 页。

⑨ 马端临：《文献通考·经籍考》(下)，华东师范大学出版社，1985 年，第 1605 页。

⑩ 晁公武撰，孙猛校证：《郡斋读书志校证》(下)，上海古籍出版社，1990 年，第 872 页。

⑪ 上海师范大学古籍研究所与华东师范大学古籍研究所点校：《文献通考》，海南国际新闻出版中心，1996 年，第 2948~2949 页。

第三十七条：《经籍考》卷 69 集部诗集类著录有“《熊孺登集》一卷”，其下辑录《直斋》云：“陈氏曰：唐西川从事熊孺登撰。”①《直斋》卷 19 集部诗集类“《熊儒登集》一卷”下的解题原文为：“唐西川从事熊儒登撰。”②《经籍考》与《直斋》形成异文“熊孺登/熊儒登”。

今按：据《唐才子传》卷 6《熊孺登》条，则当作“熊孺登”。殿本《直斋》因形近而误。当以《经籍考》为是。

第三十八条：《经籍考》卷 70 集部诗集类著录有“《张祐诗》一卷”，其下辑录《郡斋》云：“晁氏曰：唐张祐，字承吉，清河人。”③《郡斋》卷 18 集部别集类“《张祜诗》一卷”下的解题原文为：“右唐张祜承吉，清河人。”④《经籍考》与《郡斋》形成异文“張祐/張祜”。

点校本《文献通考》校记云：“‘祜’原作‘祐’，据《新唐书》卷六十《艺文四》、《郡斋读书志》卷一八《别集类》中、《直斋书录解题》卷一九《诗集类》上改。”⑤据此，则当以《郡斋》为是。

第三十九条：《经籍考》卷 70 集部诗集类著录有“《孟逵诗》一卷”，其下辑录《郡斋》云：“晁氏曰：唐孟逵字叔之，平昌人。”⑥《郡斋》卷 18 集部别集类“《孟迟诗》一卷”下的解题原文为：“右唐孟迟字叔之，平昌人。”⑦《经籍考》与《郡斋》形成异文“孟逵/孟遲”。

点校本《文献通考》校记云：“‘迟’原作‘逵’，据《新唐书》卷六〇《艺文四》、《郡斋读书志》卷一八《别集类》中改。”⑧据此，则当以《郡斋》为胜。

第四十条：《经籍考》卷 71 集部诗集类著录有“《注荆公诗》十五卷”，其下辑录《直斋》云：“陈氏曰：参政眉山李壁季章撰。”⑨《直斋》卷 20 集部诗集类“《注荆公集》五十卷”下的解题原文为：“参政眉山李璧季章撰。”⑩《经籍考》与《直斋》形成异文“李壁/李璧”。

今按：李壁(1159—1222)，南宋经学家。字季章，号雁湖居士。丹陵(今属四川)人。《宋史》卷 398 有传。当以《经籍考》为是。

第四十一条：《经籍考》卷 73 集部歌词类著录有“《信斋词》一卷”，其下辑录《直斋》云：“陈氏曰：葛郯谦问撰。”⑪《直斋》卷 21 集部歌词类“《信斋词》一卷”下的解题原文

① 马端临：《文献通考・经籍考》(下)，华东师范大学出版社，1985 年，第 1609 页。

② 陈振孙撰，徐小蛮、顾美华点校：《直斋书录解题》，上海古籍出版社，1987 年，第 569 页。

③ 马端临：《文献通考・经籍考》(下)，华东师范大学出版社，1985 年，第 1614 页。

④ 晁公武撰，孙猛校证：《郡斋读书志校证》(下)，上海古籍出版社，1990 年，第 922 页。

⑤ 上海师范大学古籍研究所与华东师范大学古籍研究所点校：《文献通考》，海南国际新闻出版中心，1996 年，第 2959 页。

⑥ 马端临：《文献通考・经籍考》(下)，华东师范大学出版社，1985 年，第 1622 页。

⑦ 晁公武撰，孙猛校证：《郡斋读书志校证》(下)，上海古籍出版社，1990 年，第 917 页。

⑧ 上海师范大学古籍研究所与华东师范大学古籍研究所点校：《文献通考》，海南国际新闻出版中心，1996 年，第 2959 页。

⑨ 马端临：《文献通考・经籍考》(下)，华东师范大学出版社，1985 年，第 1661 页。

⑩ 陈振孙撰，徐小蛮、顾美华点校：《直斋书录解题》，上海古籍出版社，1987 年，第 592 页。

⑪ 马端临：《文献通考・经籍考》(下)，华东师范大学出版社，1985 年，第 1730 页。

为："葛刿谦问撰。"①《经籍考》与《直斋》形成异文"葛郯/葛刿"。

今按：葛郯（？—1181），字谦问，丹阳（今属江苏）人。事迹见《清波杂志》卷7，《五灯会元》卷20《知府葛郯居士》等。当以《经籍考》为是。

第四十二条：《经籍考》卷74集部章奏类著录有"《若溪奏议》一卷"，其下辑录《直斋》云："陈氏曰：资政长城刘珏希范撰。"②《直斋》卷22集部章奏类"《若溪奏议》一卷"下的解题原文为："资政长城刘班希范撰。"③《经籍考》与《直斋》形成异文"劉珏/劉班"。

今按：刘珏（1078—1132），字希范，湖州长兴（今浙江湖州）人。事迹见《宋史》卷378本传。当以《经籍考》为是。

第四十三条：《经籍考》卷75集部总集类著录有"《才调集》十卷"，其下辑录《直斋》云："陈氏曰：后蜀韦毂集唐人诗。"④《直斋》卷15集部总集类"《才调集》十卷"下的解题原文为："后蜀韦縠集唐人诗。"⑤《经籍考》与《直斋》形成异文"韋轂/韋縠"。

点校本《文献通考》校记云："'縠'原作'毂'，据《全唐文》卷八九一《韦縠》条及《直斋书录解题》卷一五《总集类》改。"⑥据此，则当以《直斋》为是。

第四十四条：《经籍考》卷75集部总集类著录有"《九僧诗集》一卷"，其下辑录《郡斋》云："晁氏曰：皇朝僧希昼、保暹、文兆、行肇、简长、惟凤、惠业、宇昭、怀古也。"⑦《郡斋》卷20集部总集类"《九僧诗集》一卷"下的解题原文为："右皇朝僧希画、保暹、文兆、行肇、简长、惟凤、惠业、宇昭、怀古也。"⑧《经籍考》与《郡斋》形成异文"希晝/希畫"。

今按：《经籍考》同《郡斋》衢本作"晝"，而《郡斋》袁本因形近误为"畫"。当以《经籍考》为是。

第四十五条：《经籍考》卷75集部总集类著录有"《宋文海》一百二十卷"，其下辑录《郡斋》云："晁氏曰：江钿编集本朝诸公所著。"⑨《郡斋》卷20集部总集类"《宋文海》一百二十卷"下的解题原文为："右皇朝江畋编。"⑩《经籍考》与《郡斋》形成异文"江鈿/江畋"。

今按：《经籍考》同《郡斋》衢本作"鈿"，《郡斋》袁本作"畋"，《直斋》卷十五作"佃"。经孙校本校记考证，作"鈿"为是。当以《经籍考》为是。

第四十六条：《经籍考》卷76集部总集类著录有"《长乐集》十四卷"，其下辑录《直

① 陈振孙撰，徐小蛮、顾美华点校：《直斋书录解题》，上海古籍出版社，1987年，第626页。
② 马端临：《文献通考·经籍考》（下），华东师范大学出版社，1985年，第1751页。
③ 陈振孙撰，徐小蛮、顾美华点校：《直斋书录解题》，上海古籍出版社，1987年，第639页。
④ 马端临：《文献通考·经籍考》（下），华东师范大学出版社，1985年，第1772页。
⑤ 陈振孙撰，徐小蛮、顾美华点校：《直斋书录解题》，上海古籍出版社，1987年，第443页。
⑥ 上海师范大学古籍研究所与华东师范大学古籍研究所点校：《文献通考》，海南国际新闻出版中心，1996年，第3004页。
⑦ 马端临：《文献通考·经籍考》（下），华东师范大学出版社，1985年，第1780页。
⑧ 晁公武撰，孙猛校证：《郡斋读书志校证》（下），上海古籍出版社，1990年，第1070页。
⑨ 马端临：《文献通考·经籍考》（下），华东师范大学出版社，1985年，第1785页。
⑩ 晁公武撰，孙猛校证：《郡斋读书志校证》（下），上海古籍出版社，1990年，第1071页。

斋》云："陈氏曰：福建提刑吴兴俞尚集。"①《直斋》卷15集部总集类"《长乐集》十四卷"下的解题原文为："福建提刑吴兴俞向集。"②《经籍考》与《直斋》形成异文"俞尚/俞向"。

点校本《文献通考》校记云："'向'原作'尚'，据《直斋书录解题》卷一五《总集类》及《京口耆旧传》卷二《俞康直》条改。"③据此，则当以《直斋》为是。

第四十七条：《经籍考》卷76集部文史类著录有"《赋门鱼钥》十五卷"，其下辑录《直斋》云："陈氏曰：进士马偁撰。"④《直斋》卷22集部文史类"《赋门鱼钥》十五卷"下的解题原文为："进士马称撰。"⑤《经籍考》与《直斋》形成异文"馬偁/馬稱"。

今按：《宋志》卷八集部文史类同《经籍考》作"马偁"。《直斋》因形近而误。当以《经籍考》为是。

3. 音同而误

第一条：《经籍考》卷20史部编年类著录有"《编年通载》十五卷"，其下辑录《郡斋》云："晁氏曰：皇朝章衡撰。"⑥而《郡斋》卷5史部编年类"《编年通载》十五卷"下的解题原文为："右皇朝张衡撰。"⑦《经籍考》与《郡斋》形成异文"章衡/張衡"。

今按：《经籍考》据《郡斋》衢本作"章衡"，《直斋》卷4、《宋志》卷2同，《郡斋》袁本因音同而误作"张衡"。当以《经籍考》为是。

第二条：《经籍考》卷70集部诗集类著录有"《刘德仁诗集》一卷"，其下辑录《郡斋》云："晁氏曰：唐刘德仁，公主之子。"⑧《郡斋》卷18集部别集类"《刘得仁诗集》一卷"下的解题原文为："右唐刘得仁，公主之子。"⑨《经籍考》与《郡斋》形成异文"劉德仁/劉得仁"。

今按：《经籍考》同衢本作"德"。《郡斋》袁本、《新唐志》卷4、《宋志》卷7、《直斋》卷19、《唐才子传》卷6"刘得仁"条等皆作"得"。综合考查，《郡斋》袁本为胜。

第三条：《经籍考》卷72集部诗集类著录有"《醒庵遗珠集》十卷"，其下辑录《直斋》云："陈氏曰：临川余国宝撰。"⑩《直斋》卷20集部诗集类"《醒庵遗珠集》十卷"下的解题原文为："临川俞国宝撰。"⑪《经籍考》与《直斋》形成异文"余國寶/俞國寶"。

今按：俞国宝(生卒年字号不详)，临川(今江西抚州)人。淳熙间太学生。事迹见《武林旧事》卷3、《宋诗纪事》卷56。当以《直斋》为是。

第四条：《经籍考》卷73集部歌词类著录有"《冠柳集》一卷"，其下辑录《直斋》云：

---

① 马端临：《文献通考·经籍考》(下)，华东师范大学出版社，1985年，第1804页。

② 陈振孙撰，徐小蛮、顾美华点校：《直斋书录解题》，上海古籍出版社，1987年，第455页。

③ 上海师范大学古籍研究所与华东师范大学古籍研究所点校：《文献通考》，海南国际新闻出版中心，1996年，第3015页。

④ 马端临：《文献通考·经籍考》(下)，华东师范大学出版社，1985年，第1825页。

⑤ 陈振孙撰，徐小蛮、顾美华点校：《直斋书录解题》，上海古籍出版社，1987年，第642页。

⑥ 马端临：《文献通考·经籍考》(上)，华东师范大学出版社，1985年，第485页。

⑦ 晁公武撰，孙猛校证：《郡斋读书志校证》(上)，上海古籍出版社，1990年，第207页。

⑧ 马端临：《文献通考·经籍考》(下)，华东师范大学出版社，1985年，第1638页。

⑨ 晁公武撰，孙猛校证：《郡斋读书志校证》(下)，上海古籍出版社，1990年，第913页。

⑩ 马端临：《文献通考·经籍考》(下)，华东师范大学出版社，1985年，第1696页。

⑪ 陈振孙撰，徐小蛮、顾美华点校：《直斋书录解题》，上海古籍出版社，1987年，第607页。

"陈氏曰：王冠通叟撰。"①《直斋》卷 21 集部歌词类"《冠柳集》一卷"下的解题原文为："王观通叟撰。"②《经籍考》与《直斋》形成异文"王冠/王觀"。

今按：王观(生卒年不详)，字通叟，如皋(今属江苏)人，一作海陵(今江苏泰州)人(《宋元学案补遗》卷一)。事迹见《能改斋漫录》卷 2、《历代诗馀》卷 103、《宋诗纪事》卷 22。当以《直斋》为是。

4. 义近而误

第一条：《经籍考》卷 43 子部小说家类著录有"《后史补》三卷"，其下辑录《直斋》云："陈氏曰：前进士高欲拙撰。"③而《直斋》卷 11 子部小说家类"《后史补》三卷"下的解题原文为："前进士高若拙撰。"④《经籍考》与《直斋》形成异文"高欲拙/高若拙"。

今按：高若拙，荆南(今湖北江陵)人，唐末五代时人。今存诗一联，见《全唐诗》卷 795。生平事迹见《诗话总龟》卷 34。《经籍考》因义近而误。当以《直斋》为是。

第二条：《经籍考》卷 44 子部小说家类著录有"《夷坚志类编》三卷"，其下辑录《直斋》云："陈氏曰：四川总领陈晔日华取《夷坚志》中书文、药方类为一编。"⑤《直斋》卷 11 子部小说家类"《夷坚志类编》三卷"下的解题原文为："四川总领陈昱日华取《夷坚志》中诗文、药方类为一编。"⑥《经籍考》与《直斋》形成异文"陳曄/陳昱"。

点校本《文献通考》校记云："陈曄，《直斋书录解题》卷八《鄞江志》及卷一一《夷坚志类编》、《琐碎录》条俱作'陈昱'。"⑦又郭绍虞《宋诗话考》有云："《陈日华诗话》一卷，陈晔撰，有写本，未见……晔，字日华，晔一作烽。陆心源《宋诗纪事补遗》卷五十四有陈焊，卷六十有陈晔，盖复出也。"⑧据此，则当以《经籍考》为是。

(二)脱文

第一条：《经籍考》卷 14 经部仪注类著录有"《训俗书》一卷"，其下辑录《直斋》云："陈氏曰：许洞天撰。"⑨而《直斋》卷 6 史部礼注类"《训俗书》一卷"下的解题原文为："许洞洞夫撰。"⑩《经籍考》与《直斋》形成异文"許洞天/許洞洞夫"。

今按：《经籍考》因下文而脱字。许洞为姓名，洞天为字，殿本《直斋》因形近而误为"洞夫"。因此正确题名应是"许洞洞天撰"(题名形式一般都是字紧跟名之后，即"姓+名+字")。据此，则两者均有误。

第二条：《经籍考》卷 47 子部五行类著录有"《广古今五行志》三十卷"，其下辑录《郡

---

① 马端临：《文献通考·经籍考》(下)，华东师范大学出版社，1985 年，第 1719 页。

② 陈振孙撰，徐小蛮、顾美华点校：《直斋书录解题》，上海古籍出版社，1987 年，第 619 页。

③ 马端临：《文献通考·经籍考》(下)，华东师范大学出版社，1985 年，第 992 页。

④ 陈振孙撰，徐小蛮、顾美华点校：《直斋书录解题》，上海古籍出版社，1987 年，第 325 页。

⑤ 马端临：《文献通考·经籍考》(下)，华东师范大学出版社，1985 年，第 1032 页。

⑥ 陈振孙撰，徐小蛮、顾美华点校：《直斋书录解题》，上海古籍出版社，1987 年，第 338 页。

⑦ 上海师范大学古籍研究所与华东师范大学古籍研究所点校：《文献通考》，海南国际新闻出版中心，1996 年，第 2740 页。

⑧ 郭绍虞：《宋诗话考》，中华书局，1979 年，第 155~156 页。

⑨ 马端临：《文献通考·经籍考》(上)，华东师范大学出版社，1985 年，第 362 页。

⑩ 陈振孙撰，徐小蛮、顾美华点校：《直斋书录解题》，上海古籍出版社，1987 年，第 186 页。

斋》云："晁氏曰：窦维鋈撰。"①而《郡斋》卷 14 子部五行类"《广古今五行志》三十卷"下的解题原文为："右窦鋈撰。"②《经籍考》与《郡斋》形成异文"竇維鋈/竇(惟)鋈"。

今按：《郡斋》衢本、袁本脱"惟(维)"字。《新唐志》卷 3、《崇文》卷 4 五行类上作"竇惟鋈"，《玉海》卷 5 引《中兴书目》、《宋史艺文志》卷 5、《通志艺文略》卷 6 五行类二同《经籍考》，均作"竇維鋈"。孙校本据《新唐志》补作"窦惟鋈"。综合考查，当以《经籍考》为是。

第三条：《经籍考》卷 28 史部故事类著录有"《唐昌记》二卷"，其下辑录《直斋》云："陈氏曰：知昌化县赵希克家撰。"③而《直斋》卷 6 史部典故类"《唐昌计》二卷"下的解题原文为："知昌化县赵希垐克家撰。"④《经籍考》与《直斋》形成异文"趙希/趙希垐"。

点校本《文献通考》校记云："原脱'垐'字。按元本、慎本、冯本'希'下虽无'垐'字，然均空一格以示脱漏。今据《直斋书录解题》卷五补。"⑤两者相较，当以《直斋》为是。

第四条：《经籍考》卷 32 史部地理类著录有"《黄州图经》四卷，《附录》一卷"，其下辑录《直斋》云："陈氏曰：李谔祥符所修《图经》。"⑥而《直斋》卷 8 史部地理类"《黄州图经》四卷、《附录》一卷"下的解题原文为："李宗谔祥符所修《图经》。"⑦《经籍考》与《直斋》形成异文"李諤/李宗諤"。

今按：李宗谔(964—1012)，字昌武，饶阳(今属河北)人，李昉子。事迹见《东都事略》卷 32、《宋史》卷 265《李宗谔传》。《经籍考》脱"宗"字，当以《直斋》为是。

第五条：《经籍考》卷 32 史部地理类著录有"《渚宫旧事》十卷"，其下辑录《郡斋》云："晁氏曰：唐知古撰。"⑧而《郡斋》卷 8 史部地理类"《渚宫旧事》十卷"下的解题原文为："右唐余知古撰。"⑨《经籍考》与《郡斋》形成异文"知古/余知古"。

点校本《文献通考》校记云："原脱'余'字，据《郡斋读书志》卷八、《新唐书》卷五八《艺文二》、《宋史》卷二〇三《艺文二》补。"⑩

今按：其事迹见《北梦琐言》卷 4、《新唐志》卷 2、《郡斋》卷 4、《直斋书录解题》卷 7 等。当以《郡斋》为是。

第六条：《经籍考》卷 76 集部文史类著录有"《诗评》一卷"，其下辑录《直斋》云："陈氏曰：桂林僧德淳撰。"⑪而《直斋》卷 22 集部文史类"《诗评》一卷"下的解题原文为："桂

---

① 马端临：《文献通考·经籍考》(下)，华东师范大学出版社，1985 年，第 1071 页。

② 晁公武撰，孙猛校证：《郡斋读书志校证》(上)，上海古籍出版社，1990 年，第 610 页。

③ 马端临：《文献通考·经籍考》(上)，华东师范大学出版社，1985 年，第 704 页。

④ 陈振孙撰，徐小蛮、顾美华点校：《直斋书录解题》，上海古籍出版社，1987 年，第 171 页。

⑤ 上海师范大学古籍研究所与华东师范大学古籍研究所点校：《文献通考》，海南国际新闻出版中心，1996 年，第 2626 页。

⑥ 马端临：《文献通考·经籍考》(上)，华东师范大学出版社，1985 年，第 771 页。

⑦ 陈振孙撰，徐小蛮、顾美华点校：《直斋书录解题》，上海古籍出版社，1987 年，第 253 页。

⑧ 马端临：《文献通考·经籍考》(上)，华东师范大学出版社，1985 年，第 772 页。

⑨ 晁公武撰，孙猛校证：《郡斋读书志校证》(上)，上海古籍出版社，1990 年，第 348 页。

⑩ 上海师范大学古籍研究所与华东师范大学古籍研究所点校：《文献通考》，海南国际新闻出版中心，1996 年，第 2651 页。

⑪ 马端临：《文献通考·经籍考》(下)，华东师范大学出版社，1985 年，第 1815 页。

林僧(原阙)淳撰。"①《经籍考》与《直斋》形成异文"德淳/(原阙)淳"。

点校本《文献通考》校记云："'僧'下原空格(指元刻本)，慎本、冯本为'德'字。"②此处不知慎本、冯本补阙之来源，当必有据。

(三)衍文

《经籍考》卷10经部春秋类著录有"《左氏邦典》二卷"，其下辑录《直斋》云："陈氏曰：唐既潜亨撰。"③《直斋》卷3经部春秋类"《春秋邦典》二卷"下的解题原文为："唐既济潜亨撰。"④《经籍考》与《直斋》形成异文"唐既/唐既濟"。

今按：陈乐素在其"《宋史·艺文志》错误举例"一文⑤中引朱彝尊语，据邹道乡序知撰者应题为唐既，殿本《直斋》依《周易》"既济"卦名想当然而增字，徐校本《直斋》、点校本《文献通考》⑥均因之，误。据此，则当以《经籍考》为是。

(四)错乱

《经籍考》卷48子部兵书类著录有"《三朝武经圣略》十卷"，其下辑录《郡斋》云："晁氏曰：皇朝曾公亮、丁度撰。"⑦《郡斋》卷14子部兵家类"《武经圣略》十五卷"下的解题原文为："右皇朝王洙撰。"⑧《经籍考》与《郡斋》形成异文"曾公亮、丁度/王洙"。

《郡斋》孙校本校记云：王洙撰，《经籍考》作"曾公亮、丁度撰"。原本(指衢本)黄丕烈校语云："此必涉下条《武经总要》致辞误也。下云'洙奉诏'，'洙'字不误可知。"⑨

今按：《郡斋》此条的下一书目"《武经总要》四十卷"下题作"右皇朝曾公亮、丁度撰"。⑩《经籍考》涉下文而误。当以《郡斋》为是。

四、误题撰人

这种情况就是张冠李戴，即由于某种原因将与实际作者相关的某人误题为撰者。

第一条：《经籍考》卷10经部春秋类著录有"《春秋集解》十二卷"，其下辑录《直斋》云："陈氏曰：吕本中撰。"⑪而《直斋》卷3经部春秋类"《春秋集解》十二卷"下的解题原文为："吕祖谦撰。"⑫《经籍考》与《直斋》形成异文"吕本中/吕祖謙"。

---

① 陈振孙撰，徐小蛮、顾美华点校：《直斋书录解题》，上海古籍出版社，1987年，第643页。

② 上海师范大学古籍研究所与华东师范大学古籍研究所点校：《文献通考》，海南国际新闻出版中心，1996年，第3015页。

③ 马端临：《文献通考·经籍考》(上)，华东师范大学出版社，1985年，第257页。

④ 陈振孙撰，徐小蛮、顾美华点校：《直斋书录解题》，上海古籍出版社，1987年，第60页。

⑤ 见中国社会科学院历史研究所宋辽金元史研究室：《宋辽金史论丛》第2辑，中华书局，1991年，第247页。

⑥ 上海师范大学古籍研究所与华东师范大学古籍研究所点校：《文献通考》，海南国际新闻出版中心，1996年，第2469页。

⑦ 马端临：《文献通考·经籍考》(下)，华东师范大学出版社，1985年，第1117页。

⑧ 晁公武撰，孙猛校证：《郡斋读书志校证》(上)，上海古籍出版社，1990年，第643页。

⑨ 晁公武撰，孙猛校证：《郡斋读书志校证》(上)，上海古籍出版社，1990年，第643页。

⑩ 晁公武撰，孙猛校证：《郡斋读书志校证》(上)，上海古籍出版社，1990年，第643页。

⑪ 马端临：《文献通考·经籍考》(上)，华东师范大学出版社，1985年，第263页。

⑫ 陈振孙撰，徐小蛮、顾美华点校：《直斋书录解题》，上海古籍出版社，1987年，第65页。

今按：吕本中与吕祖谦为宋代传承中原文献之学的东莱吕氏家族中的两位著名学者。自《四库全书总目》卷27经部春秋类“《春秋集解》三十六卷”解题下考订本书撰者为吕本中①，崔富章在其《四库提要补正》中又进一步论证此说②，其后学术界多从之。但李解民先生在其《〈春秋集解〉为吕祖谦撰考——〈四库全书总目〉辨正札记》③一文中经过详细论证，证实《春秋集解》的作者确为吕祖谦，非四库馆臣所说之吕本中。目前李先生的说法已得到学术界的认同。最近2008年由黄灵庚，吴战垒主编，浙江古籍出版社出版的《吕祖谦全集》第五册便据以收入了《春秋集解》。据此，则当以《直斋》为是。

第二条：《经籍考》卷20史部编年类著录有“《历代纪元赋》一卷”，其下辑录《郡斋》云：“晁氏曰：皇朝杨备撰。”④而《郡斋》卷5史部编年类“《历代纪元赋》一卷”下的解题原文为：“右皇朝杨亿撰。”⑤《经籍考》与《郡斋》形成异文“楊備/楊億”。

今按：据《郡斋》孙校本录李富孙校语云：“案瞿校本‘備’改‘億’，误，備，億之弟。”⑥孙校本未引用《经籍考》为证。《宋志》卷2史部编年类亦题作“杨备《历代纪元赋》一卷”，则撰者当作“楊備”。当以《经籍考》为是。

第三条：《经籍考》卷37子部儒家类著录有“《渔樵问对》一卷”，其下辑录《郡斋》云：“晁氏曰：皇朝邵雍撰。”⑦而《郡斋》卷10子部儒家类“《渔樵对问》一卷”下的解题原文为：“右皇朝张载撰。”⑧《经籍考》与《郡斋》形成异文“邵雍/張載”。

今按：《郡斋》衢本作“张载”。卢文弨《群书拾补》同。何焯、周中孚等俱认为当作“邵雍”。又是书附于刘安节《刘左史集》末，周中孚《郑堂读书记》卷36认为是刘安节钞录邵书，后人编集时误以殿后。今本俱题邵雍撰。综上所述，《经籍考》为胜。

五、其他情况

第一条：《经籍考》卷69集部诗集类著录有“《包何集》一卷”，其下辑录《直斋》云：“陈氏曰：唐起居舍人延陵包何幼正撰。”⑨而《直斋》卷19集部诗集类“《包何集》一卷”下的解题原文为：“唐起居舍人延陵包何幼嗣撰。”⑩《经籍考》与《直斋》形成异文“幼正/幼嗣”。

今按：《经籍考》与殿本《直斋》原均作“幼正”。据《新唐志》卷4当作“幼嗣”。点校本《经籍考》和徐校本《直斋》均已据改。两者均误。

---

① 四库全书研究所：《钦定四库全书总目(整理本)》(上)，中华书局，1997年，第344页。

② 崔富章著：《四库提要补正》，杭州大学出版社，1990年，第156~159页。

③ 李解民：《〈春秋集解〉为吕祖谦撰考——〈四库全书总目〉辨正札记》，见中国典籍与文化编辑部：《中国典籍与文化论丛》第8辑，北京大学出版社，2005年，第28~39页。

④ 马端临：《文献通考·经籍考》(上)，华东师范大学出版社，1985年，第494页。

⑤ 晁公武撰，孙猛校证：《郡斋读书志校证》(上)，上海古籍出版社，1990年，第212页。

⑥ 晁公武撰，孙猛校证：《郡斋读书志校证》(上)，上海古籍出版社，1990年，第212页。

⑦ 马端临：《文献通考·经籍考》(下)，华东师范大学出版社，1985年，第868页。

⑧ 晁公武撰，孙猛校证：《郡斋读书志校证》(上)，上海古籍出版社，1990年，第452页。

⑨ 马端临：《文献通考·经籍考》(下)，华东师范大学出版社，1985年，第1592页。

⑩ 陈振孙撰，徐小蛮、顾美华点校：《直斋书录解题》，上海古籍出版社，1987年，第562页。

第二条：《经籍考》卷 12 经部经解类著录有"《五经钩沉》"，其下辑录《崇文》云："《崇文总目》：晋王芳撰。"①《崇文》卷 1 经部论语类"《五经钩沉》五卷"下的解题原文为："《五经钩沉》五卷　原释晋杨芳撰。"②《经籍考》与《崇文》形成异文"王芳/楊芳"。

今按：此书撰者《隋志》卷 1、《新唐志》卷 1 均题作"杨方"。《晋书》卷 68《列传》第 38 有《杨方传》。两者均误。

第三条：《经籍考》卷 23 史部传记类著录有"《贾氏备史》六卷"，其下辑录《直斋》云："陈氏曰：汉谏议大夫贾谭撰。"③而《直斋》卷 5 史部杂史类"《贾氏备史》六卷"下的解题原文为："汉谏议大夫贾纬撰。"④《经籍考》与《直斋》形成异文"賈譚/賈緯"。

今按：此书历代著录皆作"贾纬"，《经籍考》误。当以《直斋》为是。

第四条：《经籍考》卷 23 史部传记类著录有"《圣宋掇遗》一卷"，其下辑录《郡斋》云："晁氏曰：皇朝欧阳靖撰。"⑤《郡斋》卷 6 史部杂史类"《圣宗掇遗》一卷"下的解题原文为："右皇朝余靖撰。"⑥《经籍考》与《郡斋》形成异文"歐陽靖/余靖"。

今按：《郡斋》袁本作"余靖"，《经籍考》同衢本作"歐陽靖"。余靖为北宋名臣。其事迹见欧阳修《欧阳文忠公集》卷 23《余襄公神道碑铭》及《宋史》卷 320 本传。据此，当以《郡斋》为是。

第五条：《经籍考》卷 27 史部史评史钞类著录有"《唐书音训》四卷"，其下辑录《郡斋》云："晁氏曰：皇朝窦巩撰。"⑦《郡斋》卷 7 史部史评类"《唐书音训》四卷"下的解题原文为："右皇朝窦苹撰。"⑧《经籍考》与《郡斋》形成异文"竇鞏/竇苹"。

今按：《郡斋》衢本"苹"作"萃"，元本《文献通考》作"革"，殿本(点校本)《经籍考》作"鞏"。袁本作"苹"。《郡斋》孙校本校记经过详细论证，考定作"苹"为是。当以《郡斋》为是。

第六条：《经籍考》卷 45 子部农家类著录有"《茶谱》一卷"，其下辑录《郡斋》云："晁氏曰：伪蜀燕文锡撰。"⑨《郡斋》卷 12 子部农家类"《茶谱》一卷"下的解题原文为："右伪蜀毛文锡撰。"⑩《经籍考》与《郡斋》形成异文"燕文錫/毛文錫"。

点校本《文献通考》校记云："毛文锡，'毛'原作'燕'，据《郡斋读书志》卷一二、《直斋书录解题》卷一四及《宋史》卷二〇五《艺文四》改。按马端临原刊谓'晁氏曰："伪蜀燕

---

① 马端临：《文献通考·经籍考》(上)，华东师范大学出版社，1985 年，第 310 页。

② 见(宋)王尧臣等撰，(清)钱东垣等辑释，(清)钱侗补遗：《崇文总目辑释》五卷、《附录》一卷，见《续修四库全书》第 916 册，上海古籍出版社，1996 年，第 630 页。

③ 马端临：《文献通考·经籍考》(上)，华东师范大学出版社，1985 年，第 566 页。

④ 陈振孙撰，徐小蛮、顾美华点校：《直斋书录解题》，上海古籍出版社，1987 年，第 149 页。

⑤ 马端临：《文献通考·经籍考》(上)，华东师范大学出版社，1985 年，第 571 页。

⑥ 晁公武撰，孙猛校证：《郡斋读书志校证》(上)，上海古籍出版社，1990 年，第 264 页。

⑦ 马端临：《文献通考·经籍考》(上)，华东师范大学出版社，1985 年，第 669 页。

⑧ 晁公武撰，孙猛校证：《郡斋读书志校证》(上)，上海古籍出版社，1990 年，第 299 页。

⑨ 马端临：《文献通考·经籍考》(下)，华东师范大学出版社，1985 年，第 1044 页。

⑩ 晁公武撰，孙猛校证：《郡斋读书志校证》(上)，上海古籍出版社，1990 年，第 533 页。

文锡撰。"'非也。"①据此，则当以《郡斋》为是。

第七条：《经籍考》卷54子部释氏类著录有"《六祖坛经》三卷"，其下辑录《郡斋》云："晁氏曰：唐僧惠眇撰。"②《郡斋》卷16子部释书类"《六祖坛经》三卷"下的解题原文为："右唐僧惠昕撰。"③《经籍考》与《郡斋》形成异文"惠眇/惠昕"。

点校本《文献通考》校记云："'昕'原作'眇'，据《郡斋读书志》卷一六、《普慧大藏经·坛经》合刊本改。"④据此，则当以《郡斋》为是。

第八条：《经籍考》卷54子部释氏类著录有"《景祐天竺字源》七卷"，其下辑录《直斋》云："陈氏曰：僧相净等集进。"⑤《直斋》卷12子部释氏类"《景祐天竺字源》七卷"下的解题原文为："僧惟净等集进。"⑥《经籍考》与《直斋》形成异文"相淨/惟淨"。

今按：历代著述均题是书撰者为"惟净"。《经籍考》误。又1994年中华书局出版，由中华大藏经编辑局所编的《中华大藏经》汉文部分第72册收有此书，书首有宋仁宗景祐二年序，均题作"惟净"。据此，则当以《直斋》为是。

综上归纳之13类85条所述，其中以《经籍考》为是者26条，以《郡斋》为是者23条，以《直斋》为是者24条，两者均可者3条，两者均误者7条，存疑或不明原因者2条。《经籍考》之校勘价值由此可见一斑。由于《经籍考》特殊的"辑录"体制，再加上马端临所引用的本子无疑都是宋元之际的钞本或刻本(从版本上来说，宋元本大多是现存古籍的最早刻本，其版本和校勘价值都很高)，因此《经籍考》可以说是"他校"之渊薮。如孙猛(1990)的《〈郡斋读书志〉校证》中，就大量采用《经籍考》中几乎完整保留的"晁氏曰"，并结合其他资料来进行校勘。徐小蛮、顾美华(1987)点校的《直斋书录解题》也是如此。这是利用《经籍考》作为其他书籍的他校材料。反过来，校勘《经籍考》也需要拿其所引用的资料的今存原文做"他校"，只是一个主辅关系的变化罢了。《经籍考》目前最全面的校勘成果是前面提到的1996年及2011年点校本《文献通考》中的《经籍考》部分。但笔者在做此章撰者题名的异文分析时，发现其还是有一些疏漏的，而且《经籍考》部分又未单行。因此，笔者以为，有详细校记的《经籍考》的单行点校本乃至单行汇释本，是目前学界所迫切需要的。

---

① 上海师范大学古籍研究所与华东师范大学古籍研究所点校：《文献通考》，海南国际新闻出版中心，1996年，第2745页。

② 马端临：《文献通考·经籍考》(下)，华东师范大学出版社，1985年，第1231页。

③ 晁公武撰，孙猛校证：《郡斋读书志校证》(下)，上海古籍出版社，1990年，第796页。

④ 上海师范大学古籍研究所与华东师范大学古籍研究所点校：《文献通考》，海南国际新闻出版中心，1996年，第2817页。

⑤ 马端临：《文献通考·经籍考》(下)，华东师范大学出版社，1985年，第1243页。

⑥ 陈振孙撰，徐小蛮、顾美华点校：《直斋书录解题》，上海古籍出版社，1987年，第357页。

第五章 《经籍考》中马氏注文与按语之分析

《经籍考》作为一部"辑录体"解题目录，其绝大多数文字皆辑自他人著作(当然辑录过程中根据需要有所增删改易，但基本是保持原貌的)，"自为之说甚少"，这也是其长期为人所诟病看低的原因。当然《经籍考》最主要的贡献，同时也是对后世影响最大的方面还是它开创了"辑录体"这种目录编纂体制，并且在清代专科目录的编纂中得以大放异彩。话虽如此，但每一个认真读过《经籍考》的人都会发现，马端临并不完全是"述而不作"，他在正文中加入了大量注文以作为辅助说明，又在他人引文下有疑问或有心得的地方直接下按语表达自己的意见。这些按语中不乏五千字以上的长篇宏论，且见解颇为深刻而常为后世所称引者。因此，《经籍考》中的注文与按语作为马氏自撰之文字，最直接地体现了马端临的编辑工作与学术见解，值得深入地分析和总结。因此本章将分两节分别探讨《经籍考》中的注文与按语之体例及其学术价值。

第一节 《经籍考》中马氏注文之分析

《经籍考》在书目与正文之中广泛运用注语，它是一种辅助说明的要素，作为对书目著录乃至解题文字的补充。刘石玉(1985)归纳《经籍考》中注语的运用情况分为：(1)"说明本类在本考中有什么变化，对旧目做了哪些调整，图书归类有何不同"。(2)"指出一书之附录"。(3)"指出一书不同卷数之别"。(4)"直接指出不同卷别本见于何家书目"。(5)"指出不同卷别本之书名"。(6)"交代一书之异名"。(7)"指示一书互著位置"①。刘氏发凡起例之功虽不可没，但今天看来刘氏所举例子显得太少，归纳也不够全面，分析也嫌过于简单。为了全面系统地分析《经籍考》中的注文，我们对《经籍考》进行了全文穷尽性的分析，目前共得出353处(分布在213个段落中，有的1个段落中有多处)注文。由于马端临从他书中辑录相关内容时往往将正文连同注文一齐抄录，因此这些注文大部分是承袭所引用原书中所夹之注文，而非马端临所作。笔者经过与所引原文的逐一分析比对，发现目前只有83处(分布在68个段落中)注文可以肯定是马端临所作。下面就以这68个段落的注文为主，分成15个方面加以探讨。

一、著录分析

(一)书籍异名

书籍在流传过程中改名而出现同书异名的现象并不少见，往往是年代越早的书籍在流

① 刘石玉：《〈经籍考〉主要编撰内容考析》，《赣图通讯》1985年第3期，第69页。

传过程中或因卷帙内容(尤以集部书籍的不断编纂、卷帙不断增加为代表)有变，或因某种外因(如因为改朝换代而将书名中“本朝”“皇朝”等违碍字眼删去或改变等)而出现异名的情况很普遍。往往要经过较长时间，其名称才能趋于统一。不同的书目(对于《经籍考》来说主要就是《郡斋》与《直斋》)有可能著录的同一本书的异名，《经籍考》在注文中有所交代。

第一条：《经籍考》卷27史部史评史钞类著录有吴缜的“《唐书辩证》二十卷(一名《纠谬》)”①。

马氏在其下同时辑录了《郡斋》和《直斋》的解题。《郡斋》卷7史部史评类著录有“《唐书辨证》二十卷”，而《直斋》卷4史部正史类著录有“《唐书纠缪》二十卷”。两者系同书异名。马氏采纳了《郡斋》的书名，将《直斋》的书名放入注文。马氏所引《郡斋》解题也指出：

> 初名《纠谬》，其后改云《辩证》，实一书也。②

第二条：《经籍考》卷27史部史评史钞类著录有孙甫的“《唐史要论》十卷(一作《论断》二卷)”③。

马氏在其下同时辑录了《郡斋》和《直斋》的解题。《郡斋》卷7史部史评类著录有“《唐史要论》十卷”，《直斋》卷4史部编年类著录有“《唐史论断》三卷”。两者系同书异名。马氏取《郡斋》的书名和卷数，将《直斋》的书名(卷数则略有差异)放入注文中。

第三条：《经籍考》卷56子部杂艺术类著录有唐询的“《砚谱》二卷(又名《北海公砚录》)”④。

马氏在其下只辑录了《郡斋》的解题。查《郡斋》卷14子部类书类著录有“《砚谱》二卷”。而《直斋》卷14子部杂艺类著录有“《北海公砚录》一卷”。当为马氏所见，两者系同书异名。马氏取《郡斋》的书名和卷数，将《直斋》的书名放入注文。

第四条：《经籍考》卷56子部杂艺术类著录有“《香严三昧》十卷，《侯氏萱堂香谱》一卷(又《侯氏萱堂香录》二卷。《谱》或曰《录》)”⑤。

马氏在其下只辑录了《直斋》的解题。查《直斋》卷14子部杂艺类前后著录有“《香严三昧》一卷”和“《萱堂香谱》一卷”两条，分别有其解题。马氏将其合在一条书目中。此两书除《直斋》外，《郡斋》等书目均未著录。马氏注文所言“又《侯氏萱堂香录》二卷。《谱》或曰《录》”，当是指“《侯氏萱堂香谱》一卷”的同书异名(卷数也略有差异)。其著录依据可能是依据马氏的个人藏书。

第五条：《经籍考》卷61集部别集类著录有宋庠的“《宋元宪集》四十四卷(一作《缇中

---

① 马端临：《文献通考·经籍考》(上)，华东师范大学出版社，1985年，第669页。
② 马端临：《文献通考·经籍考》(上)，华东师范大学出版社，1985年，第669页。
③ 马端临：《文献通考·经籍考》(上)，华东师范大学出版社，1985年，第671页。
④ 马端临：《文献通考·经籍考》(下)，华东师范大学出版社，1985年，第1286页。
⑤ 马端临：《文献通考·经籍考》(下)，华东师范大学出版社，1985年，第1288页。

集》二十卷)”①。

马氏在其下只辑录了《郡斋》的解题。查《郡斋》卷19集部别集类著录有“《缇巾集》二十卷”，而《直斋》卷17集部别集类下著录有“《宋元宪集》四十四卷”，是为同书而异名。马氏取《直斋》的书名和卷数著录，将《郡斋》的书名和卷数放入注文。《经籍考》注文系取《郡斋》衢本之书名，但将“《缇巾集》”误为“《湜中集》”②。

(二)卷数差异

书籍在流传过程中往往会形成不同的版本，其卷数也可能有差异。这种差异可能是内容上有所增删，也可能只是卷帙的分合。不同的书目之间著录的版本可能不一样，卷数可能也有差异。马端临在注文中对此也有所说明。

第一条：《经籍考》卷6经部诗类著录有“韩婴《诗外传》共十卷”，其下辑录陈振孙《直斋书录解题》卷2经部诗类“《韩诗外传》十卷”之解题云：

> 陈氏曰：今所存惟《外传》，而卷多于旧(旧六卷，今十卷)，盖多杂说，不专解《诗》。不知果当时本书否也。③

此条是指《汉志》六艺略诗类著录有“《韩外传》六卷”，从《隋志》开始直到《经籍考》经部诗类皆著录“《韩诗外传》十卷”。所以马氏说“旧六卷，今十卷”。

第二条：《经籍考》卷21史部起居注类著录有“《唐宣宗实录》三十卷，《懿宗实录》二十五卷，《僖宗实录》三十卷，《昭宗实录》三十卷，《哀宗实录》八卷”，其下辑录晁公武《郡斋读书志》卷6史部实录类“《唐武宗实录》一卷”之解题云：

> 晁氏曰：国朝宋敏求次道所补。《宣录》三十卷，《懿录》三十卷(一作二十五卷)，《僖录》三十卷，《昭录》三十卷，《哀录》八卷，通百二十八卷，世服其博闻。④

当是指《郡斋》和《直斋》的著录差异。《郡斋》卷6史部实录类著录“《懿录》三十卷”，而《直斋》卷4史部起居注类则著录“《懿宗实录》二十五卷”。马端临同时辑录了两家的解题而采用了《直斋》的卷数。并辑录《直斋》云：

> 陈氏曰：五《录》者，皆敏求追述为书。按《两朝史志》，初为一百卷，其后增益为一百四十八卷。今按《懿录》三十五卷，止有二十五卷，而始终皆备，非阙也，实一百四十三卷。《馆阁书目》又言阙第九一卷，今亦不阙云。⑤

---

① 马端临：《文献通考·经籍考》(下)，华东师范大学出版社，1985年，第1411页。

② 考校详见晁公武撰，孙猛校证：《郡斋读书志校证》(下)，上海古籍出版社，1990年，第981~982页。

③ 马端临：《文献通考·经籍考》(上)，华东师范大学出版社，1985年，第152页。

④ 马端临：《文献通考·经籍考》(上)，华东师范大学出版社，1985年，第519页。

⑤ 马端临：《文献通考·经籍考》(上)，华东师范大学出版社，1985年，第519页。

据陈氏所云，则二十五卷本虽卷数减少，但并不是残本，而是全本。故马氏采之。

第三条：《经籍考》卷22史部杂史类著录有“《西京杂记》二卷(一作六卷)”①。

此条也是指《郡斋》与《直斋》的著录差异。马端临在此条下同时辑录了《郡斋》和《直斋》的解题。查《郡斋》卷6史部杂史类著录“《西京杂记》二卷”，而《直斋》卷7史部传记类则著录“《西京杂记》六卷”。马氏辑录其解题云：

> 陈氏曰：其卷末言：洪家有刘子骏书百卷，先父传之。歆欲撰《汉书》，杂录汉事，未及而亡。试以此记考校班固所作，殆是全取刘书，有少异同耳。固所遗不过二万余言，今钞出为二卷，以裨《汉书》之阙。所谓先父者，歆之于向也。而《馆阁书目》以为洪父传之，非是。《唐艺文志》亦只二卷。今六卷者，后人分之也。②

这说明二卷、六卷只是分卷的不同，内容上并无差异。所以马氏依《郡斋》著录，将《直斋》卷数用注文标出。

第四条：《经籍考》卷23史部传记类著录有韩偓的“《金銮密记》一卷(一作三卷)”③。

此条也是《郡斋》与《直斋》的著录差异。马端临在此条下同时辑录了《郡斋》和《直斋》的解题。查《郡斋》卷6史部杂史类著录有“《金銮密记》一卷”，而《直斋》卷5史部杂史类则著录“《金銮密记》三卷”。马氏采纳了《郡斋》的卷数，以《直斋》卷数入注文。

第五条：《经籍考》卷25史部传记类著录有“《王沂公言行录》一卷(一作三卷)”④。

此条也是《郡斋》与《直斋》的著录差异。马端临在此条下同时辑录了《郡斋》和《直斋》的解题。查《郡斋》卷9史部传记类著录有“《王文正公言行录》三卷”，而《直斋》卷7史部传记类下则著录为“《沂公言行录》一卷”。马氏采纳了《直斋》的卷数，以《郡斋》卷数入注文。

第六条：《经籍考》卷27史部伪史霸史类著录有“《华阳国志》十二卷(一云二十卷)”⑤。

此条也是《郡斋》与《直斋》的著录差异。马端临在此条下同时辑录了《郡斋》和《直斋》的解题。查《郡斋》卷7史部伪史类著录有“《华阳国志》十二卷”，而《直斋》卷5史部杂史类则著录有“《华阳国志》二十卷”。马氏采纳了《郡斋》的卷数，以《直斋》卷数入注文。

第七条：《经籍考》卷27史部伪史霸史类著录有“《金虏节要》一卷(一作三卷)”⑥。

此条仍是《郡斋》与《直斋》的著录差异。马端临在此条下同时辑录了《郡斋》和《直斋》的解题。查《郡斋》卷7史部伪史类著录有“《金虏节要》一卷”，而《直斋》卷5史部伪史类著录有“《金国节要》三卷”。马氏采纳了《郡斋》的卷数，以《直斋》卷数入注文。

第八条：《经籍考》卷29史部职官类著录有“《百官公卿表》一百四十五卷(《书录解

① 马端临：《文献通考·经籍考》(上)，华东师范大学出版社，1985年，第545页。
② 马端临：《文献通考·经籍考》(上)，华东师范大学出版社，1985年，第545页。
③ 马端临：《文献通考·经籍考》(上)，华东师范大学出版社，1985年，第563页。
④ 马端临：《文献通考·经籍考》(上)，华东师范大学出版社，1985年，第606页。
⑤ 马端临：《文献通考·经籍考》(上)，华东师范大学出版社，1985年，第641页。
⑥ 马端临：《文献通考·经籍考》(上)，华东师范大学出版社，1985年，第653页。

题》作十五卷)”①。

此条情况比较复杂。马端临在此条下也同时辑录了《郡斋》和《直斋》的解题以及撰者司马光和李焘的序文。但并未采用晁、陈中的任何一家(点校本《经籍考》则改成从了《郡斋》的一百四十二卷，原文是一百四十五卷)。查《郡斋》卷7史部职官类著录有“《百官公卿表》一百四十二卷”，而《直斋》卷4史部编年类则著录“《百官公卿表》十五卷”。陈氏知道《郡斋》的这条著录，所以马氏辑录的“陈氏曰”一段末尾有“晁《志》有一百四十二卷，未详”之语。在辑录了诸家之后，马氏直接用按语指出了著录卷数的理由：

> 按：此序，则温公本书止十卷，巽岩《续编》推而广之，为一百四十二卷。晁氏所言乃巽岩续书，非温公本书也。陈氏以为未详者，是未见巽岩之书，然又以温公之书为十五卷，则不知其何所本也(晁氏在巽岩之前，安得见其书？所谓一百四十五卷者，决非巽岩之书也)②。

在这段注文中记载出现了矛盾，马氏云“所谓一百四十五卷者，决非巽岩之书也”，“五”当是“二”之误。由此可推知马氏著录的“《百官公卿表》一百四十五卷”亦当是“《百官公卿表》一百四十二卷”之误。即马氏著录的卷数同于晁氏《郡斋》。但他在按语中又说“晁氏在巽岩之前，安得见其书？所谓一百四十五卷者，决非巽岩之书也”，对此，《郡斋》孙猛校本经过考证指出晁公武虽卒于李焘之前，但两人过从甚密，并从同供馆职，此书在晁氏生前已经完成。晁氏应该可以看到并据以著录③。

第九条：《经籍考》卷43子部小说家类著录有“《归田录》十卷”，其下辑录晁公武《郡斋读书志》卷13子部小说家类“《该闻录》十卷”云：

> 晁氏曰：皇朝李畋撰。畋，蜀人，张咏客也，与范镇友善。熙宁中致仕，归，与门人宾客燕谈忘倦。门人请编录之。又名《该闻录》(《书录解题》作十卷)。又有杂诗十二篇，系于后。④

此条情况比较复杂。查《直斋》卷11子部小说类正著录有“《该闻录》十卷”，马氏在注文中指出《直斋》中该书的卷数。马氏在此条下只辑录了《郡斋》一家，并辑录了《郡斋》衢本卷13子部小说类“《归田录》六卷”下的解题。而《郡斋》孙猛校本据袁本(《后志》卷二小说类第六)在卷13子部小说类著录有“《归田录》六卷”，而其下并无解题。紧接着下一条即是“《该闻录》十卷”，也是依据袁本，而衢本“《归田录》六卷”下的解题在袁本则是“《该闻录》十卷”下的解题。《直斋》卷11子部小说家类则著录有“《该闻录》十卷”，其下的解

---

① 马端临：《文献通考·经籍考》(上)，华东师范大学出版社，1985年，第720页。

② 马端临：《文献通考·经籍考》(上)，华东师范大学出版社，1985年，第723页。

③ 详见晁公武撰，孙猛校证：《郡斋读书志校证》(上)，上海古籍出版社，1990年，第320~321页。

④ 马端临：《文献通考·经籍考》(下)，华东师范大学出版社，1985年，第997页。

题云：

> 成都李畋撰。张忠定公客也。熙宁中致仕归，与门人宾客燕谈，衮衮忘倦，门人请编录之。又名《归田录》。①

马端临和陈振孙一样，认定《归田录》和《该闻录》是同书异名，所以用注文指出“《该闻录》(《书录解题》作十卷)”。孙猛考证云：“按欧阳修《归田录》与李畋《该闻录》乃二人撰二书。”②而马氏所据之《郡斋》衢本因漏掉“《该闻录》十卷”一条，并将本是李畋《该闻录》下之解题移到《归田录》之下，从而造成了张冠李戴。

(三)书目附录

古书往往会有各种附录，而书籍在流传过程中也可能附加某些内容。在书目著录的过程中，为叙述方便起见，有时也会将同出一家的某部著作(往往是次要的)附在其主要著作之后一并著录。马氏在注文中对此也有所交代。

第一条：《经籍考》卷2经部易类著录有“《周易言象外集》(《古易》)”③。

马端临在其下分别辑录了《崇文》和《直斋》的解题。其中引《崇文》的部分只是“《周易言象外传》十卷”一书的解题。而所辑录的《直斋》卷1经部易类的解题则是“《周易言象外传》十卷”与“《古易》十二卷”两书的解题。前者是王洙撰，《直斋》原文是：

> 翰林学士睢阳王洙原叔撰。④

后者虽非王洙所撰，但出自王洙之家，《直斋》原文是：

> 出翰林学士睢阳王洙原叔家……叶石林以为此即《艺文志》所谓《古易》十二篇者也。案《隋唐志》皆无《古易》之目，当亦是后人依仿录之尔。⑤

《古易》虽作者不明，但出自王洙之家(很可能是其自造而依托古书)，马氏遂将其附于王洙自撰之“《周易言象外传》”之后。

第二条：《经籍考》卷8经部礼类著录有“张无垢《中庸说》六卷，《大学说》二卷(《少仪解》附)”⑥。

马氏在其下只辑录了朱熹《杂学辨·张无垢中庸解》的部分内容。其书目著录的参考其实是《直斋》(《郡斋》无此目)。考《直斋》卷2经部礼类著录有“《中庸大学说》各一卷、

---

① 陈振孙撰，徐小蛮、顾美华点校：《直斋书录解题》，上海古籍出版社，1987年，第329页。

② 详见晁公武撰，孙猛校证：《郡斋读书志校证》(上)，上海古籍出版社，1990年，第575~576页。

③ 马端临：《文献通考·经籍考》(上)，华东师范大学出版社，1985年，第61页。

④ 陈振孙撰，徐小蛮、顾美华点校：《直斋书录解题》，上海古籍出版社，1987年，第10页。

⑤ 陈振孙撰，徐小蛮、顾美华点校：《直斋书录解题》，上海古籍出版社，1987年，第10页。

⑥ 马端临：《文献通考·经籍考》(上)，华东师范大学出版社，1985年，第207页。

《少仪解》附”，《直斋》在其下的解题原文是：“张九成撰。曲江本《中庸》六卷，《大学》二卷。”①由此可见，马氏正是依据“曲江本”卷数著录的。

第三条：《经籍考》卷20史部编年类著录有“《疑年谱》一卷，《年略谱》一卷(《杂年号》附)”②。

马氏在其下只辑录了《直斋》的解题。其书目著录来自《直斋》卷4史部编年类著录的“《疑年谱》一卷、《年略谱》一卷、《杂年号》附”。

第四条：《经籍考》卷26史部传记类著录有“《夹漈家传》一卷(所著书目附)”③。

此条情况同上，其书目依据来自《直斋》卷7史部传记类著录的“《夹漈家传》一卷、所著书目附”。

第五条：《经籍考》卷27史部伪史霸史类著录有“《燕北杂录》五卷(《西征寨地图》附)”④。

此条情况同上，其书目依据来自《直斋》卷5史部伪史类著录的“《燕北杂录》五卷、《西征寨地图》附”。

第六条：《经籍考》卷34史部目录类著录有“《龙图阁瑞物宝目》、《六阁书籍图画目》共一卷(玉宸殿书数附)”⑤。

马氏在其下只辑录了《直斋》的解题。其书目著录依据来自《直斋》卷8史部目录类“《龙图阁瑞物宝目》、《六阁书籍图画目》共一卷”。注文中的“玉宸殿书数附”当系马氏依己藏所附。

(四)部卷合计

这是在《隋志》部类书目合计中所特有的亡书合计。《隋志》原文中多有交待，这里的两处是马氏调整后自己给出的。

第一条：《经籍考》卷11经部孟子类著录有“合计”，其下马氏自行统计《隋书·经籍志》云：

> 《隋志》：三家，二十八卷(亡书九卷)。⑥

《隋志》中“孟子”并未独立出来成为经部的一类，仍然归在子部儒类中。《隋志》卷3子部儒家类中一共著录了三家“孟子”类的著作，分别是“《孟子》十四卷齐卿孟轲撰，赵岐注”“《孟子》七卷郑玄注”及“《孟子》七卷刘熙注。梁有《孟子》九卷，綦毋邃撰，亡”。马氏据此而得出其“《隋志》：三家，二十八卷(亡书九卷)”的统计结论。

第二条：《经籍考》卷12经部经解类著录有“合计”，其下马氏自行统计《隋书·经籍志》云：

---

① 陈振孙撰，徐小蛮、顾美华点校：《直斋书录解题》，上海古籍出版社，1987年，第48页。
② 马端临：《文献通考·经籍考》(上)，华东师范大学出版社，1985年，第493页。
③ 马端临：《文献通考·经籍考》(上)，华东师范大学出版社，1985年，第626页。
④ 马端临：《文献通考·经籍考》(上)，华东师范大学出版社，1985年，第650页。
⑤ 马端临：《文献通考·经籍考》(上)，华东师范大学出版社，1985年，第817页。
⑥ 马端临：《文献通考·经籍考》(上)，华东师范大学出版社，1985年，第292页。

《隋志》：二十九部，三百五十九卷(亡书四家，十七卷)。①

与上一条类似，《隋志》中无独立的"经解"类(即后世之"五经总义"或"群经总义"类)，而是将其附在经部论语类的末尾。因此马端临在统计《隋志》中"经解"类书目的数量时也是自己统计的。《隋志》卷1经部论语类从"《五经音》十卷徐邈撰"开始至"《郑记》六卷郑玄弟子撰"为止，共计29部359卷，都是"经解"类的书籍。这就是马氏的统计来源。其中有一条"《五经大义》三卷戴逵撰。梁有《通五经》五卷，王氏撰；《五经咨疑》八卷，周杨撰；《五经异同评》一卷，贺绥撰；《五经秘表要》三卷。亡"②，便是马氏统计出"亡书四家，十七卷"的来源。但是马氏在这里有一个小的疏漏，这29家中还有另外一条是"《五经义》六卷梁七卷。梁又有《五经义略》一卷，亡"③，如此，则亡书实有五家，应当注为"亡书五家，十八卷"方是。

第三条：《经籍考》卷39子部墨家类著录有"合计"，其下辑录《隋书·经籍志》卷1经部诗类小计云：

《隋志》：三部，一十七卷(《唐志》同)。④

此条是因《新唐志》与《隋志》在子部墨家类的著录部数上没有变化，马氏在注文中指出，同时下面就省却了《新唐志》的部数合计了。

(五)归类调整

在本书第一章著录要素的分析中，笔者曾指出：在各部类的开头，马端临一般会辑录前代目录的小序作为其《经籍考》的部类小序，紧接着就排列该类在历代官修书目(主要是《汉志》《隋志》《新唐志》和宋朝的四部《国史艺文志》)中的著录部数总计。这样该类书籍的历代部卷数便可一目了然，由此亦可窥见该类学术之兴衰。由于《经籍考》是一个杂糅此前历代书目的综合书目，其分类体系和书籍的具体归类对前代书目都有所调整。为了使读者对此心中有数，在《经籍考》，马端临往往用注文或按语予以交代。如下文所示：

《经籍考》卷7经部礼类著录中有"合计"，其下辑录《宋三朝志》云：

《宋三朝志》：四十部，一千五十六卷(内十一部入《仪注》门)。⑤

《经籍考》卷7经部礼类著录有"合计"，其下辑录《宋两朝志》云：

---

① 马端临：《文献通考·经籍考》(上)，华东师范大学出版社，1985年，第309页。
② (唐)魏徵等：《隋书》第4册，中华书局，1974年，第938页。
③ (唐)魏徵等：《隋书》第4册，中华书局，1974年，第938页。
④ 马端临：《文献通考·经籍考》(下)，华东师范大学出版社，1985年，第924页。
⑤ 马端临：《文献通考·经籍考》(上)，华东师范大学出版社，1985年，第171页。

《宋两朝志》：三部，五十二卷(内一部入《仪注》门)。①

《经籍考》卷 7 经部礼类著录有“合计”，其下辑录《宋四朝志》云：

《宋四朝志》：二十五部，三百六十七卷(内一部入《仪注》门)。②

以上三条都是因为马端临将前代书目中归入经部礼类的一些书籍调整归入仪注类。马氏在《经籍考》卷 7 经部礼类小序中的按语中指出：

按：三代之礼，其流传于汉世，《周官》《仪礼》《戴记》三书而已，《艺文志》所述皆三书也。然其末则以《古封禅群祀》二十二篇、《封禅议对》十九篇、《汉封禅群祀》三十六篇、《议奏》三十八篇继之，而皆以为《礼》家。按封禅，秦、汉之事，难厕其书于礼经之后，今析入《仪注》门。凡削四家，一百一十五篇云。③

马端临将秦汉以后制定的礼书从前代书目的经部礼类中析出，调整归入经部“仪注”类，从而使其经部礼类只著录“三礼”类著作。

《经籍考》卷 12 经部孝经类著录有“合计”，其下辑录《汉书・艺文志》六艺略孝经类小计云：

《汉志》：八家，一十二篇。(本志十一家，五十九篇。今削《五经杂议》以下，见《经解门》)④

《经籍考》卷 12 经部经解类著录有“合计”，其下马氏自行统计云：

《汉志》：一家，十八篇。(《五经杂讲》)⑤

以上两条因《汉书・艺文志》中没有后来书目中的“经解”(《四库全书总目》称为“五经总义”)类，将《五经杂议》(即此处所云《五经杂讲》)等总论群经的书籍附入了六艺略孝经类中。《经籍考》设有“经解”类，将《五经杂议》归入其中，所以马端临在此予以提示。在经部“经解”类(紧接在“孝经”类之后)的部类合计中，马氏指出“《汉志》：一家，十八篇。(《五经杂讲》)”⑥，与此处形成照应。

《经籍考》卷 18 史部正史类著录有“合计”，其下马氏自行统计《汉书・艺文志》云：

---

① 马端临：《文献通考・经籍考》(上)，华东师范大学出版社，1985 年，第 171 页。
② 马端临：《文献通考・经籍考》(上)，华东师范大学出版社，1985 年，第 171 页。
③ 马端临：《文献通考・经籍考》(上)，华东师范大学出版社，1985 年，第 171 页。
④ 马端临：《文献通考・经籍考》(上)，华东师范大学出版社，1985 年，第 302 页。
⑤ 马端临：《文献通考・经籍考》(上)，华东师范大学出版社，1985 年，第 309 页。
⑥ 马端临：《文献通考・经籍考》(上)，华东师范大学出版社，1985 年，第 309 页。

《汉志》：九家，四百一十一篇（元附《春秋》，今釐入史门）。①

此条是说明将《汉志》中原本附在六艺略春秋类的《史记》等史书分出，分别归入史部各类中。

《经籍考》卷18史部编年类著录有“合计”，其下辑录《宋四朝志》云：

《宋四朝志》：二十四部，一千二百一十卷（宋敏求武宗以下，元入杂史门，今附此）。②

《经籍考》卷18史部起居注类著录有“合计”，其下辑录《宋中兴志》云：

《宋中兴志》：七部，四千三百一十二卷（本志元以实录、日历俱入编年，今除实录入编年外，以日历附于起居注）。③

《经籍考》卷22史部杂史类著录有“合计”，其下辑录《宋四朝志》云：

《宋四朝志》：二十四部，一千七十三卷（内《唐武宗实录》以下六部入实录门，不重具）。④

以上三条即是注文所说的“本志元以实录、日历俱入编年，今除实录入编年外，以日历附于起居注”。马氏在卷18史部编年类的部类合计中指出：

按：实录即是仿编年之法，惟《唐志》专立实录一门，《隋史》以实录附杂史，《宋志》以实录附编年，今从《宋志》。⑤

这里的《宋志》系指《宋中兴国史艺文志》，马端临从其将实录附入编年类之中。马氏又在卷18史部起居注类的小序中辑录《宋三朝志》云：

《宋三朝艺文志》：古者左史记言，右史记动。厥后有起居注，盖记动也；时政纪，盖记言也；又有日历，兼言动而成之。淳化以来，悉备其书。唐录编年之外，又有起居注，类前代记注。今惟《唐创业起居注》存焉，余悉亡逸。国朝起居注、时政

① 马端临：《文献通考·经籍考》（上），华东师范大学出版社，1985年，第441页。
② 马端临：《文献通考·经籍考》（上），华东师范大学出版社，1985年，第443页。
③ 马端临：《文献通考·经籍考》（上），华东师范大学出版社，1985年，第444页。
④ 马端临：《文献通考·经籍考》（上），华东师范大学出版社，1985年，第536页。
⑤ 马端临：《文献通考·经籍考》（上），华东师范大学出版社，1985年，第444页。

记、日历秘有司，不列于此。①

可知马端临依《宋三朝国史艺文志》将日历附入起居类，从而在第八条中对其后的《宋中兴国史艺文志》做出了相应调整。

二、文本校勘

这种情况就是马端临在注文中指出同一书不同版本的异文。如下文所示：

《经籍考》卷6经部诗类著录有“《诗谱》一卷”，其下辑录欧阳修《诗谱补亡后序》②云：

> 欧阳公自序曰：毛、郑于《诗》，其学亦已博矣。予尝依其《笺》《传》，考之于经，而证以《序》、《谱》，惜其不合者颇多。盖《诗》述商、周，自《生民》《玄鸟》，上陈稷、契，下迄(一作讫)陈灵公，千五六百岁之间，旁及列国君臣世次、国地山川、封域图牒，鸟兽草木鱼虫之名，与其风俗善恶、方言训故(一作诂)、盛衰治乱、美刺之由，无所不载，然则孰能无失于其间哉？予疑毛、郑之失既多，然不敢轻易者，意其为说不止于《笺》《传》，而恨己(一作已恨)不得尽见二家之书……凡补其谱十有五，补其文字二百七(一本注云：谱序自“周公致太平”以上，皆亡其文，予取孔颖达《正义》所载之文补足，因为之注，自周公以下，即周旧注云)。增损涂乙改正者三(一作八)百八十三，而郑氏之《谱》复完(一有矣字)。③

《经籍考》卷10经部春秋类著录有“《伊川春秋传》二卷”，其下辑录程子《春秋传》自序④云：

> 程子自序曰：后世以史视《春秋》，谓褒善贬恶而已，至于经世之大法，则不知也。……于一事一义而欲窥圣人之用心(一本无心字)，非上智不能也。……是《传》也，虽未能极圣人之蕴奥，庶几学者得其门而入矣。⑤

《经籍考》卷17经部小学类著录有“《释鉴聿韵总》五篇”，其下辑录欧阳修《韵总序》⑥云：

> 洛阳僧鉴聿撰。欧公序略曰：儒之学者，信哉远且大而用功多，则其有所不暇者宜也。……栉(一有者字)之于发，绩(一有者字)之于丝，虽细且多，而条理不乱，

---

① 马端临：《文献通考·经籍考》(上)，华东师范大学出版社，1985年，第444页。

② 今见于《欧阳文忠公集·居士集》卷四十一《序七首·诗谱补亡后序》。

③ 马端临：《文献通考·经籍考》(上)，华东师范大学出版社，1985年，第154页。

④ 今见于(宋)吕祖谦《宋文鉴·皇朝文鉴》卷九十《序·春秋传序(程颐)》。

⑤ 马端临：《文献通考·经籍考》(上)，华东师范大学出版社，1985年，第252页。

⑥ 今见于《欧阳文忠公集·居士集》卷四十二《序九首·韵总序》。

儒之学者莫能难也。鉴聿通于《易》，能知大衍之数，又学乎阴阳、地理、黄帝、岐伯之书，其尤尽心者《韵总》也。浮图之书，行乎世者数百万言，其文字杂以夷夏，读者罕得其真，往往就(一有聿字)而正焉。鉴(一无此字)聿之书(一作韵)，非独有取于吾儒，亦欲传于其徒也。①

《经籍考》卷39子部墨家类著录有“《墨子》十五卷”，其下辑录韩愈《昌黎先生文集·读墨子》②云：

昌黎韩氏《读墨子》曰：儒讥墨以上同、兼爱、上贤、明鬼(上或皆作尚)……③

《经籍考》卷75集部总集类著录有“《西昆酬唱集》二卷”，其下辑录欧阳修《六一诗话》云：

《欧公诗话》曰：杨大年与钱、刘诸公唱和，自《西昆集》出，时人争效之，诗体一变。而先生老辈患其多用故事，至于语僻难晓，殊不知自是学者之敝。如子仪(一作大年)《新蝉》云：“风来玉宇乌先转，露下金茎鹊未知。”虽用故事，何害为佳句也。又如大年诗：“峭帆横渡官桥柳，叠鼓惊飞海岸鸥。”其不用故事，又岂不佳乎？盖其雄文博学，笔力有余，故无施而不可，非如前世号诗人者，区区于风云草木之类，为许洞所困也。④

三、内容参照

(一)本书参见

马端临在行文中比较注意前后照应，为了避免行文重复，在甲处已经详细说明了的，在乙处再次涉及时会用注文提示此处省略而见于某处。这是《经籍考》本书范围内的“参见法”。

《经籍考》卷2经部易类著录有“石徂徕《易解》五卷”，其下辑录陈振孙《直斋书录解题》卷1经部易类“《周易解义》十卷”之解题云：

陈氏曰：所解止六十四卦，亦无大发明。晁景迂言守道曰云云(见前段)。今观此《解义》，言王弼注《易》，欲人易见，使相附近，他卦皆然，惟《乾》不同者，欲存旧本而已，更无他说，不知景迂何以云尔也。按宋咸补注首章，颇有此意，晁误

---

① 马端临：《文献通考·经籍考》(上)，华东师范大学出版社，1985年，第414页。
② 今见于《昌黎先生文集》卷十一《杂说·读墨子》。
③ 马端临：《文献通考·经籍考》(下)，华东师范大学出版社，1985年，第924页。
④ 马端临：《文献通考·经籍考》(下)，华东师范大学出版社，1985年，第1777页。

记耳。①

此处参照之“前段”指同书目下马端临在此段前面辑录的《郡斋》的解题，原文是：

晁氏曰：景迂云：“《易》古文十二篇……古经始变于费氏，卒大乱于王弼，惜哉！今学者曾不之知也。石守道亦曰：‘孔子作《彖》《象》于六爻之前，《小象》系逐爻之下，惟《乾》悉属之于后者，让也。’呜呼！他人尚何责哉！”家本不见此文，岂介后觉其误改之欤？②

《经籍考》卷4经部书类著录有“孔安国《尚书注》十三卷”，其下辑录晁公武《郡斋读书志》卷1经部书类“《尚书》十三卷”之解题云：

晁氏曰：安国《古文尚书》至晋、齐间始显（详见总论）。唐孝明不喜古文，以今文易之，又颇改其辞。如旧“无颇”，今改“无陂”之类是也。按安国既定古文，会有巫蛊事，不复以闻，藏于私家而已。是以郑康成注《礼记》、韦昭注《国语》、杜预注《左氏》、赵岐注《孟子》，遇引今《尚书》所有之文，皆曰“逸《书》”，盖未尝见古文故也。然尝以《礼记》较《说命》，《孟子》较《泰誓》，大义虽不远，而文不尽同，意者安国以隶古定时失之耳。③

“详见总论”当是指《经籍考》卷4经部书类所辑录的小序。其中有“孔颖达曰”一大段，当是其所指。原文是：

孔颖达曰：孔君作传，值巫蛊，不行以终。前汉诸儒知孔本五十八篇，不见孔传，遂有张霸之徒伪作……刘向班固刘歆贾逵马融郑玄之徒，皆不见真古文，而误以此为古文之书，服虔杜预亦不之见，至晋王肃始似窃见。而《晋书》又云郑冲以古文授苏愉，愉授梁柳，柳之内兄皇甫谧又从柳得之，而柳又以授臧曹，曹始授梅赜，赜乃于前晋奏上其书而施行焉……④

两处内容，特别是画线部分正相参照。

《经籍考》卷18史部正史类著录有“《前汉书》一百卷”，其下辑录郑樵《通志·艺文略》⑤云：

---

① 马端临：《文献通考·经籍考》（上），华东师范大学出版社，1985年，第62页。
② 马端临：《文献通考·经籍考》（上），华东师范大学出版社，1985年，第62页。
③ 马端临：《文献通考·经籍考》（上），华东师范大学出版社，1985年，第107页。
④ 马端临：《文献通考·经籍考》（上），华东师范大学出版社，1985年，第103页。
⑤ 今见于《通志》卷六十三《艺文略第一·经类第一·春秋·五家传注·春秋左氏经传集解三十卷》（杜预）。

又曰：颜师古解《汉书》，所以得忠臣之名者，以其尽之矣。《汉书》未经颜氏之前，凡几家，一经颜氏之后，后人不能易其说，纵有措辞易说之者，如朝月晓星，不能有其明也(详见经录《左氏传》条下)。①

此条系马端临辑录郑樵的《通志·艺文略》。查阅《经籍考》卷9经部春秋类的"《春秋左氏经传集解》三十卷"条目下所引的"夹漈郑氏曰"②一大段，正包括了此处省略的文字。第五条和第七条都是这种情况。

《经籍考》卷22史部杂史类著录有"《汲冢周书》十卷"，其下辑录刘克庄语③云：

后村刘氏曰：《汲冢书》十卷，七十篇，与《艺文志》"《周书》七十一篇"合，但少一篇。晁子止谓其记录失实，李仁父谓书多駮词。按中间所载武王征四方，馘亿有十万七千七百七十有九，俘三亿万二百三十，暴于秦皇、汉武矣。狩擒虎二十有二(云云见前段)。纣囿虽大，安得熊罴如是其众？又谓俘商宝玉亿有百万。皆荒唐夸诞，不近人情，非止于驳而已。百篇圣笔所定，孟子犹疑"漂杵"之语。前辈云"吾欲忘言"，观道妙《六经》，俱不是全书，况《汲冢》之类乎！④

"云云见前段"系指同书目此条之上马氏辑录的洪迈《容斋随笔》⑤云：

容斋洪氏《随笔》曰：《周书》今七十篇，殊与《尚书》体不相类，所载事物亦多过实。其《克商解》云：武王先入，适纣所在，射之三发，而后下车，系之以轻吕(剑名)。……又言武王狩事，尤为淫侈，至于擒虎二十有二、猫二、麋五千二百三十五、犀十有三、七百二十有一、熊百五十一、罴百十八、豕三百五十有二、貉十有八、麈十有六、麝五十、鹿三千五百有二。遂征四方，凡憝国九十有九国，馘磨亿有十万七千七百七十有九，其多如是。虽注家亦云武王以不杀为仁，无缘所馘如此，盖大言也。⑥

两段画线处正相参照。

《经籍考》卷39子部纵横家类著录有"《鬼谷子》三卷"，其下辑录晁公武《郡斋读书志》卷11子部纵横家类"《鬼谷子》三卷"之解题云：

晁氏曰：鬼谷先生撰。按《史记》，战国时隐居颍川阳城之鬼谷，因以自号。长于养性治身，苏秦、张仪师之。叙谓此书即授二子者，言捭阖之术，凡十三章。

① 马端临：《文献通考·经籍考》(上)，华东师范大学出版社，1985年，第452页。

② 马端临：《文献通考·经籍考》(上)，华东师范大学出版社，1985年，第227页。

③ 今见于刘克庄《后村集》卷一百七十七《诗话(续集)》。

④ 马端临：《文献通考·经籍考》(上)，华东师范大学出版社，1985年，第543页。

⑤ 今见于(宋)洪迈《容斋随笔·容斋续笔》卷十三(十四则)《汲冢周书》。

⑥ 马端临：《文献通考·经籍考》(上)，华东师范大学出版社，1985年，第541页。

《本经》《持枢》《中经》三篇，梁陶弘景注。《隋志》以为苏秦书，《唐志》以为尹知章注，未知孰是。陆龟蒙诗谓鬼谷先生名训，不详所从出。柳子厚尝曰(云云见后段)。①

“云云见后段”系指同书目此条之下马氏辑录的柳宗元《辩鬼谷子》②云：

柳氏《辩鬼谷子》曰：元冀好读古书，然甚贤《鬼谷子》，为其《指要》几千言。……今元子又文之以《指要》，呜呼，其为好术也过矣。③

《经籍考》卷43子部小说家类著录有“《东轩笔录》十五卷、《续录》一卷”，其下辑录王铚语④云：

王氏曰：魏泰者，场屋不得志，喜伪作他人著书，如《志怪集》《括异志》《倦游录》，尽假名武人张师正。又不能自抑，出其姓名作《东轩笔录》。皆用私喜怒诬衊前人。最后作《碧云騢》，假作梅尧臣，毁及范仲淹，而天下骇然不服矣(详见《碧云騢》条下)。⑤

“详见《碧云騢》条下”指马氏提示此处当参见其《经籍考》卷44子部小说家类所著录的“《碧云騢》一卷”条，马氏在其下辑录了《郡斋》卷6史部杂史类“《碧云騢》一卷”之解题、《直斋》卷11子部小说家类“《碧云騢》一卷”之解题、邵博《闻见后录》卷16以及李焘之语(当来自李焘《文简集》)共四大段文字，对《碧云騢》一书之真伪有详细的考辨，与此处正相参照。

《经籍考》卷53子部释氏类著录有“《禅宗金刚经解》一卷”，其下辑录苏辙《书传灯录后》⑥云：

颍滨苏氏曰：《金刚经》所谓“一切贤圣皆以无为法而有差别”者，谓以无而为法耳，非别有无为之法也。然自六祖以来，皆读作无为之法，盖僧家拙于文义耳(余见《楞严》条下)。⑦

“余见《楞严》条下”，是马端临提示读者此处只引了苏辙《书传灯录后》一文中的一小

① 马端临：《文献通考·经籍考》(下)，华东师范大学出版社，1985年，第929页。

② 由其中所钞录童宗说的注文，可知马氏引自宋童宗说注《注释音辩柳集》卷四《议辩·辩鬼谷子》。

③ 马端临：《文献通考·经籍考》(下)，华东师范大学出版社，1985年，第929页。

④ 今见于(宋)王铚《闻见后录》卷十六。

⑤ 马端临：《文献通考·经籍考》(下)，华东师范大学出版社，1985年，第1011页。

⑥ 今见于(宋)苏辙《栾城集·栾城第三集》卷九《书传灯录后》。

⑦ 马端临：《文献通考·经籍考》(下)，华东师范大学出版社，1985年，第1216页。

部分，更详细的其他部分则见于《经籍考》卷53子部释氏类著录的"《会解楞严经》十卷"条下所辑录的苏辙《书传灯录后》①云：

颍滨苏氏曰：《楞严经》，如来诸大弟子多从六根入，至返流全一，六用不行，混入性海，虽凡夫可以直造佛地矣。又曰：予读《楞严》，知六根源出于一，外缘六尘，流而为六，随物沦逝，不能自返。……予观二经之言，本若符契，而世或不喻，故明言之。②

此两段都出自《书传灯录后》一文中，马氏分别辑录两处而注明参见，以免重复引用。

《经籍考》卷60集部别集类著录有"《孟东野集》十卷(详见诗集)"③。

马端临承袭陈振孙《直斋》的分类做法，将完全是诗集的别集或既有别集(诗文皆有)又另有诗集传世的单独列出，归入了"诗集"类，同时在"别集"类中仍然加以保留，从而造成了别集与文集有许多一书重见或部分别行的现象。详见本书第三章第二节中相关论述。此条便是直接在书目下用注文提示"互著"。查阅《经籍考》卷69集部诗集类正有"《孟东野诗集》十卷"条，与别集类的"《孟东野集》十卷"本是一书，皆是诗集。别集类的"《孟东野集》十卷"下只辑录了《直斋》的一段话，文字简略。原文是：

陈氏曰：唐溧阳尉武康孟郊东野撰。集惟末卷有书二篇，赞一篇，余皆诗也。郊，贞元十二年进士。④

而诗集类的"《孟东野诗集》十卷"则辑录有"晁氏曰"(《郡斋》)和"颍滨苏氏曰"(苏辙《诗病五事》)两大段文字，对孟郊的生平、集子的编纂经过及其作品的思想都有较详细的论述。所以马端临才在此处提示说"详见诗集"。

《经籍考》卷74集部章奏类著录有"《陆宣公奏议》二十卷"，其下辑录陈振孙《直斋书录解题》卷22集部章奏类"《陆宣公奏议》二十卷"之解题云：

陈氏曰：唐宰相嘉兴陆贽敬舆撰。又名《榜子集》(议论并见别集类)。⑤

此条与上一条类似，也是因为马端临承袭陈振孙《直斋》的分类做法。即所谓"凡无他文而独有章奏，及虽有他文而章奏复独行者，亦别为一类"⑥。所以"别集"类和"章奏"类也有重见或别行的现象。详见本书第三章第二节中相关论述。《经籍考》在此条下只辑录了上引《直斋》的简短文字。查《经籍考》卷59集部别集类著录有"《陆宣公奏议》十二卷"，

① 今见于(宋)苏辙《栾城集·栾城第三集》卷九《书传灯录后》。
② 马端临：《文献通考·经籍考》(下)，华东师范大学出版社，1985年，第1219页。
③ 马端临：《文献通考·经籍考》(下)，华东师范大学出版社，1985年，第1373页。
④ 马端临：《文献通考·经籍考》(下)，华东师范大学出版社，1985年，第1373页。
⑤ 马端临：《文献通考·经籍考》(下)，华东师范大学出版社，1985年，第1742页。
⑥ 陈振孙撰，徐小蛮、顾美华点校：《直斋书录解题》，上海古籍出版社，1987年，第634页。

其下则辑录有“晁氏曰”(《郡斋》)、“陈氏曰”(《直斋》)、“东坡苏氏《乞校正陆贽奏议上进箚子》曰”和“《朱子语录》曰”四大段文字①，对陆贽的生平、别集的内容和价值的讨论评价都有详细的论述，正可以补此处之不足。所以马端临在此处才说“议论并见别集类”。

(二)他书参照

他书参照，与前文已经讨论过的“本书参见”类似，都是相关内容此详彼略的“参见法”。但“本书参见”所参见的内容在《经籍考》本书范围之中，而“他书参照”则是提示读者参照他书。

《经籍考》卷 2 经部易类著录有“卫元嵩《元包》十卷”，其下辑录张行成《易通变》②云：

> 张氏曰：卫元嵩作《元包》，义取于《归藏》。《元包》粗赞卦名之大指，未极人事之精义，辞略数隐，世多不传。乃作《元包数义》二卷，以明卫元嵩之《易》(详见《七易序》)。③

其所谓《七易序》原文今未查见。

《经籍考》卷 18 史部正史类著录有“《史记》一百三十卷”，其下辑录李廌《师友读书记》④云：

> 李方叔《师友读书记》曰：司马迁作《史记》，大抵讥汉武帝所短为多，故其用意远，扬雄、班固之论不得实(见班固《司马迁传》)。《秦始皇本纪》皆讥武帝也，可以推求。⑤

此处即指《汉书・司马迁传》中班固那段有名的“论大道则先黄、老而后《六经》，序游侠则退处士而进奸雄，述货殖则崇势利而羞贫贱”的批评。

《经籍考》卷 20 史部编年类著录有“《资治通鉴》二百九十四卷，《目录》三十卷，《考异》三十卷”，其下辑录其父马廷鸾语云：

> 先公曰：张新叟言洛阳有《资治通鉴》草稿，盈两屋。黄鲁直阅数百卷，讫无一字草书(见李巽岩集)，此温公所谓平生精力尽于此书也。如人之不能读何！公尝谓：“吾此书惟王胜之尝读一遍，余人不能数卷，已倦睡矣！”公此书历英宗、神宗二世，凡十九年而书成。⑥

---

① 马端临：《文献通考・经籍考》(下)，华东师范大学出版社，1985 年，第 1351~1353 页。

② 今见于(宋)张行成《易通变》卷四十《四易本原》。

③ 马端临：《文献通考・经籍考》(上)，华东师范大学出版社，1985 年，第 53 页。

④ 今见于(宋)陈亮辑《苏门六君子文粹》卷四十九《济南文粹五・师友法言・史记讥武帝》。

⑤ 马端临：《文献通考・经籍考》(上)，华东师范大学出版社，1985 年，第 446 页。

⑥ 马端临：《文献通考・经籍考》(上)，华东师范大学出版社，1985 年，第 491 页。

其参照内容原文今未见。“李巽岩集”即李焘的《文简集》，此书今已亡佚，仅在《经籍考》中保留了30多条，且多长篇宏论，学术价值颇高。

(三)引文出处

与前文已经讨论过的“本书参见”及“他书参照”不同，这是马端临用注文直接指出的所辑录条目的出处。马氏在《经籍考》中一般在所辑录材料的正文开头指出其出处，只有极个别是在注文中予以提示的。当然用今天的眼光来衡量，其出处说明并不严格，甚至有错乱，这就使得我们精确考查其材料来源的工作变得很有必要，笔者也正是从此入手对《经籍考》进行研究的。如下文所示：

《经籍考》卷75集部总集类著录有“《晋代名臣文集》”，其下辑录洪迈《容斋随笔》①云：

> 容斋洪氏《随笔》曰：故簏中得旧书一帙，题为《晋代名臣文集》，凡十四家，所载多不能全，真泰山一毫芒耳。有张敏者，太原人，仕历平南参军、太子舍人、济北长史。其一篇曰《头责子羽文》，极为尖新，古来文士皆为此作，恐《艺文类聚》、《文苑英华》或有之，惜其泯没不传，谩采以遗博雅君子(文见《五笔》第四卷)。②

此处注文系说明本段材料的详细出处。

《经籍考》卷75集部总集类著录有“《窦氏联珠集》五卷”，其下辑录洪迈《容斋随笔》③云：

> 容斋洪氏《随笔》曰：《窦氏联珠序》云，五窦之父叔向，当代宗朝，善五言诗，名冠流辈。时属正懿皇后山陵，上注意哀挽，即时进三章，内考首出，传诸人口。有“命妇羞蘋叶，都人插奈花”，“禁兵环素帟，宫女哭寒云”之句，可谓佳唱，而略无一首存于今。荆公《百家诗选》亦无之，是可惜也。余尝得故吴良嗣家所钞唐诗，仅有叔向六篇，皆奇作。念其不传于世，今悉录之(诗见《四笔》第六卷)。④

此处注文系说明本段材料的详细出处。

《经籍考》卷20史部编年类著录有“《大事记》十二卷，《解题》十二卷，《通释》一卷”，其下辑录朱熹《晦庵集》⑤云：

> 朱子曰：伯恭《大事记》甚精密，古今盖未有此书，若能续而成之，岂非美事？但读书本自不多，加以衰老昏惫，岂复能办此事？世间英俊如林，要必有能为之者，

① 今见于(宋)洪迈《容斋随笔·容斋五笔》卷四(九则)《晋代遗文》。
② 马端临：《文献通考·经籍考》(下)，华东师范大学出版社，1985年，第1762页。
③ 今见于(宋)洪迈《容斋随笔·容斋四笔》卷六(十五则)《窦叔向诗不存》。
④ 马端临：《文献通考·经籍考》(下)，华东师范大学出版社，1985年，第1766页。
⑤ 今见于《晦庵集·晦庵先生朱文公文集》卷二十七《书〈时事出处〉·答詹帅书》。

但恐其所经世之意，未离乎功利术数之间，则非笔削之本意耳(《答詹师书》)。①

按马氏在《经籍考》中的一般题法，则当云“朱子《答詹师书》曰……”(师字为帅字之误)。此处则用注文于文末注明出处，是为特例。

四、注释说明

马端临在辑录他人材料时不是抄录完就放那里不管了，对于一些有必要补充说明的地方，往往会用注文予以提示说明，以加深或促进读者对该材料的了解，或提供进一步了解的线索。

目前尚未发现有马氏自己给材料中字句直接作注解的，但下面一例可算是间接作注释了。如下文所示：

《经籍考》卷5经部诗类著录有“小序”，其下辑录《隋书·经籍志》经部诗类小序云：

> 《隋·经籍志》曰：汉初，有鲁人申公受《诗》于浮丘伯，作诂训，是为《鲁诗》。齐人辕固生亦传《诗》，是为《齐诗》。燕人韩婴亦传《诗》，是为《韩诗》。齐辕固、燕韩生皆为之传，或取《春秋》，采杂说，咸非其本义。与不得已，鲁最为近之(《汉书》师古注曰：“与不得已者，言皆不得也。三家皆不得其真，而鲁最近之”)。三家皆列于学官。②

由于《隋志》小序承袭《汉志》，此处文字亦本《汉志》而《汉书》颜师古有注释，所以马氏将其移到此处来注释《隋志》。

《经籍考》卷3经部易类著录有“郑扬庭《周易传》十三卷”，其下辑录邵伯温《易学辨惑》云：

> 邵伯温《辨惑》云：沈存中《笔谈》言：“江南人郑夬，字扬庭，曾为一书谈《易》。其间一说曰：‘《乾》《坤》，大父母也；《复》《姤》，小父母也。《乾》一变生《复》，得一阳；《坤》一变生《姤》，得一阴，云云。至《乾》六变生《归妹》，本得三十二阳；《坤》六变生《渐》，本得三十二阴。《乾》《坤》错综，阴阳各得三十二，生六十四卦(即邵氏《先天图》)。’……盖指希夷而言也。”③

这里的“即邵氏《先天图》”，是马氏提示此处以上所述为邵雍的《先天图》之说，其内容详见于邵雍的《皇极经世书·观物外篇》。

《经籍考》卷7经部礼类著录有“《古礼经传续通解》二十九卷”，其下辑录杨复序云：

---

① 马端临：《文献通考·经籍考》(上)，华东师范大学出版社，1985年，第505页。
② 马端临：《文献通考·经籍考》(上)，华东师范大学出版社，1985年，第130页。
③ 马端临：《文献通考·经籍考》(上)，华东师范大学出版社，1985年，第73页。

信斋杨氏序曰：昔文公朱先生既修《家》《乡》《邦国》《王朝礼》，以《丧》《祭》二礼属勉斋黄先生编之。……呜呼！此千载之遗憾也。先生所修《祭礼》，本经则《特牲》《少牢》《有司彻》，《大戴礼》则《衅庙》(以上四卷未分章句，入注疏)，所补者，则自天神地祇、百神宗庙，以至因事而祭者，如建国迁都、巡狩师田、行役祈禳，及祭服祭器。事序始终，其纲目尤为详备。①

此处所云之“以上四卷未分章句，入注疏”，是马氏提示朱熹修《祭礼》时，以《礼记》之《特牲馈食礼》第十五、《少牢馈食礼》第十六、《有司彻》第十七，及《大戴礼记》之《诸侯衅庙》第七十本为本经作为注疏的对象，且不分章句。

《经籍考》卷7经部礼类著录有“《周礼》十二卷”，其下马端临自撰按语云：

按：《周礼》一书，先儒信者半，疑者半。其所以疑之者，特不过病其官冗事多，琐碎而烦扰耳。……盖三代之时，寰宇悉以封建，天子所治不过千里，公侯则自百里以至五十里，而卿大夫又各有世食禄邑，分土而治，家传世守。民之服食日用，悉仰给于公上，而上之人所以治其民者，不啻如祖父之于其子孙，家主之于其臧获。田土则少而授，老而收，于是乎有乡遂之官。又从而视其田业之肥瘠，食指之众寡，而为之斟酌区画，俾之均平(如上地家七人之类是也)。②

此处的“如上地家七人之类是也”，是马氏提示此处读者可参考《周礼·地官·小司徒》所云：“乃均土地，以稽其人民，而周知其数。上地家七人，可任也者家三人；中地家六人，可任也者二家五人；下地家五人，可任也者家三人。”

《经籍考》卷9经部春秋类著录有“《春秋经》一卷”，其下辑录李焘《古经后序》云：

眉山李氏《古经后序》曰：《汉艺文志》有《春秋古经》十二篇，《经》十一卷，《隋》、《唐志》同。……隋末唐初，《左》学特盛，二家浸微(陆德明《音义》《隋经籍志》皆云)。③

此处所注“陆德明《音义》《隋经籍志》皆云”，系马氏提示李焘文中的“隋末唐初，《左》学特盛，二家浸微”的说法见于陆德明的《经典释文》卷一《序录》所云：“和帝元兴十一年，郑兴父子奏上《左氏》，乃立于学官，仍行于世，迄今遂盛行，二《传》渐微。”以及《隋书·经籍志》卷一经部春秋类之小序所云：“至隋，杜氏盛行，服义及《公羊》《穀梁》浸微，今殆无师说。”④

《经籍考》卷10经部春秋类著录有“《春秋外传国语》二十一卷”，其下辑录《崇文总

① 马端临：《文献通考·经籍考》(上)，华东师范大学出版社，1985年，第177页。
② 马端临：《文献通考·经籍考》(上)，华东师范大学出版社，1985年，第186页。
③ 马端临：《文献通考·经籍考》(上)，华东师范大学出版社，1985年，第220页。
④ (唐)魏徵等：《隋书》第4册，中华书局，1974年，第932页。

目》卷1经部春秋类"《春秋外传国语》二十一卷"之解题云：

> 《崇文总目》：左丘明撰。吴侍中、领左国史、亭陵侯韦昭解。昭参引郑众、贾逵、虞翻、唐固(二人皆吴臣)，合凡五家，为注，自所发正者三百十事。①

此处注文说明虞翻、唐固两人皆三国时吴国之大臣。《三国志·吴书》卷12有《虞翻传》，《三国志·吴书·阚泽传》也记载唐固事迹云："泽州里先辈丹杨唐固亦修身积学，称为儒者，著国语、公羊、穀梁传注，讲授常数十人。权为吴王，拜固议郎，自陆逊、张温、骆统等皆拜之。黄武四年为尚书仆射，卒。"②

《经籍考》卷18史部正史类著录有"《史记》一百三十卷"，其下辑录其父马廷鸾语云：

> 先公曰：太史公整齐世传，论次其文，七年而遭李陵之祸，于是述陶唐迄获麟止。是《史记》二千四百一十三年之书(年数张守节说)以七年而成。③

此处指《史记》记载跨度"二千四百一十三年"的说法系张守节《史记正义》的说法。今见于史记三家注卷首的"史记正义论例"之"论史例"中，云："太史公作史记，起黄帝、高阳、高辛、唐尧、虞舜、夏、殷、周、秦，讫于汉武帝天汉四年。合二千四百一十三年，作本纪十二，象岁十二月也。作表十，象天之刚柔十日，以记封建世代终始也。"④

《经籍考》卷20史部编年类著录有"《经世纪年》二卷"，其下辑录张栻《经世纪年序》⑤云：

> 南轩张氏自序曰：……然而《书》称舜在位五十载，陟方乃死，则是史官自尧崩之明年通数之耳。夏后相二十有八载，寒浞弑相，明年少康始生于有仍氏，凡四十年而后祀夏配天，不失旧物。寒浞岂可使间有夏之统，故缺此四十载不书，独书少康出处，而纪元载于复国之岁，以见少康四十年经营，宗祀绝而复续，足以为万代中兴之冠冕(今按：张氏此序成于乾道间，所谓四十年经营中兴者，盖以少康之所历如此其久，以讽时也，然而事情不同)。于新莽之篡缺其年，亦足以表光武之中兴也。⑥

马端临在注文中指出张栻《经世纪年序》文此处有借古讽今之意。

《经籍考》卷25史部传记类著录有"《陵园记》一卷"，其下辑录陈振孙《直斋书录解题》卷7史部传记类"《陵园记》一卷"之解题云：

---

① 马端临：《文献通考·经籍考》(上)，华东师范大学出版社，1985年，第271页。
② (晋)陈寿撰，(南朝宋)裴松之注：《三国志》，中华书局，2005年，第924页。
③ 马端临：《文献通考·经籍考》(上)，华东师范大学出版社，1985年，第449页。
④ (汉)司马迁：《史记》(下)，中华书局，2005年，第2518页。
⑤ 今见于(宋)张栻《南轩集》卷十四《序·经世纪年序》。
⑥ 马端临：《文献通考·经籍考》(上)，华东师范大学出版社，1985年，第495页。

陈氏曰：唐宗正丞李(失其名)撰。光化元年序。①

陈振孙的原文此处缺文，表明佚其名，所以马氏用注文明确指出“失其名”。

《经籍考》卷28史部故事类著录有“《郑夹漈通志略》”，其下马端临自撰按语云：

按：郑氏此书，名之曰《通志》，其该括甚大。……今《通志》此五略，天宝以前则尽写《通典》全文，略无增损，天宝以后则竟不复陆续。又以《通典》细注称为己意，附其旁，而亦无所发明(《通志》此五略中所谓“臣按”云云，低一字写者，皆《通典》细注耳)。②

此处马氏用注文具体说明郑樵“以《通典》细注称为己意，附其旁，而亦无所发明”在其书中的体现。

《经籍考》卷29史部职官类著录有“《百官公卿表》一百四十五卷(《书录解题》作十五卷)”，其下马端临自撰按语云：

按：此序，则温公本书止十卷，巽岩《续编》推而广之，为一百四十二卷。晁氏所言乃巽岩续书，非温公本书也。陈氏以为未详者，是未见巽岩之书，然又以温公之书为十五卷，则不知其何所本也(晁氏在巽岩之前，安得见其书？所谓一百四十五卷者，决非巽岩之书也)。③

此条之解释详见上文“卷数差异”中第八条之分析。

《经籍考》卷41子部杂家类著录有“《意林》三卷”，其下辑录高似孙《子略》云：

高氏《子略》曰：《子钞》百十有七家，仲容所取，或数句，或一二百言，是有以契其意，入其用，而他人不可共享者也。……陆机赋曰：“倾群言之沥液，漱六艺之芳润。”(唐常展《日月如合璧赋》云：“猎英华于百氏，漱芳润于六籍。”语自此来)是庶几焉。④

注文指出唐代常展《日月如合璧赋》此句系化用陆机《文赋》中此句而来。

《经籍考》卷54子部释氏类著录有“《破邪论》二卷、《甄正论》三卷”，其下马端临自撰按语云：

按：《破邪》《甄正》二论，《昭德读书记》以为宣和焚毁，《藏》中多阙。然愚尝于

---

① 马端临：《文献通考·经籍考》(上)，华东师范大学出版社，1985年，第599页。
② 马端临：《文献通考·经籍考》(上)，华东师范大学出版社，1985年，第707页。
③ 马端临：《文献通考·经籍考》(上)，华东师范大学出版社，1985年，第723页。
④ 马端临：《文献通考·经籍考》(下)，华东师范大学出版社，1985年，第950页。

> 村寺经藏中见其全文。……又如河上公《道德经章句》序言，汉文帝驾诣河上公问道，而河上公一跃腾云，帝知是神人，下辇稽首，从受章句二卷，以为《汉》、《史》帝纪，车驾每出必书，何独不书驾诣河上公问道之事？且孝文好黄、老言，立渭阳五帝庙，则因新垣平，平一方士，其说至卑陋，帝尊宠之，而史亦备述之，河上公之事奇伟如此，何独见遗于班、马乎？乃羽人道士辈自创此说(大意如此，不能悉记其词语)。此论颇当，意必借笔于文学之士，沙门辈恐不能道也。①

此条系马氏略记《甄正论》中批河上公事之大意，因为此书在佛教《大藏经》中，为一般人所罕见，马氏也只是“尝于村寺经藏中见其全文”，曾经读过但身边无其书，所以在此只能凭记忆引述其大意。

《经籍考》卷60集部别集类著录有“《穆参军集》三卷”，其下辑录叶适《习学记言》②云：

> 水心叶氏曰：柳开、穆修、张景、刘牧当时号能古文，今《文鉴》所存《来贤亭记》(柳)，《河南尉厅壁记》(张)，《法相院钟记》《静胜亭记》(穆)，《待月亭记》(刘)，诸篇可见。③

这里用注文标出文章相应之作者，“柳”“张”“穆”“刘”分别对应开头所列出的“柳开、穆修、张景、刘牧”四人。

《经籍考》卷70集部诗集类著录有“杜荀鹤《唐风集》十卷”，其下辑录毕仲询《幕府燕谈》④云：

> 《幕府燕谈》：杜荀鹤诗鄙俚近俗，惟宫词为唐第一。云：“早被婵娟误，欲妆临镜慵。承恩不在貌，教妾若为容。风暖鸟声碎，日高花影重。年年越溪女，相忆采芙蓉。”故谚云：“杜诗三百首，惟在一联中。”正谓“风暖”“日高”之句也(此句欧公《诗话》以为周朴诗)。⑤

此处系马氏补充指出欧阳修的《六一诗话》云：“唐之晚年，诗人无复李、杜豪放之格，然亦务以精意相高。如周朴者，构思尤艰，每有所得，必极其雕琢，故时人称朴诗‘月锻季炼，未及成篇，已播人口’。其名重当时如此，而今不复传矣。余少时犹见其集，其句有云：‘风暖鸟声碎，日高花影重。’又云：‘晓来山鸟闹，雨过杏花稀。’诚佳句也。”⑥与引文中所说“风暖鸟声碎，日高花影重”为杜荀鹤诗的说法不同。

---

① 马端临：《文献通考·经籍考》(下)，华东师范大学出版社，1985年，第1233页。
② 今见于(宋)叶适《习学记言》卷四十九《吕氏文鉴》。
③ 马端临：《文献通考·经籍考》(下)，华东师范大学出版社，1985年，第1390页。
④ 今见于(宋)蔡正孙撰《诗林广记·前集》卷九《杜荀鹤·宫词》。
⑤ 马端临：《文献通考·经籍考》(下)，华东师范大学出版社，1985年，第1634页。
⑥ (宋)阮阅：《诗话总龟(前集)》，人民文学出版社，1987年，第64页。

清代张之洞的目录学名著《书目答问》中有着大量简明扼要的治学提示之语，堪称画龙点睛之笔，其意味深长、启人心智，历来为学者所称道，可谓其一大特色。然而在《经籍考》中，笔者也找到了类似的一条"治学点拨"。如下文所示：

《经籍考》卷56子部杂艺术类著录有"《名画见闻志》六卷(乃看画之纲领也)"①。

马氏在此条书目下先辑录《郡斋》卷15子部艺术类"《名画见闻志》六卷"之解题云：

> 晁氏曰：皇朝郭若虚撰。若虚以张爱宾之《画记》绝笔永昌元年，因续之，历五代，止国朝熙宁七年。分《叙论》《纪艺》《故事》《近事》四门。②

又辑录《直斋》卷14子部杂艺类"《图画见闻志》六卷"之解题云：

> 陈氏曰：元丰中自序，称大父司徒公，未知何人。郭氏在国初无显人，但有郭承祐耳。其书欲续张彦远之后。③

可知此书是张彦远《历代名画记》的续作。《经籍考》在子部杂艺术类也著录有张彦远的"《历代名画记》十卷"。其下辑录《直斋》的解题云：

> 陈氏曰：张彦远撰。彦远家世藏法书、名画，收藏鉴识，自谓有一日之长。既作《法书要录》，又为此记，且曰："有好事传余二书，书画之事毕矣。"④

可知《历代名画记》及其续作《名画见闻志》是历代画作的"解题目录"，如同《汉志》(或目录学著作)是先秦学术之纲领，《四库全书总目》是中国古代学术的纲领一样，确实是"看画之纲领"。

以上所述13类共75例注文都能比较肯定是马氏自己所作。此外《经籍考》还大量承袭了所辑录文献中本有的注文，且基本上是对具体字词的解释。可见《经籍考》中注文内容之丰富与形式位置之灵活多变。

总之，注文作为正文之补充，对于提示正文重点、疑点、难点等都起到了很重要的辅助作用。《经籍考》中大量注文的运用使其增色不少，值得后人借鉴。

第二节 《经籍考》中马氏按语之分析

马端临在《文献通考·自序》中自叙其书之内容层次云：

---

① 马端临：《文献通考·经籍考》(下)，华东师范大学出版社，1985年，第1280页。
② 马端临：《文献通考·经籍考》(下)，华东师范大学出版社，1985年，第1280页。
③ 马端临：《文献通考·经籍考》(下)，华东师范大学出版社，1985年，第1280页。
④ 马端临：《文献通考·经籍考》(下)，华东师范大学出版社，1985年，第1279页。

> 凡叙事则本之经史，而参之以历代会要，以及百家传记之书，信而有证者从之，乖异传疑者不录，所谓“文”也。凡论事则先取常时臣僚之奏疏，次及近代诸儒之评论，以至名流之燕谈、稗官之纪录，凡一话一言可以订典故之得失，证史传之是非者，则采而录之，所谓“献”也。其载诸史传之纪录而可疑，稽诸先儒之论辨而未当者，研精覃思，悠然有得，则窃著己意，附其后焉。①

这就是其著名的“文献”观，在郑玄的“文章”(文)、“贤人”(献)的文献观的基础上有了更进一步的发展，历来为人们所称道。值得注意的是，后世往往对其所辑录之“文”与“献”关注较多，而对于《经籍考》的另一部分“考”的层面关注较少，即马氏针对所辑录材料记载可疑(针对“文”的层面)或论辨未当者(针对“献”的层面)所发之心得己见。也就是上文画线处所指“文献”之下的考证性的按语文字。这些按语如星星点缀在浩繁的“文献”资料当中，所以查找利用起来并不那么容易。对于这些最直接体现马端临个人学术见解的文字，前人虽对其作出了较高的评价，如《四库全书总目》称赞其“案语亦多能贯穿古今，折衷至当”②，但真正全面探讨其按语的很少，直到近些年来才陆续有人予以分析。如刘石玉(1985)指出《经籍考》按语分为“序按”和“书后按”二种，并认为这些按语从内容上归纳，其作用有：(1)“补充解释书名含义”；(2)“指出一书篇卷互异情况”；(3)“说明叙次理由”；(4)“指出作者之师承关系”；(5)“介绍作者学术思想和生平行事、评价图书内容，指明利弊得失”；(6)“介绍前代学者有关本书之研究状况、学术观点，阐述自己对某问题的学术见解”；(7)“订正晁、陈二家讹失不当之处”；(8)“增引史志和序跋等，或者撮述引文大意，以补前录成文内容之不足”；(9)“致疑存缺，以俟后之学者”；(10)“说明归类上图书调整、分隶、改并之理由”③。杨寄林(1988)在《〈文献通考·经籍考〉马氏按语初探》中则认为，《经籍考》52条按语主要针对文化典籍和学术流别的某些具体问题而发，归纳其类例主要有以下几点：(1)“断真伪”；(2)“定是非”；(3)“究异同”；(4)“辨妍媸”；(5)“存疑义”。另外，儒家正统思想的根深蒂固在按语中体现如：(1)在群经考辨方面，迷信《古文尚书》；(2)在人物评价方面，如对武则天、张角等人的谩骂；(3)在学术辨析方面，如对法、墨、佛、道所谓“异端”的诋毁。此外，按语中尚有一些明显讹误的硬伤，如年代错误④。

以上所述刘、杨两家虽然对《经籍考》中马氏之按语有较全面的认识，但在今天来看，其分析仍嫌简略、不够深入，而且征引的资料也不够丰富。因此，笔者在此节中重新对马氏的约50条按语进行了归纳，并结合相关典籍资料(包括出土材料、域外研究及近年来新出之专著等)，力求站在学术史的高度，同时也注意《经籍考》中的“内证”，来逐一考察马氏之按语，分为撰者考辨、书目考辨、分类与归类的考辨、学术传承、学术源流、内容考辨、学术考辨、真伪考辨、文学评论诸方面归纳论述。具体分析如下文所示：

---

① 马端临：《文献通考》，中华书局影印十通本，1986年，正文第3页。

② 四库全书研究所：《钦定四库全书总目(整理本)》(上)，中华书局，1997年，第1081页。

③ 刘石玉：《〈经籍考〉主要编撰内容考析》，《赣图通讯》1985年第3期，第70~71页。

④ 杨寄林：《〈文献通考·经籍考〉马氏按语初探》，《晋阳学刊》1988年第5期，第75~78页。

一、撰者及书目的考辨

(一)撰者考辨

就是用按语对所著录书目的撰者作出补充或提出疑问。如下文所示：

《经籍考》卷28史部故事类著录有"《孝宗圣政》十二卷"，其下辑录《直斋》卷5史部典故类"《孝宗圣政》十二卷"之解题云：

> 陈氏曰：亦书坊钞节，比前为稍详。①

其后马氏下按语云：

> 按：《孝宗圣政》，系陈止斋奉诏拟，御制序言。起初潜至内禅，掇其最，凡得六百四十一条，为五十卷。绍兴三年序。②

查《经籍考》同卷同类前一条著录的即为"《高宗孝宗圣政编要》二十卷"，其下辑录《直斋》卷5史部典故类"《高宗孝宗圣政编要》二十卷"之解题云：

> 陈氏曰：《高宗圣政》五十卷，《孝宗圣政》五十卷，乾道、淳熙中所修，皆有御制序。此二帙，书坊钞节，以备举子应用之储也。③

可见"《孝宗圣政》十二卷"与"《孝宗圣政》五十卷"均系原书的节钞本，而前者卷数虽少而稍详。由于《直斋》解题中并没有介绍《孝宗圣政》的原作者及其内容，因此马氏在此用按语加以补充说明。

《经籍考》卷41子部杂家类著录有"《宋景文笔录》三卷"，其下辑录《郡斋》卷13子部小说类"《景文笔录》三卷"之解题云：

> 晁氏曰：皇朝宋祁撰。皆故事异闻、嘉言奥语，可为谈助。不知何人所编，每章冠以"公曰"。景文，乃祁谥也。④

又引《宋中兴国史艺文志》云：

> 《中兴艺文志》：《笔录》三卷，皇朝绍圣中，宋肇次其祖庠遗语，凡一百七

---

① 马端临：《文献通考·经籍考》(上)，华东师范大学出版社，1985年，第702页。
② 马端临：《文献通考·经籍考》(上)，华东师范大学出版社，1985年，第702页。
③ 马端临：《文献通考·经籍考》(上)，华东师范大学出版社，1985年，第701页。
④ 马端临：《文献通考·经籍考》(下)，华东师范大学出版社，1985年，第958页。

十条。①

前者认为该书是宋祁(字子京，谥景文)所撰，后者则认为是其兄宋庠(字公序，谥元宪)所作，而由其后人编辑而成。马端临看到了这一记载有矛盾，接着便下按语指出：

按：二《笔录》卷数同，祁、庠又兄弟也，然则一书邪？二书邪？当考。②

今按：景文系宋祁之谥号，书名既题为《宋景文笔录》，当系宋祁所作。查书中屡引"莒公"，或云"莒公言"，或云"莒公尝言"，或云"莒公常言"，等等。莒公即指宋庠，因其曾于嘉祐三年获封莒国公，帮人称其"莒公"或"宋莒公"。此书若是宋庠所著，必不会自称为"莒公"，因此此书为宋祁所作无疑。历代目录除《中兴艺文志》外均题宋祁所撰。《四库全书总目》在卷120子部十杂家类"《宋景文笔记》三卷"下早已指出：

晁公武《读书志》称是书每章冠以公曰字，不知何人所编此本无之，或传刻者所削。《通考》引《中兴艺文志》以是书为绍圣中宋肇次其祖庠之语，与公武说异。马端临谓二笔录卷数相同，祁、庠又兄弟，不能定为一书二书。今考书中称引莒公不一，莒公即庠，则此录为祁明矣。或肇所编又别一书，亦名《笔录》耳。③

可见马端临当时未见其书内容，仅据书目记载而致生疑。

(二)书目考辨

就是用按语补充说明此书目又著录于某书，或考辨所辑录解题与其书目的卷数、书名、内容存在矛盾之处。如下文所示：

《经籍考》卷11经部论语类著录有"《论语正义》十卷"，其下辑录《郡斋》卷4经部论语类"《论语正义》十卷"之解题云：

晁氏曰：皇朝邢昺等撰。亦因皇侃所采诸儒之说刊定而成书。④

又辑录《直斋》卷3经部语孟类"《论语注疏解经》十卷"之解题云：

陈氏曰：唐人止为《五经》疏，而不及《孝经》、《论语》，至昺始奉诏为之。⑤

马端临接着用按语补充《直斋》的说法道：

---

① 马端临：《文献通考·经籍考》(下)，华东师范大学出版社，1985年，第958页。
② 马端临：《文献通考·经籍考》(下)，华东师范大学出版社，1985年，第958页。
③ 四库全书研究所：《钦定四库全书总目(整理本)》(上)，中华书局，1997年，第1035页。
④ 马端临：《文献通考·经籍考》(上)，华东师范大学出版社，1985年，第278页。
⑤ 马端临：《文献通考·经籍考》(上)，华东师范大学出版社，1985年，第278页。

按：《唐艺文志》亦有贾公彦《论语疏》十五卷，当考。①

因为《新唐书》卷57《艺文志》经部论语类著录有“贾公彦《论语疏》十五卷”，而《直斋》却云唐人未作《论语》之疏，与《新唐志》记载矛盾，所以马氏起疑，但并未具体考证下去。今按：《旧唐书·经籍志》（马氏未见）②经部论语类也著录有“《论语疏》十五卷（贾公彦撰）”，但从《崇文总目》开始便不见于著录。可见唐代实有此书，但在当时并未取得如《五经正义》那样的官书地位，所以大约在唐末五代之际亡佚。到了宋代邢昺时，就只能主要依据皇侃的《论语义疏》了。陈振孙只见《五经正义》尚存，却不知曾有贾公彦之《论语疏》，所以才说唐人未曾作《论语》之疏。

《经籍考》卷28史部故事类著录有“《三朝训鉴图》十卷”，其下辑录《直斋》卷5史部典故类“《三朝训鉴图》十卷”之解题云：

陈氏曰：学士李淑、杨伟等修纂。庆历八年，伟初奉旨检讨三朝事迹，乞与淑共编，且乞制序。皇祐元年书成。顷在莆日，有售此书者，亟求观之，则已为好事者所得，盖当时御府刻本也。卷为一册，凡十事，事为一图，饰以青赤。亟命工传录，凡字大小、行广狭、设色规模，一切从其旧。敛衽铺观，如生庆历、皇祐间，目睹圣作明述之盛也。按《馆阁书目》载此书云绘采皆阙，至《续书目》乃云得其全。未知果当时刻本乎，抑亦摹传也？③

《经籍考》此书之上一条著录之书目即为“《三朝宝训》三十卷”，其下辑录《直斋》卷5史部典故类“《三朝宝训》三十卷”之解题云：

陈氏曰：翰林学士李淑等撰。天圣五年，监修国史青社王曾奏，乞用唐吴兢《贞观政要》故事，取三朝圣语、政事及臣僚奏对不入正史者，别为一书，与国史、宝录并行。至十年，书成，诏以“宝训”为名。其后进读于迩英。今《馆阁书目》以为二十卷，富弼所上者，非也，乃《政要》耳。④

接着又辑录王明清《挥麈录》⑤云：

王氏《挥麈录》曰：仁宗即位方十岁，章献明肃太后临朝。章献素多知谋，分命儒臣冯章靖元、孙宣公奭、宋宣献绶等，采摭历代君臣事迹为《观文览古》一书，祖

① 马端临：《文献通考·经籍考》（上），华东师范大学出版社，1985年，第279页。

② 《旧唐书·经籍志》系依据唐开元年间毋煚的《古今书录》而编成，因《新唐书》出而《旧唐书》废，故而马端临未见《旧唐书》及其《经籍志》。可参见黄永年：《〈旧唐书〉与〈新唐书〉》，人民出版社，1985年，第50~51页。

③ 马端临：《文献通考·经籍考》（上），华东师范大学出版社，1985年，第692页。

④ 马端临：《文献通考·经籍考》（上），华东师范大学出版社，1985年，第691页。

⑤ 今见于（宋）王明清《挥麈录·挥麈后录》卷之一·九。

宗故事为《三朝宝训》十卷，每卷十事。又纂郊祀仪仗为《卤簿书》三十卷，诏翰林待诏高克明等绘画之，极为精妙。叙事于左。令傅母辈日夕侍上展玩之，解释诱进。镂板于禁中。元丰末，哲宗以九岁登极，或有以其事启于宣仁圣烈皇后者，亦命取板摹印，仿此为帝学之权舆，分锡近臣及馆殿。时大父亦预其赐，明清家因有之。绍兴中为秦伯阳所取。①

综上以上三条记载，马端临在“《三朝训鉴图》十卷”条下按语指出：

按：《三朝宝训》一书，《直斋书录解题》以为宰相王曾奏请编修，成于天圣十年，凡三十卷。《挥麈录》以为章献命儒臣所修，成于天圣初年，凡十卷。殊不相吻合。然《挥麈录》所言禁中刻本，且有绘图，则似即此《三朝训鉴图》十卷之书。然《直斋》以此书为庆历、皇祐时所修纂，则又与《挥麈录》所谓仁皇初年傅母辈侍上展玩之语深不合矣！当俟考订精者质之。②

马氏于按语中提出了如下问题：第一，《直斋》与《挥麈录》在“《三朝宝训》”一书上的撰者、年代和卷数不同；第二，《挥麈录》所记载的十卷本“《三朝宝训》”与此处记载之“《三朝训鉴图》十卷”相似，似为同一书；第三，假定上一条成立，即《挥麈录》所记载的十卷本“《三朝宝训》”确为此处记载之“《三朝训鉴图》十卷”，则《挥麈录》之记载又与《直斋》的记载不符。马氏提出了问题，但并没有进一步考证，得出答案。

今按：《三朝宝训》系北宋吕夷简等撰。范祖禹《帝学》卷四“仁宗体天法道极功全德神文圣武濬哲明孝皇帝上”中记载仁宗天圣五年，“十月乙酉，监修国史王曾，言唐史官吴兢于正史实录外，录太宗与群臣对问之语为《贞观政要》。今欲采太祖、太宗、真宗《实录》《日历》《时政记》《起居注》，其间事迹不入正史者，别为一书，与国史、实录并行，诏从之。”③于是天圣六年五朋，王曾奏请翰林学士李淑修纂，宋绶等看详。天圣九年二月，李淑又奏请直集贤院王举正参与修纂。次年，即明道元年(1032)正月，诏该书以《三朝宝训》为名。“明道元年二月癸卯，监修国史吕夷简上《三朝宝训》三十卷即王曾所请也。”④《宋史》卷十“本纪”第十“仁宗”二亦记载有“明道元年春二月癸卯，吕夷简上《三朝宝训》”。同年十二月，又诏李淑删整《三朝宝训》，以备来春进读。庆历初年遂与前史更读于迩英延义二阁。《宋志》卷2史部别史类亦著录有“吕夷简《三朝宝训》三十卷”。

仁宗于庆历元年(1041)，令画院画家广写“前代帝王美恶之迹”，并御笔亲撰题记，名为《观文鉴古图》，分十二卷，画一百二十余帝，各一图。书成后在崇政殿西阁四壁张挂，令大臣观览以为“兴废之诫”。皇祐初年(1049)，又令高克明等图绘三朝(宋太祖、太宗、真宗)盛德之事，学士李淑等编次序加以题赞，凡一百事，计十卷，名为《三朝训鉴

---

① 马端临：《文献通考·经籍考》(上)，华东师范大学出版社，1985年，第692页。

② 马端临：《文献通考·经籍考》(上)，华东师范大学出版社，1985年，第693页。

③ (宋)范祖禹撰，杨淮、杨洹释译：《帝学》，远方出版社，1998年，第175页。

④ (宋)范祖禹撰，杨淮、杨洹释译：《帝学》，远方出版社，1998年，第178页。

图》。图成又命令传模镂版印染，用以分布赐群臣及宗室王公等。其后范祖禹《范太史集》卷十九“奏议”之《迩英留对劄子五月》一文云：“臣伏见仁宗皇帝庆历元年七月出御制《观文鉴古图记》以示辅臣。皇祐元年十一月，御崇政，召近臣三馆台谏官及宗室观《三朝训谏图》。臣窃以古之帝王常观图史以自戒。仁宗皇帝讲学之外，为图鉴古不忘箴儆以养圣心，又图写三朝事迹，欲子孙知祖宗之功烈，如目睹之。二《图》皆尝颁赐臣僚，禁中必有本。臣愿陛下以永日观书之暇，间览此图，可以见前代帝王美恶之迹，知祖宗创业之艰难。不唯有所戒劝，易于记省，亦好学不倦之一端也。”①此文系范祖禹劝鉴哲宗读《观文鉴古图》与《三朝训谏图》。李焘《续资治通鉴长编》卷442“哲宗”有相同的记载。《宋志》卷2史部别史类著录有“李淑《三朝训览图》十卷”，同卷史部故事类又著录有“《三朝训鉴图》十卷，仁宗制序”与“李淑《三朝训鉴图》十卷”重见三处，实为一书。

由以上分析可知，王明清《挥麈录》中将“《观文鉴古(图)》”误为“《观文览古》”，将“《三朝训鉴图》十卷”误记为“《三朝宝训》十卷”，这才造成了马端临的诸多疑问。

《经籍考》卷29史部职官类著录有“《百官公卿表》一百四十五卷(马氏自注：《书录解题》作十五卷)”，其下辑录《郡斋》卷7史部职官类“《百官公卿表》一百四十二卷”之解题云：

> 晁氏曰：皇朝司马光君实等撰。熙宁中，光以翰林学士兼史馆修撰建议，欲据国史，旁采异闻，叙宋兴以来百官除拜，效《汉书》作表，以便御览，诏许之。光请宋敏求同修。及敏求卒，又请赵彦若继之。历十二年书成。②

又辑录《直斋》卷4史部编年类“《百官公卿表》十五卷”之解题云：

> 陈氏曰：此书本入职官类。以《稽古录序》所谓“建隆接熙宁，臣又著之于《百官表》”，即此书。盖与《通鉴》相与表里，故著之编年类。晁《志》有一百四十二卷，未详。③

马端临在此条下还辑录了撰者司马光和李焘的序文(文烦不具引)，但并未采用晁、陈中的任何一家的卷数著录(华东师大点校本《经籍考》则改成从了《郡斋》的一百四十二卷，《文献通考》元刻本原文本是一百四十五卷)。查《郡斋》卷7史部职官类著录有“《百官公卿表》一百四十二卷”，而《直斋》卷4史部编年类则著录“《百官公卿表》十五卷”。陈氏知道《郡斋》的这条著录，所以上引马氏辑录的“陈氏曰”一段末尾有“晁《志》有一百四十二卷，未详”之语。在辑录了诸家之后，马氏直接用按语指出其著录卷数的理由云：

> 按：此序，则温公本书止十卷，巽岩《续编》推而广之，为一百四十二卷。晁氏

① (宋)范祖禹：《范太史集》，《四库全书》第1100册，上海古籍出版社，1989年，第247页。
② 马端临：《文献通考·经籍考》(上)，华东师范大学出版社，1985年，第720页。
③ 马端临：《文献通考·经籍考》(上)，华东师范大学出版社，1985年，第721页。

> 所言乃巽岩续书，非温公本书也。陈氏以为未详者，是未见巽岩之书，然又以温公之书为十五卷，则不知其何所本也(晁氏在巽岩之前，安得见其书？所谓一百四十五卷者，决非巽岩之书也)。①

上段引文括号中的注文记载出现了矛盾，马氏所云“所谓一百四十五卷者，决非巽岩之书也”中的“五”当是“二”之误。由此可推知马氏著录的“《百官公卿表》一百四十五卷”亦当是“《百官公卿表》一百四十二卷”之误。即马氏著录的卷数同于晁氏《郡斋》，都是李焘在司马光的《百官公卿表》基础上的增订本。而《直斋》著录的十五卷本是司马光原本。但马氏在按语中接着上文又说：“晁氏在巽岩之前，安得见其书？所谓一百四十五卷者，决非巽岩之书也。”对此，《郡斋》孙猛校本经过考证指出，晁公武虽卒于李焘之前，但两人过从甚密，并从同供馆职，此书在晁氏生前已经完成。晁氏应该可以看到并据以著录②。

二、分类体系与书籍归类的调整

就是设立新类，或调整类目的著录范围，并给出详细的分析说明，或对该书目所属类目在书目中的分类归属作出调整。如下文所示：

第一条：《经籍考》卷7经部礼类的小序首先辑录了《汉志》六艺略礼类的小序与《隋志》经部礼类的小序，作为其小序叙述礼类的学术源流，接着又辑录《汉志》诸家礼类书目的小计云：

> 《汉志》：凡《礼》十三家，五百五十五篇。③

其后马氏下按语云：

> 按：三代之礼，其流传于汉世，《周官》《仪礼》《戴记》三书而已，《艺文志》所述皆三书也。然其末则以《古封禅群祀》二十二篇、《封禅议对》十九篇、《汉封禅群祀》三十六篇、《议奏》三十八篇继之，而皆以为《礼》家。按封禅，秦、汉之事，难厕其书于礼经之后，今析入《仪注》门。凡削四家，一百一十五篇云。④

《经籍考》在每一类的开头一般是先辑录《汉志》《隋志》等前代书目该类(或最相近的类目)的小序，作为叙述该类学术源流的小序，其下则是《汉志》《隋志》《新唐志》及《宋三朝艺文志》共四部《国史艺文志》等书目中该类的小计，以观该类书籍在历代著录的数量与兴衰。由于历代书目分类体系及其书籍归类存在变化与调整，所引用书目中的小计往往会

① 马端临：《文献通考·经籍考》(上)，华东师范大学出版社，1985年，第723页。
② 晁公武撰，孙猛校证：《郡斋读书志校证》(上)，上海古籍出版社，1990年，第320~321页。
③ 马端临：《文献通考·经籍考》(上)，华东师范大学出版社，1985年，第171页。
④ 马端临：《文献通考·经籍考》(上)，华东师范大学出版社，1985年，第171页。

不合于《经籍考》中著录的实际情况。所以马端临引前代书目中该类“小计”时一般都会依据《经籍考》的收书范围作出相应的调整，或在其下用按语作出说明。此例的按语便是说明《汉志》无专收后代礼书“仪注”一门，而是将该类书籍附于本来专载三礼(古礼)的“礼”类之后。所以按《经籍考》的分类，则《汉志》礼类中《汉封禅群祀》十五篇等书当析入“仪注”类，从而必须从经部礼类中削除。所谓“凡削四家，一百一十五篇”，便是所削除书目篇目的小计。

第二条：《经籍考》卷9经部春秋类的小序辑录有《汉志》六艺略春秋类的小序与《隋志》经部春秋类的小序，用于叙述春秋类的学术源流。接着辑录其父马廷鸾语①云：

> 先公曰：论《春秋》者，言夫子感麟而作，作起获麟，而文止于所起。逾再岁，而夫子梦奠矣。故欧阳公谓此夫子既老而成之书。《春秋纬演孔图》云：孔子修《春秋》，九月而成。卜之得阳豫之卦，是《春秋》二百四十二年之书，以九月而成。②

这是考辨《春秋》的写作成书时间。其下又引《汉志》六艺略春秋类的小计云：

> 《汉志》：凡《春秋》二十三家，九百四十八篇(省《太公史》四篇)。③

接着便下按语云：

> 按：班固《七略》无史门，故以古来及秦、汉之史附于《春秋》之末。后世史书渐多，故志艺文者，以史自为一部，难以厕之圣经之后矣。故今析班志《春秋略》内《世本》十五篇，至《汉大年记》五篇入史门，凡削九家，四百一十一篇云。④

同上一条情况类似，此例的按语也是说明《汉志》春秋类中《世本》十五篇，直到《汉大年记》五篇，按《经籍考》的分类皆属史部，从而必须从春秋类中削除。所谓“凡削九家，四百一十一篇”，便是所削除书目篇目的小计。

第三条：《经籍考》卷11经部孟子类的小序首先辑录赵岐《孟子注》中的《题辞》，以简述《孟子》的成书与流传云：

> 赵氏《题辞》曰：孟子以儒道游于诸侯，思济斯民，然不肯枉尺直寻，时君咸谓之迂阔于事，终莫能听纳其说。于是退而论集所与高第弟子公孙丑、万章之徒难疑答问，又自撰其法度之言，著书七篇，二百六十一章，三万四千六百八十五字。又有《外书》四篇：《性善辩》《文说》《孝经》《为正》，其文不能弘深，不与内篇相似，似非

---

① 今见于(宋)马廷鸾《碧梧玩芳集》卷二十一《读史旬编·制作通说》。

② 马端临：《文献通考·经籍考》(上)，华东师范大学出版社，1985年，第218页。

③ 马端临：《文献通考·经籍考》(上)，华东师范大学出版社，1985年，第219页。

④ 马端临：《文献通考·经籍考》(上)，华东师范大学出版社，1985年，第219页。

孟子本真，后世依仿而作者也。秦焚经籍，其书号为诸子，得不泯绝。孝文时《论语》、《孝经》、《孟子》、《尔雅》皆置博士，后罢传记博士，独立《五经》而已。①

接着便下按语道：

按：前史《艺文志》俱以《论语》入经类，《孟子》入儒家类，直斋陈氏《书录解题》始以《语》《孟》同入经类。其说曰："自韩文公称孔子传之孟轲，轲死，不得其传。天下学者咸曰孔孟，孟子之书，固非荀、扬以降所可同日语也。今国家设科，《语》《孟》并列于经，而程氏诸儒训解二书，常相表里，故合为一类。"今从之。②

这条按语是关于"孟子"类目的设立问题。相关的论述见本书第二章第二节经部的分析中讨论孟子类的相关部分。此不赘述。

第四条：《经籍考》卷 13 经部乐类卷首辑录了《汉志》六艺略乐类的小序及《郡斋》经部乐类的小序(附在《郡斋》卷 2 经部乐类著录的首部著作"《乐府杂录》一卷"的解题下)叙述乐类的学术源流。接着又引《直斋》卷 14 子部音乐类的小序云：

陈氏曰：刘歆、班固虽以《礼》《乐》著之《六艺略》，要皆非孔氏之旧也。然《三礼》至今行于世，犹是先汉旧传，而所谓《乐》六家者，影响不复存矣。窦公之《大司乐章》既已见于《周礼》，河间献王之《乐记》亦已录于《小戴》，则古乐已不复有书。而前志相承，取乐府、教坊、琵琶、羯鼓之类，以充《乐》类，与圣经并列，不亦悖乎！晚得郑子敬氏《书目》，独不然，其为说曰：'《仪注》《编年》，各自为类，不得附于《礼》《春秋》，则后之乐书，固不得列于《六艺》。'今从之。而著于子录杂艺之前。③

陈振孙认为古乐(古代六艺中的乐)已亡，而后世乐书不得厕入其中而跻身经部，所以他在《直斋》中取消了经部中的"乐类"。于子部新立音乐类，将后世乐书皆归入其中。马端临对《直斋》乐类的废立作出了批判。他在其下的按语首先提出：

按：古者《诗》《书》《礼》《乐》，皆所以垂世立教，故《班史》著之《六艺》，以为经籍之首。流传至于后世，虽有是四者，而俱不可言经矣。故自唐有四库之目，而后世之所谓《书》者入史门，所谓《诗》者入集门，独《礼》、《乐》则俱以为经，于是以历代典章、仪注等书厕之《六典》《仪礼》之后，历代乐府、教坊诸书厕之《乐记》《司乐》之后，猥杂殊甚。陈氏之言善矣！④

---

① 马端临：《文献通考·经籍考》(上)，华东师范大学出版社，1985 年，第 292 页。
② 马端临：《文献通考·经籍考》(上)，华东师范大学出版社，1985 年，第 292 页。
③ 马端临：《文献通考·经籍考》(上)，华东师范大学出版社，1985 年，第 320 页。
④ 马端临：《文献通考·经籍考》(上)，华东师范大学出版社，1985 年，第 321 页。

马端临肯定了陈氏指出的古乐已亡而后世俗乐厕入其中而使之“猬杂殊甚”的事实。但对陈氏废立经部乐类将乐类厕入子部技艺之中(《直斋》中“音乐”类位于子部“医书”类后、“杂艺”类前)的矫枉过正的做法不以为然。于是接着在按语中又指出：

然乐者，国家之大典，古人以与礼并称，而陈氏《书录》则置之诸子之后，而侪之于技艺之间，又太不伦矣。虽后世之乐不可以拟古，然既以乐名书，则非止于技艺之末而已。况先儒释经之书，其反理诡道，为前贤所摈斥者，亦沿经之名，得以入于经类，岂后世之乐书，尽不足与言《乐》乎！故今所叙录，虽不敢如前志相承，以之拟经，而以与仪注谶纬并列于经解之后，史、子之前云。①

可见马氏主张经部仍应保留乐类，但是其地位较之《汉志》中的“六艺”(排第六)有所下降，将其列入经部经解类之后(在《经籍考》经部中排易、书、诗、礼、春秋、论语、孟子、孝经、经解之后，列第十位)。这样处理既区别于(低于)“六艺”之“乐”，又区别于(高于)子部的“杂技艺”之流。马氏这种调整在维护儒家礼乐正统的同时又不失变通，可谓用心良苦。

第五条：《经籍考》于经部中专立谥法一类，为前代书目所无。《经籍考》卷 14 经部谥法类小计引《宋中兴艺文志》②云：

《宋志》：谥志十二家，一百七十四卷。③

《宋中兴艺文志》中并无“谥法”类。这实际上是马端临按照自己的分类体系，从《宋志》经部“经解”类中归纳出其著录了“沈约《谥法》十卷”“贺琛《谥法》三卷”等一共十二部“谥法”类书籍，并将其放在卷首作为“谥法”类在前代书目中的小计。其下马氏又用按语叙述其设立“谥法”类的理由云：

按：谥者，国家送终之大典，今历代史志，俱以谥法入经解门，则伦类失当。今除《周公谥法》《春秋谥法》二项入礼门，而历代之谥法，则俱附于仪注之后，庶以类相从云。④

《宋中兴艺文志》将《周公谥法》与《春秋谥法》亦归入“经解”类。而前代书目如《崇文》《郡斋》，均将此两书归入经部礼类。当是以此两书托名于周公，与三礼中托名周公所作的《周礼》一样，是古礼，所以入“礼”类。而后世之礼书则归入“仪注”类。马端临因而

---

① 马端临：《文献通考·经籍考》(上)，华东师范大学出版社，1985 年，第 321 页。

② 《经籍考》中直接称“《宋志》”，此处由其上引《宋中兴志》推测可知。本书中简称为“《宋志》”的《宋史艺文志》在《经籍考》后，不可能为其所称引。

③ 马端临：《文献通考·经籍考》(上)，华东师范大学出版社，1985 年，第 346 页。

④ 马端临：《文献通考·经籍考》(上)，华东师范大学出版社，1985 年，第 346 页。

从之。

第六条：《郡斋》卷 4 经部小学类著录有吕大临的"《考古图》十卷"，《直斋》卷 8 将其归入史部目录类，《经籍考》卷 15 著录此书则调整归入经部仪注类，其下辑录有晁、陈二家之解题。《直斋》卷 8 史部目录类又著录有黄伯思的"《博古图说》十一卷"，《经籍考》卷 15 将其归入经部仪注类。又《郡斋》卷 4 经部小学类著录有王楚的"《博古图》二十卷"，《直斋》卷 8 则题为"《宣和博古图》三十卷"，并归入史部目录类，《经籍考》卷 15 依《直斋》的书名与卷数著录，并调整归入经部仪注类。又《郡斋》卷 4 经部小学类著录有薛尚功的"《钟鼎款识》二十卷"，《经籍考》也将其调整归入经部仪注类。其下引《郡斋》解题云：

> 晁氏曰：皇朝薛尚功编。《考古》《博古图》之类，然尤为详备。①

接着下按语解释以上四书归类调整的理由云：

> 按：《考古图》诸书晁氏以入小学门，陈氏以入书目门，皆失其伦类。既所考者古之礼器，则礼文之事也，故釐入仪注门。②

盖晁公武着眼于器物上所载之古文字而归入小学类；陈振孙着眼于诸书于诸器物逐个著录并予以说明的编撰形式跟书目类似，所以归入书目类；而马端临则着眼于诸书所载皆古代之礼器而归入仪注类。马氏此处的归类调整并未被后世采用。如《宋志》卷 1 仍将"吕大临《考古图》十卷"著录于经部小学类。《四库全书总目》则将《考古图》诸书著录于子部谱录类器物之属。

第七条：《直斋》卷 14 子部杂艺类著录有刘次庄的"《武冈法帖释文》二十卷"、张彦远的"《法帖要录》十卷"、释适之的"《金壶记》一卷"、钱惟演的"《飞白叙录》一卷"、黄伯思的"《法帖刊误》二卷"、翟耆年的"《籀史》二卷"、姜夔的"《绛帖评》一卷"(《经籍考》著录为二十卷)、桑世昌的"《兰亭博议》十五卷"、桑世昌的"《兰亭考》十二卷"(《经籍考》著录为十三卷)、蔡端的"《法书撮要》十卷"与陈思的"《书苑菁华》二十卷"诸书。《经籍考》卷 17 将以上诸书皆调整归入经部小学类，并在陈思的"《书苑菁华》二十卷"下按语评论陈氏的归类道：

> 按：以字书入小学门，自《汉志》已然。历代史志从之，至陈直斋所著《书录解题》，则以为《书品》《书断》之类，所论书法之工拙，正与射御同科，特削之，俾列于杂艺，不以入经录。夫书虽至于钟、王，乃游艺之末者，非所以为学，削之诚是也。③

---

① 马端临：《文献通考 · 经籍考》(上)，华东师范大学出版社，1985 年，第 375 页。
② 马端临：《文献通考 · 经籍考》(上)，华东师范大学出版社，1985 年，第 375 页。
③ 马端临：《文献通考 · 经籍考》(上)，华东师范大学出版社，1985 年，第 433 页。

马端临首先承认《直斋》指出的论“书法”的著作为末技，与传统小学不宜混为一谈。但他在按语中接着又指出：

> 然《六经》皆本于字，字则必有真行草篆之殊矣，且均一字也，属乎偏旁音韵者则入于小学，属乎真行草篆者则入于杂艺，一书而析为二门，于义亦无所当矣。故今并以入小学门，仍前史旧云。①

他不赞成陈氏将“书法”类著作从小学分出的做法。在马氏的眼里，“书法”也是以文字为载体，不烦分立两门。所以他仍然将“书法”著作保留于“小学”类中。《四库全书总目》则肯定了《直斋》的做法，在《四库全书总目》卷40经部小学类的小序中指出：

> 古小学所教，不过六书之类。故《汉志》以《弟子职》附《孝经》，而《史籀》等十家四十五篇列为小学。《隋志》增以金石刻文，《唐志》增以书法、书品，已非初旨。自朱子作《小学》以配《大学》，赵希弁《读书附志》遂以《弟子职》之类并入小学，又以蒙求之类相参并列，而小学益多岐矣。考订源流，惟《汉志》根据经义，要为近古。<u>今以论幼仪者别入《儒家》，以论笔法者别入《杂艺》，以蒙求之属隶《故事》，以便记诵者别入《类书》，惟以《尔雅》以下编为《训诂》，《说文》以下编为《字书》，《广韵》以下编为《韵书》。庶体例谨严，不失古义。</u>其有兼举两家者，则各以所重为主（如李焘《说文五音韵谱》实字书，袁子让《字学元元》实论等韵之类）。悉条其得失，具于本篇。②

《四库总目》主张恢复《汉志》的传统，只有传统文字、音韵、训诂著作方可入“小学”，后世衍生的书法艺术著作当分出来，即所谓以“<u>论笔法者别入《杂艺》</u>”，不得归入小学之中。

第八条：《经籍考》卷18史部“正史各门总”（马氏所自立之大类，统摄正史、编年与起居注诸类）的小计在辑录了《隋志》史部正史类小序、《郡斋》史部大序及王明清的《挥麈录》③以叙述正史各门类的学术源流。其下便是前代书目中该类的小计。首先述《汉志》小计云：

> 《汉志》：九家，四百一十一篇（元附《春秋》，今釐入史门）。④

《汉志》本无史部，更无正史、编年诸类，而是将后世史书附于六艺略春秋类后。此处的小计系马氏自行从《汉志》春秋类中析出而作出的统计。它们是“《世本》十五篇”“《战

---

① 马端临：《文献通考·经籍考》（上），华东师范大学出版社，1985年，第433页。
② 四库全书研究所：《钦定四库全书总目（整理本）》（上），中华书局，1997年，第526页。
③ 今见于（宋）王明清《挥麈后录》卷之一·廿六。
④ 马端临：《文献通考·经籍考》（上），华东师范大学出版社，1985年，第441页。

国策》三十三篇”“《奏事》二十篇”“《楚汉春秋》九篇”“《太史公》百三十篇”“冯商所续《太史公》七篇”“《太古以来年纪》二篇”“《汉著记》百九十卷”与“《汉大年纪》五篇”共九家，四百一十一篇。马端临接着下按语说明其统计之理由云：

> 按：班孟坚《艺文志》，《七略》无史类，以《世本》以下诸书附于《六艺略·春秋》之后。盖《春秋》即古史，而《春秋》之后，惟秦、汉之事，编帙不多，故不必特立史部。后来传代既久，史言渐多，而述作之体亦不一，《隋志》史之类已有十三门，唐以后之志皆因之。然《汉志》所录《世本》以下九书，《隋志》则以《太史公书》入正史门，《战国策》《楚汉春秋》入杂史门，而其余诸书，则后学所不尽见，无由知其合入何门矣，故姑以此九者尽置之正史之首云。①

这条按语与上文所分析的第二条经部春秋类的按语前后呼应，可见马氏在辑录前代书目时不是完全照搬，而是依据目录分类的发展与《经籍考》的分类体系对其作出了相应的调整与归纳。马氏剪裁运化之功力由此可见一斑。

第九条：《经籍考》卷 18 史部编年类的小序首先辑录了《隋志》史部古史类的小序与《宋三朝国史艺文志》史部编年类的小序，以叙述其学术源流。其下引《隋志》与《新唐志》诸书目的编年类的部类小计。接着又引《新唐志》史部实录类的小计云：

> 《唐志》：实录二十八部，三百四十五卷(刘知几以下不著录四百五十七卷)。②

马氏在其后下按语云：

> 按：实录即是仿编年之法，惟《唐志》专立实录一门，《隋史》以实录附杂史，《宋志》以实录附编年，今从《宋志》。③

按语中说的《宋志》当然不是后来的《宋史·艺文志》，而是指宋代的《国史艺文志》。“实录”类在《隋志》中附杂史类后，在《旧唐志》中附起居注类后，《新唐志》在起居注后单列“实录”类，《崇文》则在编年类后单列实录类，《郡斋》同《崇文》，《直斋》则同《旧唐志》。马端临在按语中虽云从《国史艺文志》，但是《经籍考》在其书目归类上同于《直斋》，即将实录附起居注后。《宋史·艺文志》在书目中倒是将实录附编年后，但这已在马氏之后。这其中的原因是《经籍考》中小序中说明分类的文字与实际书目著录的归类存在个别不一致的地方。这当是因《经籍考》全书卷帙庞大，照应有所不周所导致。

第十条：与第九条类似，《经籍考》卷 18 史部起居注类的小序首先辑录了《隋志》与《宋三朝艺文志》中起居注类的小序，接着是《隋志》与《新唐志》中起居注类的小计，又引

---

① 马端临：《文献通考·经籍考》(上)，华东师范大学出版社，1985 年，第 441 页。
② 马端临：《文献通考·经籍考》(上)，华东师范大学出版社，1985 年，第 443 页。
③ 马端临：《文献通考·经籍考》(上)，华东师范大学出版社，1985 年，第 443 页。

《新唐志》史部诏令类的小计。其后下按语云：

按：《唐志》特立诏令一门，历代史皆无之。按古左史记言，右史记动，后官制中起居郎、起居舍人，即左、右之任也。故以诏令并入起居注门，庶从其类云。①

“诏令”类在《隋志》中附在集部总集类后，《新唐志》始于史部单列诏令类。《直斋》因之于史部有诏令类，于集部则从总集中分出奏议类。《经籍考》将诏令类附于起居注类下，将“奏议”类改称“章奏”类列于集部。《四库全书总目》则基本采纳了《直斋》做法，只是将集部的“奏议”类合并于史部的“诏令”类。

第十一条：马端临《经籍考》卷22史部传记类小序下之按语云：

按：杂史、杂传，皆野史之流，出于正史之外者。盖杂史，纪、志、编年之属也，所纪者一代或一时之事；杂传者，列传之属也，所纪者一人之事。然固有名为一人之事，而实关系一代一时之事者，又有参错互见者。前史多以杂史第四，杂传第八，相去悬隔，难以参照，今以二类相附近，庶便检云。②

相关的论述参见本书第二章第二节史部的分析中对传记类的分析，此不赘述。

第十二条：《经籍考》卷22史部伪史霸史类的小计后引郑樵《通志·校雠略》③云：

夹漈郑氏曰：古今编书所不能分者五：一曰传记，二曰杂家，三曰小说，四曰杂史，五曰故事。凡此五类之书，足相紊乱。又如文史与诗话，亦能相滥。④

接着又引《通志·校雠略》中另一条⑤云：

编书之家，多是苟且，有见名不见书者，有看前不看后者。《尉缭子》，兵书也，班固以为诸子类，寘于杂家，此之谓见名不见书。《隋》《唐》因之，至《崇文目》，始入兵书类，颜师古作《刊谬正俗》，乃杂记经史，惟第一篇说《论语》，而《崇文目》以为《论语》类，此之谓看前不看后。应知《崇文》所释，不看全书，多只看帙前数行，率意以释之耳。按《刊谬正俗》当入经解类。⑥

---

① 马端临：《文献通考·经籍考》(上)，华东师范大学出版社，1985年，第444页。

② 马端临：《文献通考·经籍考》(上)，华东师范大学出版社，1985年，第538页。

③ 今见于《通志》卷七十一《校雠略第一·编次之讹论十五篇》，马氏未见到全部《通志》，只见过《通志二十略》。

④ 马端临：《文献通考·经籍考》(上)，华东师范大学出版社，1985年，第539页。

⑤ 此条今见于《通志》卷七十一《校雠略第一·见名不见书论二篇》，与上面所引一条本不在一处。马端临在《经籍考》中将其合并辑录成一条，今依《通志》原文断开。

⑥ 马端临：《文献通考·经籍考》(上)，华东师范大学出版社，1985年，第539页。

其后便是马端临之按语。相关的论述参见本书第二章第一节中的论述，此不赘述。

第十三条：此条系《经籍考》卷22史部史钞类小计之上的一处文字。原文为：

> 《隋》《唐志》史部皆无此门，附在杂史。《宋志》方别立史抄门。①

此段由于不是接在辑录前人条目之后作评论，所以前面没有加“按”字。但无疑是马氏自己的文字。文中所说“《宋志》”亦是指宋代的《国史艺文志》。从此文及其引“《宋三朝志》”“《宋两朝志》”“《宋四朝志》”“《宋中兴志》”四部《国史艺文志》中史钞类的小计来看，当是指《宋三朝国史艺文志》中首立“史钞”类，其后的三部《国史艺文志》因之。而《经籍考》也从之而立史钞类。这一门类也为《四库全书总目》所继承。

第十四条：《经籍考》卷46子部形法类首先辑录有《汉志》数术略形法类的小序，其后是《汉志》形法类，《隋志》《新唐志》《宋三朝志》《宋两朝志》《宋四朝志》《宋中兴志》的子部五行类，以及《宋中兴志》子部蓍龟类、杂占类、形法的小计。其下引《直斋》卷12子部阴阳家的小序云：

> 陈氏曰：自司马氏论九流，其后刘歆《七略》、班固《艺文志》皆著阴阳家，而天文、历谱、五行、卜筮、形法之属，别为《术数略》，其论“阴阳家者流，盖出于羲、和之官，敬顺昊天，历象日月星辰。拘者为之，则牵于禁忌，泥于小数”。至其论术数，则又以为羲、和、卜史之流。而所谓《司星子韦》三篇，不列于天文，而著之阴阳家之首。<u>然则阴阳之与术数，似未有以大异也。不知当时何以别之，岂此论其理，彼具其术邪？</u>今《志》所载二十一家之书皆不存，无所考究，而隋、唐以来子部遂阙阴阳一家。至董逌《藏书志》始以星占、五行书为阴阳类。今稍增损之，以时日、禄命、遁甲等备阴阳一家之阙，而其他术数各自为类。②

《汉志》诸子略有“阴阳家”一种，其小序云：

> 阴阳家者流，盖出于羲和之官，敬顺昊天，历象日月星辰，敬授民时，此其所长也。及拘者为之，则牵于禁忌，泥于小数，舍人事而任鬼神。③

又有数术略，其大序云：

> 数术者，皆明堂羲和史卜之职也。史官之废久矣，其书既不能具，虽有其书而无其人……盖有因而成易，无因而成难，故因旧书以序数术为六种。④

---

① 马端临：《文献通考·经籍考》(上)，华东师范大学出版社，1985年，第540页。
② 马端临：《文献通考·经籍考》(下)，华东师范大学出版社，1985年，第1057页。
③ 班固撰，颜师古注：《汉书》第6册，中华书局，1962年，第1734页。
④ 班固撰，颜师古注：《汉书》第6册，中华书局，1962年，第1775页。

《汉志》的数术略又分为天文、历谱、五行、蓍龟、杂占、形法六种。从内容上看，此两类当是同出“羲和”，都以阴阳五行学说为主。陈振孙从而指出《汉志》中“阴阳家”与“数术”是关系十分密切的两大类。所以其中如《司星子韦》等书籍的归类有可议之处。陈氏推断这两类的区别是“此论其理，彼具其术”。诚为有见。这一点也是马端临所肯定的。《汉志》诸子略中的“阴阳家”书籍，后世皆已亡佚。所以《隋志》以后的官修书目中子部皆无“阴阳”类。而南宋董逌的《广川藏书志》(今已亡佚，《直斋》卷 8 史部目录收录并有解题)重新在子部设立阴阳类，并以后世之“星占、五行”之书充之。陈氏推而广之。他于子部设“阴阳家类”，以“时日、禄命、遁甲等备阴阳一家之阙”，又设“卜筮”“形法”三类以充“数术”类之书，即所谓“而其他术数各自为类”。马端临对此做法批评道：

> 按：陈氏之说固然矣，然时日、禄命、遁甲独非术数乎？其所谓“术数各自为类”者，曰卜筮，曰形法，然此二者，独不本于阴阳乎？①

马端临对陈振孙以“时日、禄命、遁甲等备阴阳一家之阙，而其他术数各自为类”的做法不以为然。因为在他看来时日、禄命、遁甲也是术数，为什么单拿它们充“阴阳”类呢？而所谓“其他术数”的五行、卜筮与形法诸类何以不入“阴阳”类？也就是说二者并无本质的不同。马氏接着在按语中给出自己的分类方法道：

> 盖班史《艺文志》阴阳家之后，又分五行、卜筮、形法，各自为类。今班《志》中五行、卜筮、形法之书虽不尽存，而后世尚能知其名义，独其所谓阴阳家二十一种之书，并无一存，而《隋史》遂不立阴阳门。盖隋、唐间已不能知其名义，故无由以后来所著之书续立此门矣。②

《汉志》中诸子略的“阴阳家”类与数术略本是同源，只是前者侧重理论，后者侧重技术。马氏认为《汉志》的“阴阳家”类(言理)后世中绝，书皆亡佚。后世兴起之阴阳五行之书当依《汉志》“数术略”中各门类各归其类，不必再充数于子部设立一个“阴阳家”。而对于五行类书的分类，马氏接着又在按语中指出：

> 然《隋书》《唐书》及《宋九朝史》，凡涉乎术数者，总以五行一门包之，殊欠分别。独《中兴史志》乃用班《志》旧例，以五行、占卜、形法各自为门，今从之。③

马氏赞成《宋中兴国史艺文志》用《汉志》旧例，以五行、蓍龟、杂占、形法各自为类的做法，而不是像《宋九朝志》(指前后相续的北宋九朝《国史艺文志》，即《宋三朝志》《宋两朝志》与《宋四朝志》)那样笼统以五行类包之。马端临关于数术类书籍的分类的意见和

---

① 马端临:《文献通考·经籍考》(下)，华东师范大学出版社，1985 年，第 1058 页。
② 马端临:《文献通考·经籍考》(下)，华东师范大学出版社，1985 年，第 1058 页。
③ 马端临:《文献通考·经籍考》(下)，华东师范大学出版社，1985 年，第 1058 页。

做法在那个时代无疑是颇为通达的。集古代四部书目之大成的《四库全书总目》由于设有三级分类体系，所以在子部重新设立“数术类”这一大类，其下又设“数学、占候、阴阳五行、占卜、杂技术、相宅相墓、命书相书”这些二级小类，实际上是将《隋志》《新唐志》《宋九朝志》(数术类只有一个大类“五行”)与《经籍考》(数术类无大类，只有占卜、形法等小类)的分类结合了起来，从而使数术类书籍的分类最终趋于完善。而马氏的分类及见解可谓是承前启后的重要一环。

第十五条：《经籍考》卷56子部杂艺术类著录的第一部著作为“《古画品录》一卷”，其下辑录《郡斋》卷15子部艺术类“《古画品录》一卷”之解题云：

> 晁氏曰：南齐谢赫撰。言画有六法，分四品。夫秋之奕，延寿之画，伯乐之相马，甯戚之饭牛，以至曹丕之弹棋，袁彦之樗蒲，皆足以擅名天下。昔齐侯礼九九，而仲尼贤博奕，良有以哉。经著大射、投壶之礼，盖正己养心之道存焉，顾用之何如耳，安可直谓之艺而一切废之？故予取射诀、画评、奕经、算术、博戏、投壶、相马牛等书同次之，为一类。①

《郡斋》部类的小序都附在该类的首部著作的解题之下，此条也是。即从“夫秋之奕，延寿之画，伯乐之相马”开始直到此段末，是《郡斋》子部艺术类的小序文字。可知晁公武将“射诀、画评、奕经、算术、博戏、投壶、相马牛等书”都归入艺术类。《直斋》的做法与此基本一致。马端临于其后下按语云：

> 按：晁、陈二家书录，以医、相牛马及茶经、酒谱之属，俱入杂艺术门，盖仍前史之旧。今以医、相牛马之书名，附医方、相术门，茶、酒经谱附种植入农家门，其余技艺则自为此一类云。②

此条按语系对杂艺文类范围之调整，在马氏看来晁、陈二家“艺术”类收书范围显然过滥了，把一些四部之中不好归类的书都放入其中。这有些类似于《四库全书总目》的谱录类。所以马氏将“医、相牛马”(即兽医与相牛马)之书附入本来论人的医家、相术之中；将茶经、酒谱附入农家类。以兽从人，不失为类比之法。这样做显然较晁、陈两家要合理一些。虽然在传统四部分类体中，类目的范围不清、内涵不明的问题可以说在所难免，但此条还是体现出马氏为使类目明晰单纯一些而做的努力，具有积极意义。

三、历代学术传承与各家学术源流

(一)历代学术传承

这里所列举的五条按语都来自《经籍考》“总叙”的第一部分。下文逐一予以分析。

---

① 马端临：《文献通考·经籍考》(下)，华东师范大学出版社，1985年，第1277页。

② 马端临：《文献通考·经籍考》(下)，华东师范大学出版社，1985年，第1278页。

第一条：马端临在“总叙”的开头首先辑录《尚书序》①云：

> 伏牺氏始画八卦，造书契(书者，文字；契者，刻木而书其侧。故曰：书契也。一云：以书契约其事也。郑玄：以书书木边言其事，刻之木，谓之书契也)，以代结绳之政，由是文籍生焉。伏牺、神农、黄帝之书，谓之《三坟》(坟，大也)，言大道也。少昊、颛顼、高辛、唐、虞之书，谓之《五典》，言常道也。至于夏、商、周之书，虽设教不伦，雅诰奥义，其归一揆，是故历代宝之，以为大训。八卦之说，谓之《八索》(索，求也)，求其义也。九州之志，谓之《九丘》。丘，聚也。言九州所有，土地所生，风气所宜，皆聚此书也。②

此段系追述上古文字典籍之起源。先产生符号文字，而后文籍兴起。《三坟》《五典》《八索》《九丘》都是传说中上古之典籍。最早见于《左传·昭公二十二年》记载有楚灵王称赞左史倚相：“是良史也，子善视之，是能读《三坟》《五典》《八索》《九丘》。”杜预注云：“皆古书名。”并为马氏按语所引。马端临对此下按语云：

> 按：古书之流传于今者惟《六经》，《六经》之前，则《三坟》《五典》《八索》《九丘》是已。《周官》外史掌三皇五帝之书，则国家之所职掌者此也。楚左史倚相能读《三坟》《五典》《八索》《九丘》，则学士大夫之所诵习者此也。今其书亡，而其义则略见于孔氏《尚书》之序，故录之以为经籍之始。③

说明其之所以在开端引《尚书序》，是因为能略见传说中最古老的《三坟》《五典》《八索》《九丘》诸书之大义。马端临在按语中接着又引《史记索隐》云：

> 《索隐史记三皇纪》言：“《春秋纬》称自开辟至于获麟，凡二百二十六万七千岁，分为十纪，凡世七万六百年。一曰九头纪，二曰五龙纪，三曰摄提纪，四曰合雒纪，五曰连通纪，六曰序命纪，七曰循蜚纪，八曰因提纪，九曰禅通纪，十曰疏仡纪。”则上古之书盖不可胜计，然其说荒诞，故无取焉。④

这显然是纬书高远其所由来的故弄玄虚之说，所以司马迁作《史记》年表时不取，马端临也不取。

第二条：接着马端临在“总叙”中辑录《周官》⑤之文叙太史之职责云：

---

① 今见于唐代孔颖达所疏的《尚书正义》卷一《尚书序》。引文括号中文字系马端临钞录之郑玄的注文或孔颖达的疏文，并有所删节。

② 马端临：《文献通考·经籍考》(上)，华东师范大学出版社，1985年，第1页。

③ 马端临：《文献通考·经籍考》(上)，华东师范大学出版社，1985年，第1页。

④ 马端临：《文献通考·经籍考》(上)，华东师范大学出版社，1985年，第1页。

⑤ 今见于(汉)郑玄注、(唐)贾公彦疏的《周礼注疏·春官·宗伯》篇。引文括号中之文字系马氏所辑郑玄、贾公彦之注文，文字有所删节。

《周官》：太史掌建邦之六典，以逆邦国之治；掌八法，以逆官府之治；八则，以逆都鄙之治（太史，日官也）。凡辨法者考焉，不信者刑之。凡邦国、都鄙及万民之有约剂者藏焉，以贰六官（六官各有一通，此太史亦副写一通，故云“以贰六官”）。①

又引同篇另一段叙小史之职责云：

小史掌邦国之志，奠系世、辨昭穆（志，犹记也。《春秋传》所谓《周志》，《国语》所谓《郑书》之属是也。史官主书，故韩宣子聘于鲁，观书太史氏。系世，谓《帝系》《世本》之属是也。小史主定之）。②

又引同篇另一段叙内史云：

内史，掌王之八枋之法，以诏王治；执国法及国令之贰，以考政事，以逆会计（国法：六典、八法、八则）；掌叙事之法，受纳访，以诏王听治（叙，六叙也。纳访，纳谋于王也。六叙六曰：以叙听其情）。凡命诸侯及孤卿大夫则策命之（如《春秋》王命内史兴父策命晋侯之类），凡四方之事书内史读之（若今尚书入省事），王制禄，则赞为之，以方出之（赞为之，为之辞也。以方版书而出之），赏赐亦如之。内史掌书王命，遂贰之（副写藏之）。③

又引同篇另一段叙外史之职责云：

外史掌书外令（王令下畿外），掌四方之志（志，记也。谓若鲁之《春秋》，晋之《乘》），掌三皇、五帝之书，掌达书名于四方（若谓《尧典》《禹贡》，达此名使知之）。若以书使于四方，则书其令（书王令以授使者）。④

又引同篇另一段叙御史之职责云：

御史掌邦国都鄙及万民之治令，以赞冢宰（王所以治之，令冢宰掌王治）。凡治者受法令焉（为书写其治之法）。⑤

---

① 马端临：《文献通考·经籍考》（上），华东师范大学出版社，1985年，第2页。
② 马端临：《文献通考·经籍考》（上），华东师范大学出版社，1985年，第2页。
③ 马端临：《文献通考·经籍考》（上），华东师范大学出版社，1985年，第2页。
④ 马端临：《文献通考·经籍考》（上），华东师范大学出版社，1985年，第2页。
⑤ 马端临：《文献通考·经籍考》（上），华东师范大学出版社，1985年，第2页。

又引《周礼·秋官·司寇》篇叙小行人之职责云：

小行人掌五物者(谓国札丧、凶荒、师役、福事、灾祸，共五者)，及其万民之利害为一书，其礼俗、政事、教治、刑禁之逆顺为一书，其悖逆、暴乱、作慝、犹犯令者为一书，其札丧、凶荒、厄贫为一书，其康乐、和亲、安平为一书。凡此五物者，每国辨异之，以反命于王，以周知天下之故。①

马氏接着下按语指出：

按：成周之时，自太史以至小行人，皆掌官府之典籍者也，其名数亦多。今除《宝训》及《太平六典》之外，亦无可考者矣。②

以上所辑录之“太史”“小史”“内史”“外史”“御史”“小行人”，皆《周礼》所云掌管古代各类典籍之官吏，从中可见周代学在王官、官师合一③的情形。这是中国学术史上的王官时代。

第三条：周衰以后，王官溃散，学术下移。进入春秋战国时代后，诸侯纷起，礼崩乐坏。古代学术的传承到了一个关口。孔子应时而起，整理前代官学典籍，并开坛私人讲学，促进了学术的传播，从而开创了学术史上的诸子时代④。马端临接着引《尚书正义》卷一《尚书序》说明孔子整理古代文献的功绩云：

孔子生于周末，睹史籍之繁文，惧览之者不一，遂乃定礼乐，明旧章，删《诗》为三百篇，约史记而修《春秋》，赞《易》道以黜《八索》，述职方以除《九丘》，讨论《坟》《典》，断自唐、虞以下，讫于周。⑤

其下又引二程的《程氏经说》卷二《书解》、朱熹《晦庵集》卷六十五《杂著·尚书》所载“九峰蔡氏(蔡沈)”之言论，孔颖达《礼记正义·经解》卷五十《经解》第二十六、宋卫湜《礼记集说》卷一百十七《经解》第二十六中所载“长乐刘氏”(刘彝)、“山阴陆氏”(陆佃)与“金华应氏”(应镛)之言论来解释《六经》之名义。接着又引《庄子》第三十三《天下》篇以

---

① 马端临：《文献通考·经籍考》(上)，华东师范大学出版社，1985年，第3页。

② 马端临：《文献通考·经籍考》(上)，华东师范大学出版社，1985年，第3页。

③ 刘师培在其《古学出于史官论》与《古学出于官守论》中对此有详细论述。参见刘师培著，邬国义、吴修艺编校：《刘师培史学论著选集》，上海古籍出版社，2006年，第9~14页，第228~246页。

④ 刘师培在《补古学出于史官考》中认为春秋之前的学术都掌管于史官之手，其最大的弊端有二：一是“上级有学而下级无学”；一是“有官学而无私学”。而周末诸子学之兴起，实出于周初学术之反动力。其具体体现是：一，“反抗下民难学也”；二，“反抗私门无学也”。详见刘师培著，邬国义、吴修艺编校：《刘师培史学论著选集》，上海古籍出版社，2006年，第15~21页。

⑤ 马端临：《文献通考·经籍考》(上)，华东师范大学出版社，1985年，第3页。

明诸子兴起、各执一端，而“后世之学者，不幸不见天地之纯、古人之大体，道术将为天下裂”①。马端临接着下按语指出：

> 按：庄生之时，六籍未经秦火，其书具在也，而诸子百家，各以其说舛驰而淆乱之，是以有闇而不明，郁而不发之忧。周以荒唐谬悠之言著书，盖亦百家之一也，而此段议论诚醇正，无异圣贤之格言。东坡谓庄子盖助孔子者，于此见之。所谓“后之学者，不幸不见天地之纯、古人之大体，道术将为天下裂”。似逆知将有坑焚之祸，而深悲之矣。呜呼!②

《庄子·天下篇》中纵论诸子学术，对其利弊得失都有透彻的分析。与《荀子·非十二子》《史记》所载司马谈的《论六家要旨》《淮南子·要略》等同为古代论学之名篇。郭英德指出，在庄子看来，“商、周时期的王官之学，官学、君师、政教合而不分，犹如浑沌本无七窍(今按：指《庄子·应帝王》中之寓言)；至春秋战国时期，学术散于天下，诸子各立一家，正如凿浑沌之七窍一样，王官之学不复存在，‘道术’便不能不为天下裂了”③。后世诸子蜂起，各执一端相互攻击，最终还是惨遭强权之镇压。对此郭英德指出：“古代王官之学的浑沌既凿，道术已为天下裂。这种‘哲学的突破’，造成了天下道术纷然杂陈，‘天下之人，各为其所欲焉以自为方’的局面。这种纷纭杂陈的文化状况，是春秋战国时期‘礼崩乐坏’、群雄逐鹿的特定产物，而为大一统的政权所不能容忍。政治权威的高度统一，怎能不同时要求精神文化的强大向心力呢?”④接着郭氏引上述李斯议“焚书”之奏章后，进一步分析道：“从政治权力系统中分化而出的学术文化系统，竟然足以与政治权力系统分庭抗礼，以致‘主势降乎上，党与成乎下’，这怎能不遭到专制政府的严厉禁止呢?”⑤

第四条与第五条：按下来叙述中国文化史上的第一场大浩劫——“焚书坑儒”。马端临首先辑录《史记》卷六《秦始皇本纪》第六中所载秦始皇三十四年(公元前213年)李斯建议“焚书”之奏疏，以交代其原因、焚书之范围以及执行之措施：

> 今诸生不师今而学古，以非当世，惑乱黔首，相与非法教，人闻令下，则各以其学议之，入则心非，出则巷议，夸主以为名，异趣以为高，率群臣以造谤。如此弗禁，则主势降乎上，党与成乎下。
>
> 臣请史官非秦记者烧之。非博士官所职，天下有藏《诗》《书》、百家语者，皆诣守尉杂烧之。有敢偶语《诗》《书》者弃市。以古非今者族。吏见知而不举，与同罪。令下三十日不烧，黥为城旦。所不去者，医药、卜筮、种树之书。若欲学法令，则以吏为师。⑥

---

① 马端临：《文献通考·经籍考》(上)，华东师范大学出版社，1985年，第5页。
② 马端临：《文献通考·经籍考》(上)，华东师范大学出版社，1985年，第5页。
③ 郭英德：《中国古代文人集团与文学风貌》，北京师范大学出版社，1998年，第4页。
④ 郭英德：《中国古代文人集团与文学风貌》，北京师范大学出版社，1998年，第8~9页。
⑤ 郭英德：《中国古代文人集团与文学风貌》，北京师范大学出版社，1998年，第9页。
⑥ 马端临：《文献通考·经籍考》(上)，华东师范大学出版社，1985年，第6页。

然后引孔鲋《孔丛子》卷六《独治》第十九以说明民间之私自藏书的情形与孔壁书的由来云：

魏人陈余谓孔鲋曰："秦将灭先王之籍，而子为书籍之主，其危哉!"子鱼曰："吾为无用之学，知吾者惟友。秦非吾友，吾何危哉？吾将藏之以待其求，求至，无患矣。"①

接着马氏又引《通志·校雠略》之《秦不绝儒学论》二篇②云：

夹漈郑氏曰：陆贾，秦之巨儒也。郦食其，秦之儒生也。叔孙通，秦时以文学召待诏博士。数岁，陈胜起，二世召博士、诸儒生三十余人而问其故，皆引《春秋》之义以对。是则秦时未尝不用儒生与经学也。况叔孙通降汉时，自有弟子百余人，齐、鲁之风亦未尝替。故项羽既亡之后，而鲁为守节礼义之国。则知秦时未尝废儒，而始皇所坑者，盖一时议论不合者耳。③

又辑录同篇另一段云：

又曰：萧何入咸阳，收秦律令图书，则秦亦未尝无书籍也。其所焚者，一时间事耳！后世不明经者，皆归之秦火，使学者不睹全书，未免乎疑以传疑。然则《易》固为全书矣，何尝见后世有明《易》之人哉！臣向谓"秦人焚书而书存，诸儒穷经而经绝"，盖为此发也。《诗》有六亡篇，乃"六笙"诗，本无辞；《书》有逸篇，仲尼之时已无矣。皆不因秦火。自汉以来书籍，至于今日，百不存一二，非秦人亡之也，学者自亡之耳。④

正如子贡所谓"纣之不善，不如是之甚也。是以君子恶居下流，天下之恶皆归焉"(《论语·子张》)，前人因秦始皇首开"焚书坑儒"之恶行，对其实际破坏往往过于苛责，认为秦始皇焚烧经典、坑杀儒生对文献(文章和贤人)造成了极大破坏，使得学术的传承受阻，而书籍也因此大量亡佚。关于"坑儒"，郑樵在上引第一段中以史实证明"秦时未尝不用儒生与经学"，而秦汉之际儒学的传承并未中断。秦始皇所坑杀的只是"一时议论不合"的儒生(更确切地说是方术之士)。关于"焚书"，所引第二段中对将先秦书籍的亡佚全部归之"焚书"的看法提出异议，并以《诗》《书》为例，说明诸经经秦火后未亡，反倒是"诸儒穷经而经绝"，并非因"焚书"而亡。张舜徽先生在其《中国文献学》第八编《历代校

① 马端临：《文献通考·经籍考》(上)，华东师范大学出版社，1985年，第6页。
② 今见于《通志》卷七十一《校雠略》第一。
③ 马端临：《文献通考·经籍考》(上)，华东师范大学出版社，1985年，第6页。
④ 马端临：《文献通考·经籍考》(上)，华东师范大学出版社，1985年，第7页。

雠学家整理文献的业绩》第四章“郑樵在整理文献方面的成就”中引用上述郑樵之《秦不绝儒学论》二篇后指出：“这样的翻案文章，在秦以后的长期封建社会里，诚属不可多得。可使那般一孔之见的学究们开了眼界，增了识解。使人们懂得古代书籍的散亡，不尽由于秦火。在秦始皇焚书坑儒的问题上，促使人们重新思考，起了积极的作用。”①

郑樵的这番“破冰”之论打响后，接下来马端临便用两大段按语分别对其作了详细的补充和发挥。第一段按语集中论述了“焚书坑儒”的动机、目的与后果。首先分析了秦国的学术文化渊源与李斯的个人思想背景云：

按：秦虽出自于西戎，然自非子、秦仲以来，有国于丰、岐者数百年。春秋之时，盟会聘享，接于诸侯，《秦誓》纪于《书》，《车邻》《小戎》之属列于《诗》，其声名文物盖蔼然先王之遗风矣。今下令焚《诗》《书》，而曰“史官非秦记皆烧之”，则《秦誓》《秦风》亦秦记也，独非《诗》《书》乎？李斯者，袭流血刻骨之故智，而佐之以人头畜鸣之伪辩，固世所羞称者。然斯学于荀卿，卿之道，盖祖述六经，宪章仲尼者也，是其初亦自儒者法门中来。②

从而说明秦始皇与李斯并非是不学无术、不知礼乐之蛮君横臣，进而指出秦始皇与李斯“焚书坑儒”的心理动机是“愧”与“畏”：

然则始皇既非声教不通之编夷而骤有中华，李斯亦非椎朴少文之俗物而盲处高位。今乃以焚灭经籍、坑戮儒生为经国之远猷者，其说有二：曰愧，曰畏。愧则愧其议己也，畏则畏其害己也。③

接下来马氏先分析秦始皇的“愧”与“畏”。他指出：

自载籍以来，《诗》《书》所称桀有暴德而天下归殷，纣有暴德而天下归周，幽、厉有暴德而周室东迁，浸微浸灭，五霸迭兴，七雄分据。始皇既已习闻其说矣，今虽诿曰“德兼三皇，功过五帝”，而其所行，则袭桀、纣、幽、厉之迹耳，夫岂不自知之？而儒者记纂，明以语人曰：如是而兴，如是而亡，不啻烛照、数计龟卜而示后来以轨范。盖始皇之所愧而畏者此也。④

他认为秦始皇所畏惧的是儒生的政治言论对其专制统治造成的威慑与舆论影响。马氏接着又分析李斯之“愧”与“畏”，指出：

---

① 张舜徽：《中国文献学》，上海古籍出版社，2005年，第215页。
② 马端临：《文献通考·经籍考》(上)，华东师范大学出版社，1985年，第8页。
③ 马端临：《文献通考·经籍考》(上)，华东师范大学出版社，1985年，第8页。
④ 马端临：《文献通考·经籍考》(上)，华东师范大学出版社，1985年，第8页。

> 自夫子历聘列国，孟氏以儒术游于诸侯，思济天下之溺而引时君于当道者，至拳拳也；虽不肯枉道以求售，然思济天下之溺，至拳拳也。继而苏、张之徒，专以口舌干时君，虽其所持者诡遇之术，妾妇之道，与孔、孟之学如黑白薰莸之相反，然其汲汲皇皇、求以用世之意则类也。而范睢之于魏冉，蔡泽之于范睢，皆逞其辩口，扼其吭而夺之位。于是士生斯时，皆以读书游说为可以得志而取高位。李斯亦以说客进身者也，故韩非入秦，以策干始皇，则忌而诛之。天下岂无尚如非者欲睨其后乎？盖李斯之所愧而畏者此也。①

他认为李斯所畏惧的是士人再像春秋战国时期那样，可以随意在君主面前发表政治见解，一旦受到重用则可能威胁其权位。可知秦始皇和李斯各自出于巩固自身利益权势的角度考虑。秦始皇着眼于巩固其皇权，李斯力图保住其相权，都不约而同地倾向于加强对儒生士人及其思想的控制。这是君臣两人实行“焚书坑儒”的心理动机。按下来马氏分析其焚毁民间书籍而独存博士所掌书籍的目的是：

> 《诗》、《书》、百家语之在人间者焚之，其在博士官者存之，盖亦知其本不可废也。罢侯置守者，私其土地于己也；焚书而独存博士官者，又欲私其经术于己也。主相之心，务欲灭经籍以愚天下，峻法律以威天下，而使之“莫予毒”，以为巩固不拔之计。②

即推行愚民政策以巩固其专制统治。接下来论述其后果是：

> 然陈胜、项梁、项籍、刘季之徒，本非有祖述汤武、弘济苍生之夙志，俱以罹于禁网，遁迹亡命，出万死不顾一生之计，奋梃而起，以成土崩瓦解之势。赵高熏腐小丑，亦非有文墨词辩，足以倾动上听；徒以少习深文，依于忮忍，故陷扶苏、蒙恬，戮诸公子，夷李斯，如出一律。盖犯法而作乱者，陈、吴、刘、项也，倚法而作奸者，赵高也。然则隳秦七庙而具斯五刑者，非《诗》《书》也，乃秦之法律也。③

秦代专制暴政一方面逼迫民众走投无路，不得不铤而走险，另一方面使得朝廷中小人得志，内忧外患最终导致了秦王朝的土崩瓦解。

第二段按语在郑樵的“秦不绝儒学论”的基础上，首行针对“坑儒”前后的实际情况指出：

> 秦以儒者为博士，每国家有大事，则下博士议之。然因淳于越进议封建，而下焚书之令；因卢生辈窃议时事，而下坑儒之令。盖此二事者，皆激于博士之正论。然则

---

① 马端临：《文献通考·经籍考》(上)，华东师范大学出版社，1985年，第8页。
② 马端临：《文献通考·经籍考》(上)，华东师范大学出版社，1985年，第8页。
③ 马端临：《文献通考·经籍考》(上)，华东师范大学出版社，1985年，第8页。

> 其所进用者，必皆得面谀顺指如周青臣、叔孙通辈，然后能持禄苟免耳。稍引古义持正论，则批逆鳞、触奇祸。是书虽存而实亡，博士官虽设而实废矣。①

这就是说“坑儒”是针对部分持正论议论朝政的博士，而大量的博士或趋炎附势或明哲保身而存活，但已经不再议论政事了，其后果是“书虽存而实亡，博士官虽设而实废”，典籍文化与监督机制名存实亡。他进而重新认识“焚书”与书籍亡佚的关系，指出：

> 又按《史记》言：始皇闻卢生窃议亡去，大怒，曰：“吾前收天下书不中用者尽去之。悉召文学方术士甚众，欲以兴太平，求奇药。今闻韩众去不报，徐市等费以巨万计，终不得药，徒奸利相告日闻。”然则始皇所谓不中用者，所焚之六籍是也；所谓召文学、方术士求奇药者，所存之医药、卜筮等书是也。然六籍虽厄于煨烬，而得之口耳所传，屋壁所藏者，犹足以垂世立教千载如一日也。医药、卜筮、种树之书，当时虽未尝废锢，而并未尝有一卷流传于后世者。以此见圣经贤传，终古不朽，而小道异端，虽存必亡，初不以世主之好恶而为之兴废也。②

马氏在郑樵的基础上进一步指出，经过禁毁之儒家经典由于人们的“口耳所传，屋壁所藏”，即口头传诵与秘密藏书而最终得以流传下来。而“焚书”中“所存之医药、卜筮等书”到后世则片卷不留。他认为这是因为“圣经贤传，终古不朽，而小道异端，虽存必亡，初不以世主之好恶而为之兴废也”。可知书籍的存佚与淘汰有其内存的规律，经典著作一般能流传下来而淘汰的一般是价值不大的“小道异端”（当然世易时移，评价的标准也在变化。当时认为无用之书，可能今天认为极有价值。反之亦然。这里只讨论当时的情形）。统治者的焚毁虽在一定程度上能够影响书籍的流传，但并不足以决定天下书籍的兴废③。

---

① 马端临：《文献通考·经籍考》（上），华东师范大学出版社，1985年，第9页。

② 马端临：《文献通考·经籍考》（上），华东师范大学出版社，1985年，第9页。《文献通考·自序》云：“昔秦燔经籍而独存医药、卜筮、种树之书，学者抱恨终古。然以今考之，《易》与《春秋》二经首末具存，《诗》亡其六篇，或以为笙诗元无其辞，是《诗》亦未尝亡也。《礼》本无成书，《戴记》杂出汉儒所编，《仪礼》十七篇及《六典》最晚出，《六典》仅亡《冬官》，然其书纯缤相半，其存亡未足为经之疵也。独虞、夏、商、周之书，亡其四十六篇耳。然则秦所燔，除《书》之外，俱未尝亡也。若医药、卜筮、种树之书，当时虽未尝废锢，而并无一卷流传至今者，以此见圣经贤传终古不朽，而小道异端虽存必亡，初不以世主之好恶为之兴废也。汉、隋、唐、宋之史，俱有《艺文志》，然《汉志》所载之书，以《隋志》考之，十已亡其六七，以《宋志》考之，隋唐亦复如是，岂亦秦为之厄哉？昌黎公所谓为之也易，则其传之也不远，岂不信然。”可与此处按语对照参看，见马端临：《文献通考》，中华书局影印十通本，1986年，正文第8页。

③ 刘师培作有《六经残于秦火考》一文，认为“民间所存之经，亡于秦火；而博士所藏，又亡于项羽之火也”。其结论认为：“《六经》残于秦火明矣。”其说实本自《史记·儒林列传》所云“秦之季世，焚《诗》、《书》，阬术士，六艺从此缺焉”。刘氏所言与马氏按语并不矛盾。郑樵与马端临也承认这一点，只是在此基础上指出《六经》虽遭焚毁之灾，但仍能依靠各种途径顽强地流传下来，而未焚毁之医药、卜筮之书反倒一卷无存。以此见禁书并不是书籍流传亡佚的决定性因素。详见刘师培著，邬国义、吴修艺编校：《刘师培史学论著选集》，上海古籍出版社，2006年，第518~520页。又康有为《新学伪经考》第一考即《秦焚六经未尝亡缺考》。

马端临这两段按语可谓通情达理，既不低估也不夸大，对于我们审视“焚书坑儒”的前因后果及其对典籍文化造成的实际影响颇有启发。总而言之，“焚书坑儒”虽然对先秦典籍文化造成了一定的破坏，但其实际作用与效果不能夸大。后世往往因其为中国历代钳制思想、禁锢自由之“滥觞”，为历代的“焚书坑儒”开了一个不好的头，而对其实际破坏责之过苛。其实比起其有形的破坏，其对于中国读书人心理的破坏和摧残也许要更大一些。

（二）各家学术源流

与总叙中综论古今“学术传承”不同，这里所指的“学术源流”指某一家（派）或某一类学术之源流。其出处也不是《经籍考》的总叙部分，而是《经籍考》中所著录某条书目的解题之下。具体分析如下。

第一条：《经籍考》卷3经部易类著录有程颐的“《伊川易传》十卷”。其下辑录之解题分别见于今存之程颐《伊川易传》卷9《系辞上》、《二程遗书》卷21上《师说》、《二程外书》第12《传闻杂记》、朱熹《晦庵集》卷81《跋·书伊川先生易传板本后》、朱熹《晦庵集》卷41《书〈知旧门人问答〉·答程允夫》、《朱子语类》卷19《论语一·语孟纲领》（马端临所引系其前身《朱子语录》，《语类》是所有弟子分纂《语录》的汇编分类本）、《朱子语类》卷67《易三·纲领下·程子易传》诸书。其下又引《郡斋》卷1经部易类“《程氏易》十卷”之解题云：

> 晁氏曰：朱震言颐之学出于周敦颐，敦颐得之穆修，亦本于陈抟，与邵雍之学本同。然考正叔之解，不及象数，颇与胡翼之相类。景迂云胡武平、周茂叔同师润州鹤林寺僧寿涯，其后武平传其学于家，茂叔则授二程。与震之说不同。①

说明了对北宋道学奠基人周敦颐、二程（程颢、程颐兄弟）之学术渊源及师承关系的看法。马端临接着下按语指出：

> 按：伊川之学出自濂溪，此先儒通论也。而晁、朱之说以为濂溪所师，本于希夷及一僧，则固老、释之宗旨矣，此论未之前闻。②

北宋学者周敦颐（字茂叔，世称濂溪先生，1017—1073）在其生前的社会地位与学术地位并不高，但其弟子二程成为了道学的宗师和实际创始人。作为二程早年老师的周敦颐，身后经程门弟子的表彰，在两宋之际其地位逐渐被抬高。到了南宋，周敦颐又受到南宋的胡宏、张栻及朱熹等著名理学家的推崇，并在朱熹编纂的道学史著作《伊洛渊源录》中居于首位。后来元代官修《宋史·道学传》中进一步确立了其作为继承孔孟以来道统的道学创始人——“北宋五子”之首的思想史地位。但宋代以来，围绕其思想渊源及其与二

① 马端临：《文献通考·经籍考》（上），华东师范大学出版社，1985年，第69页。

② 马端临：《文献通考·经籍考》（上），华东师范大学出版社，1985年，第69页。

程的授受关系等问题出现了诸多争议。

首先是关于周敦颐的思想渊源及其与道佛二教间的相互关系，更具体来说是其《太极图》及《太极图说》的学术渊源。正如上述马端临所引晁公武的解题，后世贬低周敦颐的思想及其地位的学者或者依据朱震《进周易表》之说，或者依据晁公武《郡斋读书志》的记载考察周敦颐与僧寿涯、东林总之间的交往经过，认为《太极图》是由宋初的道士陈抟传至周敦颐的，或是周敦颐师事僧寿涯承其教旨而来的，即主张周敦颐的思想渊源在于佛道二教而并非其原创。到了明末清初，伴随着反对宋学、复归汉学的"回归原典运动"的兴起①，出现了一股批判以周敦颐、邵雍、朱熹、刘牧为代表的宋代象数易学的思潮。如黄宗炎在其《易学辨惑·太极图辨》中认为《太极图》与《太极图说》出自佛道二教，即河上公的《无极图》经魏伯阳、钟离权、吕洞宾、陈抟、种放、穆修，一直传到周敦颐的手中，周敦颐从穆修那里接受了《无极图》，又从僧寿涯那里接受了《先天地偈》，进而将其改造成了《太极图》与《太极图说》②。清儒黄百家在《宋元学案》的案语中依据黄宗炎的上述考证，批评《太极图说》中儒、释、道三教思想杂糅，比不上《通书》之纯粹，认定《太极图》及《太极图说》源自佛道异端，从而贬低其学术价值，因此反对朱熹以来的编纂顺序而将《通书》置于思想资料之首，将《太极图》与《太极图说》置于其后了。

对于黄氏的这种看法，到目前为止学界尚存在争议③。如李申、杨柱才及吾妻重二三人的论证取材虽有所不同，但其结论基本一致，即都否定了黄宗炎之说，认为《太极图》与《太极图说》并非如黄宗炎、毛奇龄等人所言是出自佛道二教，相反主要是周敦颐依据《周易》的宇宙论而自作，后来佛道二教的《无极图》等其实是依据周敦颐的《太极图》而作的。这就又回到朱熹、马端临认为周敦颐思想主旨并非来自佛道二教的看法了。当然也有研究者沿着黄宗炎的思想提出《太极图》源自佛道二教的新证据，反对李申等人的考证④。黄宗炎、黄百家的观点正确与否暂且不论，这种推崇《通书》而贬低《太极图说》的地位与重要性的观点，应当说是心学派学者的一贯主张。宋代心学的创始人陆九渊早已怀疑《太极图》与《太极图说》，并与朱熹展开了激烈的辩论。因为朱熹理学以太极为理，展开其理一分殊的宇宙本体论体系，而心学派往往以太极为元气，所以当然会反对朱熹的太极理本

---

① 林庆彰：《中国经学史上的回归原典运动》，《中国文化》2009年第2期，第1~9页。

② (清)全祖望补修，陈金生、梁运华点校：《宋元学案》第1册，北京中华书局，1986年，第514~518页。

③ 《太极图》的渊源及其与佛、道二教之间的关系是周敦颐研究中的重要课题，自古以来便一直受到高度关注。与此相关的前人研究，中文论著相关成果可参看：周建刚：《周敦颐研究著作述要》，湖南大学出版社，2009年；郑吉雄：《周敦颐〈太极图〉及其相关诠释问题》，见《易图象与易诠释》，华东师范大学出版社，2008年，第163~221页。其中以杨柱才《道学宗主——周敦颐哲学研究》(人民出版社2004年版)、李申《话说太极图〈易图明辨〉补》(知识出版社1992年版)、《周易与易图》(沈阳出版社1997年版)及《易图考》(北京大学出版社2001年版)的考证最为翔实。日本学界可参看吾妻重二《朱子学の新研究——近世士大夫の思想史的地平》(创文社2004年版，第22~49页)及《宋代思想の研究——儒教·道教·佛教をめぐる考察》(关西大学出版社2009年版，第3~64页)等相关著作。

④ 参见李申：《易图考》，北京大学出版社，2001年，第293~297页。

论解释了。

其次关于周程授受关系，也并非如马端临所说的后世无异议。事实则是周程授受关系作为道学史上聚讼纷纭的一大公案，自宋代吕希哲、吕本中、汪应辰等人先后对周程授受提出异议以来，时至今日还存在争议①。但在马端临的时代，朱子学已经占据思想界的统治地位，其所主的周程授受之说也几乎成为定论。周程授受最早由朱熹在其学术史传《伊洛渊源录》中界定之后，其道统观逐渐成为权威看法。虽然如《经籍考》上引诸人有异辞，后世如清代朱彝尊《曝书亭集》卷58《太极图授受考》和日本学者太田锦城《疑问录》卷上《周程授受》中认为二程称周敦颐为"茂叔"，崇敬度不够，而对胡瑗则一贯用敬称，对司马光、张载、邵雍亦称先生。欲据此以否认程朱的授受关系。实际上朱熹对有关异辞早有回应。朱熹《晦庵集》卷30《答汪尚书》四与《答汪尚书》六中回复汪应辰的疑问时，曾明确指出"受学"一说是依据《二程遗书》卷2上所云："昔受学于周茂叔，每令寻颜子、仲尼乐处，所乐何事。"乃二程夫子自道，并非空穴来风②。朱熹《晦庵集》卷98《伊川先生年谱》一文中又举出《徽宗实录》与《哲宗实录》作为根据③。而且《二程遗书》之附录《门人朋友叙述并序》载"从先生最久，闻先生教最多，得先生行事为最详"的刘立之亦谓明道曾"从汝南周茂叔问学"④。《二程遗书》与《二程外书》中二程自身确实曾多处言及周敦颐，所受影响不言而喻。可见朱子的"授受说"绝非空穴来风，这也是几百年来"授受说"屡驳不倒的原因。

但自明末清初以来，随着朱子学的衰落，周程授受关系重新为人们所审视，提出了很多新的看法。问题的关键在于周程师承关系的史实与其思想传承之间的矛盾。即二程虽曾求学于周敦颐，但却并不认为自己的学问来自周敦颐的传授。如史学家邓广铭先生在其《关于周敦颐的师承和传授》⑤中彻底否定了周程授受之说。而日本早稻田大学的土田健次郎在其《道学の形成》⑥(《道学的形成》)一书中第二章"二程的先行者"之第二节"周程授受再考"中否定了朱子关于二程受学于周敦颐的说法，意图打破朱子"编织"的"周敦颐神话"，树立程伊川"才是道学这一学派的实质性创立者"之说。事实上，程颢与程颐(二程)在早年虽曾师事周敦颐并受其思想之影响，但其后二人之学问(天理本体论、格物穷

① 关于周、程授受关系的详细论述可参见：[英]葛瑞汉(A. C. Graham)著，程德祥等译：《中国的两位哲学家：二程兄弟的新儒学》，大象出版社，2000年，第232~239页；钱穆：《朱子新学案》第3册"朱子对濂溪横渠明道伊川四人之称述"，台北三民书局，1971年，第49~51页；邓广铭：《关于周敦颐的师承和传授》，见《纪念陈寅恪先生诞辰百年学术论文集》，北京大学出版社，1989年；陈植锷：《周、程授受辨》，《文献》1994年第2期：第60~77页，等等。

② (宋)朱熹：《晦庵先生朱文公文集》(二)，见朱杰人、严佐之、刘永翔：《朱子全书》(第二十一册)，上海古籍出版社、安徽教育出版社，2002年，第1302页，第1305~1306页。

③ (宋)朱熹：《晦庵先生朱文公文集》(六)，见朱杰人、严佐之、刘永翔：《朱子全书》(第二十五册)，上海古籍出版社、安徽教育出版社，2002年，第4560页。

④ (宋)程颐、程颢：《二程集》(上)，王孝鱼点校，中华书局，2004年，第328页。

⑤ 邓广铭：《关于周敦颐的师承和传授》，见《纪念陈寅恪先生诞辰百年学术论文集》，北京大学出版社，1989年，第53~60页。

⑥ [日]土田健次郎：《道学の形成》，东京创文社，2002年，第115~131页。

理说)主要出于其自得。特别是他们不赞同周敦颐的太极宇宙生成论的思想体系①，因而对周敦颐的著作也几乎不曾提及。周敦颐的著作主要通过二程的门人、后学流传开来。道学的集大成者朱熹本人虽然是二程的四传弟子，继承的主要是二程尤其是程颐的思想，但在编纂和注释周敦颐的著作时，出于建构自身理学宇宙本体论思想体系的需要，将《太极图》与《太极图说》作为周敦颐思想的纲领予以表彰和阐发，将其置于《通书》之前，进而对周敦颐的学问及人品予以大力表彰，并特别强调周程思想的传承与授受关系，从而树立了周敦颐作为道学开山祖师的思想史地位。因此所谓"周敦颐神话"，可以说是朱熹出于建构自身理学哲学体系及道统传承谱系的现实需要塑造出来的。另外，《朱子语类》卷 67 有云："问：'伊川何因见道？'曰：'他说求之六经而得，也是于濂溪处见得个大道理，占地位了。'"②朱熹认为伊川在为学的大方向上受到了周敦颐的决定性影响，其自身的学说则求之六经而得。可见朱熹彰显周敦颐的地位，强调周程之间的授受源流，主要是着眼于其学术内涵与道学发展的内在脉络。

第二条：《经籍考》卷 14 经部仪注类卷首著录的第一部为"叔孙通《朝仪》"(此书系已亡佚之书，故马氏不著录卷数)。其下引《汉书》卷 43《叔孙通传》叙述其成书经过，又引其父马廷鸾之言论阐明其内容实质，指出："然则非礼也，刑禁之书而已。"③

同卷又著录第二部为"曹褒《汉礼》"。其下辑录有《后汉书》卷 35 所载之《曹褒传》以叙述《汉礼》成书之经过。又引胡寅的《致堂读史管见》卷 4《孝章汉纪》以论礼书制作之难与曹褒《汉礼》成书之草率。

值得注意的是，以上经部仪注类著录的"叔孙通《朝仪》"与"曹褒《汉礼》"，皆当朝已废，早已亡佚。《汉志》以后的历代书目中均无著录。如《隋志》也只是在卷 2 史部仪注类叙述部类源流时云：

> 汉兴，叔孙通定朝仪，武帝时始祀汾阴后土，成帝时初定南北之郊，节文渐具。后汉又使曹褒定汉仪，是后相承，世有制作。然犹以旧章残缺，各遵所见，彼此纷争，盈篇满牍。而后世多故，事在通变，或一时之制，非长久之道，载笔之士，删其大纲，编于史志。而或伤于浅近，或失于未达，不能尽其旨要。遗文余事，亦多散亡。今聚其见存，以为仪注篇。④

其后书目中著录后世礼书的首部都是存世之卫宏"《汉旧仪》四卷"。《经籍考》则将《朝仪》与《汉礼》这两个亡书列于卷首，与前代书目不同。对此马氏下按语解释道：

---

① 二程依据其天理本体论重点批判了张载的太虚宇宙本体论。而周敦颐的太极说的气化论痕迹则较张载更明显一些，二程由于致力于批判气化宇宙论而建立其理本论，所以他们终生不提周敦颐的太极说。参见(明)黄宗羲原著，(清)全祖望补修，陈金生、梁运华点校：《宋元学案》(第 1 册)：卷十五"伊川学案上"，中华书局，1986 年，第 592 页。

② (宋)朱熹著，黎靖德编：《朱子语类》(第 5 册)，王星贤点校，中华书局，1986 年，第 1653 页。

③ 马端临：《文献通考·经籍考》(上)，华东师范大学出版社，1985 年，第 347 页。

④ (唐)魏徵等：《隋书》第 4 册，中华书局，1974 年，第 971 页。

按：三代之礼亡于秦。继秦者汉，汉之礼书，则前有叔孙通，后有曹褒。然通之礼杂秦仪，褒之礼杂谶纬，先儒所以议其不纯也。然自古礼既亡，今传于世者，惟《周官》《仪礼》《戴记》，而其说未备。郑康成于三书皆有注，后世之所欲明礼者，每稽之郑注，以求经之意。而郑注则亦多杂谶纬及秦、汉之礼以为说，则亦必本于通、褒之书矣。此三书者，《汉》《隋》《唐》三史《艺文志》俱无其卷帙，则其书久亡，故后世无述焉。然魏、晋而后，所用之礼，必祖述此者也。故摭二传中所言二家著述之旨，以为《仪注》之首。①

可见马氏这样做完全是从反映后世礼书的学术源流角度来考虑的。古典书目的一个重要的学术作用便是展现学术发展的源流。从《汉志》(《七略》)起，中国传统古籍书目便通过"总序—大序—小序"的序文系统来构建学术的结构框架和发展脉络，同时又通过分类体系反映学术的不同领域，通过类目下所著录的书目来具体反映个体学术之历程。这种体系的构成是古典目录发挥其"辨章学术，考镜源流"之作用的有力保障。

南宋郑樵的目录学思想是讲究包罗古今、不论存佚，类例既分，则学术源流自明，而泛释则无义(即蜻蜓点水式地泛泛而谈没有多大意义)，因此他主张只要将古今以来所有存在过的书籍按照细致的学术分类排列下来，则源流自明，不需再费辞章解释。其目录学思想重分类而轻解题。其十二类的分类体系独步古今，颇富现代学科分类意味。所以郑樵在目录学史上以理论和分类见长。相较而言，马端临的《经籍考》则是以解题详赡见长，并因其保存大量文献而著称，而分类上并没有什么大的突破，仍然是传统四部分类法。但是马端临作为一个史学家，非常重视对学术源流的探讨。他不像郑樵那样废解题而任分类，而是通过其辑录整理前人的分类、解题构建自己的目录体系。具体到类目下书籍的著录，他也汲取了郑樵的意见，将一些作为某一类书籍的学术源头但已亡佚之书置于部类之首，从而可使读者对该类学术的源流与发展有一个全面系统的认识。如果只著录当时现存之书，就很难达到这一目的。但是马氏著录亡佚之书又不像郑樵那样"泛滥"，一般是只著录作为学术源头的亡佚之书，除此之外的一般亡佚之书，则很少著录。用马氏自己的话来说，就是"存于近世而可考者"方著录。这是马氏区别于郑樵的地方，这样做既兼顾了学术源流，又不至于著录太多的亡书而造成可信度下降和使用价值降低，可谓善于取长避短。这样的例子除此处的两条外，还有很多，如《经籍考》卷1卷首著录的"丁宽《易》""孟喜《易》"两部亡书同样是出于反映易学源流而著录的。值得注意的是，马氏著录亡书除了会在解题或按语中说明外，其形式特征便是亡佚之书不著录卷数，但反过来则不一定。

四、书籍与学术的考辨

(一)内容考辨

此处所谓"内容考辨"，是指对所著录书目涉及书籍的具体内容直接进行考察，或涉

---

① 马端临：《文献通考·经籍考》(上)，华东师范大学出版社，1985年，第349页。

及文本校勘，或涉及具体内容之分析。

第一条：《经籍考》卷4经部书类著录有“《古文尚书》十三卷”。其下辑录《郡斋》卷1经部书类之解题交待《古文尚书》文字上的两次“古今”之变及其著录之“《古文尚书》”的来源云：

> 晁氏曰：汉孔安国以隶古定五十九篇之《书》，盖以隶写籀，故谓之隶古。其书自汉迄唐，行于学官，明皇不喜古文，改从今文，由是古文遂绝。陆德明独存其一二于《释文》而已。皇朝吕大防得本于宋次道、王仲至家，以较陆氏《释文》，虽小有异同，而大体相类。观其作字奇古，非字书傅会穿凿者所能到。学者考之，可以知制字之本也。①

又引郑樵《通志·艺文略》②云：

> 夹漈郑氏曰：按《易》《诗》《书》《春秋》皆有古文，自汉以来，尽易以今文，惟孔安国得屋壁之书，依古文而隶之。安国授都尉朝，朝授胶东庸生，谓之《尚书》古文之学。郑玄为之注，亦不废古文，使天下后学于此一书而得古意。③

可见郑樵认为孔安国的“隶古定”(以隶写篆)是比较成功的。郑氏接着又指出：

> 不幸遭明皇更以今文，其不合开元文字者谓之“野书”。然易以今文，虽失古意，但参之古书，于理无碍，亦足矣。④

但是实际情况却是：

> 明皇之时，去隶书既远，不通变古之义，所用今文，违于古义尤多。⑤

对唐明皇以“今文”易“古文”导致丧失古义而造成文义不通的后果提出了批判，为此他提出：

> 考今《书》之文，无妨于义者从今，有妨于义者从古，庶古今文义两不相违。曰《书考》。迨《武成》而未及终编，又有《书辨讹》七卷，皆可见矣。⑥

---

① 马端临：《文献通考·经籍考》(上)，华东师范大学出版社，1985年，第112页。
② 今见于《通志》卷六十三《艺文略第一·经类第一·书·古文经·古文尚书》条下。
③ 马端临：《文献通考·经籍考》(上)，华东师范大学出版社，1985年，第112页。
④ 马端临：《文献通考·经籍考》(上)，华东师范大学出版社，1985年，第112页。
⑤ 马端临：《文献通考·经籍考》(上)，华东师范大学出版社，1985年，第112页。
⑥ 马端临：《文献通考·经籍考》(上)，华东师范大学出版社，1985年，第112页。

马端临针对上引晁、郑两家的论述指出：

> 按：《汉儒林传》言孔氏有《古文尚书》，孔安国以今文读之。《唐·艺文志》有《今文尚书》十三卷，注言元宗诏集贤学士卫包改古文从今文。然则汉之所谓古文者科斗书，今文者隶书也。唐之所谓古文者隶书，今文者世所通用之俗字也。隶书，秦、汉间通行，至唐则久变而为俗书矣。①

马氏首先指出孔安国时代的"古文"与"今文"分别指"科斗文"（六国文字）与汉代通行的隶书。到了唐代，"古文"与"今文"则分别指"隶书"与当时通行之"俗字"。也就是说"古文"与"今文"是一对发展中的相对概念，时代不同，所指也不同。因此马氏认为《郡斋》中所著录的"《古文尚书》"当是孔安国时代的隶古定本。但是这样的一个古本何以在沉寂逾千年之后突然出现于宋次道、王仲至家呢？对此马氏指出：

> 何《尚书》犹存古文乎？盖安国所得孔壁之书，虽为之传，而未得立于学官。东京而后，虽名儒亦未尝传习，至隋、唐间方显，往往人犹以僻书奥传视之，缮写传授者少，故所存者皆古物，尚是安国所定之隶书，而未尝改以从俗字，犹今士大夫蓄书之家有奇异之书，世所罕见者，必是旧本，且多古字是也。②

马氏认为孔安国所传之《古文尚书》虽在当时未立为学官，但民间传承不绝，所以其"隶古定"本得以流传下来。而对比《经典释文》，可知其未尝改从俗字。最后马氏总结道：

> 噫！百篇之《书》，遭秦火而亡其半，所存者五十八篇，而其间此二十五篇者，书虽传，而字复不谐于俗。传于汉者为科斗书，传于唐者为隶书，皆当时之人所罕习者。盖出自孔壁之后，又复晦昧数百年，而学者始得以家传人诵也。③

《经籍考》同卷此书之前已著录有"《尚书大传》三卷""孔安国《尚书注》十三卷""孔颖达《尚书正义》二十卷""陆德明《尚书释文》一卷"诸书。而这里所著录的"《古文尚书》十三卷"依以上所言实际上是孔安国所传《古文尚书》的一个"隶古定"写本。成书在《经籍考》后的《宋史·艺文志》卷1经部书类就著录有"《古文尚书》二卷，孔安国隶"，可知此"隶古定"本在元代尚存，但其后亡佚。笔者以为从晁公武所云这个"隶古定"本的来源"皇朝吕大防得本于宋次道、王仲至家"来看，有可能是其中一位伪造的。这个《古文尚书》的"定本"，实际上是一个改俗以从古文（隶古定）的本子。只要有相当的小学功底，自造一部并非不可能。像清代位列《说文》"四大家"之首的小学泰斗段玉裁就曾作有"《毛诗故训传定本》三十卷"（今收入《续修四库全书》第64册），也是一个改俗字为古字（隶古定）以

① 马端临：《文献通考·经籍考》（上），华东师范大学出版社，1985年，第112页。
② 马端临：《文献通考·经籍考》（上），华东师范大学出版社，1985年，第112页。
③ 马端临：《文献通考·经籍考》（上），华东师范大学出版社，1985年，第112页。

力图恢复到《毛传》所据之古本。段氏在研究《诗经》时，从《汉志》著录之“《毛诗》经二十九卷”、又“《毛诗故训传》二十传”发现周末汉初《经》《传》本各自单行。段氏进一步分析经书的“疏”与“经注”本来也都是各自单行的。而后世合“经、传”，进而又合“经传、注疏”的过程中授受不同，其字其说，龃龉者多，必须借助《经典释文》与小学知识对其进行分离与校订，以复古代“经”“传”别行时之旧。因其按近《毛传》之“原本”，所以自称为“定本”。段氏还将考证《诗经》字义的文字汇聚成专著《诗经小学》，以存校订“定本”之考证依据。段氏的工作与上文所引郑樵校订《古文尚书》而作《书考》与《书辨讹》十分类似。

对比可知，此来历可疑的“《古文尚书》十三卷”当是一个力图恢复“经”(古文经)、“传”(孔传)别行之旧的“定本”，可以大致肯定是类似“《毛诗故训传定本》”的一个“复古”(文字接近唐明皇改字之前的古本)校订之本，而不大可能真是汉代孔安国传下来的底本或其钞本。

第二条和第三条：《经籍考》卷 9 经部春秋类著录有“《春秋经》一卷”。其下辑录《直斋》卷 3 经部春秋类“《春秋经》一卷”之解题云：

> 陈氏曰：每事为一行，广德军所刊古监本。晦庵又刻于临漳四经之一。其于《春秋》，独无所论著，惟以《左氏》经文刻之。李焘仁甫又定《春秋古经》一卷。①

这是叙述其刊刻经过。在《直斋》解题所云“李焘仁甫又定《春秋古经》一卷”的启发下，马端临又辑录李焘为所定《春秋古经》所作之后序(此文当辑录自李焘《文简集》，此集今已亡佚。仅《经籍考》中引用保留了其中的三十余篇)云：

> 眉山李氏《古经后序》曰：《汉艺文志》有《春秋古经》十二篇，《经》十一卷，《隋》《唐志》同。《古经》十二篇、十一卷者，本《公羊》《穀梁》二家所传，吴士溪始为之注，《隋氏》载焉，又有贾逵《春秋三家经训古》十二卷，宋《三家经》二卷；《唐志》又有李铉《春秋二传异同》十二卷，李氏《三传异同例》十三卷，冯伉《三传异同》三卷，元和国子监修定《春秋加减》一卷。士溪、贾逵、宋及李、冯、元和诸书今皆不存，独抱遗经者，莫适为正。盖《公羊》得立学官最先，《穀梁》次之，《左氏》最后，故士溪但注二家，不及《左氏》。贾逵既立《左氏》，始通三家。逵、溪并宋以下异同加减文字，悉已亡佚，莫知其举厝何也。隋末唐初，《左》学特盛，二家浸微(陆德明《音义》、《隋经籍志》皆云)。自杜预集解《左氏》，合经传为一，贞观十六年，孔颖达承诏修疏，永徽四年，长孙无忌等重上《正义》，丘明传学愈益盛矣。而仲尼遗经无复单行，学者或从《杜解》抄出，独存《左氏》，摈落二家。幸陆德明与颖达同时于太学，自著《音义》，兼存二家本书，仍各注《左氏》别字，顾亦无决择(德明为国子博士，贞观十七年也)。惟贞元末陆淳《纂例》，列三传经文差缪，凡二百四十一条，自言考校从其有义理者，然往往亦言未知孰是，兼恐差缪不止二百四十一条，惜啖、赵集传，今俱失坠，无从审覆耳(《唐志》：陆质集注《春秋》二十卷，又集传《春秋纂例》十卷，

① 马端临：《文献通考·经籍考》(上)，华东师范大学出版社，1985 年，第 220 页。

《春秋微旨》二卷，《春秋辩疑》七卷。今存者，惟《纂例》《微旨》《辩疑》耳)。余患苦此久矣，尝欲即三家所传，纯取遗经，心以为是者，则大书之，仍细书其不然者于其下。数十年间，游走东西，志弗获就。会潼川谢畴元锡来从余游，其治《春秋》极有功，因付以斯事。居三月而书成，旁远引，不一而足，反说以约，厥功弥著。余抚其书喜甚，亟刻板，与学者共之。昔司马迁言《春秋》文成数万，张晏曰《春秋》才万八千字，迁误也。今细数之，更阙一千四百二十八字。数，最易见者，尚尔错误，何况圣人笔削之旨乎！余乡所谓心以为是者，众未必以为是也，亦独纂例考校，从其有义理者云耳。既心以为是，则于证据操舍，必具成说，其说自当别出，兹第刻《春秋》纯经，庶学者相与尽心焉。仍用《汉志》旧名，题曰《春秋古经》，十二公各为一篇，不复分为十一卷，盖卷第于经义初无当也。①

从上引李焘《春秋古经后序》可知其校订《春秋》之意图与上条所述段玉裁校订《诗经》如出一辙，都是为了恢复《汉志》所载《经》《传》各自单行时代古文经书(未渗入后世传注的“白文本”)的原貌。但李焘的工作比段玉裁整整早了近六百年。张舜徽先生《论宋代学者治学的广阔规模及替后世学术界所开辟的新途径》中，曾针对清人立汉宋门户而贬斥宋学之不良现象，指出：“人们由鄙弃‘宋学’，便很自然地连宋代学术之全也看不见了。其实，宋代学者气象博大，学术途径至广，举凡清代朴学家所矜为条理缜密、义据湛深的整理旧学的方式与方法，悉不能超越宋代学者治学的范围，并且每门学问的讲求，都已宋代学者们创辟了途径，准备了条件。”②今天看来确如张先生所云，宋人学术发达、规模宏大，开后世学术之范围，实为清人之先导，清人不过是在宋儒基础上做得更精细而已，广度上或且还不及宋人。从上文所述李焘、郑樵与段玉裁的学术比较可见此一斑。由李序可知《春秋石经》实由李焘定下体例，由其门人谢畴具体从事而完成。在校订过程中，他们广泛汲取陆德明的《经籍释文》、陆淳的《春秋纂例》等前人的校勘研究成果，对春秋三《传》所载之经文进行了甄别，以求尽量恢复《汉志》所载《春秋古经》的原貌，进而得以窥见孔子笔削之意。要想完全达到目标当然是非常困难的，所以李焘在序文中也不得不承认：“今细数之，更阙一千四百二十八字。数，最易见者，尚尔错误，何况圣人笔削之旨乎！”

马端临对上述李焘力图恢复《春秋古经》的意图提出了质疑，在按语中他首先指出：

按：《春秋古经》，虽《汉艺文志》有之，然夫子所修之《春秋》，其本文世所不见，而自汉以来所编《古经》，则俱自三《传》中取出经文，名之曰正经耳。③

马氏认为孔子当年所修之《春秋》原本已不可见，而《汉志》所载之《春秋古经》其实也是从三《传》中抽离出来的。接下来他详细举例论述了《春秋》三《传》各自所载经文的差

① 马端临：《文献通考·经籍考》(上)，华东师范大学出版社，1985年，第220页。
② 张舜徽：《张舜徽学术论著选》，华中师范大学出版社，1997年，第185页。
③ 马端临：《文献通考·经籍考》(上)，华东师范大学出版社，1985年，第221页。

异，意在说明恢复“古经”之困难。因此后人的恢复工作很难令人信服。他分析三《传》经文的差异一方面体现在个别字词校勘上：

> 然三《传》所载经文，多有异同，则学者何所折衷？如“公及邾仪父盟于蔑”，《左氏》以为“蔑”，《公》《穀》以为“昧”，则不知夫子所书者曰“蔑”乎？曰“昧”乎？“筑郿”，《左氏》以为“郿”，《公》《穀》以为“微”，则不知夫子所书曰“郿”乎？曰“微”乎？“会于厥慭”，《公》《穀》以为“屈银”，则不知夫子所书曰“厥慭”乎？曰“屈银”乎？若是者，殆不可胜数，盖不特“亥豕鲁鱼”之偶误其一二而已。然此特名字之讹耳，其事未尝背驰于大义，尚无所关也。①

他指出这方面的差异对于文义影响并不大，对恢复工作的阻碍也较小。而另一方面的差异则涉及对人物生平及史实的考辨：

> 至于“君氏”卒，则以为“声子”，鲁之夫人也；尹氏卒，则以为“师尹”，周之卿士也。然则夫子所书隐三年夏四月辛卯之死者，竟为何人乎？不宁惟是，《公羊》《穀梁》于襄公二十一年皆书孔子生。按《春秋》惟国君世子生则书之，子同生是也。其余虽世卿擅国政如季氏之徒，其生亦未尝书之于册。夫子，万世帝王之师，然其始生，乃鄹邑大夫之子耳，《鲁史》未必书也。《鲁史》所不书，而谓夫子自纪其生之年于所修之经，决无是理也。而《左氏》于哀公十四年获麟之后，又复引经，以至十六年四月书仲尼卒，杜征南亦以为近诬。然则《春秋》本文其附见于三传者，不特乖异未可尽信，而三子以其意增损者有之矣。盖襄二十一年所书者，公、谷尊其师授而增书之也；哀十六年所书者，左氏痛其师亡而增书之也，俱非《春秋》之本文也。②

他举例指出《春秋》三《传》在这两个方面尤其是在《春秋》原本所载史实的基础上互有增损，因而“俱非《春秋》之本文也”。进而又指出：“三子者，以当时口耳所传授者各自为传，又以其意之所欲增益者搀入之，后世诸儒复据其见于三子之书者，互有所左右而发明之，而以为得圣人笔削之意于千载之上，吾未之能信也。”因此他对由三《传》恢复古《经》而得孔子笔削之意的可行性提出质疑。

接下来马端临将《春秋》与《易》《诗》《书》诸经典在恢复经传的难易程度上进行对比，他指出：

> 《易》有彖象，本与卦爻为二，而王弼合之；《诗》《书》有序，本与经文为二，而毛苌孔安国合之；《春秋》有三传，亦本与经文为二，而治三传者合之。先儒务欲存古，于是取其已合者复析之，命之曰古经。然彖象之与卦爻，序之与经，毛、孔、王三公虽以之混为一书，尚未尝以己意增损于其间，苟复析之，即古人之旧矣。独《春

---

① 马端临：《文献通考·经籍考》(上)，华东师范大学出版社，1985年，第221页。

② 马端临：《文献通考·经籍考》(上)，华东师范大学出版社，1985年，第221页。

秋》一书，三传各以其说与经文参错，而所载之经文又各乖异。①

可见其他经典的《传》对于《经》来说“未尝以己意增损于其间”（当然不能说没有，只是增损可能没有《春秋》三《传》那样严重而已，而且其他各经也没有《左传》篇幅大），因此分离《经》《传》、恢复古经的工作相对比较容易。唯独《春秋》三《传》由于《经》《传》相互参杂交错，而所载经文又存在差异。他接着归纳三《传》的差异有三：

盖事同而字异者，“及邾仪父盟于蔑”、“于昧”之类是也；事字俱异者，“尹氏”“君氏”之类是也；元未尝书其事，而以意增入者，“孔子生”“孔丘卒”是也。②

因此分离《经》《传》，恢复《古经》的工作非常困难，事实上结果往往是：

然则自三传中所取出之经文，既有乖异，又有增益，遽指以为夫子所修之《春秋》，可乎？③

他进一步重点分析作为古文经的《左传》说：

然择其差可信者而言之，则《左氏》为优。何也？盖《公羊》《穀梁》传直以其所作传文搀入正经，不曾别出，而《左氏》则经自经而传自传。又杜元凯《经传集解》序文以为分经之年与传之年相附，则是左氏作传之时，经文本自为一书，至元凯始以《左氏传》附之经文各年之后，是《左氏传》中之经文可以言古经矣。然获麟而后引经以至仲尼卒，则分明增入，杜注亦自以为《春秋》本终于获麟，弟子欲记圣师之卒，故采《鲁史记》以续夫子之经，而终于此。然则既续之于获麟之后，宁保其不增益之于获麟之前，如《公》《穀》所书孔子生之类乎？是亦未可尽信也。④

他指出虽然《左传》所载《经》文在《春秋》三《传》之中最接近《春秋古经》。但《左传》载孔子卒，是于“获麟之后”有所增经，那么在所载经文中当有不少类似的增经文字。因此也不尽可信。

综上所述，马氏在按语中对从《春秋》三《传》出发恢复《春秋古经》的工作表示了强烈的怀疑。从学术发展来看，马端临那个时代要恢复《春秋古经》的确条件尚不成熟。到了今天，一方面有前人特别是清人的校勘成果（如阮元的《十三经注疏》及其《校勘记》），有陆续涌现的出土文献和域外汉籍作参照。如清华《尚书》简，《定州汉墓竹简论语》，马王堆、郭店出土之《老子》，敦煌出土之杜预《春秋经传集解》等，已经有人作了详细的校勘

① 马端临：《文献通考·经籍考》（上），华东师范大学出版社，1985年，第221页。
② 马端临：《文献通考·经籍考》（上），华东师范大学出版社，1985年，第221页。
③ 马端临：《文献通考·经籍考》（上），华东师范大学出版社，1985年，第221页。
④ 马端临：《文献通考·经籍考》（上），华东师范大学出版社，1985年，第221页。

考订工作。另一方面，科学的考证手段，如文字、音韵、训诂、版本、目录、校勘等都已十分发达，给古籍的整理与原貌的恢复工作提供了便利。相关的成果也在不断涌现。如最近“清华简”中包含的《尚书》佚篇已经陆续整理出来，其文献与文化价值实不可估量。

第四条：《经籍考》卷11经部论语类著录有“何晏《论语注》十卷”。其下著录有《郡斋》卷4经部论语类该条下解题云：

> 晁氏曰：魏何晏集解。其序自云：据《鲁论》包咸、周氏、孔安国、马融、郑康成、陈群、王肃、周生烈八家之说，与孙邕、郑冲、曹羲、荀顗集诸家训解为之。按汉时《论语》凡有三，而《齐论》有《问王》《知道》两篇，详其名，当是必论内圣之道、外王之业，未必非夫子之最致意者，不知何说，而张禹独遗之。禹身不知王凤之邪正，其不知此固宜，然势位足以轩轾一世，使斯文遂丧，惜哉！①

晁公武认为《齐论》多出的《问王》《知道》两篇系“内圣外王之道”，当很有价值，却被张禹所删，使得“斯文遂丧”，感到十分惋惜。汉时《论语》有《齐论》《鲁论》《古论》三种本子。《齐论》《鲁论》为今文，《古论》为古文。《鲁论》相传为鲁人所传，共二十篇。齐人所传《齐论》，多《问王》《知道》二篇；《古论》则出孔壁中，二十一篇，《子张》篇有二。西汉末，安昌侯张禹受《鲁论》，兼讲《齐论》，遂合而考之，删其烦惑，除去《齐论》中《问王》《知道》两篇，从《鲁论》二十篇定为一本，时人谓之《张侯论》。郑玄合《张侯论》及《古论》，成为今本《论语》。马端临对比《齐论》《鲁论》《古论》三种本子后，指出：

> 按：《齐论》多于《鲁论》二篇，曰《问王》《知道》。史称为张禹所删，以此遂无传。且夫子之言，禹何人而敢删之。然《古论语》与《古文尚书》同自孔壁出者，章句与《鲁论》不异，唯分《尧曰》“子张问”以下为一篇，共二十一篇，则《问王》《知道》二篇，亦孔壁中所无，度必后儒依仿而作，非圣经之本真。此所以不传，非禹所能删也。②

马氏认为《古论》“章句与《鲁论》不异，唯分《尧曰》‘子张问’以下为一篇，共二十一篇”，则其实际内容当与《鲁论》一致。而《齐论》多出两篇，推测“必后儒依仿而作”，非《论语》本有，所以张禹才删去。况且从思想上来说，“内圣外王”（最早出自《庄子·天下篇》）之道，并非孔子本人之提法，而是其后学之推衍，其被删的主要原因也在于此。因此在今天看来，马氏的上述考辨可谓合情合理，比较符合真相。

第五条和第六条：《经籍考》卷28史部故事类著录有“《郑夹漈通志略》”。在前面已经提到过，由于全本《通志》卷帙庞大，当时流传并不广泛，反倒是其中的精华部分《通志二十略》流传更广。《玉海》卷47《艺文·杂文》中著录有“《绍兴通志二十略》”。元代刘埙在其《隐居通议》卷31《杂录·夹漈通志》中也记载道：“余自少闻闽中有大书一部，名曰《通

---

① 马端临：《文献通考·经籍考》（上），华东师范大学出版社，1985年，第276页。
② 马端临：《文献通考·经籍考》（上），华东师范大学出版社，1985年，第277页。

志》，知其为名儒郑先生所著也。先生讳樵字，渔仲兴化人，自号夹漈。予思见其书而无繇。近大德岁间，东宫有令，下福州刊《通志》。于是益思见，终無繇也。游宦剑津始获见《通志二十略》，乃兴化旧刊本，近三十册。或曰：此《通志》之节略者尔。或曰：此说非也。《通志》凡二百卷，为全书。而二十略者，特《传》《志》中之一。所谓《略》者，非节略之谓。夹漈序曰：总天下之大学术，而条其纲目，名之曰《略》。凡二十《略》，百代之宪章，学者之能事，尽于此矣。由是而推则《二十略》自《二十略》，《通志》全书自全书，而《略》在全之内也。今福州所刊《通志》，凡万几十板，装背成凡百十册，视兴化之三十册，则福为全志明矣。"①

刘埙自述其得到《通志二十略》的兴化旧刊本的经过，而全本《通志》则迟至元成宗大德年间(1297—1307)始刊行。马端临(约1254年宋理宗宝祐二年至1334年元顺帝元统二年)生前，《通志》虽已刊行，但他并未看到(详见下文按语)，只是和刘埙一样见到了《通志二十略》。

马端临于此条下首先辑录了郑樵的《通志二十略·自序》云：

> 莆田郑樵渔仲撰。淳熙间经进。自序略曰：江淹有言，修史之难，无出于志。诚以志者，宪章之所系，非老于典故者不能为也。不比纪、传，纪以年包事，传以事系年，儒学之士皆能为之。惟有志难，其次莫如表。所以范晔、陈寿之徒能为纪、传，而不敢作表、志。志之大原，起于《尔雅》。司马迁曰书，班固曰志，蔡邕曰意，华峤曰典，张勃曰录，何法盛曰说，余史并承班固，谓之志。皆详于浮言，略于事实，不足以尽《尔雅》之意。②

郑樵在文中首先指出修《志》之难与前《志》之缺陷，批评它们"详于浮言，略于事实，不足以尽《尔雅》之意"。接着他自述其《二十略》相比前人的突破云：

> 臣今总天下之大学术，而条其纲目，名之曰略。凡二十略，百代之宪章，学者之能事，尽于此矣。其五略，汉唐诸儒所得而闻，其十五略，汉、唐诸儒所不得而闻也。曰《氏族略》《六书略》《七音略》《天文略》《地理略》《都邑略》《谥略》《器服略》《乐略》《艺文略》《校雠略》《图谱》《金石略》《灾祥略》《昆虫草木略》，凡十五略，出臣胸臆，不涉汉、唐诸儒议论。曰《礼略》《职官略》《选举略》《刑罚略》《食货略》，凡前五略，虽本诸前人之典，亦非诸史之文也。③

郑氏自称其"总天下之大学术，而条其纲目"，以成《二十略》，并自认为其中如《氏族略》等十五《略》是"出臣胸臆，不涉汉、唐诸儒议论"，前人不得而闻，另外五《略》"虽本

---

① 文见文渊阁《四库全书》本。参见包恩梨：《〈通志〉版刻考》，见辽宁省博物馆：《辽宁省博物馆学术论文集(第1辑1949—1984)》，辽宁省博物馆，1985年，第613页。

② 马端临：《文献通考·经籍考》(上)，华东师范大学出版社，1985年，第706页。

③ 马端临：《文献通考·经籍考》(上)，华东师范大学出版社，1985年，第706页。

诸前人之典，亦非诸史之文也”。对其《二十略》的原创性与学术价值自负甚高。马端临对此进行了归纳分析，指出郑氏所云并不完全符合实情。他首先指出郑樵好诋毁前人而自许过高，但实事求是地说，其《氏族》《六书》《七音》诸《略》诚前人不得而闻，是郑氏之创造。他首先下按语(原文为一段，今分为三段以便分析)道：

> 按：郑氏此书，名之曰《通志》，其该括甚大。卷首序论讥诋前人，高自称许，盖自以为无复遗憾矣。然夷考其书，则《氏族》《六书》《七音》等略，考订详明，议论精到，所谓出臣胸臆，非诸儒所得闻者，诚是也。①
>
> 至于《天文》《地理》《器服》，则失之太简，如古人器服之制度至详，今止樽罍一二，而谓之《器服略》可乎？②
>
> 若《礼》及《职官》《选举》《刑罚》《食货》五者，则古今经制甚繁，沿革不一，故杜岐公《通典》之书五者居十之八。然杜公生贞元间，故其所记述止于唐天宝。今《通志》既自为一书，则天宝而后，宋中兴以前，皆合陆续铨次，如班固《汉书》续《史记》武帝以后可也。今《通志》此五略，天宝以前则尽写《通典》全文，略无增损，天宝以后则竟不复陆续。又以《通典》细注称为己意，附其旁，而亦无所发明(《通志》此五略中所谓“臣按”云云，低一字写者，皆《通典》细注耳)。疏略如此，乃自谓“虽本前人之典，而亦非诸史之文”，不亦诬乎！③

马端临指出《天文》《地理》《器服》等略失之于简。而《礼略》等五《略》则天宝以前内容基本抄自《通典》，天宝以后又不予以补阙，并且将《通典》细注窃为己意。可见其“虽本前人之典，而亦非诸史之文”之语，近乎自欺欺人。马氏对郑樵的《二十略》进行了区别分析，肯定其长处，又直指其缺点，批评十分深刻而中肯。所以《四库全书总目》卷50史部别史类“《通志》二百卷”下的解题中也像马氏一样重点对其《二十略》进行了区别分析。而其基本观点并不出此处马氏按语之所云。

接下来马端临对郑樵严于责人而宽于律己的态度作出批评道：

> 夹漈讥司马子长全用旧文，间以里俗，采摭未备，笔削不遑。又讥班孟坚全无学识，专事剽窃，自高祖至武帝七世，尽窃迁书，不以为惭。至其所自为书，则不堪检点如此，然则著述岂易言哉！④

郑樵自许甚高，对前代著名史学家司马迁、班固等多有批评，但由于其志大才疏，又享年不久，其《通志》成书又太过仓促(二百卷仅用一两年便拼凑成书)，因而其书的编纂显得比较粗糙。《通志》虽跻身“三通”之列，其《校雠》《七音》等略也颇有价值，但从其内

① 马端临：《文献通考·经籍考》(上)，华东师范大学出版社，1985年，第707页。
② 马端临：《文献通考·经籍考》(上)，华东师范大学出版社，1985年，第707页。
③ 马端临：《文献通考·经籍考》(上)，华东师范大学出版社，1985年，第707页。
④ 马端临：《文献通考·经籍考》(上)，华东师范大学出版社，1985年，第707页。

容，尤其是从编纂方面来看，总体质量无疑是在《通典》与《文献通考》之下的。

马端临由于未见到二百卷的全本《通志》，只见到此处著录的《通志二十略》，在接下来的第二段按语中针对《通志》推测道：

> 又按：此书刊本元无卷数，止是逐略分为一二耳。《中兴四朝艺文志》别史类载《通志》二百卷。其后叙述云：中兴初，郑樵采历代史及他书，自三皇迄隋，为书曰《通志》，仿迁、固为记、传，而改表为谱，志为略。则其为书似是节钞删正历代之正史，如高峻之《小史》、苏子由之《古史》，而非此二十略之书也。但二十略序文后言：于纪传，即其旧文从而损益，制诰书疏，寘之别录。《唐书》《五代史》，本朝大臣所修，非微臣敢议，故纪、传及隋。若礼乐刑政，务存因革，故引而至唐云。则亦略言其作书之意。岂彼二百卷者自为一书，亦名之曰《通志》，而于此序附言其意邪？或并二十略共为一书邪？当俟续考。①

马氏通过《宋中兴四朝艺文志》之记载推测《通志》“似是节钞删正历代之正史”，这一推断无疑是正确的。但是他对《通志》与其所见之《通志略》的关系产生了疑问。他无法判断这两者是完全独立的两种书，还是前者包括后者在内。这当然是由于当时客观条件的限制。但是马氏的“多闻阙疑”的治学态度无疑是审慎的，值得后人学习。

第七条：《经籍考》卷53子部释氏类著录有“《禅宗金刚经解》一卷”。其下辑录有《郡斋》卷16子部释书类该书下解题以及慧能的《金刚般若波罗蜜经序》。然后引苏辙《栾城集·栾城第三集》卷第九《书传灯录后》云：

> 颍滨苏氏曰：《金刚经》所谓“一切贤圣皆以无为法而有差别”者，谓以无而为法耳，非别有无为之法也。然自六祖以来，皆读作无为之法，盖僧家拙于文义耳(余见《楞严》条下)。②

苏辙指出《禅宗金刚经解》中将“以无为法”解作“以无为之法”为不当，当是“以无而为法”。即“无”与“为”应当断开。他认为之所以出现误读，是因为僧人不懂得辨析文义。马端临基本同意苏辙的看法，又在其基础上进一步辨析道：

> 按：经文言以无为法而有差别，又言一切有为法，语意相对，故误读作无为。然有即有为，无则不必言为矣。有为法而视同梦幻、泡影、露电，则终归于无而已。无与无为是两义。无为者，清净之谓也，老氏之说。无者，空寂之谓也，佛氏之说。③

马端临指出“无为法”与“有为法”相对而言，如果将“无为”连读，则“有为”也须连

---

① 马端临：《文献通考·经籍考》(上)，华东师范大学出版社，1985年，第707页。

② 马端临：《文献通考·经籍考》(下)，华东师范大学出版社，1985年，第1216页。

③ 马端临：《文献通考·经籍考》(下)，华东师范大学出版社，1985年，第1216页。

读。这就与佛教学说有矛盾了。因为佛教主“无”，“无为”是道家老子的学说。这可以算是“理校”的一个例子。马氏的分析是到位的。这种情形当然不只佛教经典才有。道家经典，如《老子》第一章的“无，名天地之始；有，名万物之母。故常无，欲以观其妙。常有，欲以观其徼”，这是一种读法。“无名，天地之始；有名，万物之母。故常无欲，以观其妙。常有欲，以观其徼。”又是一种读法。再如儒家经典《论语·泰伯》第八中的“民可使由之，不可使知之”，康有为则读作“民可，使由之；不可，使知之”。类似这样因“句读”而引起的笔墨官司还有很多，大多都涉及非常复杂的哲学思想问题，非本书所能解决，此不赘述。

第八条：《经籍考》卷54了释氏类著录有“《辩正论》八卷”，此条来自《郡斋》卷16子部释书类，并辑其解题云：

> 晁氏曰：唐释法琳撰。颍川陈良序云：“法琳，姓陈，关中人。著此书，穷释、老之教源，极品藻之名理。”宣和中，以其斥老子语，焚毁其第二、第四、第五、第八凡五卷，序文亦有翦弃者。①

其下又著录有“《破邪论》二卷、《甄正论》三卷”，此条系合并自《郡斋》卷16“《破邪论》二卷”与“《甄正论》三卷”两条书目。其后引《郡斋》解题云：

> 晁氏曰：唐释法琳撰。已上三书，皆经宣和焚毁，《藏》中多阙，故录之。②

“已上三书”即指《辩正论》《破邪论》与《甄正论》。晁氏认为佛教经典经过宋徽宗(信道排佛)宣和三年(1121)前后的禁毁后，此三书已不全(如《辨正论》条所述之抽毁)，所以在《郡斋》中著录以存其大意。

马端临因为见过这后两部书的全文，便接在所引《郡斋》解题之后对其内容作了具体的辨析道：

> 按：《破邪》《甄正》二论，《昭德读书记》以为宣和焚毁，《藏》中多阙。然愚尝于村寺经藏中见其全文。《破邪论》专诋傅奕而并非毁孔、孟，所谓诐淫邪遁之辞，无足观者。《甄正论》讥议道家，如《度人经》“璇玑停轮”处，以为璇玑无停轮之理，使停轮至七日七夜，则宇宙颠错，而生人之类灭矣。“无极昙誓天”及“龙变梵度天”处，以为“昙”与“梵”二字出自佛书，佛法未入中国之前，经传中并无此二字，岂有天地名号而剽窃佛书字义乎？又如河上公《道德经章句》序言，汉文帝驾诣河上公问道，而河上公一跃腾云，帝知是神人，下辇稽首，从受章句二卷，以为《汉》《史》帝纪，车驾每出必书，何独不书驾诣河上公问道之事？且孝文好黄、老言，立渭阳五帝庙，则因新垣平，平一方士，其说至卑陋，帝尊宠之，而史亦备述之，河上公之事奇伟如

① 马端临：《文献通考·经籍考》(下)，华东师范大学出版社，1985年，第1233页。
② 马端临：《文献通考·经籍考》(下)，华东师范大学出版社，1985年，第1233页。

此，何独见遗于班、马乎？乃羽人道士辈自创此说（大意如此，不能悉记其词语）。此论颇当，意必借笔于文学之士，沙门辈恐不能道也。①

通过马端临对《破邪论》与《甄正论》两书的内容考辨，可知前者“专诋傅奕而并非毁孔、孟”，当然在禁毁之列。后者则“讥议道家”，如所举其指出道书《度人经》中“璇玑停轮”实偷自佛书，又辨析“河上公”事迹之不可信。马氏认为这些考辨“颇当”，但又怀疑不是僧侣所作，可能是托儒生所为。总之，由此可知两书（特别是《甄正论》）内容之大概及被禁毁之原因。佛教“中国化”的进程中，特别是区别于印度原始佛教，在中国本土产生的禅宗等中国佛教宗派确实是佛教与儒家、道教等中国固有思想相互吸收融合（中国化）而形成的。此一过程中有很多儒者或委身于佛门，或与佛教徒相交往而悟道参禅，从而对佛教势力的扩张与教理的发展起了促进作用。从历史上看，汉末以来中国佛教发展的初期主要是依靠西域外来僧侣单方面的传教与翻译，到了魏晋南北朝时期随着中国人逐渐接受佛教并承认其价值，一方面出现了像法显那样不满足于现状而直接去印度求佛法取经之人，另一方面也出现了像谢灵运那样亲自学习梵语并参与佛经翻译的儒家士大夫②。从这点来看，马氏怀疑这些著作是托儒生所作的看法诚为有见。

（二）学术考辨

与上文所讨论的“内容考辨”有所不同，“学术考辨”往往是由原本论述的书籍内容本身扩展开去，并上升到讨论某类学术问题的高度，如讨论儒、释、道三教之异同，或某类学术的发展流派，或对某种学术见解提出自己的看法等。

第一条：《经籍考》卷 3 经部易类著录有“伊川《易传》十卷”。其下引程颐的《自序》云：

程子序：至微者理也，至著者象也。体用一源，显微无间，观会通以行其典礼，则辞无所不备。故善学者求言必自近，易于近者，非知言者也。予所传者辞也，由辞以得意，则在乎人焉。③

又引《二程遗书》卷 21 上《师说》云：

《遗书》：张闳中以书问《易》之义本起于数。程子答曰：“谓义起数，则非也。有理而后有象，有象而后有数，《易》因象以知数，得其义，则象在其中矣。必欲穷象之隐微，尽数之毫忽，乃寻流逐末，术家所尚，非儒者之务也。管辂、郭璞之学是已。”又曰：“理无形也，故因象以明理。理见乎辞者也，则可由辞以观象。故曰：得其义，则象数在其中矣。”④

① 马端临：《文献通考·经籍考》（下），华东师范大学出版社，1985 年，第 1233 页。
② 参见葛兆光：《中国思想史》，复旦大学出版社，2001 年，第 406~407 页。
③ 马端临：《文献通考·经籍考》（上），华东师范大学出版社，1985 年，第 67 页。
④ 马端临：《文献通考·经籍考》（上），华东师范大学出版社，1985 年，第 67 页。

以上所引大体论述《易》之象数与义理的关系。程颐认为“有理而后有象，有象而后有数”，也就是说“易理”是第一义的，由其而派生出“易象”，由“易象”又派生出“易数”。这是作《易》之起源过程。而后人学习揣摩则恰好相反，是由“辞”到“象”再到“理”的过程。其论述实际上涉及的是认识世界的过程以及感性认识与理性认识的关系问题。

又引朱熹语①云：

朱子曰：自秦、汉以来，考《象辞》者，泥于术数，而不得其弘通简易之法；谈义理者，沦于空寂，而不适乎仁义中正之归。求其因时立教，以承三圣，不同于法而同于道者，则惟伊川先生程氏之书而已。后之君子，诚能日取其一卦若一爻者，熟复而深玩之。如己有疑，将决于筮而得之者，虚心端意，推之于事，而反之于身，以求其所以处此之实，则于吉凶消长之理，进退存亡之道，将无所求而不得，迩之事父，远之事君，亦无处而不当矣。②

又引《朱子语录》③云：

又曰：《易传》不看本文，亦自成一书。④

又引《朱子语录》⑤云：

又曰：《易传》明白，无难看处。但此是先生以天下许多道理，散入六十四卦、三百八十四爻之中。将作《易》看，却无意味，须将来作事看，即句句字字有用处耳。⑥

程先生《易传》，义理精，字数足，无一毫欠缺，只是于本义不相合。《易》本是卜筮之书，程先生只说得一理。⑦

程《易》言理甚备，象数却欠在。⑧

这几段所引朱熹的论述则主要是对《伊川易传》的评价。朱熹认为《易传》的主要贡献在于易理的阐发，于象数上论述很少。由于其发挥较多，离本为卜筮之书的《易》之“本义”较远，所以最终“自成一书”，形成了自己的体系。其主要着眼点在基于其天理论来解释《周易》，属于纯粹的义理派易学的阐释路数。但在朱熹看来，《周易》原本就包含有象

---

① 今见于《晦庵集》卷八十一《跋·书伊川先生易传板本后》。

② 马端临：《文献通考·经籍考》(上)，华东师范大学出版社，1985年，第68页。

③ 今见于黎靖德辑《朱子语类》卷十九《论语一·语孟纲领》。

④ 马端临：《文献通考·经籍考》(上)，华东师范大学出版社，1985年，第68页。

⑤ 今见于黎靖德辑《朱子语类》卷六十七《易三·纲领下·程子易传》。

⑥ 马端临：《文献通考·经籍考》(上)，华东师范大学出版社，1985年，第68页。

⑦ 马端临：《文献通考·经籍考》(上)，华东师范大学出版社，1985年，第68页。

⑧ 马端临：《文献通考·经籍考》(上)，华东师范大学出版社，1985年，第68页。

数与义理两个方面，哪一方面都不应被忽视。程颐的注释虽可称得上博大精深，但专偏于义理方面的阐发，因此朱熹便取邵雍的象数易学来弥补程颐的义理易学之不足。进而朱熹还认为程颐演绎周公之经文，邵雍则传承了伏羲之图书，并将邵雍的先天图置于文王的彖辞、周公的爻辞和孔子的十翼之上，可说是推崇备至了。后来随着朱熹的《周易本义》成为了科举考试的标准，邵雍的先天图也随之广泛传播开来。

马端临在此基础上进一步加以论述。他首先肯定了朱熹对《易传》“重义理，轻卜筮、象数”的评价，指出：

> 按：伊川之《易》，精于义理，而略于卜筮、象数，此固先儒之说。然愚尝以为《易》之象数、卜筮，岂出于义理之外。盖有此理，则有此象，有此数。而卜筮之说，其所谓趋吉避凶，惠迪从逆云者，又未尝不一出于义理。平时本诸践履，则观象玩辞，此义理也。一旦谋及卜筮，则观变玩占，亦此义理也。初不必岐而二之。①

在马氏看来，义理与象数、卜筮是《易》的两个方面。而义理本身就存在于卜筮、象数这些形式之中。实际上是强调义理对卜筮、象数的指导作用，也即理性认识指导感性认识，感性认识中包含着理性认识。两者实不可截然分开。

又如朱熹所说，既然程颐的《易传》实际上偏离了《易》之原始本义(卜筮以验吉凶之书)，那么其价值何在呢？马氏在按语中接着论述道：

> 然言出圣贤之口，则单辞片语，皆有妙理；假借旁通，悉为至教。往往多借《易》以明理，初不拘于说《易》也，自夫子而然矣。何也？“君子学以聚之，问以辨之，宽以居之，仁以行之，”为《乾》九二而言也。而《乾》之九二，岂有学问宽仁之义乎？“日往则月来，月往则日来，日月相推而明生焉；寒往则暑来，暑往则寒来，寒暑相推而岁成焉。”为《咸》九四而言也。而《咸》之九四，岂有岁时代谢之义乎？盖其初因讲《易》，遂借《易》以言理，言理虽精，而于《易》此卦此爻之旨则远矣。如程子因“君子豹变”而发为“自暴、自弃”之论，因“君子得舆”而发为“《匪风》《下泉》”之论，亦是意也。晦庵所谓“不看本文，自成一书”者是已。②

马氏认为自孔子作“十翼”开始，对《易》理的阐发就没有受《易》本义的拘束。程颐也是这样，也正因此才使得《易传》自成一家之言。这里实际上涉及古籍整理与研究中的两个基本路数问题：即文献派(汉学)与义理派(宋学)。前者主张恢复原书面貌，通过客观的分析探讨，强调对其文本的还原与精确分析，最终目的是为了还原其“本文”，考察其“本义”；后者则多借题发挥、断章取义，强调对其义理的发挥，最终目的是依托古籍的阐释以建立自己的学术思想体系。换句话说，前者注重前人说了什么，后者注重后人还能说什么。按照冯友兰先生的提法，则前者是“照着讲”，后者是“接着讲”。其实这两者也

① 马端临：《文献通考·经籍考》(上)，华东师范大学出版社，1985年，第69页。
② 马端临：《文献通考·经籍考》(上)，华东师范大学出版社，1985年，第69页。

不可能截然分开。而对经典的阐释往往都是建立在充分理解经典文本的基础上，最终又超越了本文，并成为了人类思想发展史上的一环。超越汉唐象数易学的程颐之《易传》(以及朱熹的《易本义》等)作为理学家对《易》的阐释与发挥，其历史贡献也正在于此。

第二条：《经籍考》卷 6 著录有"夹漈《诗传》《辩妄》共二十六卷"。其下引郑樵的《自序》①云：

> 自序：《毛诗》自郑氏既笺之后，而学者笃信康成，故此《诗》专行，三家遂废。《齐诗》亡于魏，《鲁诗》亡于西晋，隋、唐之世，犹有《韩诗》可据，迨五代之后，《韩诗》亦亡。致今学者，只冯毛氏，且以《序》为子夏所作，更不敢拟议。盖事无两造之辞，则狱有偏听之惑，今作《诗辩妄》六卷，可以见其得失。②

郑樵认为三家诗废而《诗序》《毛传》《郑笺》独行，带来了偏信《毛传》的问题。所以他要辑考三家诗以辨正之。

又引《直斋》卷 2 经部诗类"《夹漈诗传》二十卷、《辨妄》六卷"下的解题云：

> 陈氏曰：辩妄者，专指毛、郑之妄。谓《小序》非子夏所作，可也；尽削去之，而以己意为之序，可乎？樵之学虽自成一家，而其师心自是，殆孔子所谓不知而作者也。③

陈振孙批评郑樵完全摒去《诗序》是师心自用、不知而妄作，马端临在陈氏的基础上进一步辨析道：

> 按：夹漈专诋《诗序》，晦庵从其说，所谓"事无两造之辞，则狱有偏听之惑"者，大意谓《毛序》不可偏信也。然愚以为譬之听讼，《诗》者，其事也；《齐》《鲁》《韩》《毛》则证验之人也。《毛诗》本书具在，流传甚久，譬如其人亲身到官，供指详明，具有本末者也。《齐》《鲁》《韩》三家，本书已亡，于他书中间见一二，而真伪未可知，譬如其人元不到官，又已身亡，无可追对，得之风闻道听，以为其说如此者也。今舍《毛诗》而求证于《齐》《鲁》《韩》，犹听讼者以亲身到官所供之案牍为不可信，乃采之于傍人传说，而欲以断其事也，岂不误哉。④

马端临以打官司的证人为比喻，说明渊源有自之《诗序》与仅剩残章断篇之三家诗说的区别，可谓巧妙。事实上郑樵辑《三家诗》与《毛诗》进行比照考辨的做法本身是很有意义的。但其以《三家诗》专诋《诗序》的态度与立场则有些矫枉过正了。其后王应麟便辑录

---

① 今见于郑樵《通志》卷六十三《艺文略第一·经类第一·诗·故训》。
② 马端临：《文献通考·经籍考》(上)，华东师范大学出版社，1985 年，第 162 页。
③ 马端临：《文献通考·经籍考》(上)，华东师范大学出版社，1985 年，第 162 页。
④ 马端临：《文献通考·经籍考》(上)，华东师范大学出版社，1985 年，第 162 页。

有《三家诗考》，以折衷异同，并加以考核说明。其采取的态度就比较客观公允，并对清代陈寿祺、陈乔枞父子的《三家诗遗说考》与王先谦的《诗三家义集疏》等著作产生了直接的影响。

第三条和第四条：《经籍考》卷 9 经部春秋类著录有"《春秋决事比》"(此系已亡佚之书，故马端临不著录卷数。参前文考辨"各家学术源流"中关于"曹褒《汉礼》"条的论述)。其下引《崇文》卷 1 经部春秋类"《春秋决事比》十卷"(北宋时此书尚存，南宋后不见著录，当亡于两宋之际)条下的解题云：

> 《崇文总目》：汉董仲舒撰。丁氏平，黄氏正。初，仲舒既老病，致仕，朝廷每有政议，武帝数遣廷尉张汤问其得失，于是作《春秋决疑》二百三十二事，动以经对。至吴太史令吴汝南丁季、江夏黄复平正得失，今颇残逸，止有七十八事。①

《崇文》之解题简要叙述了该书成书与流传的经过，对其思想内容没有加以评论。马端临则于此深有体会，并下了两条按语。其一云：

> 按：此即献帝时应劭所上仲舒《春秋断狱》，以为几焚弃于董卓荡覆王室之时者也。仲舒，通经醇儒，三策中所谓任德不任刑之说，正心之说，皆本《春秋》以为言。至引"正谊不谋利，明道不计功"，以折江都王，尤为深得圣经贤传之旨趣。独灾异之对，引两观、桓、僖、亳社火灾，妄释经意，而导武帝以果于诛杀，与素论大相反，西山真公论之详矣。《决事比》之书，与张汤相授受，度亦灾异对之类耳。帝之驭下以深刻为明，汤之决狱以惨酷为忠，而仲舒乃以经术附会之。王、何以老、庄宗旨释经，昔人犹谓其罪深于桀、纣，况以圣经为缘饰淫刑之具，道人主以多杀乎！其罪又深于王、何矣！②

马端临批评有"醇儒"之称的董仲舒好附会灾异之说(天人感应)，从而导致了一系列严重的后果，称其罪过深于桀、纣。这是他站在自身"醇儒"立场上的批评，不免有些理想的成分在里面。接下来他又对以《春秋》断狱的做法批评道：

> 又按：《汉·刑法志》言：自公孙弘以《春秋》之义绳下，张汤以峻文决理，于是见知腹诽之狱兴。《汤传》又言，汤请博士弟子治《春秋》《尚书》者补廷尉史。盖汉人专务以《春秋》决狱，陋儒酷吏，遂得以因缘假饰。往往见二传中所谓责备之说、诛心之说、无将之说，与其所谓巧诋深文者相类耳。圣贤之意，岂有是哉！常秩谓孙复所学《春秋》，《商君》法耳，想亦有此意。③

---

① 马端临：《文献通考·经籍考》(上)，华东师范大学出版社，1985 年，第 232 页。
② 马端临：《文献通考·经籍考》(上)，华东师范大学出版社，1985 年，第 232 页。
③ 马端临：《文献通考·经籍考》(上)，华东师范大学出版社，1985 年，第 233 页。

马氏又进一步批评作为“《春秋》断狱”理论基础的二《传》(《公羊传》《穀梁传》)，指出后世之人多以“《商君》法”治《春秋》，从而造成了“援法入儒”的“不良”现象。马氏认为这并非圣贤之本意，所以在这里予以了痛斥。此条集中体现了马氏作为“纯儒”，净化、排斥异端思想的立场。

第五条：《经籍考》卷 39 子部墨家类著录的第一部是“《墨子》十五卷”。其下辑录《郡斋》卷 11 子部墨家类“《墨子》十五卷”(《郡斋》袁本则作“五十卷”，误。《经籍考》著录同《郡斋》衢本)之解题云：

> 晁氏曰：宋墨翟撰。战国时为宋大夫，著书七十一篇，以贵俭、兼爱、尊贤、右鬼、非命、上同为说。荀、孟皆非之，韩愈独谓“辩生于末学，非二师之道本然也”。①

晁公武用简短一句概括了《墨子》的学术主旨，又点出前人对《墨子》学说的不同态度，可谓言简而意赅。马端临接着援引韩愈的《昌黎先生文集》卷第 11《杂说 · 读墨子》云：

> 昌黎韩氏《读墨子》曰：儒讥墨以上同、兼爱、上贤、明鬼(上或皆作尚)。而孔子畏大人，居是邦不非其大夫，《春秋》讥专臣，不上同哉？孔子泛爱亲仁，以博施济众为圣，不兼爱哉？孔子贤贤，以四科进褒弟子，疾没世而名不称，不上贤哉？孔子祭如在，讥祭如不祭者，曰我祭则受福，不明鬼哉？儒、墨同是尧、舜，同非桀、纣，同修身正心以治天下国家，奚不相悦如是哉？余以为辩生于末学，各务售其师之说，非二师之道本然也。孔子必用墨子，墨子必用孔子，不相用不足为孔、墨。②

韩愈认为，作为儒家创始人的孔子和作为墨家创始人的墨子之学术主旨并无不同，两者本相融合。后来儒墨之间相互攻击是起于后世之末学，非孔墨之本义。韩愈只看到了儒墨在学术上的相通之处，没有注意两者的相异之处。所以马端临又引高似孙《子略》卷 3《墨子》云：

> 高氏《子略》曰：韩非子谓墨子死，有相里氏之墨，相芬氏之墨，邓陵氏之墨。孔、墨之后，儒分为八，墨离为三，其为说异矣。墨子称尧曰“采椽不斫，茅茨不剪”，称周曰“严父配天，宗祀文王”，又引“若保赤子，发罪惟均”，出于《康诰》《泰誓篇》，固若依于经、据于礼者。孟子方排之不遗一力，盖闻之夫子曰：“恶似而非者。恶莠，恐其乱苗也；恶郑声，恐其乱雅也；恶紫，恐其乱朱也；恶乡原，恐其乱德也。”墨之为书，一切如庄周，如申、商，如韩非、惠施之徒，虽不辟可也，惟其言近乎伪，行近乎诬，使天下后世人尽信其说，其害有不可胜言者，是以不可不加

① 马端临：《文献通考 · 经籍考》(下)，华东师范大学出版社，1985 年，第 924 页。
② 马端临：《文献通考 · 经籍考》(下)，华东师范大学出版社，1985 年，第 924 页。

辟也。①

高似孙指出正是由于儒墨之间这种似是而非的关系，就更加需要辨析。因为墨子本受学于儒家，其学术本脱胎于儒家，如所引《康诰》与《泰誓篇》。站在儒家的立场上，这种似是而非的观点很容易迷惑人，所以不得不辨。马端临引高似孙语后觉得高氏虽抓住了要害，但只是点到为止，尚未说透，于是便直接下按语进一步论述道：

> 按：自夫子没而异端起，老、庄、杨、墨、苏、张、申、商之徒，各以其知舛驰，至孟子始辞而辟之。然观七篇之书，所以距杨、墨者甚至而阔略于余子何也？盖老、庄、申、商、苏、张之学，大概俱欲掊击圣人，鄙尧笑舜陋禹，而自以其说胜。老、庄之蔑弃仁义礼法，生于愤世嫉邪，其语虽高虚可听，而实不可行，料当时亦无人宗尚其说，故邹书略不及之。苏、张之功利，申、商之刑名，大抵皆枉寻直尺，媚时取宠，虽可以自售而乡党自好，少知义者亦羞称之。故孟子于二家之说，虽斥绝之而犹未数数然者，正以其与吾儒旨趣，本自冰炭薰莸，游于圣门之徒，未有不知其非者，固毋俟于辩析也。独杨朱、墨翟之言，未尝不本仁祖义，尚贤尊德，而择之不精，语之不详，其流遂至取于无父无君，正孔子所谓“似是而非”，明道先生所谓“淫声美色，易以惑人”者，不容不深锄而力辩之。高氏《子略》之言得之矣，而其说犹未畅，愚故备而言之。韩文公谓“儒、墨同是尧、舜，同非桀、纣”，以为其二家本相为用，而咎末学之辩。呜呼！孰知惟其似同而实异者，正所当辩乎！②

马端临将儒与杨、墨之关系与其他诸子对比，指出正是由于其他诸子与儒家学说多背道而驰，其差异显而易见，所以不需要辨析而自明。唯独杨、墨则与儒家观点多似是而非，故不得不辨。马氏又批评韩愈只知其同而不知其异，将责任推到“末学”身上，实为不可。从此条也不难看出马端临的卫道思想。

第六条和第七条：《经籍考》卷 52 子部神仙类(著录道书的专类)著录有“《道藏书目》一卷”。其下辑录《郡斋》卷 9 史部书目类“《道藏书目》一卷”之解题以明《道藏书目》的分部道；

> 晁氏曰：皇朝邓自和撰。大洞真部八十一秩，灵宝洞玄部九十秩，太上洞部三十秩，太真部九十六秩，太平部一十六秩，正一部三十九秩，凡六部，三百一十一秩。③

又引《郡斋》卷 10 子部大序说明其存“神仙类”录道书是为了“存之以为世戒”④。又引

① 马端临：《文献通考 · 经籍考》(下)，华东师范大学出版社，1985 年，第 924 页。
② 马端临：《文献通考 · 经籍考》(下)，华东师范大学出版社，1985 年，第 925 页。
③ 马端临：《文献通考 · 经籍考》(下)，华东师范大学出版社，1985 年，第 1199 页。
④ 马端临：《文献通考 · 经籍考》(下)，华东师范大学出版社，1985 年，第 1199 页。

苏轼《上清储祥宫碑》①以明道家之本末云：

> 东坡苏氏《上清储祥宫碑》曰：臣谨按：道家者流，本出于黄帝、老子，其道以清静无为为宗，以虚无应物为用，以慈俭不争为行，合于《周易》“何思何虑”、《论语》仁者静寿之说。如是而已。自秦、汉以来，始用方士言，乃有飞升变化之术，《黄庭》《大洞》之法，太上、天真、木公、金母之号，延康、赤明、龙汉、开皇之纪，天皇、太一、紫微、北极之祀，下至于丹药奇技、符箓小数，皆归于道家。学者不能必其有无，然臣窃论之，黄帝、老子之道，本也；方士之言，末也。②

又引陈师道《后山居士文集》卷15《记·白鹤观记》以明道家与道教之不同，云：

> 后山陈氏《白鹤观记》曰：汉两刘校中书为《七略》，其叙方技则有神仙，诸子则有道家，而老、庄并焉。天地神祇、三灵百神又皆出于礼官。而今之为道者合而有之，益以符咒法箓、捕使鬼物，皆老氏所不道也。③

又引胡寅《致堂读史管见》卷25《武宗唐纪》将儒、释、道三教的流传情况进行了比较，指出：“三教之名，自其徒失本真而云然。其缪悠之甚者，道家是也。”④

道教的各种流派，都是假托老子为其宗主，实际上都是违背老子以无(道)为本、清净无为及无为而治的学术宗旨的。马端临接下来在按语中对道家各种流派逐一进行分析道：

> 按：道家之术，杂而多端，先儒之论备矣。盖清净一说也，炼养一说也，服食又一说也，符箓又一说也，经典科教又一说也。⑤
>
> 黄帝、老子、列御寇、庄周之书所言者，清净无为而已，而略及炼养之事，服食以下，所不道也。至赤松子、魏伯阳之徒，则言炼养而不言清静。卢生、李少君、栾大之徒，则言服食而不言炼养。张道陵、寇谦之之徒，则言符箓而俱不言炼养、服食。至杜光庭而下，以及近世黄冠师之徒，则专言经典科教，所谓符箓者，特其教中一事，于是不惟清净无为之说略不能知其旨趣，虽所谓炼养服食之书，亦未尝过而问焉矣。然俱欲冒以老氏为之宗主，而行其教。⑥

马氏将道家(道教)的流派之主旨分为五期，即“清净无为”“言炼养而不言清净”“言服食而不言炼养”“言符箓而俱不言炼养、服食”“专言经典科教”，可以说是清晰地抓住了

---

① 今见于(宋)苏轼《苏文忠公全集·东坡后集》卷十五《记·上清储祥宫碑一首》。
② 马端临：《文献通考·经籍考》(下)，华东师范大学出版社，1985年，第1199页。
③ 马端临：《文献通考·经籍考》(下)，华东师范大学出版社，1985年，第1200页。
④ 马端临：《文献通考·经籍考》(下)，华东师范大学出版社，1985年，第1200页。
⑤ 马端临：《文献通考·经籍考》(下)，华东师范大学出版社，1985年，第1201页。
⑥ 马端临：《文献通考·经籍考》(下)，华东师范大学出版社，1985年，第1201页。

道教的发展脉络。马氏接着评价这五种主旨云：

> 盖尝即是数说者而详其是非。如清净无为之言，曹相国、李文靖师其意而不扰，则足以致治；何晏、王衍乐其诞而自肆，则足以致乱，盖得失相半者也。
>
> 炼养之说，欧阳文忠公尝删正《黄庭》，朱文公尝称《参同契》，二公大儒，攘斥异端不遗余力，独不以其说为非；山林独善之士以此养生全年，固未尝得罪于名教也。
>
> 至于经典科教之说，尽鄙浅之庸言，黄冠以此逐食，常欲与释子抗衡，而其说较释氏不能三之一，为世患蠹，未为甚钜也。
>
> 独服食、符箓二家，其说本邪僻谬悠，而惑之者罹祸不浅，栾大、李少君、于吉、张津之徒以此杀其身，柳泌、赵归真之徒以此祸人而卒自婴其戮，张角、孙恩、吕用之之徒遂以此败人天下国家。然则柱史五千言，曷尝有是乎？盖愈远而愈失其真矣。①

马氏认为清净无为之言，得失相半；炼养之说，“山林独善之士以此养生全年，固未尝得罪于名教也”。接着指出经典科教之说，“尽鄙浅之言，庸黄冠以此逐食，常欲与释子抗衡，而其说较释氏不能三之一，为世恩爱末甚巨也。”将释道二教的兴风作浪加以区别对待，认为道教“为世患蠹末甚巨”。马端临特别强调指出服食、符箓二说之害：“独服食、符箓二家，其说本邪僻谬悠，而惑之者罹祸不浅。”为此，他举出例证：“栾大、李少君、于吉、张津之徒以此杀其身，柳泌、赵归真之徒以此祸人而卒自婴其戮，张角、孙恩、吕用之之徒遂以此败人天下国家。”这些例证中，除张角等假托道教组织农民起义，并非“败人天下国家”，而是救民于水火之中，其余例证皆足以说明杀身、祸人之不虚。马端临对道教的认识是深刻的、分析是到位的。

马端临接下来对佛、道两教之关系及其优劣进行了详细的比较分析。他引朱熹的议论②道：

> 朱文公尝言：“佛家偷得老子好处，后来道家只偷得佛家不好处，譬如道家有个宝藏，被佛家偷去，后来道家却只取得佛道瓦砾，殊可笑。”③

马端临沿着朱熹的思路继续推究下去，首先对两教思想层面的关系进行了比较，云：

> 愚尝因是说而推究之：仁义礼法者，圣贤之说也，老氏以为不足为，而主于清静。清静无为者，老氏之说也，佛氏以为不足为，而主于寂灭。盖清静者，求以超出乎仁义礼法；而寂灭者，又求以超出乎清静无为者也。然曰寂灭而已，则不足以垂世

---

① 马端临：《文献通考·经籍考》（下），华东师范大学出版社，1985年，第1201页。

② 今见于黎靖德辑《朱子语类》卷一百二十六《释氏》。

③ 马端临：《文献通考·经籍考》（下），华东师范大学出版社，1985年，第1202页。

> 立教，于是缘业之说、因果之说、六根六尘四大十二缘生之说，层见叠出，宏远微妙。然推其所自，实本老子高虚玄妙之旨，增而高之，凿而深之，遂自成一家之言。而后来之道经，反从而依仿之，然较其词采则鄙劣弥甚者。盖瞿昙设教最久，嘱付其徒亦甚至，又能鼓舞天下之文人才士以羽翼之，推原其旨意之所从来，而润色其辞语之所未备，故其为书博大奇伟，不可以浅窥。若老子，则其初固未尝欲以道德五千言设教也，羽人方士借其名以自重，而实不能知其说，于是就佛经脚跟下窃其绪余，作诸经忏，而复无羽翼润色之者，故无足观。盖佛袭老之精微，溯而上之，其说愈精微；道袭佛之粗浅，沿而下之，其说愈粗浅矣。①

马端临经过比较分析后将朱熹的观点具体为“盖佛袭老之精微，溯而上之，其说愈精微；道袭佛之粗浅，沿而下之，其说愈粗浅矣”，也就是说从教理上说佛教精微而道教粗浅。在佛、道相互渗透的过程中，佛教在思想层面上更胜一筹，但这也是佛教偷道教的结果。接着马端临又从宗教的形式层面及其社会功效上进行对比分析道：

> 然此论其蕴奥也。今之黄冠、释子，俱未尝究竟至此，而特以其科教之所谓济生度死、希求福利者行于世，而举世宗之，莫敢有异说。愚尝论之，二教所谓济拔幽途者，俱妄也，不足复议。②
>
> 至于祈求以希福之说，虽达生知命者所不为，然以理观之，则道教为优。何也？盖人之生于天地，禀气于阴阳五行，日月星辰实照临之，山川神祇实拥护之，则夫疾痛而呼吁，厄难而叩祈，首过雪愆，祈恩请福，而天地明神鉴其悫诚，为之悔祸降祥，则亦理之所有。虽曰道经中所谓天神地祇，皆领之国家之祠官，为臣庶者不当僭有所祈，然子路曰“祷尔于上下神祇”，孟子曰“虽有恶人，斋戒沐浴则可事上帝”，则亦为臣庶而言。且古今异宜，礼亦因时而以义起。古者士惟一庙，今士庶莫不祀其高、曾；古者支子不祭，今无有不祀其先者；古者有丧不祭，今亦不然。先儒讲论及此，固未尝病其僭渎，而必欲复古之礼制也。则夫臣庶士民之家，苟有灾厄，而为之祈籥天地，醮祭星辰，黄冠师者斋明盛服，露香叩首，达其诚悃，乃古者祝史巫觋荐信鬼神之遗意，盖理之所有，而亦人情之所不能免也。至以三清为三炁，五方为五炁，九天为九炁，虽不能必其有无，然其说亦通，特不当指太清为老子，盖务尊其师而反流于僭妄耳。③

马氏以祈祷求福这一宗教形式所包括的内涵相比较，认为道教更胜一筹。他认为上古鬼神、祖先崇拜而流传下来的巫史祈祷为道教的偶像崇拜所吸收和利用，在理论与实践两方面达到高度统一且有其功用，即所云“乃古者祝史巫觋荐信鬼神之遗意，盖理之所有，而亦人情之所不能免也”。只是将老子作为教主神化，“指太清为老子”，有些过头罢了。

---

① 马端临：《文献通考·经籍考》(下)，华东师范大学出版社，1985年，第1202页。
② 马端临：《文献通考·经籍考》(下)，华东师范大学出版社，1985年，第1203页。
③ 马端临：《文献通考·经籍考》(下)，华东师范大学出版社，1985年，第1203页。

而佛教在发展过程中也仿效道教祈祷的宗教形式，殊不知与其教理本相背离。他指出：

> 释流见道家科教之有是说也，乃从而效之，以其所谓诸佛菩萨者，美其名曰无量寿，曰消灾炽盛，曰救苦救难，而以为所求必得，所祷必应。且佛氏所谓悲闵众生而为之导师者，不过欲其脱离三业而跻之十地，除去无明而纳之真如，忏悔于既往，觉悟于方来，以共成佛道耳，祸福之司，非其任也。彼方以空寂为贤，则岂复预灾祥吉凶之事？以色相为妄，则岂复歆供养香乳之奉？乃盛作庄严，仆仆亟拜，以希福利，不亦疏乎？然则二氏，固互相仿傚者也。①

经过以上两个层面的比较分析，马端临得出其结论云：

> 理致之见于经典者，释氏为优，道家强欲效之，则祇见其敷浅无味；祈祷之具于科教者，道家为优，释氏强欲效之，则只见其荒诞不切矣。②

今人张元在其《马端临对胡寅史论的看法》一文中认为，马端临此番佛道优劣的论述系针对其上所引胡寅“其缪悠之甚者，道家是也”的佛优于道的观点而发③。的确，马氏的这番宏论从道教的发展源流入手，又系统进行了佛、道两教在教理与形式两方面的比较，得出的结论基本符合两教的实际情况，时至今日仍有重要的参考价值。可见马端临身为博学鸿儒，其立场虽是儒家(更具体说是程朱理学)，但其学问兼通儒、释、道三教，对佛、道二家的发展及其优劣都有着比较深刻的认识。事实上，以洛学为代表的道学之形成其实可说是发明儒家的心性义理之精髓，以此来对抗并战胜当时盛行的异端之学，特别是禅学，从而重建儒学之权威的过程。而佛教“中国化”的进程中，特别是与印度原始佛教有别而在中国本土产生的禅宗等中国佛教宗派，确实是佛教与儒家、道教等中国固有思想相互吸收融合(中国化)而形成的。

(三)真伪考辨

就是对依托伪题撰人或部分内容可疑之书进行真伪的考辨。具体如下文所示：

第一条：《经籍考》卷 2 经部易著录有“《连山》十卷”。其下引《北史》卷 82《刘炫传》云：

> 《北史·刘炫传》：时牛弘奏购求天下遗逸之书，炫遂伪造书百余卷，题为《连山易》、《鲁史记》等，录上送官，取赏而去。后人有讼之，经赦免死，坐除名。④

---

① 马端临：《文献通考·经籍考》(下)，华东师范大学出版社，1985 年，第 1204 页。

② 马端临：《文献通考·经籍考》(下)，华东师范大学出版社，1985 年，第 1204 页。

③ 张元：《马端临对胡寅史论的看法》，见陈弱水、王汎森：《思想与学术》，中国大百科全书出版社，2005 年，第 134 页。

④ 马端临：《文献通考·经籍考》(上)，华东师范大学出版社，1985 年，第 46 页。

又引郑樵《通志·艺文略》①云：

夹漈郑氏曰：夏后氏《易》，至唐始出，今亡。②

《经籍考》同卷又著录有“《归藏》三卷”。其下辑录《崇文》卷1经部易类该书目下的解题云：

《崇文总目》：晋太尉参军薛正注。《隋志》有十三篇，今但存《初经》《齐母》《本蓍》三篇。文多阙乱，不可详解。③

又引郑樵《通志艺文略》④云：

夹漈郑氏曰：《连山》，亡矣。《归藏》，唐有司马膺注十三卷。今亦亡。隋有薛正注十三卷，今所存者，《初经》《齐母》《本蓍》三篇而已。言占筮事，其辞质、其义古，后学以其不文，则疑而弃之往往。《连山》所以亡者，复过于此矣。独不知后之人能为此文乎！子曰：“周监于二代，郁郁乎文哉！”以《周易》校《商易》，则周、商之文质可知也；以《商易》校《夏易》，则商、夏之文质又可知也。三《易》皆始乎八，而成六十四；有八卦，即有六十四卦；六十四卦非至周而备也。但法之所立，数之所起，皆不相为用。《连山》用三十六策，《归藏》四十五策，《周易》四十九策。诚以人事代谢，星纪推移，一代一谢，渐繁渐文。又何必近耳目而信诸，远耳目而疑诸？⑤

“《连山》十卷”有史书明文记载系刘炫伪造，郑樵以为是唐代(实际是隋朝)始出的夏代之《易》。“《归藏》三卷”，人亦多疑之，郑樵也以其“占筮事，其辞质、其义古”，认为是真正的商代之《易》。马端临对此进行了批驳。他首先以书目记载为依据，指出：

按：《连山》《归藏》，乃夏、商之《易》，本在《周易》之前。然《归藏》，《汉志》无之；《连山》，《隋志》无之。⑥

今查《汉志》中无《连山》与《归藏》，《隋志》卷3子部五行类著录有“《连山》三十卷，梁元帝撰”；《新唐志》卷1经部易类著录“《连山》十卷”，又子部五行类著录有“梁元帝《连山》三十卷”。可知史上曾出现过两种《连山》，一为梁元帝所撰“《连山》三十卷”，二为刘炫所伪造的“《连山》十卷”。这里所辨析的是后者。

---

① 今见于郑樵《通志》卷六十三《艺文略第一·经类第一·易·古易·连山十卷》条下。
② 马端临：《文献通考·经籍考》(上)，华东师范大学出版社，1985年，第47页。
③ 马端临：《文献通考·经籍考》(上)，华东师范大学出版社，1985年，第47页。
④ 今见于郑樵《通志》卷六十三《艺文略第一·经类第一·易·古易·连山归藏三皇太古书》条下。
⑤ 马端临：《文献通考·经籍考》(上)，华东师范大学出版社，1985年，第47页。
⑥ 马端临：《文献通考·经籍考》(上)，华东师范大学出版社，1985年，第47页。

《隋志》卷1经部易类著录"《归藏》十三卷，晋太尉参军薛贞注"，《旧唐志》卷上经部易类著录有"《归藏》十三卷。殷易，司马膺注"，《新唐志》卷1经部易类也著录有"司马膺注《归藏》十三卷"，再就是《经籍考》所引《崇文》著录的"《归藏》三卷，晋太尉参军薛正注"，《直斋》卷1经部易类也著录有"《归藏》三卷"，其解题云："晋太尉参军薛贞注。案《唐志》十三卷，司马膺注。今惟存《初经》《本蓍》《齐母》三篇，错谬不可读，非古全书也。"①《宋志》卷1经部易类也著录有"薛贞注《归藏》三卷"。可知《归藏》有薛贞与司马膺两个注本，这里讨论的是前者。

马端临指出《连山》与《归藏》是夏、商之《易》，成书当在《周易》之前，而《汉志》都无记载。《隋志》记载有《归藏》薛贞注本，也未著录刘炫之"《连山》十卷"（与所载梁元帝《连山》三十卷非一书）。首先从书目著录上看存在可疑。马氏因此指出：

> 盖二书至晋、隋间始出，而《连山》出于刘炫之伪作，《北史》明言之；度《归藏》之为书，亦此类耳。②

刘炫伪造《连山》有史明文，铁证如山；根据《归藏》出现的时代，也应当是后人伪造。马氏针对所引郑樵语又指出：

> 夹漈好奇，独尊信此二书与《古三坟》书，且咎世人以其晚出而疑之。然殊不知《毛氏诗》《左氏春秋》《小戴氏礼》与《古文尚书》《周官六典》，比之当时，皆晚出者也；然其义理，其文辞，一无可疑，非《二易》《三坟》之比，不谓之《六经》，可乎？③

马氏以此两书与《古三坟》书的情况，与后出的《毛诗》《左传》《礼记》《古文尚书》与《周礼》对比，指出其义理、文辞上的差别。

> 故今叙《二易》，不敢遽指为夏、商之书，姑随其所出之时，置之汉之后唐之前云。④

所以马氏不以此两书为夏商之《易》，在著录次序上没有从其所依托之时代著录，而是还原到其出现之时代。《经籍考》中此两书之前著录的是"王弼《易注・略例・系辞注》十卷"，两书之后著录的则是"孔颖达《正义》十四卷"。

今天看来，上引《连山》之伪铁证如山，基本没有问题。但《归藏》于晋代已有薛贞注本，可见其成书时代较早。《周礼・春官・大卜》云："掌三《易》之法，一曰连山，二曰归藏，三曰周易。"清马国翰《玉函山房辑佚书》也辑有《归藏》一卷。《隋志》卷1经部易类小

---

① 陈振孙撰，徐小蛮、顾美华点校：《直斋书录解题》，上海古籍出版社，1987年，第4页。
② 马端临：《文献通考・经籍考》（上），华东师范大学出版社，1985年，第47页。
③ 马端临：《文献通考・经籍考》（上），华东师范大学出版社，1985年，第47页。
④ 马端临：《文献通考・经籍考》（上），华东师范大学出版社，1985年，第47页。

序云："《归藏》，汉初已亡，案晋《中经》有之，唯载卜筮，不似圣人之旨。以本卦尚存，故取贯于《周易》之首，以备《殷易》之缺。"①可知晋代荀勗的《晋中经簿》已经著录。可知其成书当在晋以前。《隋志》因其"唯载卜筮，不似圣人之旨"而非之。其实在今天看来，原始之三《易》，包括《周易》，本来都是记载卜筮的，其义理（如《周易》的"十翼"）皆后人所加。所以《隋志》的怀疑不能成立。最有力的证据是1973年马王堆二号汉墓出土有帛书本《周易》，其中有《钦》《林》两卦，与马国翰辑本《归藏》卦名相同，因此晋代薛贞所注的《归藏》的成书时间当不晚于战国，并非汉以后人伪造。另外，下条将要论及的《古三坟书》中，包括了《山坟·连山易》《气坟·归藏易》《形坟·乾坤易》，是另一个来源的三《易》，与此处所论不同。详见下条。

第二条：《经籍考》卷4经部书类著录有"《古三坟书》一卷"。其下辑录《郡斋》卷4经部经解类"《三坟书》七卷"之解题云：

> 晁氏曰：张天觉言得之于比阳民家，《坟》皆古文，而传乃隶书。所谓《三坟》者，山、气、形也。《七略》《隋志》皆无之，世以为天觉伪撰。②

又引《直斋》卷2经部书类"《古三坟书》一卷"之的解题云：

> 陈氏曰：元丰中，毛渐正仲奉使京西，得之唐州民舍。其辞诡诞不经，盖伪书也。《三坟》之名，惟见于《左氏》右尹子革之言，盖自孔子定《书》，断自唐虞以下，前乎唐虞，无征不信，不复采取，于时固已影响不存，去之二千载，而其书忽出，何可信也！况"皇"谓之"坟"，"帝"谓之"典"，皆古史也，不当如毛所录，其伪明甚。人之好奇，有如此其僻者。晁公武云张商英伪撰，以比李筌《阴符经》。③

又引叶梦得语云：

> 石林叶氏曰：《古三坟书》为古文，奇险不可识，了不知其为何语，其妄可知也。④

又引郑樵《通志艺文略》⑤云：

> 夹漈郑氏曰：三皇太古书亦谓之《三坟》。一曰《山坟》，二曰《气坟》，三曰《形坟》。天皇伏羲氏本《山坟》而作《易》，曰《连山》；人皇神农氏本《气坟》而作《易》，

---

① （唐）魏徵等：《隋书》第4册，中华书局，1974年，条912页。
② 马端临：《文献通考·经籍考》（上），华东师范大学出版社，1985年，第117页。
③ 马端临：《文献通考·经籍考》（上），华东师范大学出版社，1985年，第117页。
④ 马端临：《文献通考·经籍考》（上），华东师范大学出版社，1985年，第118页。
⑤ 今见于郑樵《通志》卷六十三《艺文略第一·经类第一·易·古易·连山归藏三皇太古书》条下。

曰《归藏》；地皇黄帝氏本《形坟》而作《易》，曰《坤乾》。虽不画卦，而其名皆曰卦爻、大象，连山之大象有八，曰君、臣、民、物、阴、阳、兵、象，而统以山；《归藏》之大象有八，曰归、藏、生、动、长、育、止、杀，而统以气；《坤乾》之大象有八，曰天、地、日、月、山、川、云、气，而统以形。皆八而八之，为六十四。其书汉魏不传，至元丰中始出于唐州比阳之民家，世疑伪书。然其文古，其辞质而野，其错综有经纬，恐非后人之能为也。如纬书犹见取于前世，况此乎。且《归藏》至晋始出，《连山》至唐始出，则《三坟》始出于近代，亦不为异事也。①

《三坟》之名最早见于《左传·昭公十二年》，云"是能读《三坟》《五典》《八索》《九丘》"。《尚书·伪孔传·尚书序》云："伏羲、神农、黄帝之书谓之《三坟》。"但《汉志》《隋书·经籍志》均未著录此书。至北宋，有毛渐偶得其书，流布于世，今日尚存。以上所引晁公武、陈振孙、叶梦得诸家皆以为伪。独郑樵以为不伪。马端临也指出：

按：夫子所定之《书》，其亡于秦火，而汉世所不复见者，盖杳不知其为何语矣。况《三坟》已见削于夫子，而谓其书忽出于元丰间，其为谬妄可知。夹漈好奇而尊信之，过矣。②

《四库全书总目》卷10经部易类"《古三坟》一卷"条下进一步辨析道：

案，三坟之名，见于《左传》，然周、秦以来，经、传、子、史从无一引其说者，不但汉代至唐咸不著录也。此本晁公武《读书志》以为张商英得于北阳民舍，陈振孙《书录解题》以为毛渐得于唐州，盖北宋人所为。其书分山坟、气坟、形坟，以《连山》为伏羲之《易》，《归藏》为神农之《易》，《乾坤》为黄帝之易，各衍为六十四卦，而系之以传，其名皆不可训诂。又杂以河、图、代姓纪及策辞、政典之类，浅陋尤甚。至以燧人氏为有巢氏子、伏羲氏为燧人氏子，古来伪书之拙，莫过于是。故宋、元以来，自郑樵外无一人信之者。至明何镗刻入《汉魏丛书》，又题为宋·阮咸注，伪中之伪，益不足辨矣。③

接着马氏指出《古三坟书》的名义与其实际内容存在矛盾：

又况详孔安国《书序》所言，则坟典，《书》也，盖百篇之类也；《八索》，《易》也，盖彖、象、文言之类也。今所谓《三坟》者，曰《山坟》《气坟》《形坟》，而以为《连山》《归藏》《坤乾》之所由作，而又各有所谓大象、六十四卦，则亦是《易》书，而

① 马端临：《文献通考·经籍考》(上)，华东师范大学出版社，1985年，第118页。
② 马端临：《文献通考·经籍考》(上)，华东师范大学出版社，1985年，第118页。
③ 四库全书研究所：《钦定四库全书总目(整理本)》(上)，中华书局，1997年，第137页。

与百篇之义不类矣，岂得与五典并称乎？①

也就是说《古三坟书》的古代名义本属于“书”类，而伪本所载实际内容却是“《山坟》《气坟》《形坟》，而以为《连山》《归藏》《坤乾》之所由作，而又各有所谓大象、六十四卦，则亦是《易》书”。马氏虽从《直斋》将其归入书类，但其实际内容却属于《易》类。也就是说，伪造者依托三《易》，将本是“书”类的《三坟》弄成了“易”类书籍。其伪益可知了。《四库全书总目》也在上引《古三坟》解题之后加注文指出：

案：《左传》称倚相能读三坟、五典、八索、九丘，孔安国书序所解虽出依托，至刘熙释名则确属古书，据所训释，“三坟”乃书类，非易类也。然伪本既托于三《易》，不可复附书类中，姑从《易》纬之例，附其目于诸家《易》说之末。②

《四库全书总目》也注意到马氏所指出的名义与内容的矛盾，但没有像《经籍考》那样从古《三坟》本身的名义所属著录于书类，而是从伪书的实际内容出发，将其附于“易”类之末，从而使其归类与内容达到了统一。此书今天也有学者辨其不伪，如王兴业有专著《三坟易探微》③与专文《再论〈三坟易〉不伪说》④均论其不伪。由于笔者重在分析马氏之按语，不可能对每本书做专门研究，且此问题十分复杂，迄无定论，此不赘述。

第三条：《经籍考》卷7经部礼类著录有“《周礼》十二卷”。其下首先辑录《郡斋》卷2经部礼类“《周礼》十二卷”条下解题以明《周礼》的来源与授受过程云：

晁氏曰：郑玄注。汉武帝时，河间献王开献书之路，得《周官》，有五篇，失《冬官》一篇，乃募以千金，不得，取《考工记》以补其阙。至孝成时，刘歆校理秘书，始得序列，著于《录》《略》，为群儒排弃，歆独以为周公致太平之迹。永平时，杜子春初能通其读，郑众、郑兴亦尝传受，康成皆引之，以参释异同云。⑤

马氏又引《直斋》卷2经部礼类“《周礼》十二卷、《周礼注》十二卷”条下解题。陈振孙首先针对《周礼》六典与《书·周官》所述之不同指出：

陈氏曰：按《艺文志》曰：“《周官经》六篇”，本注云“王莽时歆置博士”。颜师古曰：“即今之《周官礼》也，亡其《冬官》，以《考工记》足之。”愚尝疑《周礼》六典与《书·周官》不同，《周官》司徒掌邦教、敷五典、扰兆民；司空掌邦土、居四民、时地利。二官各有攸司，盖自唐、虞九官，禹、契所职，则已然矣。今《地官》于教事

① 马端临：《文献通考·经籍考》（上），华东师范大学出版社，1985年，第118页。

② 四库全书研究所：《钦定四库全书总目（整理本）》（上），中华书局，1997年，第137页。

③ 王兴业：《三坟易探微》，青岛出版社，1999年。

④ 王兴业：《再论〈三坟易〉不伪说》，文见1997年第三届海峡两岸周易学术研讨会论文集《大易集述》，中国周易学会、山东大学周易研究中心出版。

⑤ 马端临：《文献通考·经籍考》（上），华东师范大学出版社，1985年，第180页。

殊略，而田野井牧、乡遂稼穑之事，殆皆司空职耳。《周官》初无邦事之名，今所谓事典者，未知定为何事？书阙亡而以《考工记》足之，天下之事，止于百工而已邪？①

陈氏接着列举前代对《周礼》的质疑后，认为此书当为先秦古书，只是内容显得“繁碎驳杂”，而且后代王莽、王安石用《周礼》治国却导致国家混乱，使其实际效果招致质疑并背上了恶名。对此他指出：

先儒固有疑于是书者，若林孝存以为武帝知《周官》末世渎乱不经之书，作十论七难以排弃之；何休亦以为六国阴谋之书。甚者或谓刘歆附益以佐王莽者也。惟郑康成博览，以为周公致太平之迹，故其学遂行于世。愚按此书多古文奇字，名物度数，可考不诬，其为先秦古书，似无可疑。愚所疑者，邦土邦事灼然不同，其他繁碎驳杂，与夫刘歆、王安石一再用之而乱天下，犹未论也。②

陈氏接下来更详细地说明《周礼》的授受源流道：

玄之学出于扶风马融，而参取杜子春、郑大夫、郑司农之说。子春，河南缑氏人，生汉末，至永平初尚在，年九十余，郑众、贾逵皆受业焉。大夫者，河南郑兴少赣也。司农者，郑众仲师，兴之子也。融，字季长。③

马氏又引朱熹《朱子语录》④云：

《朱子语录》曰：《周礼》一书好看，广大精密，周家法度在里许，但未敢令学者看。

此非是不可学，亦非是不当学，只为学有先后，先须理会自家身心合做底，学《周礼》却后一截事。而今把来说看，还有一句干涉吾人身心上事否？

《周礼》规模，皆是周公做，但其言语是他人做。如今时宰相提举敕令，岂是宰相一一下笔？有不是处，周公须与改。至小可处，或未及改，或是周公晚年作此书。

某所疑者，但恐周公立下此法，却不曾行得尽。

后世皆以《周礼》非圣人书，其间细碎处虽可疑，其大体直是非圣人做不得。⑤

朱熹的观点倾向于《周礼》是周公之“规模”，是周公立下的法度，但其言语是后世人作，其内容大体上是可信的，只是不曾完全实行过。

---

① 马端临：《文献通考·经籍考》(上)，华东师范大学出版社，1985年，第180页。

② 马端临：《文献通考·经籍考》(上)，华东师范大学出版社，1985年，第180页。

③ 马端临：《文献通考·经籍考》(上)，华东师范大学出版社，1985年，第181页。

④ 今见于黎靖德辑《朱子语类》卷八十六《礼三·周礼》。

⑤ 马端临：《文献通考·经籍考》(上)，华东师范大学出版社，1985年，第181页。

马氏又引苏辙语①认为《周礼》所谓井田五服诸制，大多难以推行，有类似"空言"的理想成分在内，不可尽信。当是杂有秦、汉儒生损益之成分在内，而"非周公之完书"。所以他指出：

> 颍滨苏氏曰：言周公所以治周者，莫详于《周礼》，然以吾观之，秦、汉诸儒以意损益之者众矣，非周公之完书也。②

接下来苏氏从三个方面说明周礼所载制度中行不通而"不可信"的地方。其一是其记载"畿内远近诸法，类皆空言"，即所言幅员过于广阔，与周代实情不符。他论述道：

> 何以言之？周之西都，今之关中也；其东都，今之洛阳也。二都居北山之阳，南山之阴，其地东西长，南北短，短长相补，不过千里，古今一也。而《周礼》王畿之大，四方相距千里，如画棋局；近郊远郊，甸地稍地，小都大都，相距皆百里，千里之方，地实无所容之，故其畿内远近诸法，类皆空言耳。此《周礼》之不可信者一也。③

其二是《周礼》所载"封建制"之公侯伯子男各级所管辖之幅员与其他先秦古籍（如《论语》《春秋》《孟子》）不符，其理想成分系"书生之论，而有国者不为也"，实际上行不通。他论述道：

> 《书》称武王克商，而反商政，列爵惟五，分土为三。故《孟子》曰："天子之制，地方千里，公侯百里，伯七十里，子男五十里。不能五十里，不达于天子，附于诸侯，曰附庸。"郑子产亦云："古之言封建者，盖若是。"而《周礼》诸公之地方五百里，诸侯四百里，诸伯三百里，诸子二百里，诸男百里，与古说异。郑氏知其不可，而为之说曰："商野三等，武王增以子、男，其地犹因商之故。周公斥大九州，始皆益之，如《周官》之法。于是千乘之赋，自一成十里而出车一乘，千乘而千成，非公侯之国，无以受之。"吾窃笑之。武王封之，周公大之，其势必有所并，必有所徙。一公之封，而子、男之国为之徙者十有六，封数大国，而天下尽扰，此书生之论，而有国者不为也。《传》有之曰："方里而井，十井为乘。"故十里之邑而百乘，百里之国而千乘，千里之国而万乘，古之道也。不然，百乘之家，为方百里，万乘之国，为方数圻矣，故无是也。《语》曰："千乘之国，摄乎大国之间。"千乘，虽古之大国，而于衰周为小，然孔子犹曰"安见方六七十，如五六十而非邦也者"，然则虽衰周，列国之强家，犹有不及五十者矣。韩氏、羊舌氏，晋大夫也，其家赋九县，长毂九百，其余四十县，遗守四千，谓一县而百乘则可，谓一县而百里则不可，此《周礼》之不可信

---

① 今见于苏辙《栾城集·栾城后集》卷七《历代论一（并引）·周公第三》。

② 马端临：《文献通考·经籍考》（上），华东师范大学出版社，1985年，第181页。

③ 马端临：《文献通考·经籍考》（上），华东师范大学出版社，1985年，第181页。

者二也。①

其三是所载井田之制不合情理，所谓“利害同而法制异，为地少而用力博，此亦有国者之所不为也”。他论述道：

王畿之内，公邑为井田，乡遂为沟洫。此二者，一夫而受田百亩，五口而一夫为役，百亩而税之十一，举无异也。然而井田自一井而上，至于一同而方百里，其所以通水之利者，沟、洫、浍三。沟洫之制，至于万夫，方三十二里有半，其所以通水之利者，遂、沟、洫、浍、川五。利害同而法制异，为地少而用力博，此亦有国者之所不为也。楚蒍掩为司马，町原防，井衍沃，盖平川广泽可以为井者井之，原阜堤防之间，狭不可井则町之(杜预以町为小顷町)。皆因地以制广狭多少之异，井田沟洫盖亦然耳，非公邑必为井田，而乡遂必为沟洫，此《周礼》之不可信者三也。②

最后苏氏指出后世不根据实情，将理想成分强加于人，这也是用《周礼》而乱天下的原因。他论述道：

三者既不可信，则凡《周礼》之诡异远于人情者，皆不足信也。古之圣人因事立法，以便人者有矣，未有立法以强人者也。立法以强人，此迂儒之所以乱天下也。③

马氏又引胡宏《五峰集》卷4《皇王大纪论·极论周礼》。胡宏认为《周礼》系刘歆伪造，并列举十一条理由予以论述④。经过历代考辨之后，学术界对刘歆伪造说已基本持否定态度。

马氏在辑录以上诸家论述后下按语表达自己的观点。他首先指出前人对《周礼》置疑的原因在其“官冗事多，琐碎而烦扰”，但其实是因为“经制至周而详，文物至周而备，有一事必有一官，毋足怪者”。也就是上引朱熹所谓《周礼》“广大精密，周家法度在里许”。

按：《周礼》一书，先儒信者半，疑者半。其所以疑之者，特不过病其官冗事多，琐碎而烦扰耳。然愚尝论之，经制至周而详，文物至周而备，有一事必有一官，毋足怪者。有如阍、阍、卜、祝，各设命官；衣、膳、泉、货，俱有司属。⑤

而后世之礼制其实也存在“规模之琐碎，经制之烦密”的现象，但是人们多因刘歆、王莽等用《周礼》治理百姓而造成混乱，而将其视为刘歆所伪造。马端临认为不然，因为

① 马端临：《文献通考·经籍考》(上)，华东师范大学出版社，1985年，第182页。

② 马端临：《文献通考·经籍考》(上)，华东师范大学出版社，1985年，第182页。

③ 马端临：《文献通考·经籍考》(上)，华东师范大学出版社，1985年，第183页。

④ 相关辨析参见刘建国：《先秦伪书辨正》，上篇《虞夏商周伪书辨正》第八章“《周礼》伪书辨正”，陕西人民出版社，2004年，第81~87页。

⑤ 马端临：《文献通考·经籍考》(上)，华东师范大学出版社，1985年，第186页。

《周礼》所载系三代之法，只可用于三代之时，不可用于三代以后。他指出：

自汉以来，其规模之琐碎，经制之烦密，亦复如此，特官名不袭六典之旧耳，固未见其为行《周礼》，而亦未见其异于《周礼》也。独与百姓交涉之事，则后世惟以简易阔略为便，而以《周礼》之法行之，必至于厉民而阶乱，王莽之王田、市易，介甫之青苗、均输是也。后之儒者，见其效验如此，于是疑其为歆、莽之伪书而不可行；或以为无《关雎》《麟趾》之意，则不能行。愚俱以为未然。盖《周礼》者，三代之法也，三代之时，则非直周公之圣可行，虽一凡夫亦能行之；三代而后，则非直王莽之矫诈、介甫之执愎不可行，而虽贤哲亦不能行。其故何也？①

接下来马氏先论述三代封建制时社会的基本状况云：

盖三代之时，寰宇悉以封建，天子所治不过千里，公侯则自百里以至五十里，而卿大夫又各有世食禄邑，分土而治，家传世守。民之服食日用，悉仰给于公上，而上之人所以治其民者，不啻如祖父之于其子孙，家主之于其臧获。田土则少而授，老而收，于是乎有乡遂之官。又从而视其田业之肥瘠，食指之众寡，而为之斟酌区画，俾之均平(如上地家七人之类是也)。货财则盈而敛，乏而散，于是乎有泉府之官。又从而补其不足，助其不给，或赊或贷，而俾之足用。所以养之者如此。司徒之任，则自卿大夫、州长，以至闾胥、比长，自遂大夫、县正，以至里宰、邻长，岁终正岁，四时孟月，皆征召其民，考其德艺，纠其过恶，而加以劝惩。司马之任，则军有将，师有帅，卒有长。四时仲月，则有振旅治兵，茇舍大阅之法，以旗致民，行其禁令而加以诛赏。所以教之者如此。上下盖弊弊焉，察察焉，几无宁日矣。然其事虽似烦扰，而不见其为法之弊者，盖以私土子人，痛痒常相关，脉络常相属，虽其时所谓诸侯卿大夫者，未必皆贤，然既世守其地，世抚其民，则自不容不视为一体；既视为一体，则奸弊无由生，而良法可以世守矣。②

封建制下天子、公侯、卿大夫各有其食邑而“分土而治，家传世守”，又“世守其地，世抚其民”，所以统治者与民众的利益合为一体，法令可以世代相守。而郡县制下君主将治理推给下层官吏(无食邑)，官民利益相反，必然不能行《周官》之法。所以马氏又指出：

自封建变而为郡县，为人君者宰制六合，穹然于其上，而所以治其民者，则诿之百官有司、郡守县令。为守令者，率三岁而终更，虽有龚、黄之慈良，王、赵之明敏，其始至也，茫然如入异境，积日累月，方能谙其土俗，而施以政令，往往期月之后，其善政方可纪，才再期而已及瓜矣。其有疲懦贪鄙之人，则视其官如逆旅传舍，视其民如飞鸿土梗，发政施令，不过授成于吏手，既授成于吏手，而欲以《周官》之

① 马端临：《文献通考·经籍考》(上)，华东师范大学出版社，1985年，第186页。
② 马端临：《文献通考·经籍考》(上)，华东师范大学出版社，1985年，第187页。

法行之，则事烦而政必扰，政扰而民必病。教养之恩惠未孚，而追呼之苛娆已极矣，是以后之言善政者必曰事简。夫以《周礼》一书观之，成周之制未尝简也。自土不分胙，官不世守，为吏者不过年除岁迁，多为便文自营之计。于是国家之法制率以简易为便，慎无扰狱市之说，治道去太甚之说，遂为经国庇民之远猷。所以临乎其民者，未尝有以养之也，苟使之自无失其养，斯可矣。未尝有以教之也，苟使之自毋失其教，斯可矣。盖壤土既广，则志虑有所不能周；长吏数易，则设施有所不及竟。于是法立而奸生，令下而诈起，处以简靖，犹或庶几；稍涉繁伙，则不胜其渎乱矣。①

接着马氏以郑国子产之执政与王安石变法为例，说明政策的变化必须“察时宜”而“恤人情”。他指出：

昔子产听郑国之政，其所施为者，曰“都鄙有章，上下有服，田有封洫，庐井有伍”。此俱《周官》之法也。然一年而舆人诵之曰：“孰杀子产，吾其与之。”三年而诵之曰：“子产而死，谁其嗣之!”按郑国土地褊小，其在后世则一郡耳。夫以子产之贤智，而当一郡守之任，其精神必足以周知情伪，其念虑必足以洞究得失，决不至如后世承流宣化者之以苟且从事也。而周制在当时亦未至尽隳，但未能悉复先王之旧耳。然稍欲更张，则亦未能遽当于人心，必俟磨以岁月，然后昔之谤讟者转而为讴歌耳。况贤不及子产，所莅不止一郡，且生乎千载之后，先王之制久废，而其遗书仅存，乃不察时宜，不恤人言，而必欲行之乎？王介甫是也。②

接着以王安石之以《周礼》为理论根据推行“青苗法”为例，指出子产行《周礼》成功而王安石行《周礼》变法失败的原因不在于古代大夫有多么贤良或王安石集团没有贤人，而在于封建制下“累世之私土子人者，与民情常亲，亲则利病可以周知，故法虽繁，而亦足以利民”。而在郡县制下“暂焉之承流宣化者，与民情常疏，疏则情伪不能洞究，故法虽简而犹惧其病民也”。他论述道：

介甫所行，变常平而为青苗，诿曰：“此《周官·泉府》之法也。”当时诸贤极力争之，苏长公之言曰：“青苗虽云不许抑配，然其间愿请之户，必皆孤贫不济之人家。若自有赢余，何至与官交易？此等鞭挞已急，则继之逃亡；逃亡之余，则均之邻保。”苏少公之言曰：“出纳之际，吏缘为奸法，不能禁钱入民手，虽良民不免非理费用。及其纳钱，虽富民不免违限。受责如此，则鞭笞必用，而州县多事矣。”是皆言官与民赊贷之非便也。盖常平者，籴粜之法也；青苗者，赊贷之法也。籴粜之法，以钱与粟两相交易，似未尝有以利民，而以官法行之，则反为简便。赊贷之法，捐钱以予民，而以时计息取之，似实有以济民，而以官法行之，则反为繁扰。然籴粜之说始于魏文侯，常平之法始于汉宣帝，三代之时，未尝有此。而赊贷之法，则《周官·泉

① 马端临：《文献通考·经籍考》(上)，华东师范大学出版社，1985年，第188页。
② 马端临：《文献通考·经籍考》(上)，华东师范大学出版社，1985年，第188页。

府》明言之，岂周公经制，顾不为其简易者，而欲为其繁扰者乎？谓《周礼》为不可信之书，则《左氏传》言郑饥，子皮以子展之命饩国人粟，户一钟；宋饥，司城子罕请于平公，出公粟以贷。使大夫皆贷，司城氏贷而不书；为大夫之无者贷，宋无饥人。齐陈氏以家量贷，而以公量收之。则春秋之时，官之于民，固有赊贷之事也。虽当时未尝取二分之息，如青苗之为，然熙宁诸贤所言，非病其取息之多也，盖以为贫者愿贷，贷无之而不能偿，则亏官；富者不愿贷，抑配予之，而并令保任贫者，代偿所逋，则损民。两无所益，固不若常平之交手相付，听从民便之，为简易两得也。然左氏所述郑、宋、齐之事，谓之善政，以为美谈，未尝见其有熙丰之弊，何也？盖郑、宋、齐，列国也，其所任者，罕氏、乐氏、陈氏，则皆有世食禄邑，与之分土而治者也。介甫所宰者，天下也；其所任者，六七少年，使者四十余辈，与夫州县小吏，则皆干进徇时之徒也。然非郑、宋、齐之大夫尽贤，而介甫之党尽不肖也。盖累世之私土子人者，与民情常亲，亲则利病可以周知，故法虽繁，而亦足以利民。暂焉之承流宣化者，与民情常疏，疏则情伪不能洞究，故法虽简而犹惧其病民也。①

综上所述，马氏得出结论：

以青苗赊贷一事观之，则知《周礼》所载，凡法制之琐碎烦密者，可行之于封建之时，而不可行之于郡县之后。必知时适变者，而后可以语通经学古之说也。②

他认为《周礼》所载法制中“琐碎烦密”的部分，只能实行于三代封建制时，不可实行于后世郡县制下。因为后世不知适时而变，强行施行《周礼》而导致失败，以至于人们对《周礼》本身产生了怀疑，其实大可不必。马端临关于《周礼》内容的这番鸿篇大论，见解十分通达，对我们今天认识此书内容及其历史意义也很有帮助。而马氏辑录的以上诸家考辨文字也是十分经典，对后世《周礼》的考辨提供了宝贵的借鉴。事实上，今天考辨《周礼》的人，其观点基本未出马氏所引诸家及其所撰按语的范围。如前面注文中提到的刘建国在其《先秦伪书辨正》上篇《虞夏商周伪书辨正》第八章“《周礼》伪书辨正”对胡宏的《周礼极论》的考辨，而刘氏在考辨前人基础上提出的观点便是：“我们认为《周官》是从西周开始周公所规定的制度，有时当时实行了，有的当时可能没有实行，然而流传至今。”③这与马氏所引朱熹《朱子语录》所云“《周礼》规模，皆是周公做，但其言语是他人做。如今时宰相提举敕令，岂是宰相一一下笔？有不是处，周公须与改。至小可处，或未及改，或是周公晚年作此书。某所疑者，但恐周公立下此法，却不曾行得尽”如出一辙。马氏对经籍辨伪的最大贡献无疑是他以书目为单位，将前人相关的考辨文字汇聚其下，并间下按语。他搜集的材料全面、系统而又经典（往往是前人所未道而后世研究所不可越过之文献），反映出马氏之过人学识，给后人提供了丰富的材料，其中有一些材料是后世已亡佚或罕见

① 马端临：《文献通考·经籍考》（上），华东师范大学出版社，1985年，第189页。
② 马端临：《文献通考·经籍考》（上），华东师范大学出版社，1985年，第190页。
③ 相关辨析参见刘建国：《先秦伪书辨正》，陕西人民出版社，2004年，第85页。

的(尤其是在古代书籍流通尚不像今天这样便捷的情况下)。其按语绝对数量虽不多，但颇有参考价值，所以至今仍为人们所广泛引用。

第四条：《经籍考》卷 14 子部兵书类著录有"《李卫公问对》三卷"。其下辑录《郡斋》卷 14 子部兵家类"《李卫公问对》三卷"(书名据袁本，孙猛校本同衢本作《李卫公对问》)条下解题云：

> 晁氏曰：唐李靖对太宗问兵事。史臣谓李靖《兵法》，世无完书，略见于《通典》。今《对问》出于阮逸家，或云逸因杜氏附益之。①

又引《直斋》卷 12 子部兵书类"《李卫公问对》三卷"条下解题云；

> 陈氏曰：亦假讬也。文辞浅鄙尤甚。今武举以七书试士，谓之《武经》，其间《孙》《吴》《司马法》或是古书，《三略》《尉缭子》亦有可疑，《六韬》《问对》伪妄明白，而立之学官，置师、弟子伏而读之，未有言其非者，何也？何薳《春渚纪闻》言，其父去非为武学博士，受诏校七书，以《六韬》《问对》为疑，白司业朱服。服言此书行之已久，未易遽废。遂止。后为徐州教授，与陈师道为代，师道言闻之东坡，世所传王通《元经》、关子明《易传》及李靖《问对》皆阮逸伪撰，逸尝以草示奉常公云。奉常公者，老苏也。②

晁公武与陈振孙所知阮逸所造之传闻，最早来自陈师道语③，而为其门人何薳记载于《春渚纪闻》卷五(即《直斋》所引)。后人多依此传闻认为《李卫公问对》系阮逸伪撰。马氏对此说法提出质疑道：

> 按：《四朝国史·兵志》，神宗熙宁间，诏枢密院曰："唐李靖《兵法》，世无全书，杂见《通典》，离析讹舛，又官号物名，与今称谓不同，武人将佐，多不能通其意。令枢密院检详官与王震、曾旼、王白、郭逢原等校正，分类解释，令今可行。"岂即此《问答》三卷邪？或别有其书也？然晁、陈二家以为阮逸取《通典》所载附益之，则似即此书。然神宗诏王震等校正之说既明见于《国史》，则非逸之假讬也。④

马端临依据《四朝国史·兵志》之记载，推断神宗时诏修之李靖《兵法》即后来成书之《李卫公问对》，系从《通典》中钞出并加以"校正，分类解释"而成，并非出于阮逸假托。而明代胡应麟在《四部正讹》卷中则认为《李卫公问对》既非李靖所作，也非阮逸伪托，而是唐末宋初的俚儒村学(乡村底层读书人)所作。《四库全书总目》卷 99 子部兵家类此书下

① 马端临：《文献通考·经籍考》(下)，华东师范大学出版社，1985 年，第 1113 页。
② 马端临：《文献通考·经籍考》(下)，华东师范大学出版社，1985 年，第 1113 页。
③ 今见于陈师道《后山集》卷十九。
④ 马端临：《文献通考·经籍考》(下)，华东师范大学出版社，1985 年，第 1114 页。

解题首先肯定此书系因《通典》而附益而成，随后总结何薳、马端临、胡应麟诸家意见后认为：

> 今考阮逸伪撰诸书，一见于《春渚纪闻》，再见于《后山谈丛》，又见于《闻见后录》，不应何薳、陈师道、邵博不相约会，同构诬词。至熙宁、元丰之政，但务更新，何尝稽古？尤未可据七书之制，断为唐代旧文。特其书分别奇正，指画攻守，变易主客，于兵家微意时有所得，亦不至遂如应麟所诋耳。郑瑗《井观琐言》谓问对之书虽伪，然必出于有学识谋略者之手。斯言近之。故今虽正其为赝作，而仍著之于录云。①

《四库全书总目》最终认同郑瑗《井观琐言》卷2中的看法，认为此书虽然是伪书，但必"必出于有学识谋略者之手"。因为此书之价值实不可掩，即使非李靖原书，也是后代的有识之士根据《通典》所载李靖的相关言论编纂而成，可以把它看成是后人编纂而思想内容还是来自李靖本人的一个辑本。总之，此书之真伪至今尚无定论，但其价值则为人们所重视。而马端临此条按语是历史上关于《李卫公问对》真伪考证的重要文字。今天凡是考辨此书真伪之人，一般都会加以引用。

第五条：《经籍考》卷52子部神仙类著录有"《太平经》一百七十卷"。其下引《后汉书》卷30下《襄楷传》(《经籍考》中原为一大段，笔者依中华书局点校本《后汉书》将其分成三个段落)云：

> 《后汉书·襄楷传》：桓帝时，楷上书言："臣前上琅邪宫崇受于吉神书，不合明听(于，姓；名，吉也。神书，即今道家《太平经》也。其经以甲、乙、丙、丁、戊、己、庚、辛、壬、癸为部，每部一十七卷)。"
>
> 又言："前者宫崇所献神书，专以奉天地、顺五行为本，亦有兴国广嗣之术。其文易晓，参同经典，而顺帝不行，故国允不兴"云云。
>
> 初，顺帝时，琅邪宫崇诣阙，上其师于吉于曲阳泉水上所得神书百七十卷，皆缥白素、朱介、青首、朱目，号《太平清令书》。其言阴阳五行为家，而多巫觋杂语。有司奏崇所上妖妄不经，乃收藏之。后张角颇有其书焉。及灵帝即位，以楷书为然。②

《太平经》是中国道教早期重要经典。关于其撰者说法不一，非一时一人所作。约成书于东汉中晚期。前文所引《后汉书·襄楷传》第一段中括号里的内容为唐李贤所作的注释。此即于吉所撰说。马端临云：

> 按：道家之说，皆昉于后汉桓帝之时。今世所传经典符箓，以为张道陵天师永寿

① 四库全书研究所：《钦定四库全书总目(整理本)》(上)，中华书局，1997年，第1298页。
② 马端临：《文献通考·经籍考》(下)，华东师范大学出版社，1985年，第1181页。

年间受于老君者是也。而《太平经》正出于此时。范史所书甚明，然隋以来艺文志道书中并不收入。至宋《中兴史志》方有之，然以为襄楷撰，则非也。①

马端临认为《太平经》出于东汉道教兴起之时，而诸家《艺文志》因其为道书而未收入。实际上除《后汉书·襄楷传》外，牟子《理惑论》、虞喜《志林》、《抱朴子·遐览篇》等都有《太平经》著录。唐代释道诸书记载更多。马氏又指出《中兴国史艺文志》以该书为襄楷所撰为非。但由于马端临未真正见过《太平经》，只看到《后汉书》和《中兴国史艺文志》的相关片断记载，又出于儒家的立场，对《太平经》当然是持批判的态度。他接着说道：

今此经世所不见，独章怀太子所注《汉书》略及其一二，如楷疏中所谓"奉天地、顺五行"者。经中所言，亦浅易无甚高论。至所谓"兴国广嗣之术"，则不过房中鄙亵之谈耳。楷好学博古，于君昏政乱之时，能诣阙上书，明成玗晋、李云之冤，指常侍、黄门之过，不可谓非高明杰特之士；而疏中独再三尊信此书，遂以来"违背经谊""假托神灵"之劾，几不免狱死，惜哉！然此经流传最古，卷帙最多，故附见于此。②

他认为《太平经》"浅易无甚高论"，又夹杂"房中鄙亵之谈"，当然为正统儒生所羞谈，进而又为襄楷本"高明杰特之士"而信奉此书感到惋惜。接下来他又考辨《太平经》的传人于吉云：

于吉者，后为孙策所杀。按：顺帝至孙策据江东之时，垂七十年，而吉于顺帝时已为宫崇之师，则必非稚齿，度其死时，当过百岁，必有长生久视之术。然亦不能晦迹山林，以全其天年，而乃招集徒众，制作符水，袭黄巾、米贼之为以取诛戮，则亦不足为称也。③

可见马氏对其人品事迹亦持否定之态度。

(四)文学评论

《经籍考》集部有两处马端临的按语，主要针对撰者别集之流传与其诗文成就予以分析与评论。具体如下文所示：

《经籍考》卷62集部别集类著录有王氏三兄弟的文集，分别是王回的"《王深父文集》二十卷"、王向的"《王子直文集》"与王冏的"《王容季文集》"。这三条下都辑录有曾巩分别给三人的文集所作之序。其中"《王容季文集》"下辑录曾巩《王容季文集序》④云：

---

① 马端临：《文献通考·经籍考》(下)，华东师范大学出版社，1985年，第1181页。
② 马端临：《文献通考·经籍考》(下)，华东师范大学出版社，1985年，第1181页。
③ 马端临：《文献通考·经籍考》(下)，华东师范大学出版社，1985年，第1181页。
④ 今见于(宋)曾巩《元丰类稿》卷十二《序·王容季文集序》。

王冋容季，子直之弟。南丰文集序曰：叙事莫如《书》。其在《尧典》，述命羲、和，宅土测日，晷星候气，揆民缓急，兼蛮夷鸟兽，其材成辅相，备三才万物之理，以治百官，授万民，兴众功，可谓博矣，然其言不过数十。其于《舜典》，则曰："在璿玑玉衡，以齐七政。"盖尧之时观天以历象，至舜又察之以玑衡，圣人之法，至后世益备矣。曰七者，则日月五星。曰政者，则羲、和之所治，无不在焉。其体至大，盖一言而尽，可谓微矣。其言微，故学者所不得不尽心，能尽心，然后能自得之。此所以为经而历千余年，盖能得之者少也。《易》《诗》《礼》《春秋》《论语》皆然。其曰测之而益深，穷之而益远，信也。世既衰，能言者益少。承孔子者，孟子而已；承孟子者，扬子而已。扬子之称孟子曰："知言之要，知德之奥。"若扬子亦足以几乎此矣。其次能叙事，使可行于远者，若子夏、左丘明、司马迁、韩愈，亦可谓拔出之材，其言庶乎有益者也。吾友王氏兄弟，曰回深父，曰向子直，曰冋容季，皆善属文，长于叙事。深父尤深，而子直、容季，盖能称其兄者也，皆可谓拔出之材。令其克寿，得就其志，则将绍六艺之遗言，其可御哉！①

王冋卒于英宗治平年间，至神宗熙宁九年(1076)，曾巩才得以为其文集作序。曾巩首先追溯至《尚书》之《尧典》《舜典》，以之作为最高境界的叙事典范，继起者有《易》《诗》《礼》《春秋》《论语》等作品。次一等的为"能叙事"，也可以流传久远，"若子夏、左丘明、司马迁、韩愈"之徒。王回、王向、王冋三兄弟都是当时的儒者，曾巩称许他们三人"皆善属文，长于叙事"。而"皆可谓拔出之材"，能"绍六艺之遗言"，可以继承《尚书》以来的传统。惋惜其短命早逝，未能"得就其志"。接下来又辑录曾巩《元丰类稿》卷42《志铭·王容季墓志铭》云：

又为墓铭曰：容季孝弟纯笃，尤克意学问，自少已能为文章，尤长于叙事。其所为文，出辄惊人。为人自重，不驰骋衒鬻，亦不孑孑为名。日与其兄讲唐、虞、孔子之道，以求其内。言行出处，常择义而动。其磨砻灌养而不止者，吾未能量共所至也。不幸其志未就，其材未试，而短命死矣。初，容季之伯兄回深甫，以道义文章退而家居，学者所宗，而仲兄向子直，亦以文学器识名闻当世，容季又所立如此。学士大夫以为此三人者，皆世不常有，藉令有之，或出于燕，或出于越，又不可得之一乡一国也，未有同时并出于一家。如此之盛，若将使之有为也，而不幸辄死，皆不得至于寿考，以尽其材，是有命矣。②

文中曾巩视王氏三兄弟为复兴古道之同志，而为其文集作序时，又各有侧重。对于王回(深父)，称其"道义文章"；对于王向(子直)，称其"文学器识"；对于王冋容季，则称其"长于叙事"。同时又感叹兄弟三人皆才士之难能可贵，并表达了对他们均不得其寿的惋惜。马端临在按语中进一步指出：

---

① 马端临：《文献通考·经籍考》(下)，华东师范大学出版社，1985年，第1446页。

② 马端临：《文献通考·经籍考》(下)，华东师范大学出版社，1985年，第1447页。

按：侯官三王之文，盖宗师欧公者也。其大家正气，当与曾、苏相上下，故南丰推服其文，而深悲其早世。然晁、陈二家书录，并不收入，《四朝国史·艺文志》仅有《王深父集》，才十卷，则止有曾序所言之半，而子直、容季之文无传焉，亦不能知其卷帙之多少，可惜也。①

按语指出王氏三兄弟的文章系宗北宋古文领袖欧阳修，与曾巩、苏轼等本是同调又相抗衡，故曾巩对其推许如此。同时又说明《经籍考》中著录王向的《王子直文集》与王冏的《王容季文集》皆无卷数，是因其已亡佚，而前人书目又无著录，故不知卷数。这也是《经籍考》著录亡书的例子。

《经籍考》卷58集部别集类著录有"《陈子昂集》十卷"。其下辑录《郡斋》卷17集部别集类"《陈子昂集》十卷"条的解题云：

晁氏曰：唐陈子昂伯玉也。梓州人。文明初，举进士，上书召见，累擢拾遗。《新唐书》称：子昂，圣历初，解官归养，父丧，庐墓。县令段简贪暴，胁取其赂不厌，逮捕死狱中。沈下贤独云为武承嗣所杀。未知孰是。子昂少以豪侠使气，及冠，折节为学，精究坟籍，耽爱黄老、《易象》，尤善属文。唐兴，文章承徐、庾余风，天下祖尚，至是始变雅正。故虽无风节，而唐之名人无不推之。柳仪曹曰："张说以著述之余攻比兴而莫能极，张九龄以比兴之暇攻著述而不克备。唐兴以来，称是选而不怍者，子昂而已。"②

晁公武的解题简要叙述了陈子昂的生平及其文学成就，并将其与张说、张九龄对比，更加突出陈子昂在唐代文学中的地位。马端临又引《直斋》卷16集部别集类"《陈拾遗集》十卷"下的解题云：

陈氏曰：黄门侍郎卢藏用为序，又有别传系之卷末。子昂死时才四十二。为《神凤颂》《明堂议》，纳忠贡谀于孽后之朝，大节不足言。然其诗文在唐初实首起八代之衰者。韩退之《荐士诗》言："国朝盛文章，子昂始高蹈。"非虚语也。庐序亦简古清壮，非唐初文人可及。③

陈振孙的解题对陈子昂效忠武后表示了鄙夷，认为其大节有亏，但也不得不承认其诗文在初唐的地位。应该说在封建男权社会中，世人对武后篡位称帝是一贯持严厉的批评态度的。因此虽然陈子昂的《明堂议》这样的奏疏是出于对朝廷社稷的一片忠心，也仍然逃脱不了后世的指责。为了突出说明陈子昂的诗歌成就，马端临又引刘克庄《后村集》卷173

① 马端临：《文献通考·经籍考》(下)，华东师范大学出版社，1985年，第1448页。
② 马端临：《文献通考·经籍考》(下)，华东师范大学出版社，1985年，第1329页。
③ 马端临：《文献通考·经籍考》(下)，华东师范大学出版社，1985年，第1330页。

《诗话前集》云：

后村刘氏曰：唐初，王、杨、沈、宋擅名，然不脱齐、梁之体，独陈拾遗首倡高雅冲澹之音，一扫六代之纤弱，超于黄初、建安矣。太白、韦、柳继出，皆自子昂发之。如："世人拘目见，酣酒笑丹经。昆仑有瑶树，安得采其英?"如："林居病时久，水木澹孤清。闲卧观物化，悠悠念群生。青春始萌达，朱火已满盈。徂落方自此，虑叹何时平?"如："务光让天下，商贾竞刀锥。已已行采芝，万世同一时。"如："吾爱鬼谷子，青溪无垢氛。囊括经世道，遗身在白云。舒可弥宇宙，卷之不盈分。岂徒山木寿，空与麋鹿群。"如："临岐泣世道，天命良悠悠。昔日殷王子，玉马遂朝周。宝鼎沦伊谷，瑶台成古丘。西山伤遗老，东陵有故侯。"皆蝉蜕翰墨畦径，读之使人有眼空四海，神游八极之兴。①

马端临认同刘克庄等人对陈子昂诗歌成就的高度评价，但对韩愈、柳宗元等人对其文章的称赞则持保留意见。他在按语中指出：

按：陈拾遗诗语高妙绝出齐、梁，诚如先儒之论。至其他文，则不脱偶俪卑弱之体，未见其有以异于王、杨、沈、宋也。然韩吏部、柳仪曹盛有推许，韩言"国朝盛文章，子昂始高蹈"，柳言"备比兴著述二者而不怍"，则不特称其诗而已。二公非轻以文许人者，此论所未谕。本传载其《兴明堂》《建太学》等疏，其言虽美，而陈之于牝朝，则非所宜。史赞所谓"荐珪璧于房闼，以脂泽汙漫之"，信矣。②

马端临站在封建正统卫道士的立场上看陈子昂的文章，认同史官"荐珪璧于房闼，以脂泽汙漫之"之说，对其陈文章奏疏于武后朝表示批评，由此也妨碍了他对陈子昂文章成就的认识。这可以说是由于政治上的偏见而因人废言，也反映了马氏根深蒂固的正统思想。

由上述马氏按语之分析可知，马端临在《经籍考》中对方方面面的问题都有所论述，既有对撰者、卷数、字句的考辨或看法，更不乏纵论天下或某家之学术源流，从中可以看出马氏学识之渊博。特别是马氏作为程朱理学的信奉者，虽然出于儒家卫道之立场对释、道两教持批评态度，但其认识却不肤浅，其论述道教发展脉络的一大段按语可谓洞察古今，说明马氏的学术见解比较通达，在前人基础上往往能够有所推进，这无疑是难能可贵的。当然，要想全面认识马氏之思想，还不能只限于《经籍考》这一门，还得结合整部《文献通考》才行。这方面的专著目前有邓瑞《马端临与〈文献通考〉》及王瑞明《马端临评传》等可以参看。

---

① 马端临：《文献通考·经籍考》(下)，华东师范大学出版社，1985年，第1330页。
② 马端临：《文献通考·经籍考》(下)，华东师范大学出版社，1985年，第1330页。

结　论

以上各章节的分析，笔者主要从文献学(版本、目录、校勘和辑佚)的角度，结合学术史、思想史，对《经籍考》的文本及其结构层次进行了较为详细的论述。以下按章节简要归纳笔者的主要学术见解和今后进一步努力的方向，作为本书的总结。

在“导论”中，笔者首先分析了《文献通考》与《经籍考》的版本情况及其学术地位的确立过程，指出《经籍考》作为《文献通考》中唯一单行的门类，其出版整理经历了若干阶段，以中华书局点校本《文献通考》为最佳，而华东师大点校本《经籍考》存在校勘及点校方面的诸多问题。《文献通考》从问世著录到最终在官修目录中确立地位，经历了诋毁与褒奖的反复议论过程。在私修目录中，自《直斋书录解题》开始，已将政书从类书中独立出来。但在官修目录中，直到清代官方编纂的《续文献通考》及《四库全书总目提要》从治国安邦的政治立场对其学术价值与编纂体例给予肯定，并将其归入独立的政书类，《文献通考》及其《经籍考》的地位才得以确立。但由于对辑录体目录的偏见，学界对《经籍考》的学术价值及其与《四库全书总目提要》等历代目录的关系的认识还有待提高。

随后笔者从九个方面归纳并分析了前人时贤对于《经籍考》的相关研究成果，指出目前海内外《文献通考·经籍考》相关研究可以总结为：成书背景的研究，版本、校勘及其相关研究，引书、辑佚及其相关研究，序文、解题、按语等内容的专题研究，一书重见与互著问题的研究，辑录体编纂体例的研究，分类、归类及其目录学价值的研究，史学思想的研究，各部类的专题研究，共九个方面。研究中存在的主要问题有：对《经籍考》的学术价值认识不够，文本挖掘与分析不够全面深入，学科壁垒导致结合哲学等专科学术的研究还很欠缺。由于《经籍考》篇幅大，来源复杂，涉及的学术领域广泛，必须将其放在整个学术思想史的背景中，内部做到对文本的深入挖掘，外部做到与相关原典文献的比较分析，才能对其内容体例进行更深入的挖掘并展开相关研究。

在“导论”第三节“研究思路与方法”以及附录之“《文献通考·经籍考》数据库分析系统的建立及其方法”中，笔者介绍了自创的数据库分析系统。在信息化的今天，计算机的应用已经渗入几乎每一个角落，古籍的整理及其相关研究当然也不例外。目前学界使用最广泛的是各种古籍数据库全文检索系统(如中国使用较广泛的有“文渊阁四库全书全文检索系统”和“中国基本古籍库图文检索系统”等)，这些数据库系统资料丰富、检索方便，是研究工作中不可或缺的有效工具。但是正由于其大而全，往往泛滥无归，显得不够“专业”，难以满足专题研究的需要。有鉴于此，笔者尝试在此基础上结合每一个专题的研究目的、方法、范围及其相关文献，建立相对独立又能不断扩展的专题数据库分析系统。这种数据库资料比较集中，紧扣当前的研究课题，是研究者个人的数据库系统，能较好地满足专题研究的需要。当然，数据库系统只是工具，其作用发挥的程度一方面取决于研究者的理论素养和观察视角，要善于发现、分析并解决问题，另一方面也要求对数据库技术有较为深入的理解和掌握，要善于建立模型和分析数据。只有这两者结合，才能获得较好的研究成果。本课题的研究即是一次尝试。虽然过程充满艰辛，但笔者坚信，这是提高研究效率、加强研究深度的有益途径，并将在今后的学习研究中展开进一步的探索。

在第一章"《经籍考》的内容层次及其编纂体例"中，笔者通过对《经籍考》中各著录要素(总叙、小序、小计、书目、解题)的分析，比较全面地揭示出各要素的数量及其内部构成，进而探讨了其学术背景与所反映的学术内涵。

首先，《文献通考·经籍考》的内容层次中，总叙中论述学术文化发展的部分与叙述各部类学术源流的小序构成了一篇学术文化史。总叙中论述历代图书整理的部分与反映历代各类图书聚散的小计构成了一篇图书目录学史。《经籍考》的解题融汇诸家精华且内容丰富，其中仅辨伪一项就可归纳为20种方法，并对后世产生很大影响。《经籍考》著录书目共3938条，考虑到数书一录和一书重见的情况，可知共收录4200余种书籍。统计书目在各部类的分布可知，数量由多到少依次是集部、子部、史部、经部。经部以易类、春秋类、小学类为最多，史部以传记类、地理类为最多，子部以小说家类、医家类、儒家类为最多，集部以别集类、诗集类为最多，反映了宋代各部类学术文化的发展状况。

其次，《文献通考·经籍考》辑录文献的剪裁方法包括：将来自某人或某书中的不同文献段落合并到一条解题中的"多条合并"，合并不同书目及其解题的"数书一录"，以及辑录合并书目时的"省并解题"。考虑这些情况后统计确定《经籍考》全文共辑录有6074条文献，来自大约140个不同出处，并以宋代学者及其著作为主体，分布在总叙、小序、小计及解题中。《经籍考》辑录的文献中虽有70%的条目出自《直斋书录解题》与《郡斋读书志》，但只占全书不到一半的篇幅。其他138家只占总条数的30%，却占了一半以上的篇幅。分析可知，马端临所辑录的诸家文献在部类中的分布基本与其学术专长相符，反映了他对诸家学术文献的准确把握与精心编纂，从而提升了《经籍考》的学术价值。

在第二章"《经籍考》的分类体系及其归类调整"中，笔者穷尽性地对《经籍考》各部类的分类与书目归类的调整及其原因逐一进行了分析。这主要体现在本章的第二节"各部类的具体分析"中。《经籍考》由于其辑录体的特殊体制决定其分类体系也具有综合众家而折中以己意的特征。笔者在数据库系统的基础上对其进行了全面的分析。具体做法是在本人已建立的"《文献通考·经籍考》全文分析数据库"中，将《经籍考》3938条书目下的6074条引文与其来源一一相链接，进而提取其中来自《汉书·艺文志》《隋书·经籍志》《新唐书·艺文志》《崇文总目》《郡斋读书志》《直斋书录解题》这六部现存主要书目的4693条进行各部类的统计分析。因为这六部书目是《经籍考》大到分类、小到书目著录与归类的主要依据与来源，而且《经籍考》几乎每条书目下都辑录有这六部书目中的至少一条解题，并据以将书目进行归类，所以具有普遍性和代表性，而且数量庞大又便于考察统计规律。在具体的分析中则一方面注意将宏观分类与微观归类相结合，另一方面注意将对象放在整个目录学史与学术史的发展过程中进行考察。

分析可知，马端临在《经籍考》里辑录前代书目的过程中对其分类进行了调整。首先是分类体系中由分类项目的设置及其排列顺序、横向关系与纵向沿革导致的分类调整；其次是由分类者的主观视角与思想立场的差异，以及人为过失导致的分类调整；再次是由书籍的内容及其真伪、地位变化导致的分类调整；最后是由时代学术思想空间的转移变化导致的分类调整。通过分析历代书目与学术史，特别是与古籍书目的集大成者《四库全书总目提要》相对照，《经籍考》的分类调整往往是承上启下的重要一环。马端临记录并论述了书籍的性质与特征、流传与真伪等方面，并基于朱子学的思想立场探讨了书籍的内容及其背后的学术思想，从而使得《经籍考》成为承担学术文化史任务的目录学巨著。

总而言之，马端临在《经籍考》中辑录前代书目的过程中，对其分类类目与具体书籍的归类的调整，往往都有其深层的学术背景，反映了学术的时代变迁。马端临比较敏锐地抓住了学术发展的脉搏，并最终形成了自己的一套完整的分类与归类体系。其承前启后的经验与内涵均值得人们深入思考和挖掘。这对于深入了解《经籍考》及至整个目录学史与学术史的发展都有一定的参考价值。当然，由于这一章涉及的范围包括所有的学术部类，各部类的分析也有所轻重，许多地方还可以结合学术思想史做更进一步的挖掘。

在第三章“《经籍考》中重见与参见现象的分析”中，笔者通过数据库系统的标注和类聚，结合相关典籍对《经籍考》中的重见与参见现象做了全面系统的分析。关于“互著和别裁”的问题，笔者在本章第一节中分析指出：陈振孙在《直斋》中自觉地使用了互著与别裁。马端临虽不是最早使用互著与别裁之人，但由于他在《经籍考》中几乎完整保留了《直斋》的解题(包括互著与别裁的内容在内)，再加上清四库辑本《直斋》问世之前，人们基本上是从《经籍考》中转引《直斋》，所以给后人保存了宝贵的资料。而他自己更效法陈氏的做法，因此对促成后世互著与别裁的完善也有一定的贡献。

第二节“《经籍考》中一书重见及别行的分析”中分 4 大类 25 个小类，比较全面地分析了《经籍考》中大量存在的一书重见和别行的现象。其中第一类“跨类重见”又分为 22 种不同情况，涉及《经籍考》中经、史、子、集四部共 25 个二级部类，大部分是由于《经籍考》的两大主要著录来源《郡斋》与《直斋》因分类类目体系不同而将同书归入不同类目之下，而马端临在《经籍考》中由于其类目同时兼有《直斋》与《郡斋》之类目，在钞录时在两类分别据《郡斋》与《直斋》著录而导致重见。第二类“个人之总集与别集分别著录而重见”，基本上是由《直斋》本身在不同类中同时著录了作者的总集和其各个别行集子，而马端临直接钞录《直斋》所导致。第三类“部分内容之别行本”，实际上就是别裁本，也基本上来自《直斋》。陈振孙是有非常清晰的别裁意识的，不仅收录并指出别裁本之来源，还自己亲自动手录出别裁本。马端临因之在辑录中都予以保留。第四类“因版本不同而在同类重出”与前三类不同的是，前三者基本上是在不同的类目中重见，而第四类的七例都是在同类之下著录同部著作的不同版本。总的来看，《经籍考》中的重见主要是因同时辑录《郡斋》与《直斋》而致，虽然没有逐一说明，但对于大多数情况马氏应该是清楚的。这种做法在最大程度上保留了《郡斋》与《直斋》的不同的分类体系及其书籍归类，对于提示书籍的内容也有一定的作用。

本章最后，笔者还简要分析了《经籍考》中的“参见法”的情况，并指出这是《经籍考》中的一条成功的编纂体例。“参见法”是解题内容之间此详彼略的照应说明。从其作者来看，可分为马氏自撰之文字与钞录他人之文字；从形式上看，又可分为注文与正文两类；从内容来看，可分为本书参见和他书参照两类。

在第四章“《经籍考》中书目撰者的校勘分析”中，笔者将《经籍考》中所载撰者的校勘情况分成 5 大类 13 小类进行了全面的分析。第一类是由于古代的避讳制度而导致有意的窜改形成的异文；第二类是由于文字随时间地域的自然发展而形成的异文，又分为古今字、通假字和异体字三种情况；第三类是《经籍考》在辑录、传抄、刊刻过程中由于讹文(包括偏旁缺失、形近而误、音同而误、义近而误)、脱文、衍文、错乱而形成的异文；第四类是由于张冠李戴，将与实际作者相关的某人误题为撰者而形成的异文。第五类是其他情况。归纳本章论述之 13 小类 85 条可知，其中《经籍考》为是者 26 条，以《郡斋》为是者 23 条，以《直斋》为是者 24 条，两者均可者 3 条，两者均误者 7 条，存疑或不明原因者 2 条。笔者以此概见《经籍考》校勘价值之一斑，进而指出目前学术界亟须有详细校记的《经籍考》的单行点校本及注释本。

在第五章“《经籍考》中马氏注文与按语之分析”中，笔者对《经籍考》中马端临的注文和按语进行了全面分析，指出注文作为正文之补充，对于提示正文重点、疑点、难点等都起到了重要辅助作用。注文内容包括四个方面：著录分析、文本校勘、内容参照、注释说明。

著录分析又包括五个方面：第一，“书籍异名”，指《经籍考》同时辑录不同书目(主要指《郡斋》与《直斋》)中同书异名书籍的说明。第二，“卷数差异”，指书籍在流传过程中形成不同版本，或内容有所增删，卷帙有所分合，从而导致的卷数差异。马氏在注文中予以交代。第三，“书目附录”，指书籍在流传过程中也可能附加某些内容。在书目著录的过程中，为叙述方便起见，有时也会将同出一家的某部著作(往往是次要的)附在其主要著作之后一并著录。马氏在注文中予以交代。第四，“部卷合计”，即在《隋志》部类书目合计中所特有的亡书合计。《隋志》原文中多有交代。第五，“归类调整”，由于《经籍考》的书目是杂糅此前历代书目的综合书目，其分类体系和书籍的具体归类对前代书目都有所调整。为了使读者对此心中有数，在《经籍考》马端临往往用注文予以交代。

文本校勘就是马端临在注文中指出同一书不同版本的异文。内容参照又包括本书参照、他书参照和引文出处三个方面。本书参照指马端临在行文中比较注意前后照应，为了避免行文重复，在甲处已经详细说明了的，在乙处再次涉及时会用注文提示此处省略而见于某处。这是《经籍考》本书范围内的“参见法”。他书参照也是相关内容此详彼略的“参见法”。但“本书参见”所参见的内容在《经籍考》本书范围之中，而“他书参照”则是提示读者参照他书。引文出处是马端临用注文直接指出所辑录条目的出处。马氏在《经籍考》中一般在所辑录材料的正文开头指出其出处，只有极个别在注文中予以提示的。注释说明指马端临在辑录他人材料时对于一些有必要补充说明的地方，往往会用注文予以提示说明，以加深或促进读者对该材料的了解，或提供进一步了解的线索。

按语作为直接体现马端临学术观点的文字，对《经籍考》所涉及的方方面面的问题都有所论述，既有对撰者、卷数、字句等文献层面的考证，更不乏对天下或某家之学术源流的探讨，对于我们研究马端临本人的学术思想具有重要学术价值。具体包括撰者及书目的考辨、分类体系与书籍归类的调整、历代学术传承与各家学术源流、书籍与学术的考辨诸方面。

撰者考辨是用按语对所著录书目的撰者作出补充或提出疑问；书目考辨是用按语补充

说明此书目又著录于某书，或考辨所辑录解题与其书目的卷数、书名、内容存在矛盾之处。分类体系与书籍归类的调整就是设立新类，或调整类目的著录范围，并给出详细的分析说明，或对该书目所属类目在书目中的分类归属作出调整的说明。历代学术传承是《经籍考》"总叙"第一部分中对上古直至秦代学术文化史的论述。如关于"焚书坑儒"对古代学术文化传承的影响，马氏在郑樵论述的基础上指出，书籍的存佚与淘汰有其内存规律，统治者的主观好恶与客观焚毁虽在一定程度上能够影响书籍的流传，但并不足以决定天下书籍及其学术的兴废。各家学术源流指马氏对某一家(派)或某一类学术之源流的论述。如马氏继承朱子学的观点认为周敦颐的思想系其自创，并非源自佛、道二教，并主张程颐之学源自周敦颐。马氏从反映学术源流的角度出发，将早已亡佚的"叔孙通《朝仪》"与"曹褒《汉礼》"置于后世礼书之首，并予以说明。书籍与学术的考辨又包括内容考辨、学术考辨、真伪考辨与文学评论。内容考辨是指对所著录书目涉及书籍的具体内容直接进行考察，或涉及文本校勘，或涉及具体内容之分析。学术考辨是由原本论述的书籍内容本身扩展开去，并上升到讨论某类学术问题的高度，如讨论儒、释、道三教之异同，或对某种学术见解提出自己的看法等。真伪考辨是对依托伪题撰人或部分内容可疑之书进行真伪的考辨。文学评论主要针对撰者别集之流传与其诗文成就予以分析与评论。

另外笔者在研究过程中对《经籍考》中的所有解题内容进行过全面的分析，但由于涉及内容过多，还有待进一步的整理和归纳，同时篇幅过大也非本书所能容纳。因此除第一章第一节中对其中"辨伪"的情况做简要分析外，书中没有集中做进一步的论述，全面的分析只能留待日后进一步的研究工作了。需要指出的是，《经籍考》只是《文献通考》中篇幅最大的一个门类，与其他门类有着各种联系，但由于时间和精力所限，笔者目前对此还没有进行更一步的挖掘。如果能从《文献通考》全文出发来考查，无疑会更全面一些。此外，由于宋代文献浩如烟海(据统计现存宋人各类著作有近五千种之多)①，名家辈出(学术的各个门类都很发达，且涌现出了朱熹、郑樵、王应麟等百科全书式的学者)，学术流派众多(如哲学包括理学、心学、事功之学等，各派内部又可按地域等因素细分)。它们相互之间又有着千丝万缕的联系，可谓牵一发而动全身。因此，没有对宋代学术及其发展的全面把握，专题的研究是很难深入进去的。本书中已经零散地做了一些工作。今后力图在此基础之上结合学者的相关文献，对马端临的学术思想进行细致分析和整体勾勒，进而扩展研究视野，对于儒学与佛、道间的交涉关系，各门学科间的相互影响等方面作进一步的探讨。

---

① 刘琳、沈治宏编著的《现存宋人著述总录》中收录了中国、日本、美国等地所收藏的共计 4855 种现存宋人著作，其搜罗虽然已经比较全面，但考虑其不免会有一些遗漏的话，那么现存宋人著作总数当不止此数目，可谓浩如烟海。刘琳，沈治宏编著：《现存宋人著述总录》，巴蜀书社，1995 年。

参考文献

一、《文献通考》及《经籍考》的古籍刻本、影印本与点校本

[1](元)马端临著，华东师范大学古籍研究所标校：《文献通考·经籍考》(上、下)，华东师范大学出版社，1985年。

[2](元)马端临：《文献通考》(上、下册)，中华书局影印十通本，1986年。

[3](元)马端临著，上海师范大学古籍研究所与华东师范大学古籍研究所点校：《文献通考》(上、中、下)，海南国际新闻出版中心，1996年。

[4](元)马端临：《文献通考》，中华再造善本丛书，北京图书馆出版社，2005年。

[5](元)马端临著，上海师范大学古籍研究所、华东师范大学古籍研究所点校：《文献通考》，中华书局，2011年。

[6](清)卢文弨：《群书拾补·文献通考·经籍》1卷，《续修四库全书》第1149册，上海古籍出版社，1996年。

[7](元)马端临：《文献通考》348卷，北大图书馆古籍部藏，明嘉靖三年[1524]刻本。

[8](元)马端临：《文献通考》348卷，北大图书馆古籍部藏，明嘉靖[1522—1566]冯天驭刻本。

[9](元)马端临：《文献通考》24卷，北大图书馆古籍部藏，清光绪十一年[1885]上海点石斋石印本(重印)。

[10](元)马端临：《文献通考》348卷、《考证》3卷，北大图书馆古籍部藏，清光绪二十二年[1896]浙江书局刻本。

[11](元)马端临：《文献通考》348卷，《考证》2卷，北大图书馆古籍部藏，清光绪二十七年[1901]上海图书集成局铅印本。

[12](清)卢文弨：《文献通考经籍校补》1卷，北大图书馆古籍部藏，清乾隆四十九年至六十年[1784—1795]钱塘卢氏刻本。

[13](清)卢文弨：《文献通考经籍校补》1卷，北大图书馆古籍部藏，民国十二年[1923]北京直隶书局影印本。

二、“历代书目数据库”所依据的版本

[1]《汉书·艺文志》：(汉)班固撰、(唐)颜师古注，《汉书》第6册，中华书局，1962年。

[2]《隋书·经籍志》：(唐)魏徵、(唐)令狐德棻撰，《隋书》第4册，中华书局，

1973年。
[3]《旧唐书·经籍志》：(后汉)刘昫等撰，《旧唐书》第6册，中华书局，1975年。
[4]《新唐书·艺文志》：(宋)欧阳修、(宋)宋祁撰，《新唐书》第5册，中华书局，1975年。
[5]《崇文总目》：(宋)王尧臣等撰，(清)钱东垣辑释，(清)钱侗补遗，《〈崇文总目〉辑释》5卷、《附录》1卷，《续修四库全书》第916册，上海古籍出版社，1996年。
[6]《郡斋读书志》：(宋)晁公武撰，孙猛校证，《〈郡斋读书志〉校证》(上、下)，上海古籍出版社，1990年。
[7]《直斋书录解题》：(宋)陈振孙撰，徐小蛮、顾美华点校，《直斋书录解题》，上海古籍出版社，1987年。
[8]《文献通考·经籍考》：(元)马端临著，华东师范大学古籍研究所标校，《文献通考·经籍考》(上、下)，华东师范大学出版社，1985年。
[9]《宋史·艺文志》：(元)脱脱等撰，《宋史》第15册，中华书局，1977年。
[10]《四库全书总目》：(清)永瑢等撰，《四库全书总目》(上、下)，中华书局影印十通本，1965年。(此本以浙本为底本)
(清)纪昀等撰，四库全书研究所整理，《钦定四库全书总目》(上、下)，中华书局，1997年。(此本以殿本为底本)

三、相关古籍影印本及整理本

[1](清)张惠言：《七十家赋钞》，清光绪二十三年(1897)江苏书局刻本。
[2](元)苏天爵：《元文类》(上册)，商务印书馆，1936年。
[3](元)吴师道撰，陈秀明编：《吴礼部诗话　杂说附　东坡诗话录》，见王云五：《丛书集成初编》，商务印书馆，1936年。
[4](清)卢文弨：《钟山札记》，《丛书集成初编》本，商务印书馆，1939年。
[5](清)姚振宗：《汉书艺文志条理》，收入《二十五史补编》(二)，中华书局，1955年。
[6](清)俞樾等：《古书疑义举例五种》，中华书局，1956年。
[7](汉)班固：《汉书》，中华书局，1962年。
[8](清)永瑢等：《四库全书总目》，中华书局，1965年。
[9](汉)司马迁：《史记》，中华书局，1982年。
[10](宋)洪兴祖：《楚辞补注》，《中国古典文学基本丛书》本，中华书局，1983年。
[11](清)王念孙著，钟宇讯点校：《广雅疏证》，中华书局，1983年。
[12](清)钱大昕：《十驾斋养新录》，上海书店，1983年。
[13](清)章学诚著，叶瑛校注：《文史通义校注》，中华书局，1985年。
[14](清)顾炎武著，(清)黄汝成集释：《日知录集释》(外七种)(中册)，上海古籍出版社，1985年。
[15](宋)朱熹著，(宋)黎靖德编，王星贤点校：《朱子语类》(第5册)，中华书局，1986年。
[16](清)黄宗羲原著，(清)全祖望补修，陈金生、梁运华点校：《宋元学案》(第1册)，

北京：中华书局，1986 年。
[17]（清）黄宗羲原著，（清）全祖望补修，陈金生、梁运华点校：《宋元学案》（第 4 册），北京：中华书局，1986 年。
[18]（清）周召：《双桥随笔》，影印文渊阁四库全书第 724 册，台北“商务印书馆”，1986 年。
[19]（明）杨士奇：《东里续集》，影印文渊阁四库全书第 1238 册，台北“商务印书馆”，1986 年。
[20]（明）何乔新：《椒邱文集》，影印文渊阁四库全书第 1249 册，台北“商务印书馆”，1986 年。
[21]（明）胡应麟：《少室山房集》，影印文渊阁四库全书第 1290 册，台北“商务印书馆”，1986 年。
[22]（清）张玉书等：《圣祖仁皇帝御制文集》，影印文渊阁四库全书第 1298 册，台北“商务印书馆”，1986 年。
[23]（清）于敏中等：《御制文初集》，影印文渊阁四库全书第 1301 册，台北“商务印书馆”，1986 年。
[24]（明）王樵：《方麓集》，影印文渊阁四库全书第 1301 册，台北“商务印书馆”，1986 年。
[25]（宋）阮阅：《诗话总龟（前集）》，人民文学出版社，1987 年。
[26]（宋）陈振孙撰，徐小蛮、顾美华点校：《直斋书录解题》，上海古籍出版社，1987 年。
[27]（清）嵇璜等：《续文献通考》，影印万有文库十通本，浙江古籍出版社，1988 年。
[28]（宋）范祖禹：《范太史集》，上海古籍出版社，1989 年。
[29]（宋）朱熹著，（宋）朱鉴编：《原本周易本义　朱文公易说》，上海古籍出版社，1989 年。
[30]（明）方以智：《通雅》，中国书店，1990 年。
[31]（宋）晁公武撰，孙猛校证：《〈郡斋读书志〉校证》，上海古籍出版社，1990 年。
[32]（明）祁承㸁：《澹生堂藏书目》，见冯惠民、李万健等选编：《明代书目题跋丛刊》（上册），书目文献出版社，1994 年。
[33]（明）杨士奇：《文渊阁书目》，见冯惠民、李万健等选编：《明代书目题跋丛刊》（上册），书目文献出版社，1994 年。
[34]（清）孙诒让：《温州经籍志》，《续修四库全书》第 918 册，上海古籍出版社，1996 年。
[35]（宋）苏轼著，王文龙编撰：《东坡诗话全编笺评》，西南师范大学出版社，1996 年。
[36]（宋）范祖禹撰，杨淮、杨洹释译：《帝学》（足本），远方出版社，1998 年。
[37]（清）无名氏：《东坡诗话》，见林鲤：《中国历代珍稀小说》（1），九州图书出版社，1998 年。
[38]（明）黄虞稷：《千顷堂书目》，瞿凤起、潘景郑整理，上海古籍出版社，2001 年。
[39]（明）胡应麟：《少室山房笔丛》，上海书店出版社，2001 年。

[40](清)张之洞撰，(民国)范希曾补正，徐鹏导读：《书目答问补正》，上海古籍出版社，2001年。

[41](宋)程颐、(宋)程颢著，王孝鱼点校：《二程集》(上册)，中华书局，2004年。

[42]陆贾：《新语》，《诸子集成》本，中华书局，2006年。

[43](宋)朱震撰，王婷、王心田编辑点校：《朱震集》，岳麓书社，2007年。

[44](宋)朱熹：《晦庵先生朱文公文集》(二)，见朱杰人、严佐之、刘永翔主编：《朱子全书》(第21册)，上海古籍出版社、安徽教育出版社，2010年。

[45](宋)朱熹：《晦庵先生朱文公文集》(六)，见朱杰人、严佐之、刘永翔主编：《朱子全书》(第25册)，上海古籍出版社、安徽教育出版社，2010年。

四、期刊论文

[1][日]山内正博：《文献通考经籍考と直斋陈氏书录解题——四库全书总目批判序说》，日本东京大学史学会《史学杂志》1966年第75卷，第51~69页。

[2]王重民：《章学诚的目录学》，《文史》1979年第七辑，第265~266页。

[3]吴雯芳：《马端临〈经籍考〉辑录方法及其影响》，《新世纪图书馆》1984年第3期，第51~56页。

[4]刘石玉：《〈经籍考〉主要编撰内容考析》，《赣图通讯》1985年第3期，第67~72页。

[5]王义耀：《试论〈文献通考·经籍考〉》，《赣图通讯》1985年第4期，第53~56页，第60页。

[6]刘石玉：《〈文献通考·经籍考〉分类探析》，《四川图书馆学报》1987年第2期，第60~66页。

[7]戴南海：《〈经籍考〉的学术价值》，《四川图书馆学报》1987年第2期，第53~59页。

[8]刘石玉：《〈经籍考〉互著小考》，《图书馆学研究(长春)》1987年第2期，第148~151页，第156页。

[9]水渭松：《〈广陵妖乱志〉作者考》，《杭州大学学报(哲学社会科学版)》1987年第3期，第49~54页。

[10]杨寄林：《〈文献通考·经籍考〉马氏按语初探》，《晋阳学刊》1988年第5期，第75~78页。

[11]杨寄林：《新版〈文献通考·经籍考〉经部标点勘误》，《河北师院学报》1988年第1期，第114~120页。

[12]杨寄林：《〈文献通考·经籍考〉的成书与价值》，《古籍整理研究学刊》1989年第6期，第5~8页。

[13]杨寄林：《〈文献通考·经籍考〉小序析论》，《河北师院学报》1990年第4期，第126~129页。

[14]吴通福：《马端临〈经籍考〉史部三分法及其史学史意义》，《上饶师专学报(社会科学版)》1990年第4~5期，第131~134页。

[15]张锡高、丁元江：《马端临〈文献通考·经籍考〉浅论》，《晋图学刊》1991年第2期，第57~60页。

[16]李永忠：《王应麟书目著作评述》，《山东图书馆季刊》1991 年第 3 期，第 8~10 页。
[17]雷晓庆：《〈文献通考·经籍考〉分类体系得失略论》，《晋图学刊》1992 年第 3 期，第 52~54 页。
[18]严文儒：《〈文献通考·经籍考〉一书重见研究》，《华东师范大学学报(哲学社会科学版)》1993 年第 1 期，第 50~55 页。
[19]杨寄林：《〈文献通考·经籍考〉摘瑕》，《古籍整理研究学刊》1993 年第 3 期，第 6~9 页。
[20]王利器：《葛洪著述考略》，中华书局编辑部编《文史》第 37 辑，中华书局，1993 年。
[21]陈植锷：《周、程授受辨》，《文献》1994 年第 2 期，第 60~77 页。
[22]南丽华：《说〈文献通考·经籍考〉》，《文史知识》1994 年第 9 期，第 41~44 页。
[23]刘振华：《马端临对中国古代目录学的贡献》，《山东师大学报(社会科学版)》1994 年第 1 期，第 45~46 页。
[24]崔文印：《〈文献通考·经籍考〉散论》，《史学史研究》1995 年第 2 期，第 56~63 页。
[25]刘石玉：《"因仍会通"：马端临之史学观和目录学的考察——兼论〈文献通考·经籍考〉的价值和影响》，《江西社会科学》1999 年第 11 期，第 51~55 页。
[26]雷晓庆：《〈文献通考·经籍考〉编撰体例探析》，《晋图学刊》1999 年第 3 期，第 58~60 页。
[27]杨薇：《说〈文献通考·经籍考〉的史部解题》，《史学史研究》2000 年第 1 期，第 44~49 页。
[28]桂罗敏：《〈文献通考·经籍考〉分类法新探》，《江苏图书馆学报》2001 年第 4 期，第 46~49 页。
[29]杨新勋：《〈七略〉"互著"、"别裁"辨正》，《史学史研究》2001 年第 4 期，第 56~66 页。
[30]熊良智：《〈汉志·诗赋略〉分类义例新论》，《中州学刊》2002 年第 3 期，第 58~64 页。
[31]俞纪东：《〈汉志·诗赋略〉"扬雄赋"绎释》，《复旦学报(社会科学版)》2002 年第 3 期，第 115~123 页。
[32]杨祖逵：《对〈文献通考·经籍考〉的点滴认识》，《图书馆理论与实践》2002 年第 6 期，第 56~57 页。
[33]杨寄林：《〈文献通考·经籍考〉广纳群说的极致所在》，《图书馆建设》2003 年第 5 期，第 125~127 页。
[34]杨寄林：《评〈文献通考·经籍考〉辑录式的解题》，《史学史研究》2003 年第 1 期，第 40~43 页。
[35]杨寄林：《四部群书"纪著作本末"的深层内涵——〈文献通考·经籍考〉辑录体解题探微》，《山西师大学报(社会科学版)》2003 年第 3 期，第 10~14 页。
[36]杨寄林、董文武：《〈文献通考·经籍考〉广纳群说的文化取向》，《华中师范大学学报(人文社会科学版)》2004 年第 6 期，第 136~141 页。
[37]刘兆佑：《〈文献通考〉版本考》，《国家图书馆馆刊》2005 年第 2 期，第 155~172 页。

[38]钟向群:《论目录的辑录体与马端临的〈文献通考·经籍考〉》,《大学图书情报学刊》2005 年第 6 期, 第 88~89 页。
[39]李解民:《〈春秋集解〉为吕祖谦撰考——〈四库全书总目〉辨正札记》, 见中国典籍与文化编辑部:《中国典籍与文化论丛》第 8 辑, 北京大学出版社, 2005 年, 第 28~39 页。
[40]李士彪:《三品论赋——〈汉书·艺文志·诗赋略〉前三种分类遗意新说》,《鲁东大学学报(哲学社会科学版)》2006 年第 3 期, 第 106~108 页。
[41]李峰:《〈文献通考·经籍考〉——中国宋代重要的史志目录》,《江西图书馆学刊》2006 年第 3 期, 第 54~55 页。
[42]杨寄林、董文武:《〈文献通考·经籍考〉"诸评具载"的独特方式》,《史学月刊》2006 年第 4 期, 第 72~81 页。
[43]仝卫敏:《周氏〈涉笔〉考》,《古籍整理研究学刊》2007 年第 1 期, 第 89~93 页。
[44]邢丽冰:《姚名达先生〈四部分类源流一览表〉订正》,《四川图书馆学报》2008 年第 1 期, 第 62~64 页。
[45]张守卫:《〈直斋书录解题〉佚文八条》,《中国典籍与文化》2008 年第 1 期, 118~120 页。
[46]曹金发、董杰:《略论辑录体目录产生的背景》,《宿州学院学报》2009 年第 1 期, 第 31~33 页。
[47]林庆彰:《中国经学史上的回归原典运动》,《中国文化》2009 年第 2 期, 第 1~9 页。
[48]潘洁:《黑水城出土〈文献通考〉版本考》,《图书馆理论与实践》2009 年第 7 期, 第 108~110 页。
[49]杨大忠:《晁公武佚文三则》,《古籍整理研究学刊》2010 年第 3 期, 第 80~81 页。
[50]温志拔:《〈文献通考·经籍考〉辨误》,《图书馆理论与实践》2010 年第 9 期, 第 53~55 页。
[51]温志拔:《论〈文献通考·经籍考〉的重出与互著》,《图书馆理论与实践》2010 年第 10 期, 第 59~62 页。
[52]连凡:《〈文献通考·经籍考〉に関する一考察——分類の修正とその学術的意味について》, 日本《九州中国学会报》第 49 卷。
[53]曹金发:《论辑录体目录的扩展》,《图书馆论坛》2011 年第 6 期, 第 214~218 页。
[54]邓芳:《马端临〈文献通考·经籍考〉与辑录体目录学的创立》,《鸡西大学学报》2012 年第 1 期, 第 153~154 页。
[55]柳燕:《〈文献通考·经籍考·集部〉对宋代文学的阐说》,《湖北大学学报(哲学社会科学版)》2012 年第 5 期, 第 89~94 页。
[56]杨丽梅、牛勇、宋戈:《辑录体的确立及其目录学价值》,《四川图书馆学报》2012 年第 6 期, 第 98~100 页。
[57]曹金发:《辑录体目录何时出现?——对几种说法的辨析》,《山东图书馆学刊》2012 年第 6 期, 第 20~22 页。
[58]邹明军:《辑录体目录的确立与马端临的家学渊源》,《图书馆杂志》2015 年第 1 期,

第 96~101 页。

五、学位论文

[1]孔建国:《〈文献通考·经籍考〉研究》,台湾政治大学硕士学位论文,1975 年。
[2]吴雯芳:《马端临〈文献通考·经籍考〉研究》,中山大学硕士学位论文,1984 年。
[3]柳燕:《论〈文献通考·经籍考·集部〉的文学史意义》,湖北大学硕士学位论文,2001 年。
[4]钟向群:《〈文献通考·经籍考〉的文献价值和学术价值》,安徽大学硕士学位论文,2006 年。
[5]孙显斌:《东汉之前的道书叙录》,北京大学硕士学位论文,2006 年。
[6]薛伟呈:《〈文献通考·经籍考〉引书之研究》,台湾中国文化大学硕士学位论文,2009 年。
[7]连凡:《〈文献通考·经籍考〉研究》,北京大学硕士学位论文,2009 年。
[8]邹明军:《〈文献通考·经籍考〉研究》,华中师范大学博士学位论文,2011 年。
[9]胡正艳:《马端临〈文献通考·诗〉研究》,广西大学硕士学位论文,2012 年。

六、其他相关文章①

[1](清)张宗泰:《书马贵与〈经籍考·议注〉后 》,见(清)张宗泰:《近代中国史料丛刊编辑(160)鲁岩所学集》(二册),台北文海出版社,1975 年,第 355~356 页。
[2]包恩梨:《〈通志〉版刻考》,见辽宁省博物馆:《辽宁省博物馆学术论文集》(第 1 辑:1949—1984),辽宁省博物馆,1985 年,第 614~618 页。
[3](明)何乔新:《新刊经籍考序》,见(明)何乔新:《椒邱文集》,台北"商务印书馆",1986 年,文渊阁四库全书第 1249 册。
[4]姜汉椿:《〈文献通考·经籍考〉述评》,中共上海市委宣传部、上海市新闻出版局:《上海版书评选 1979—1985》,上海人民出版社,1987 年,第 275~278 页。
[5]张政烺:《〈问答录〉与"说参请"》,见民国中央研究院历史语言研究所集刊编辑委员会:《历史语言研究所集刊》(第 17 册),中华书局,1987 年。
[6]徐中玉、谭帆:《苏轼〈东坡诗话〉》,见吴文治主编:《中国古代文学理论名著题解》,黄山书社,1987 年。
[7]邓广铭:《关于周敦颐的师承和传授》,见《纪念陈寅恪先生诞辰百年学术论文集》,北京大学出版社,1989 年,第 53~60 页。
[8]孙猛:《〈郡斋读书志〉校证》附录四《〈郡斋读书志〉衢、袁二本的比较研究——兼论郡斋读书志的成书过程》,上海古籍出版社,1990 年,第 1361~1404 页。
[9]陈乐素:《〈宋史·艺文志〉错误举例》,见中国社会科学院历史研究所宋辽金元史研究室:《宋辽金史论丛》第 2 辑,中华书局,1991 年。
[10]严文儒:《〈文献通考·经籍考〉引文疑误(一)》,见《古籍整理与研究》编辑部:《古

① 指未发表于期刊上,而是收录于相关论文集或个人文集中的单篇文章。

籍整理与研究》(第七期)，中华书局，1992年，第148页。
[11]严文儒：《〈文献通考·经籍考〉引文疑误(二)》，见《古籍整理与研究》编辑部：《古籍整理与研究》(第七期)，中华书局，1992年，第176页。
[12]严文儒：《〈文献通考·经籍考〉引文疑误(三)》，见《古籍整理与研究》编辑部：《古籍整理与研究》(第七期)，中华书局，1992年，第232页。
[13]王承略：《试论〈文献通考·经籍考〉的著录依据和著录方法》，见山东大学古籍整理研究所：《古籍整理研究论丛》(第2辑)，山东文艺出版社，1993年，第196~219页。
[14]杨寄林：《〈文献通考·经籍考〉分类体系发覆》，见刘乃和主编：《洪皓马端临与传统文化》，中国青年出版社，1997年，第195~213页。
[15]张承宗：《〈文献通考·经籍考〉的学术价值》，见刘乃和主编：《洪皓马端临与传统文化》，中国青年出版社，1997年，第214~231页。
[16]朱桂昌、朱端强：《〈文献通考·经籍考〉所见唐宋西南古佚书叙》，见刘乃和主编：《洪皓马端临与传统文化》，中国青年出版社，1997年，第232~239页。
[17]王兴业：《再论〈三坟易〉不伪说》，见1997年第三届海峡两岸周易学术研讨会论文集《大易集述》，中国周易学会、山东大学周易研究中心出版。
[18]雷晓庆：《〈文献通考·经籍考〉对前人著述、见解的引述与取舍》，见萧泰芳、董国炎主编：《文献研究》(第一辑)，北京图书馆出版社，1999年，第119~129页。
[19]刘兆祐：《〈三通(通典、通志、文献通考)综合研究〉之三——〈文献通考〉研究》，中国文化大学文学组研究计划书，2004年。
[20]张元：《马端临对胡寅史论的看法》，见陈弱水、王汎森主编：《思想与学术》，中国大百科全书出版社，2005年。
[21]陈仕华：《〈文献通考经籍考〉辑录体解题引文之研究》，见李浩、贾三强主编：《古代文献的考证与诠释：海峡两岸古典文献学国际学术会议论文集》，上海古籍出版社，2006年，第139~151页。
[22]刘兆祐：《宋休杂著笔记所载文献之综合研究之三——非图书文献部分》，中国文化大学文学组研究计划书，2007年。
[23]郭绍虞：《北宋诗话考》，见诸葛忆兵编著：《20世纪中国文学研究论文选·宋代卷》，社会科学文献出版社，2010年。

七、专著

[1]汪辟疆：《目录学研究》，商务印书馆，1955年。
[2]郑鹤声：《中国史部目录学》，商务印书馆，1956年。
[3]刘师培：《论文杂记》，人民文学出版社，1959年。
[4]金毓黻：《中国史学史》，中华书局，1962年。
[5]金德建：《司马迁所见书考》，上海人民出版社，1963年。
[6]钱穆：《朱子新学案(第3册)》，台北三民书局，1971年。
[7]郭绍虞：《宋诗话考》，中华书局，1979年。

[8]许世瑛：《中国目录学史》，中国文化大学出版社，1982 年。
[9]刘勰著，陆侃如译注：《文心雕龙译注》(上册)，齐鲁书社，1982 年。
[10]罗孟祯：《中国古代目录学简编》，重庆出版社，1983 年。
[11]李曰刚：《中国目录学》，照文书局，1983 年。
[12]王重民：《中国目录学史论丛》，中华书局，1984 年。
[13]吴承仕著，秦青点校：《经籍释文序录疏证》，中华书局，1984 年。
[14]黄永年：《〈旧唐书〉与〈新唐书〉》，人民出版社，1985 年。
[15]余嘉锡：《古书通例》，上海古籍出版社，1985 年。
[16]昌彼得、潘美月：《中国目录学》，台北文史哲出版社，1986 年。
[17]顾实：《汉书艺文志讲疏》，上海古籍出版社，1987 年。
[18]章学诚著、王重民通解：《校雠通义通解》，上海古籍出版社，1987 年。
[19]吉林省图书馆学会等：《王桂云文选》，成都东方图书馆学研究所，1988 年。
[20]曹慕樊：《目录学纲要》，西南师范大学出版社，1988 年。
[21]刘尚荣：《苏轼著作版本论丛》，巴蜀书社，1988 年。
[22]蔡镇楚：《诗话学》，湖南教育出版社，1990 年。
[23]张舜徽：《汉书艺文志通释》，湖北教育出版社，1990 年。
[24]中国古籍善本书目编辑委员会：《中国古籍善本书目》，上海古籍出版社，1991 年。
[25]李万健：《中国著名目录学家传略》，书目文献出版社，1993 年。
[26]王瑞明：《〈文献通考〉研究》，中州古籍出版社，1994 年。
[27]刘琳、沈治宏：《现存宋人著述总录》，巴蜀书社，1995 年。
[28]周少川：《古籍目录学》，中州古籍出版社，1996 年。
[29]徐洪兴：《思想的转型　理学发生过程研究》，上海人民出版社，1996 年
[30]高路明：《古籍目录与中国古代学术研究》，江苏古籍出版社，1997 年。
[31]张舜徽：《张舜徽学术论著选》，华中师范大学出版社，1997 年。
[32]郭英德：《中国古代文人集团与文学风貌》，北京师范大学出版社，1998 年。
[33]胡适著，欧阳哲生编：《胡适文集》第 10 册《胡适集外学术文集》，北京大学出版社，1998 年。
[34]王国维：《人间词话》，收入《蓬莱阁丛书》，上海古籍出版社，1998 年。
[35]徐有富：《郑樵评传》，南京大学出版社，1998 年。
[36]白寿彝：《中国史学史论集》，中华书局，1999 年。
[37]王兴业：《三坟易探微》，青岛出版社，1999 年。
[38]程千帆：《闲堂文薮》，见《程千帆全集》第七卷，河北教育出版社，2000 年。
[39][英]葛瑞汉(A. C. Graham)：《中国的两位哲学家：二程兄弟的新儒学》，程德祥等译，大象出版社，2000 年。
[40]何新文：《中国文学目录学通论》，江苏教育出版社，2001 年。
[41]王瑞明：《马端临评传》(中国思想家评传丛书)，南京大学出版社，2001 年。
[42]李申：《易图考》，北京大学出版社，2001 年。
[43]葛兆光：《中国思想史》，复旦大学出版社，2001 年。

[44]姚名达:《中国目录学史》，上海古籍出版社，2002 年。
[45]胡玉缙撰，吴格整理:《续四库提要三种》，上海书店出版社，2002 年。
[46][日]土田健次郎:《道学の形成》，东京创文社，2002 年。
[47]邓瑞:《马端临与〈文献通考〉》，山西古籍出版社，2003 年。
[48]来新夏:《古典目录学浅说》，中华书局，2003 年。
[49]章太炎:《国故论衡》，上海古籍出版社，2003 年。
[50]彭斐章:《目录学教程》，高等教育出版社，2004 年。
[51]刘建国:《先秦伪书辨正》，陕西人民出版社，2004 年。
[52]司马朝军:《〈四库全书总目〉研究》，社会科学文献出版社，2004 年。
[53]张舜徽:《汉书艺文志通释》，华中师范大学出版社，2004 年。
[54]倪其心:《校勘学大纲》，北京大学出版社，2004 年。
[55]庄清辉:《〈四库全书总目·经部〉研究》，台北花木兰文化工作坊，2005 年。
[56]张舜徽:《爱晚庐随笔：学林脞录》，华中师范大学出版社，2005 年。
[57]张舜徽:《中国文献学》，上海古籍出版社，2005 年。
[58]司马朝军:《〈四库全书总目〉编纂考》，武汉大学出版社，2005 年。
[59]方建新:《二十世纪宋史研究论著目录》，北京图书馆出版社，2006 年。
[60]郝润华:《晁公武评传》(中国思想家评传丛书)，南京大学出版社，2006 年。
[61]武秀成:《陈振孙评传》①(中国思想家评传丛书)，南京大学出版社，2006 年。
[62]刘师培著，邬国义、吴修艺编校:《刘师培史学论著选集》，上海古籍出版社，2006 年。
[63]傅荣贤:《〈汉书·艺文志〉研究源流考》，黄山书社，2007 年。
[64]余嘉锡:《目录学发微》，中华书局，2007 年。
[65]余嘉锡:《四库提要辨证》，中华书局，2007 年。
[66]乔衍琯讲述，曾圣益记录整理:《文史哲学集成　中国历代艺文志考评稿》，文史哲出版社，2008 年。
[67]舒群:《中国话本书目》，文化艺术出版社，2012 年。
[68]曹金发:《辑录体目录史论》，黄山书社，2012 年。
[69]罗根泽:《中国文学批评史》(下)，商务印书馆，2015 年。

① 郝润华所著《晁公武评传》与武秀成所著《陈振孙评传》被收入“中国思想家评传丛书”中合成一册出版，但作者非一人，内容又是完全独立的，所以笔者在此分开著录。

附录一　相关目录学论文

《文献通考·经籍考》的分类调整及其学术意义
——兼论马端临的思想立场

《文献通考》是宋末元初的著名史学家马端临(1254—1334)编纂的一部汇集上古直至南宋宁宗嘉定年间的典章制度沿革通史。全书共348卷，分为24门。其第18门《文献通考·经籍考》(以下简称《经籍考》)是马端临受杜佑"因仍"(因袭继承)思想的影响，在继承《通典》体裁的同时，为了补充其内容上的不备而创立的5个新门类中的一个，共76卷，是全书篇幅最大的一门，也是有单行本行世的唯一门类。另外，马端临又继承郑樵的"会通"(融会贯通)思想，同时为了弥补其《通志》中取材狭窄与编纂粗糙的不足，以晁公武《郡斋读书志》、陈振孙《直斋书录解题》(以下简称《郡斋》《直斋》)两部宋代私家提要目录书为主体，又辑录并整理了《汉书·艺文志》《隋书·经籍志》《新唐书·艺文志》(以下分别简称为《汉志》《隋志》《新唐志》)，以及宋代4种《国史艺文志》①，宋代官修《崇文总目》(以下简称《崇文》)、私修《通志·艺文略》(郑樵)，各家专著、文集、语录及其序跋等数量庞大的文献资料，进而加上少量自己的评论(约50条按语)，从而创立了"辑录体"②的目录书体裁。即自身不写提要，而主要以辑录前人资料作为著录(书名、卷数)、序录(学术源流与历代史籍的整理、收藏情况等)、解题等内容。《经籍考》特别为清代以降的学者所重视，出现了众多模仿与续修著作，如朱彝尊《经义考》、孙诒让《温州经籍志》、清代官修《续文献通考·经籍考》等，在中国目录学史上占有重要地位。

《经籍考》作为辑录体的目录书，因其所收录的丰富文献资料而受到重视，同时在分

① 具体指(宋)吕夷等撰《三朝国史艺文志》(太祖、太宗、真宗)，(宋)王珪等撰《两朝国史艺文志》(仁宗、英宗)，(宋)李焘等撰《四朝国史艺文志》(神宗、哲宗、徽宗、钦宗)，以及不著撰人《中兴国史艺文志》(高宗、孝宗、光宗、宁宗)。

② 王重民最早在其《中国目录学史论丛》中将《经籍考》这样"钞辑序跋、史传、笔记和有关的目录资料以起提要作用"(《中国目录学史论丛》，中华书局，1984年，第80页)的编著方式"拟称之为辑录体"，并将"辑录体"与自古以来的"叙录体"(如《四库总目提要》)、"传录体"(如《七志》)并列而为目录书的三种基本体裁形式。

类上也具有完整的体系及其特色。到目前为止，海内外学术界虽然已经进行了各种考察论述①，但基本都是对于分类体系的宏观分析，而关于《经籍考》对前代目录分类的调整方面则关注很少。笔者通过将《经籍考》全文所收录资料与其原典进行逐条对比分析，注意到由其辑录体的编纂方式带来的分类体系上的综合性，力图将《经籍考》中的分类体系(宏观)及其对图书归类(微观)的调整结合起来分析，进而通贯整个中国目录学史及学术思想史，追究其前因后果，探求其学术思想根源，以期进一步阐明《经籍考》的特质及其学术价值。

一、古籍分类的过程、因素及其相关关系

古籍分类的过程简单来说，是在特定时代的学术思想背景下，以分类者为媒介，将书籍按一定分类体系分门别类的过程。分类者当然是此行为的主体，但分类体系对于分类者也有一定的制约作用。书籍当然是客观存在着的，但分类者对其有解读与评价的作用。分类体系实际上是由基于全体书籍的学术门类的构成情况所决定的，但反过来其分类的排列次序或对于书籍的评价，对书籍的学术地位或流传等也产生了影响。此外，分类体系、分类者、书籍都处于特定时代的学术思想空间中。古籍分类过程、因素及其相互关系如图1所示：

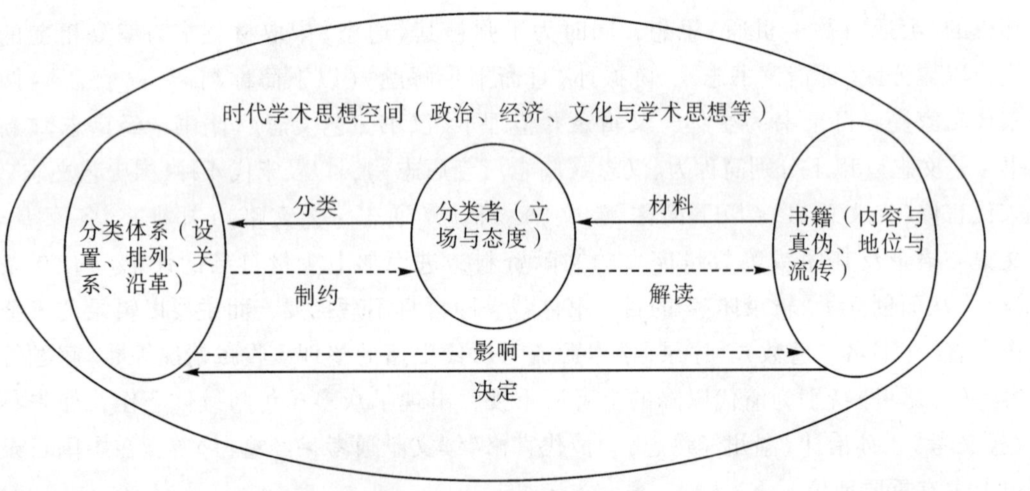

图1　古籍分类过程、因素及其相互关系

① 如杨寄林、桂罗敏、雷晓庆统计了《经籍考》的分类项目的数量。昌彼得、许世瑛、雷晓庆、桂罗敏论述了《经籍考》的分类体系是基于《直斋》并损益前代目录而来的。张宗泰、刘石玉、雷晓庆讨论了其分类项目的设立及其得失。具体可参考以下论著：杨寄林：《〈文献通考·经籍考〉分类体系发覆》，见刘乃和主编：《洪皓马端临与传统文化》，中国青年出版社，1997年；桂罗敏：《〈文献通考·经籍考〉分类法新探》，《江苏图书馆学报》2001年第4期；雷晓庆：《〈文献通考·经籍考〉分类体系得失略论》，《晋图学刊》1992年第3期；刘石玉：《〈文献通考·经籍考〉分类探析》，《四川图书馆学报》1987年第2期；姚名达：《中国目录学史》，上海古籍出版社，2002年，第80页。

“分类体系”无疑是由一定数目的分类项目构成的有机体。中国历史上，古籍分类虽然也有过六分法(《汉志》)、七分法(《七志》)、十二分法(《通志·艺文略》)等不同体系，但自《隋志》以来，“四分法”(四部分类)成为了古籍分类体系的主流(四部分类严格来说是以儒学典籍为主体的分类体系，道教典籍与佛教典籍各自有其独立的分类体系)，并一直延续至今。然而，四部中的分类项目随着时代和学术的发展也在不断变化。对于“分类者”来说，一方面受其时代的客观限制，另一方面因其学识与思想等个人因素，决定其处理问题的角度与立场各有不同，不免有各种主观判断甚至失误。“书籍”当然是到其时代为止的各种书籍，但其数量达成千上万种，其内容与流传过程都非常复杂。而古籍的分类一般是基于书籍的内容，特别重视书籍的内容及其真伪、价值与流传等因素。所谓“特定时代的学术思想空间”，是以其时代的政治、经济、文化与学术思想等为背景，影响分类体系、分类者、书籍并决定它们的深层原因与根基。以上三者及其时代学术思想空间作为分类过程中的四个重要因素，相互之间有着十分复杂的关系。这些因素的变化，往往会带来分类过程中的修正与调整。

二、《经籍考》中的分类调整及其学术意义

据笔者统计，《经籍考》分经、史、子、集四部共有55类。其下著录“存于近世而可考”①的历代典籍约4200余种②。《经籍考》全文共辑录了约140家(以宋代尤其南宋学者及其著作为主)的6074条材料(包括序录、部卷数合计、解题)。其中《汉志》(88条)、《隋志》(95条)、《新唐志》(62条)、《崇文》(193条)、《郡斋》(1437条)③,《直斋》(2818条)④6种书目合起来共辑录了4693条，成为《经籍考》分类与内容的主要依据。《经籍考》中分类的调整也集中体现在对这6种书目的处理中。只是通观《经籍考》全文，马端临除了少量的按语说明以外，在将具体书籍按照其分类体系予以分门别类之后，一般没有说明此过程中对于前代书目分类的取舍、调整的理由。这除了资料上的限制，导致难以一一考证，只好“姑仍其旧”⑤之外，也因为《经籍考》作为史志目录以对前代书目的汇

① 马端临:《文献通考》自序，中华书局，1986年，第9页。

② 根据笔者所做《经籍考》全文数据库的统计分析，《经籍考》中共收录了3938条书目，加上“数书一录”(一条书目下收有多部书)的书籍约409部，去掉“一书重见”(同一书籍收录在两个及以上的类别里)的书籍约百部，实际收录了4200余种书籍。

③ 《郡斋》(包括衢本和袁本)全文共有1497条书目，其下有1496条解题,《经籍考》辑录了其中1437条解题，占《郡斋》全部解题条目数量的96%。可知《经籍考》中保存了《郡斋》几乎所有的解题。

④ 现行收入四库的殿本《直斋》共有3093条书目，其下有3076条解题,《经籍考》辑录了其中2818条解题，占《直斋》全部解题条数的92%。可知《经籍考》中保存了《直斋》绝大部分的解题。清代四库馆臣从《永乐大典》中辑出《直斋》(殿本)之前,《直斋》几乎没有单行本行世。日本学者山内正博论证了《经籍考》中所载的《直斋》比起四库馆臣从《永乐大典》中辑录出来的殿本更接近《直斋》的原本。那样的话,《经籍考》的校勘价值无疑更加重要了。详情参阅[日]山内正博:《文献通考经籍考和直斋陈氏书录解题——四库全书总目批判序说》，日本东京大学史学会《史学杂志》第75编第9号，1966年，第51~69页。

⑤ “按:……盖有实故事而以为杂史者、实杂史而以为小说者。有《隋志》以为故事,《唐志》以为传记,《宋志》以为杂史者。若一一考订，改而正之，则既不欲以臆见改前史之旧文，且所录诸书，盖有前史仅存其名、晚学实未尝见其书者，则亦无由知其编类之得失，是以姑仍其旧。而于所录先儒议论诸书本末，则不详加考订，但以类相从，而不尽仍前史之旧云。”(马端临:《文献通考·经籍考》(上)，华东师范大学出版社，1985年，第539页)

编为主，不像明代焦竑的《国史经籍志》那样专门致力于考订前代书目的谬误。下文即结合历代书目及其相关资料，分别从上述分类过程中的 4 个因素(分类体系、分类者、书籍、时代学术思想空间)来探讨马端临在《经籍考》中的分类调整及其学术意义，并阐明其思想立场。

(一)由分类体系导致的分类调整

《文献通考》自序中说明了其《经籍考》中的分类项目数量(经部 13 类、史部 14 类、子部 22 类、集部 6 类)，但与正文内容相比较，多少有些出入。为了论述上的便利，这里先列出《经籍志》正文里各部的分类项目(括号内是序录的称呼)如下：

经部——易、书、诗、礼、春秋、论语、孟子、孝经、经解、乐、仪注、谥法、谶纬、小学。

史部——正史、编年、起居注、杂史、传记(杂传)、伪史霸史、史评史钞、故事、职官、刑法、地理、时令、谱牒(谱系)、目录。

子部——儒、道、法、名、墨、纵横、杂、小说、农、天文、历算(历谱)、五行、占筮、形法(从天文至形法属于阴阳类)、兵、医、神仙(前有房中之目而无书)、释氏、类书、杂艺术。

集部——赋诗、别集、诗集、歌词、章奏、总集、文史。

实际上经部 14 类、史部 14 类、子部 20 类、集部 7 类，共计 55 类。《经籍考》采用了《隋志》以来占主流的四部分类体系，这是受前述“因仍”思想的影响，四部分类体系对于吸收前人的成果最为便利的缘故。另外，马端临对于前代书目的分类项目又从“会通”的立场出发进行了综合调整。由此其分类体系具有汇集前代书目(特别是《直斋》)出现过的几乎所有分类的综合性，以及基于朱子学立场，特别重视礼乐教化与夷夏之辨等方面的正统性特征。总的来看，马端临虽然思想比较保守，但在不违背原则的前提下处理分类排列次序等具体问题时又表现出一定的灵活性。这主要体现在分类项目的设置及其排列顺序、分类项目之间的相互关系与历史沿革等方面。以下分别予以论述。

1. 分类项目的设置及其排列顺序

决定分类项目设置的因素，主要是时代学术思想的盛衰及相伴而来的特定部类中书籍数量的消长。当然分类者自身的学识与判断也起着重要作用。在古籍分类中，分类项目的排列顺序直接反映其学术地位的高低，因此排列顺序的变化也直接体现了其部类地位的升降。四部分类体系中当然是经部的地位最高，其次史部、子部，集部的地位最低。进而四部各部类次一级的分类项目一般也是列在前面的项目比列在后面的项目相对地位要高。下文以《经籍考》经部乐类(列第 10 位)与仪注类(列第 11 位)等为例加以论述。

陈振孙认为上古属于“六艺”的先秦乐类经籍已全部逸失，而后世的乐书(乐府、教坊、琵琶、羯鼓等)不应该列入经部乐类，因此采纳郑寅《郑氏书目》(已亡佚)的做法，废除了经部乐类，并在子部杂艺术类前设置音乐类以收录后世乐书。对此，马端临虽然接受了陈振孙后世乐书与先秦“六艺”之乐有别的意见，但在如何处置后世乐书上有不同看法，指出“然乐者，国家之大典，古人以与礼并称，而陈氏《书录》则置之诸子之后，而侪之于技艺之间，又太不伦矣。虽后世之乐不可以拟古，然既以乐名书，则非止于技艺之末而已。……故今所叙录，虽不敢如前志相承，以之拟经，而以与仪注谶纬并列于经解之后，史、子之前云”①，强调礼乐对于治国安邦的教化作用(雅)，认为不可将其等同于技艺一样的杂艺术(俗)。因此，马端临采取了折中的方法，一方面将后世乐书归入经部乐类，另一方面将乐类的排列顺序从原本仅次于五经的第6位降低至与仪注类一起置于经解类之后(居经部第10位)。其后，《四库全书总目提要》(以下简称《四库总目》)进而将音乐理论之书籍归入经部乐类，将音乐技法与曲谱之书籍归入子部的杂艺术与集部词曲类。同样，集部章奏类也是陈振孙从集部别集类中独立出来的，与史部诏令类相呼应。马端临在《经籍考》中依据陈振孙的意见在集部列有章奏类，但将诏令列入起居注类。后来《四库总目》进而将集部章奏类上升到史部，与诏令类合并为诏令奏议类。

如前所述，自古以来礼乐并称，古代留存下来的三礼(《周礼》《仪礼》《礼记》)及其注释书籍一般归入经部礼类，但在处置记录后世仪礼的书籍分类时出现了分歧。汉代时当朝仪礼书籍不多，因此没有单独设立仪注类而将《封禅议对》《汉封禅群祀》等书籍附入六艺略礼类了。但随着时代的发展，后世礼书不断增加，因此《隋志》《旧唐志》《新唐志》《崇文》《郡斋》《直斋》都在史部专门设置了仪注类(《直斋》称为“礼注”)以收录后世礼书，但直到《经籍考》才将其上升至经部。其理由与前述对经部乐类的处理一样(礼乐为治国安邦之大典)。《经籍考》的处理方法是在经部礼类只收录三《礼》及其注释书，同时将后世的礼书全部收录在经部仪注类中。两者的界限非常明晰。后来《四库总目》继承《经籍考》的做法而更加细化，即在经部设立礼类这一二级分类项目，其下设立周礼、仪礼、礼记这些三级分类项目的同时，又设立了杂礼书(后世礼书)、三礼总义、通礼等三级分类项目。

2. 分类项目的横向关系与纵向沿革

关于分类的项目，从横向(学术体系)来看，与各类相关的学术领域往往相互关联，其间不免有交叉与重合的地方，因此相互之间的界限往往不很明晰而容易混淆。郑樵曾经举出所谓“古今编书所不能分者”②的传记、杂家、小说、杂史、故事5个类别就是其中的代表。这就导致同一书籍往往可以归入相似或相通的不同分类项目。因此古籍的分类中难免存在一定的主观模糊性。从纵向(历史沿革)来看，随着时代学术思想的发展，分类体系与书籍状况也产生变化，分类项目的内涵与外延也产生了变化，有可能导致不同分类项目之间的交错现象。因而，历代书目之间也产生了差异。

例如，历史上经解类与孝经类、论语类、小学类、杂家类之间有着密切的关系。《汉志》将“《五经杂议》十八篇，石渠论”这一经解著作附入六艺略的孝经类。《隋志》则将“《五经杂义》六卷，孙畅之撰”这一经解著作附入经部论语类。其理由是，《孝经》与《论语》的内容都不局限于一经，而实为“五经之总汇”③，再加上唐代以前经解类书籍尚不多，书目中没有为之单独设立“经解”(或“五经总义”)类目，因而兼论群经的经解类书籍一般都附入孝经或论语类了。其后，《旧唐志》(基于已亡佚的唐毋煚《古今书录》)里首次

① 马端临:《文献通考·经籍考》(上)，华东师范大学出版社，1985年，第321页。

② 见《经籍考》卷22史部伪史霸史类所引郑樵之语，“夹漈郑氏曰：古今编书所不能分者五，一曰传记，二曰杂家，三曰小说，四曰杂史，五曰故事。凡此五类之书，足相紊乱。又如文史与诗话，亦能相滥。”(《经籍考》上，第539页)

③ 张舜徽:《广校仇略 汉书艺文志通释》，华中师范大学出版社，2004年，第243页。

在经部设立了“经解”类，收录了“《五经杂义》七卷，刘向撰”。《新唐志》也是一样。然而，北宋官修的《崇文》又再次将经解著作附入孝经类与论语类，可说是一种倒退。直至南宋的《郡斋》与《直斋》，才终于确立了经解类的著录范围。马端临在《经籍考》中对此也予以了采纳。此外，经解类书籍由于其训诂学的解释方式与错综复杂的内容，往往也容易与小学类及杂家类相混杂。例如，《直斋》子部杂家类里收录了“《匡谬正俗》八卷”，《崇文》则将其归入论语类，马端临在《经籍考》中则依据《郡斋》将其归入经解类。其后，《四库总目》则将其归入经部小学类“训诂之属”。

追究根源的话，古籍目录的分类体系不是现代学术体系下基于人文社会科学（文、史、哲……）、自然科学等不同学科的纯粹分类体系，也不是“十进法”那样纯粹形式化的分类体系。实际上古籍分类体系的确立及其分类项目的设置与排列，是以政治、文化的标准为优先考虑因素，在依据书籍内容进行分类的同时，存在着雅与俗、正统与异端等其他标准，非学术因素造成的错乱与人为割裂相当多。所以古籍的分类体系本身就是基于多重标准的错综复杂体系，决定其分类项目之间难免有交错，这可以说是古籍分类体系在顶层设计上存在的先天缺陷。前述经部乐类与子部杂艺术类（基于雅俗之辨），以及史部地理类与伪史霸史类（基于夷夏之辨）的相互关系就是如此。例如，《直斋》史部地理类收录了《契丹疆宇图》《辽四京记》等与宋朝相对峙的少数民族政权的地理书，而马端临在《经籍考》中则基于其儒家正统夷夏之辨的思想立场，将它们全部调整归入伪史霸史类了。

（二）由分类者导致的分类调整

分类者自身的学识与态度当然也是影响分类的重要因素。受主客观条件，尤其是时代思潮与书籍流通的限制，也不免造成许多无意的失误。因此历代书目在具体书籍的归类上产生了很多差异。主要有以下两种情况。

1. 主观视角与思想立场差异

很多古籍的内容复杂，跨越多个学术领域，因此同一书籍由不同分类者从书籍的内容、形式、作用等不同角度来考察的话，可能会被归入不同的类别。这一点具体体现在对金石图录的分类调整中。《郡斋》经部小学类里收录有《考古图》《博古图》《钟鼎款识》，《直斋》则在史部目录类收录了《考古图》《博古图说》《宣和博古图》，马端临在《经籍考》中对两者的做法皆不采纳，而是将金石图录全部收入经部仪注类，并在《考古图》的解题之下直接叙述其理由道：“《考古图》诸书晁氏以入小学门，陈氏以入书目门，皆失其伦类。既所考者古之礼器，则礼文之事也，故厘入仪注门。”①实际上，《郡斋》将它们归入小学类，是着眼于其考证文字的功用；《直斋》将它们归入目录类，是着眼于其图录的形式。而如前所述，马端临特别重视礼乐的教化作用，因此在他看来，这些金石图录记载的内容是古代的礼器，与礼的具体制度规定（“礼文”）相关，因此应将它们归入仪注类。后来《四库总目》则依据《直斋》的意见将它们归入子部谱录类“器用之属”。

同样，法帖是将古人的法书（字帖）摹刻到石、板上，取拓本做成帖册而成。《直斋》子部杂艺术类里收录了张彦远《法帖要录》、陈思《书苑菁华》等13部法帖著作，《经籍考》则将这些书籍全部归入经部小学类。马端临也承认陈振孙所指出的“书品”一类法帖类的

---

① 马端临：《文献通考·经籍考》（上），华东师范大学出版社，1985年，第375页。

字书属于书法技艺，与学问不相干，但在具体的处置方法上仍有差异。在马氏看来，无论是“真行草篆”之书(书法)，还是“偏旁音韵”之书(小学)，都同样是以文字为其对象，虽然其着眼点有所不同，但没必要分为两类。因此马端临不赞成陈振孙那样把书法著作从小学类中分出来的做法，依然将它们保留在小学类中①。其后《四库总目》则依据陈振孙的意见将书法著作归入艺术类。

2. 人为过失

如果说以上所论分类者因为其自身视角与立场的不同所导致的分类差异往往见仁见智，有可以商榷的余地的话，那么古籍目录的编纂中存在的“见名不见书”与“看前不看后”②的现象则可以说是典型的人为过失了。即分类者(特别是官修书目的编纂者)对于书籍的内容往往没有深入了解，但为了完成任务，可能只依据书名或一部分内容就想当然地进行判别分类了。因这种不负责任的态度带来的过失，任何时代都存在，但更多的失误则是一时疏忽所造成的。特别是分类者可能因一时疏忽而打破了其自身定下的分类规则。

例如，马端临依据陈振孙的做法从集部别集类分立“诗集”这一类目。陈振孙的分类标准是“凡无他文而独有诗，及虽有他文而诗集复独行者，别为一类”③，即单纯的文集或诗文合集归入别集类，如果是诗集的单行本则应归入诗集类，但在具体归类时，也不免有打破其规则的时候。例如，《直斋》诗集类收录有项安世的《平庵悔稿》与仲至的《东平集》，但这两书都不是单纯的诗集，而是诗文合集，因此马端临将其调整归入别集类了。同样，陈振孙最早在书目中反映宋代孟子地位提升的实际情况，将《孟子》从子部儒家类中分出来提升至经部，与论语类合起来设立了“论孟”类，马端临进而将孟子类独立出来与论语类并列，反映了朱熹《四书》权威确立以后的实际情况。但陈振孙将余允文的《尊孟辨》归入《直斋》的儒家类，这可能是陈氏的一时疏忽，因此马端临在《经籍考》中将其调整归入孟子类了。

(三)由书籍导致的分类调整

1. 书籍的内容及其真伪

以下主要是与辨伪相关的问题。例如，晏子一般被视为儒家人物，记载其言行的《晏子春秋》也归入儒家类了(如《崇文》与《直斋》)，但《郡斋》依据唐代柳宗元《辨晏子春秋》中认为《晏子春秋》是“墨子之徒有齐人者为之”的意见，将其调整归入子部墨家类了。马端临也采取《郡斋》的这一做法。又《郡斋》史部杂史类收录有《碧云騢》，《直斋》与《经籍考》中则将其归入子部小说家类了。其理由是此书系魏泰假托梅尧臣之名的伪作，其纪事

① 参见《经籍考》卷17《书苑菁华》后的按语：“按：以字书入小学门，自《汉志》已然。历代史志从之，至陈直斋所著《书录解题》，则以为《书品》、《书断》之类，所论书法之工拙，正与射御同科，特削之，俾列于杂艺，不以入经录。夫书虽至于钟、王，乃游艺之末者，非所以为学，削之诚是也。然《六经》皆本于字，字则必有真行草篆之殊矣，且均一字也，属乎偏旁音韵者则入于小学，属乎真行草篆者则入于杂艺，一书而析为二门，于义亦无所当矣。故今并以入小学门，仍前史旧云。”(《经籍考》上，第433页)

② 参见《经籍考》卷22所引用郑樵之语：“编书之家，多是苟且，有见名不见书者，有看前不看后者。”(《经籍考》上，第539页)

③ 陈振孙撰，徐小蛮、顾美华点校：《直斋书录解题》，上海古籍出版社，1987年，第555页。

荒唐非史实，不过是虚构的小说罢了。此外，历史上某书的原本已经佚失，后世的伪书假托其书名而导致的所谓“同名异书”现象，也会影响到其分类。例如，《郡斋》经部经解类收录有《三坟书》，此书被视为宋代张商英的伪作。陈振孙认为《左传》昭公十二年记载的“三坟、五典、八索、九丘”都是与《尚书》一样的古史，于是将其归入经部书类了。马端临也采纳了陈振孙的处理意见。而其后《四库总目》则认为“三坟”这一书名虽然原本属于尚书之类，但伪作的《三坟书》的内容实际上是所谓《连山》《归藏》《乾坤》“三易”，所以将其归入经部易类了。同样，陈振孙认为《孙子家语》是魏王肃的伪作，非由汉代孔安国整理的孔壁中书（与《论语》同源）的原本，所以将其从经部论语类取出调整入子部儒家类了。《四库总目》的处理也是一样的。《经籍考》则不依据《直斋》，而与《郡斋》一样将其保留在经部论语类了。当然这里所说的《三坟书》与《孔子家语》是否完全是伪书，在学界还存在争议，但无论如何，两书在历史上被视为伪书而导致了归类上的调整则是事实。

2. 书籍的地位及其变化

前面已经提到，分类的排列直接反映了书籍学术地位的高低。那么反过来说，如果某书的地位产生了显著变化，对其归类往往也会随之而发生变化，这是随着时代而来的对书籍的认识与价值判断发生变化所导致的。书籍的地位变化又有下降与上升两种情况。下降的情况一般是被视为伪作的书籍（如前述《碧云騢》等），或者为正统观念所轻视的书籍。例如，子部小说家类的书籍本来在史部，后来被调整入集部，《穆天子传》就是一例。上升的情况则一般是书籍的价值得到官方表彰重视而地位随之提升。例如，李延寿的《南史》《北史》原本是基于宋、齐、梁、陈等南北朝的正史等史料再编纂而成的，一般归入杂史类（如《崇文》《郡斋》等），其地位较正史为低，但至宋代（特别是南宋），两书的价值得到学者们（如司马光、陈正敏等）的认可而地位随之提升，终于被官方认定为正史。因此，马端临将其从杂史类上升至正史类了。另外一个典型的案例是，《通典》与《唐会要》等政书（《文献通书》也属于此类），由于其分类编纂的形式，一般归入子部类书类，但陈振孙则依据其内容记载“古今制度沿革”（《通典》）或“典故”（《会要》），其实质与类书不同，将它们上升调整到史部典故类中了①。马端临也据此将政书归入史部故事类。至清代官方认识到政书保存的历代典章制度对治国安邦的重要作用，组织续修《三通》以成《九通》，而官修的《四库总目》也专门设立了政书类以收录此类书籍，从而最终确立了政书的目录及学术地位。

（四）由时代学术思想空间转移变化导致的分类调整

清代浙东学派学者黄宗羲、全祖望等人编纂的宋元儒学思想史著作《宋元学案》中将马端临列在朱子的再传弟子曹泾门下，并在曹泾传记中指出曹泾“博学知名，马端临尝师事之”②。同卷马端临的传记下也说“时休宁曹泾精诣朱子学，先生从之游，

① 参见《经籍考》卷28史部故事类《国朝通典》条下引《直斋》，“陈氏曰：……凡通典、会要，前书及《馆阁书目》皆列之类书。按通典载古今制度沿革，会要专述典故，非类书也。”（《经籍考》上，第687页）

② （清）黄宗羲原著，陈金生、梁运华点校：《宋元学案》（第4册），中华书局，1986年，第2972页。

师承有自”①。可知马端临是新安朱子学的传人。同卷编纂者之一的王梓材在案语中进而指出：“以其(马端临)与程登庸友善，而并为朱学也，附入是卷。”②可知马端临与程登庸等学者相切瑳而信奉朱子学。这一思想立场在《经籍考》中集中体现为马端临对程朱理学尤其是朱子言论多所吸取，并以之作为自己立论的根据③。以下，以小学类所收书籍的分类调整为具体例子来加以分析。

1. “小学”内涵、外延的变迁及《经籍考》的分类调整

从历史上来看，所谓“小学”原本是指王宫旁边供王侯、士大夫等贵族的子弟从八岁开始接受初等教育的学校，及在那里面教授的六艺(《周礼·地官·保氏》礼、乐、射、御、书、数)。其后自《汉志》以来，又指文字、音韵、训诂之学(相当于六艺中的“书”)，并将《说文解字》《广韵》《尔雅》等作为小学的典籍。但随着时代的发展，“小学”的名义与内容产生了很大的变化，并直接反映在书目分类上。《直斋》子部儒家类收录有《童蒙训》(吕本中)、《少仪外传》(吕祖谦)、《辨志录》(吕祖谦)与《小学书》(朱子)。如《小学书》作为学童的课程教材，其内容是汇集从洒扫、应对、进退等小节(家庭内部的道德规范)直至忠臣、孝子等的事迹而成。此种书籍作为儒家伦理道德规范的入门书，自《汉志》以来一般归入儒家类(如《弟子职》)，至朱子方才加以特别表彰。马端临依据朱子的意见将它们归入《经籍考》的经部小学类④。实际上这是对《汉志》以前的先秦时代小学教育(前述《周礼·地官·保氏》)传统的一种回归，同时又与朱子学中讲述“三纲领”“八条目”的治国平天下道理的《大学》之说互为表里，以打下修身立命的基础，并从而规定了修身与学问的先后次序(所谓下学而上达、先事而后理、先《小学》后《大学》)。但除了这些伦理入门书(包括《弟子职》)之外，《经籍考》小学类所收书籍的种类非常庞杂，除了传统的文字、音韵、训诂等小学书籍，马端临还从《直斋》目录类将金石著作(如洪适《隶释》、郑樵《石鼓文考》等)，从《郡斋》与《直斋》类书类将识字启蒙书籍(如唐李瀚《蒙求》、宋徐子光《补注蒙求》等)，从《直斋》杂艺术类将书法著作(前述的法帖著作)等书籍都调整归入到《经籍考》的小学类中了。

2. 《四库总目》对“小学”类的调整及其与《经籍考》之比较

追根溯源的话，上述这些分类的调整其实并非马端临的首创，从目录学史来看都有其

---

① (清)黄宗羲原著，陈金生、梁运华点校：《宋元学案》(第4册)，中华书局，1986年，第2977页。

② (清)黄宗羲原著，陈金生、梁运华点校：《宋元学案》(第4册)，中华书局，1986年，第2980页。

③ 《经籍考》中引用朱子的言论与文章多达279条，引用数量仅次于作为主要书目依据的《直斋》与《郡斋》，居于第三位。朱子也是除了书目之外马端临引用最多的学者。其引用内容主要出自《朱子语录》(《朱子语类》的前身)与《晦庵集》。其引用文字在经部(特别是礼类与易类)最多，其次为子、集、史部。

④ 《经籍考》卷17《小学书》下引朱子之语：“《朱子语录》曰：修身之法，小学备矣。后生初学，且看小学之书，这个是做人底样子。学之小大虽不同，而其道则一。小学是事，如事君、事父、事兄、处友等事，大学是发明此事之理。游倪曰：自幼既失小学之序，愿授《大学》。先生曰：授《大学》甚好，也须把小学书看，只消旬日工夫。”(《经籍考》上，第436页)此段引文分别在现行本《朱子语类》卷一百零五《朱子二·论自注书、卷第七·学一·小学》，卷一百一十八《朱子十五·训门人六》的五条语录之中。

先例。正如《四库总目》卷40经部小学类的小序中所指出的①，将金石著作归入小学类的做法始自《隋志》，将书法、书品著作从艺术类调整归入小学类的做法始自《新唐志》，将《弟子职》等伦理道德入门书归入小学类的做法始自赵希弁《读书附志》，将《蒙求》等识字启蒙书从类书类调整归入小学类的做法始自晁公武《郡斋》。而《四库总目》虽未直接说明，但其实际上加以批判并从小学类中取出的上述四类书籍，却恰好都收录在《经籍考》经部小学类中。《经籍考》可谓集前代书目小学类之大成，这当然不是偶然的。《经籍考》与《四库总目》的小学类的差异，其实正是各自时代学术思想空间的忠实反映。马端临总结到其时代为止的学术思想，并对于宋代兴起的金石学、程朱理学、蒙学教育等给予了特别关注。小学类不过是其集中体现罢了。然而到了清代，反对宋学(理学)的重主观哲学阐发的学术路数，强调对经典进行客观忠实解释的考据学(汉学)兴盛，而作为考据学基础的文字、音韵、训诂之传统小学也受到重视，终于由"经学附庸"的地位上升成为时代学术的主流②。因此作为乾嘉考据学结晶的《四库总目》小学类中也只收录文字、音韵、训诂之书，而将"金石"③"幼仪""笔法""蒙求"书籍抽出来分别归到其原先的分类中。这样就恢复了《汉志》的小学传统而使小学类变得非常纯粹了。

三、结语

以上从分类体系、分类者、书籍、时代学术思想空间四个方面，归纳分析了《经籍考》中分类调整的前因后果，进而探究了其背后的学术意义。马端临在《经籍考》里辑录前代书目的过程中对其分类进行了调整，表面上看是书籍分类的变化，背后根源其实在于学术思想的时代变化。进而通过分析历代书目与学术史，特别是与古籍四部书目的集大成者《四库总目》相对照，《经籍考》中的分类调整往往是"继往开来"的一环。

《经籍考》贯彻了《文献通考》兼备"文"(典籍文献)、"献"(贤人言论)、"考"(考证)三位一体的编纂原则，进而为了达成"记其著作之本末，考其流传之真伪，订其文理之纯驳"④的编纂目标(实即清代章学诚所谓"辨章学术，考镜源流")，马端临按照时代学术思

① "古小学所教，不过六书之类。故《汉志》以《弟子职》附《孝经》，而《史籀》等十家四十五篇列为小学。《隋志》增以金石刻文，《唐志》增以书法、书品，已非初旨。自朱子作《小学》以配《大学》，赵希弁《读书附志》遂以《弟子职》之类并入小学，又以蒙求之类相参并列，而小学益多岐矣。考订源流，惟《汉志》根据经义，要为近古。今以论幼仪者别入'儒家'，以论笔法者别入'杂艺'，以蒙求之属隶'故事'，以便记诵者别入'类书'，惟以《尔雅》以下编为'训诂'，《说文》以下编为'字书'，《广韵》以下编为'韵书'。庶体例谨严，不失古义。"(四库全书研究所：《钦定四库全书总目》(上)，中华书局，1997年，第526页)

② 清代考据学自开山鼻祖顾炎武针对明代儒者束书不观、空谈性理的空疏学风所带来的流弊，倡导"读九经自考文始，考文自知音始"(《亭林文集》卷之四"答李子德书")的扎实学问，并以其《音学五书》等著作加以示范之后，对于小学的研究日益兴盛。特别是到了乾嘉时代，惠栋、戴震、王念孙、王引之、段玉裁等精通小学的经学大师辈出，在疏通解读传统经典方面贡献很大，成为当时学术界的主流。

③ 金石书籍的分类非常复杂，《四库总目》中将其分别附入史部目录类、子部谱录类、经部小学类三类。参见四库全书研究所：《钦定四库全书总目》(上)，中华书局，1997年，第1151页。

④ 马端临：《文献通考》自序，中华书局，1986年，第9页。

想对书籍进行了忠实的记录，并论述了书籍的性质与特征、流传与真伪等方面，进而又基于其朱子学的立场检讨了书籍的内容及其背后的学术思想。白寿彝曾指出《经籍考》是以目录书的形式承担着学术文化史的任务①。如其所言，《经籍考》超越了一般的文献资料汇编，其实是关于“意识形态”的著作，因此对于其分类调整及其学术意义的分析不仅限于《经籍考》自身，对于理解整个中国目录学史及学术思想史的发展脉络也有相当程度的参考价值。

《汉书·艺文志·诗赋略》中赋分三种说考论

《汉书·艺文志》(以下简称《汉志》)是班固《汉书》“十志”之一，它是我国第一部史志目录，也是现存最早的一部目录。此书是班固删削刘歆的《七略》(已亡佚)而成，基本保持其原貌，只是把《七略》中的“辑略”散入各类大、小序中，另有个别具体文献分类的调整，总计分为六艺略、诸子略、诗赋略、兵书略、术数略、方技略共六大部类。《汉志》之所以为学人所重，一方面是其所著录篇目(及其小注)系统总结了西汉以前我国的图书文献资料，很多图书文化信息通过它保留下来；另一方面，是它于各略各种图书著录之后的“序”中，总结了西汉以前各类学术的流变和传承史，具有极高的学术史价值。这也是章学诚古典目录学理论中“辨章学术，考镜源流”的精华所在。

一、《汉志·诗赋略》的内容及其分类

今本《汉志·诗赋略》共分五种：第一，“屈赋”之属；第二，“陆赋”之属；第三，“荀赋”之属；第四，杂赋；第五，歌诗。《汉志》中其他各略各种都有序言，讲述各自的学术源流及分类标准。唯独《诗赋略》只有一篇大序，所分五种下没有相应的小序。“杂赋”和“歌诗”除外，其中“赋”类又分为三种，即屈原以下“赋”20 家 316 篇，陆贾以下“赋”21 家 274 篇，孙卿以下“赋”25 家 136 篇，与杂赋类一种 12 家 233 篇并列为四种。因为它辑录了从先秦到西汉的绝大部分代表作品，所以向来为研究诗赋源流者所重视，但由于每种之后小叙的缺略，再加上其所著录各家作品的大量亡佚，“赋”类三种之分不免让人迷惑不解(“杂赋”与前三种赋区别明显，另外是一类)，有深入探讨的必要。为便于讨论，现将前三种赋所著录篇章钞录如下(班固自注从略)：

屈原赋二十五篇。 唐勒赋四篇。 宋玉赋十六篇。 赵幽王赋一篇。 庄夫子赋二十四篇。	河内太守徐明赋三篇。 给事黄门侍郎李息赋九篇。 淮阳宪王赋二篇。 扬雄赋十二篇。 待诏冯商赋九篇。

① 白寿彝：《中国史学史论集》，中华书局，1999 年，第 500 页。

续表

贾谊赋七篇。 枚乘赋九篇。 司马相如赋二十九篇。 淮南王赋八十二篇。 淮南王群臣赋四十四篇。 太常蓼侯孔臧赋二十篇。 阳丘侯刘隁赋十九篇。 吾丘寿王赋十五篇。 蔡甲赋一篇。 上所自造赋二篇。 兒宽赋二篇。 光禄大夫张子侨赋三篇。 阳成侯刘德赋九篇。 刘向赋三十三篇。 王褒赋十六篇。 　　右赋二十家，三百六十一篇。 陆贾赋三篇。 枚皋赋百二十篇。 朱建赋二篇。 常侍郎庄怱奇赋十一篇。 严助赋三十五篇。 朱买臣赋三篇。 宗正刘辟强赋八篇。 司马迁赋八篇。 郎中臣婴齐赋十篇。 臣说赋九篇。 臣吾赋十八篇。 辽东太守苏季赋一篇。 萧望之赋四篇。	博士弟子杜参赋二篇。 车郎张丰赋三篇。 骠骑将军朱宇赋三篇。 　　右赋二十一家，二百七十四篇。 孙卿赋十篇。 秦时杂赋九篇。 李思《孝景皇帝颂》十五篇。 广川惠王越赋五篇。 长沙王群臣赋三篇。 魏内史赋二篇。 卫士令李忠赋二篇。 张偃赋二篇。 贾充赋四篇。 张仁赋六篇。 秦充赋二篇。 李步昌赋二篇。 侍郎谢多赋十篇。 平阳公主舍人周长孺赋二篇。 雒阳锜华赋九篇。 眭弘赋一篇。 别栩阳赋五篇。 臣昌市赋六篇。 臣义赋二篇。 黄门书者假史王商赋十三篇。 侍中徐博赋四篇。 黄门书者王广、吕嘉赋五篇。 汉中都尉丞华龙赋二篇。 左冯翊史路恭赋八篇。 　　右赋二十五家，百三十六篇。

如前所述，由于今本《汉志·诗赋略》中五类都没有小序，人们无从直接了解班固(承袭刘歆《七略》而来)赋分三类(杂赋除外)的标准所在，只能结合各类的著作和相关背景归纳出可能的分类标准。而各人的视角和掌握的材料又各有出入，所以造成众说纷纭，迄无定论的现象。

二、前人时贤关于《诗赋略》前三种分类标准的意见之述评

对于《诗赋略》前三种的分类标准，清代以前并未引起人们的注意。

清代章学诚《校雠通义·汉志诗赋第十五》曾论及此事。他说："今观《屈原赋》二十五

篇以下，共二十家为一种；《陆贾赋》三篇以下，共二十一家为一种；《孙卿赋》十篇以下，共二十五家为一种；名类相同，而区种有别，当日必有义例。今诸家之赋，十逸八九，而叙论之说，阙焉无闻，非著录之遗憾与？"又说："诗赋前三种之分家，不可考矣。"①章学诚是中国古典目录学最重要的理论家，他第一次全面系统地分析了《汉书·艺文志》的体例，总结出了许多重要结论（比如"互著"与"别裁"、"辨章学术，考镜源流"等），但章氏在赋类划分这一问题上引而未发，没有展开进一步的论述。

清人姚振宗又在《汉书艺文志条理》中认为"刘氏编诗赋之例盖以体分"②，即以体制分为"楚骚体"，"不尽为骚体"的陆贾赋之类，以及"纤小者"的荀卿赋之属。

其后清人林颐山在《重刻张编修（惠言）七十家赋钞序》③中则认为第一种赋之"家法"为"宏丽温雅"，第二种为"嫚戏诙笑"，第三种为"风讽恻隐"。这种说法，看似有理，实则经不住推敲。仅以"嫚戏诙笑"而论，很难想象司马迁、萧望之这样的人物能写出"嫚戏诙笑"的赋，而列在第一种的宋玉所写的《登徒子好色赋》却恰恰是这样的作品。

以上为赋类划分问题的早期提出阶段，大体侧重文学风格来区分三类不同的赋。这些说法漏洞都比较明显，不足以让人信服。因此到了清末民初的章太炎、刘师培又提出新说，并且产生了很大的影响。

章太炎在《国故论衡·辨诗》中说："屈原言情，荀卿效物。陆贾赋不可见，其属有朱建、严助、朱买臣诸家，盖纵横之变也。"④他认为前三种赋的风格分别为言情、效物和纵横。

其后刘师培在《论文杂记·南北文学不同论》进一步指出："盖屈原、陆贾，籍录荆南。所作之赋，一主抒情，一主骋辞，皆为南人之作。荀卿生长赵土，所作之赋，偏于析理，则为北方之文。兰台史册，固可按也。"这是以地域兼风格来区分。他又认为"写怀之赋，其源出于《诗经》"，"骋词之赋，其源出于纵横家"，"阐理之赋，其源出于儒、道两家"⑤。此论又兼言各类源流。其论与章太炎相似。

对比分析二家之论，可谓大同小异。如屈原赋之属，章谓言情，刘谓写怀，说法全同；陆贾赋之属，章谓"盖纵横之变"，刘谓骋辞之赋，其源出于纵横家，论断无别；仅荀卿赋之属，章说"效物"，刘说"阐理"，稍有歧异。章、刘之说，筚路蓝缕，问世之后，学界甚为推重，转相称引，奉为权威，很少有人质疑。其实只要稍加探究便可发现章、刘之说难以令人信服。

其一，章、刘二人只提出了观点看法，没有充分论证。

其二，章、刘二人将赋类三种各概括为一个固定的模式，不符合文学创作的实际情况。因为一个作家的作品往往在不同的时期、不同的场合呈现出不同的内容和不同的风格，如司马相如，既有《子虚》《上林》之类的骋辞大赋，又有《哀秦二世赋》这样的骚体抒

---

① （清）章学诚著，王重民通解：《校雠通义通解》，上海古籍出版社，1987年，第116、118页。

② （清）姚振宗：《汉书艺文志条理》，收入《二十五史补编》（二），中华书局，1955年，第1649页。

③ 马积高：《历代辞赋研究史料概述》，中华书局，2001年，第52页。

④ （清）章太炎：《国故论衡》，上海古籍出版社，2003年，第90页。

⑤ 刘师培：《论文杂记》，人民文学出版社，1959年，第115页。

情赋，何况《汉书·艺文志》“赋”类三种，每种包括二十多家赋体作品，更不可能是同一内容，同一风格，同一体式。

其三，认为屈原赋以下二十家是写怀言情之赋，陆贾赋以下二十一家为出自纵横家的骋辞之赋，也是不符合事实的。屈原赋之属有宋玉、唐勒、枚乘、司马相如四家，而《汉志·诗赋略》的总叙明明白白地说此四家“竞为侈丽闳衍之词，没其风谕之义”，是典型的“丽以淫”的骋辞之赋，显然不是什么言情写怀的诗人之赋。且枚乘、司马相如是典型的娱游之士。据《汉书》记载，枚乘、严忌等以文辩先游士于吴，后从梁王游；司马相如先为汉景帝武骑常侍，景帝不好辞赋，称病免，客游于梁。观枚乘《七发》，司马相如《子虚》《上林》，其骋辞之辩，也是典型的纵横家的作风。如按章、刘二人之说，枚乘、严忌、司马相如之赋应该著录于陆贾赋之属，然而事实并非如此。又《汉书·扬雄传》载扬雄为人“口吃不能剧谈，默而好深湛之思，清静亡为，少耆欲”，不具备纵横游士的个性。其赋本拟相如，又悲屈原作《反离骚》《畔劳愁》《广骚》等，他应与屈原、司马相如同列为一种，而不应如《汉志·诗赋略》，将他归入陆贾赋之属。章氏觉得难以自圆其说，不得不疑其为班固之误。至于刘师培说荀卿以下为阐理之赋，考贾谊《服鸟鸟赋》《吊屈原赋》，多阐理序志，理应同类，然《诗赋略》贾谊入屈原之属。总之，章炳麟、刘师培二家的论说虽然具有开拓之功，然其本身却是没有经过充分论证的推断，又与历史事实和文学创作的实际相悖，不能算作定论。章、刘之说的最大弊端，就是局限于作品的某一思想内容或某一风格体式而立论，忽略了同一作家和作家之间赋体作品的多样性。

近人顾实的《汉书艺文志讲疏》指出，“屈原赋之属，盖主抒情者也”，“陆贾赋之属，盖主说辞者也”，“荀卿赋之属，盖主效物者也”①，乃承袭章、刘之说，未有新见。只是该书为研读《汉志》者所必读之作，故其影响反而更甚于章、刘二家。

金德建在《司马迁所见书考》的自序中认为，“屈赋”之属讲究文辞，“陆赋”之属注重政见，这两方面都是继承屈原而来。而以“荀卿赋”为秦地文学，著述者当为李斯手笔②。金氏所说“屈赋”和“陆赋”与顾实所说大体一致，只是关于“荀卿赋”的解释过于大胆，少为人所认可。

程千帆又以为刘、章之说有所未尽，乃为《汉志诗赋略首三种分类遗意考》，究其义例。其说云“屈原赋二十五篇以下二十家为第一种，《楚辞》之属是也。……次则陆贾赋三篇以下二十一家为第二种……以今论之，则汉赋之属。……再次则荀卿赋以下二十五家……夫《赋篇》文体，实介《诗》与《楚辞》之间。观其造句，四言为主，实三百篇之遗”③，此又以体裁分，谓以楚骚、汉赋、诗歌体分立三家。

程先生还总结前人说法的矛盾之处，认为三种赋之分类：“其一，则不可以地域为分类之标准也。……其二，则不可以时代为分类之标准也。……其三，则不可以气息为分类之标准也。……其四，则不可以主题为分类之标准也。……其五，则不可以巨细为分类之

① 顾实：《汉书艺文志讲疏》，上海古籍出版社，1987年，第181页。

② 金德建：《司马迁所见书考》，上海人民出版社，1963年，第17~22页。

③ 程千帆：《闲堂文薮》，收入《程千帆全集》第七卷，河北教育出版社，2000年，第212~215页。

标准也。……其六，则不可以声音为分类之标准也。”①这“六不可”是程先生深思熟虑后的结论，从反面回答了赋分三类的问题。

但程先生的说法，也有难于自圆其说之处。其他且不说，最明显的“陆贾之属”固然为汉赋，故列于第二种，而第一种之相如赋、枚乘赋，不也是汉赋的代表吗？程先生也意识到自己的论点也有难以圆满之处，也不得不承认：“夫在目录，分类不易，标准尤难。立一标准，必求无悖于全；纵有未能，亦以不远为则。而上举六端（今按：即上文六‘不可以’），皆不能也。盖都略有其意，而不能具体。合此六者，源流董之，庶几近焉。”②

与此相应，今人张舜徽在《汉书艺文志通释》中指出：“《诗赋略》之与其他五略，本有不同，未可等量齐观。若《六艺略》之分述群经，必详其渊源本末；《诸子略》之叙列卜家，必明其流别得失。非分为立论，何由知其梗概。其他《兵书》《数术》《方技》三略，皆同此例。若夫诗赋虽已分为五种，而实同为抒情之作。但有雅俗之不齐，实无是非之可辨。当向歆校定之初，但见辞赋歌诗之稿，丛杂猥多，不易猝理。略加区分，约为五种。其实细分缕析，犹可多出数种，未必即此五种已为定论也。即分别归类之际，亦有不惬当者：扬雄赋本拟司马相如，乃以相如赋与屈原同次，录扬雄赋隶陆贾下，斯已舛矣。故《诗赋略》中可议者犹多，不第无分类叙论已也。大抵有可论者论之，无可论者阙之。刘《略》班《志》于六略，或论或阙，白有权衡。善读书者，贵能心知其意，不必求其齐同也。”③

张氏之说也有一定的影响，后来有人甚至认为赋分类的差别是当时官府书籍存放的场所不同的缘故。但在“好学深思”的学者们看来，这样的解释等于什么也没说，显然难以让他们满意。所以近些年来，新说迭出，各有其理。笔者所见，主要有以下几说：

一种说法是“三品论赋”说。即类似《诗品》分五言诗为上、中、下三品一样，以上品、中品、下品来区分这三类赋。其主要论据考察当时及前后的品评论第之时风，证明“三品论赋”的时代可能性；同时结合三类赋的创作成就和流传的情况来论证其品第的高下符合“三品”类别。此外还以作品流传下来的数目多少来论证，有越是好作品流传下来越多的前提在里面，这也大体不差。但这种说法在解释如《扬雄赋》何以入中品时，往往得从政治和刘歆对他的评价来解释④。

李士彪在《三品论赋——〈汉书·艺文志·诗赋略〉前三种分类遗意新说》⑤中论述其分品说的时代背景时举了两个典型的例子。一是《汉书·王褒传》中说：“上令褒与张子侨等并待诏，数从褒等放猎，所幸宫馆，辄为歌颂，第其高下，以差赐帛。”李氏指出：“所谓‘歌颂’显然就是指辞赋，互文见义而已。可见当时已有将赋‘第其高下’的事实。这足以证明《汉书·艺文志》以品论赋，决非空穴来风，而是渊源有自。”

二是钟嵘《诗品序》中说：“昔九品论人，《七略》裁士，校以宾实，诚多未值。”李氏

---

① 程千帆：《闲堂文薮》，收入《程千帆全集》第七卷，河北教育出版社，2000年，第216页。

② 程千帆：《闲堂文薮》，收入《程千帆全集》第七卷，河北教育出版社，2000年，第217页。

③ 张舜徽：《汉书艺文志通释》，湖北教育出版社，1990年，第233~234页。

④ 关于刘歆与班固处理扬雄赋分类的立场和原因，及他们对其作品的评价，可参看愈纪东：《〈汉志·诗赋略〉“扬雄赋”绎释》，《复旦学报（社会科学版）》2002年第3期。

⑤ 李士彪：《三品论赋——〈汉书·艺文志·诗赋略〉前三种分类遗意新说》，《鲁东大学学报（哲学社会科学版）》2006年第3期。

指出："注家于'九品论人'向无异辞，于'《七略》裁士'素致纷纭，甚至不知所云。我以为仲伟之言，必有依据。如谓钟氏《诗品》以品论诗实本之《诗赋略》，亦不为过。"

李氏指出："《汉书·古今人表》九品论人，《诗赋略》亦用此法品赋，赋之前三种即上、中、下三品，亦以人分；至无作者名或失名之赋，无从以人品目，则聚为'杂赋'一种以置之。'杂'者，犹今言'其他'，不得已之名称。明确而言，屈原赋之属为上品，陆贾赋之属为中品，荀卿赋之属为下品。"

接下来李氏从《汉志》的著录来证明其说云：

> 第一种屈原赋二十五篇之属二十家为上品。屈原、唐勒、宋玉为赋之一祖二宗，故列上品，庶无疑议。……
>
> 观中品所列二十一家，枚皋虽以赋为能，然量多质劣，史有明文，终逊其父。故父子别居，允矣。严助、朱买臣虽善词章，终是枚皋之流，故亦入中品。陆贾、司马迁、宗正刘辟强、萧望之、博士弟子杜参，所长不在此，赋或有可观者，终非当行本色，故入中品。其余诸人当亦循此二例。
>
> 下品二十五家，除荀卿外，无一名家，亦可知也。或以篇小似诗，或以词劣不工，故入下品。荀卿列下品者，其于赋虽有赐名立体之功，而论其辞，则平淡欠雕润，不足以言赋，故入下品。犹班固虽于文人五言诗有开创之功，而质木少文，终列《诗品》下品之首。三品皆以人为单位，而下品中有"秦时杂赋九篇"，此亦犹《诗品》之古诗。
>
> 三品之中，略以时代为序，观屈原、陆贾、荀卿各据三品之首可知也。偶有相乱者，或刘歆当日之误，或后人传抄之讹，古书例有之，要不足为大病。
>
> 又三品之中，上品二十家，中品二十一家，下品二十五家。三品人数约略相当，然上品略少，下品略多，合乎惯例。从作品流传看，上品流下来的作品多，中品甚少，下品更少，除荀卿《赋篇》外，皆佚。又可证成此说。

以上所以详细罗列"三品论赋"说，是因为此说较为新颖，相比前人局限于具体的文学风格、作家地域、思想来源等的划分来说，以品第的高下来划分，至少在表面上能较圆满地解决赋分三类的问题。但是我们无从知晓刘歆当年划分赋类时是否一定就是这样考虑的。时代风尚对文学及其分类当然有一定影响，但是两者的发展并不是同步的，理论的总结往往有其滞后性，而且个人的因素往往也很大，复古和趋新往往并存。因此这种说法也有求之过深的嫌疑。事实上诸说都只是"假说"，只是看谁的证据多，解释得更完满而已。李氏在文末也承认这一点。

另外还有一种说法，姑且称之为"风雅颂三体说"。

熊良智在《〈汉志·诗赋略〉分类义例新论》①中清理了清代以来《汉志·诗赋略》分类研究最有影响的观点，从题材内容、形式体制、学术源流方面进行探讨。认为：《诗赋略》分类义例出自汉代主流意识的诗学思想，前三种赋可视为风体之赋、雅体之赋、颂体

---

① 熊良智：《〈汉志·诗赋略〉分类义例新论》，《中州学刊》2002 年第 3 期。

之赋，杂赋一种，附录而已。这是因为赋为“古诗之流”，要求“恻隐古诗之义”，因而取法孔子删诗正乐，使“《雅》《颂》各得其所”。这就是班固《两都赋序》论述“孝成之世”，向、欲父子校理诗赋“稽之上古则如彼”，给予我们的启示。

熊氏在广泛而精审的考证基础上认为：“《汉志·诗赋略》前三种赋各有体制，自成流别，杂赋一种，附录而已。屈原赋二十家，主在骚体，抒写个人情性，源自于楚，而视为风体之赋；陆贾赋二十一家，述行纪实，以典诰之体，称述帝王行事，当为雅体之赋；荀卿赋二十五家以整饬联章的形式，四言为主，述德而兼讽诵，陈于朝廷宗庙，乃列士献诗，工师赋诵的流变，可视为颂体之赋。此种分类义例正出自汉代主流意识的诗学思想，因为赋是‘占诗之流’，要‘恻隐占诗之义’，因而取法孔子修《诗》《书》，正礼乐，使《雅》《颂》各得其所。班固《两都赋序》是最好证明，在刘歆《移书让太常博上》文中也可印证，所谓：‘孔子忧道不行，历国应聘，自卫反鲁，然后乐正，《雅》《颂》乃得其所。’刘歆又竭力主张立《毛诗》于学官，因此，《毛诗序》中‘风’‘雅’‘颂’的解说成为了本文解释《诗赋略》前三种赋的依据。只是遗憾辞赋亡佚太多，文献不足，我们不能一一加以讨论。”

其实按照“辨章学术，考镜源流”的原则，作为古诗之流裔的“诗赋略”可以附入“六艺略”的诗类，就如同《史记》(《太史公》)一类的史书附入“春秋类”一样，只是由于汉赋的高度发达导致“六义附庸，蔚成大国”，而不得不单独列为一略，以免喧宾夺主。而出于同样的原因，在后代修目录时又将史部从春秋类独立而单列出来。因此，从学术源流上分析无疑是很有必要的，熊氏的说法应该说是对前人风格、源流说的一种继承，只是更为深入而已。但是和其他说法一样，具体到每一个作家就不一定是那么整齐划一了。况且像司马相如、扬雄这样的大家往往博采众长，有不同风格的作品，那又放在哪一类好呢？下面就现存作品具体分析一下。

我们就目前所能见到的汉赋作品来看，可以肯定，班固不可能单纯依题材，或者仅仅依风格作为汉赋分类标准的。首先，汉赋作家大多高产，其创作题材都极为广泛。仅以屈原赋类看，孔臧有写天子、藩国游猎之盛而终归于讽谏的《谏格虎赋》，也有借咏物而说人生哲理的《鸮赋》《蓼虫赋》；刘向有抒情寄怀的《九叹》，有奉命祈天的《请雨华山赋》，也有咏物小品《雅琴赋》《围棋赋》和《芳松枕赋》。而陆贾赋类中今存的司马迁赋一篇和扬雄赋十二篇，题材内容也有很大的不同。所以，班固绝非以题材分类是可以肯定的。其次，就风格而言，屈原赋类和陆贾赋类的作家大多兼作骚体赋、散体赋和四言赋，颇不乏缘情托兴，或旨诡词肆之作。如司马相如绮错靡丽、词采纷披的风格，就在扬雄那里得到继承和发展，而扬雄的《反离骚》《广骚》《畔牢愁》则又是对屈原亦步亦趋的模拟之作，班固何以不将扬雄归入屈原一类，而独属于陆贾之下？所以，以创作风格上的师承关系来探究班固的分类标准，也是很难得到确认的。熊氏此说，其实还是从风格和题材上着眼所作的划分，只是结合旁证从诗赋的源流上阐述了屈原、陆贾、孙卿三家赋的源流所自，认定其分别体现“风”“雅”“颂”的流别。“风”“雅”“颂”是诗的“六义”之一，分别代表地方、朝廷和宗庙的不同诗风和体裁。

三、余论

总结了以上有代表性的各家说法之后，我们认为，班固考虑每类特征的分类意识也是合理分类所必需的，那么班固在《诗赋略》里也应有一个与其他各略相一致的标志。可能有两种情况存在：一是刘歆《七略》本来就是这样分的，班固只是沿袭而已；二是这个标志以另一种形式表现出来。不论哪一种情况，标志都是可能存在的。我们认为，可以换一个角度思考，即屈原、荀子和陆贾这三位作代表的大家之间的区别。

关于屈原，班固主要是从评价屈原《离骚》等作品的角度出发评论的：

屈原以忠信见疑，忧愁幽思而作《离骚》。离，犹遭也；骚，忧也。明己遭忧作辞也。是时周室已灭，七国并争。屈原痛君不明，信用群小，国将危亡，忠诚之情，怀不能已，故作《离骚》。①

关于荀子，班固主要是从评价荀子著述的角度出发加以评论的：

仲尼称："材难，不其然与！"自孔子后，缀文之士众矣，唯孟轲、孙况、董仲舒、司马迁、刘向、扬雄。此数公者，皆博物洽闻，通达古今，其言有补于世。传曰："圣人不出，其间必有命世者焉。"岂近之乎？②

关于陆贾，班固没有评价他的创作，而是从其作为政治家的角度出发评论的：

陆贾，楚人也。以客从高祖定天下，名有口辩，居左右，常使诸侯。……陆贾位止大夫，致仕诸吕，不受忧责，从容平、勃之间，附会将相以强社稷，身名俱荣，其最优乎！③

班固对这三个人的评价出发点不一样，区别是很明显的，这一认识也应反映在对他们作品的认识上。

荀子的作品有隐语的特征。每篇前半部分由作者以臣的身份说出隐语，概括描述所赋的事物，但不露谜底。说完隐语后，这部分以"臣愚不识，敢请之王"作结。后半部分是王作回答，说一番道理后，点出所赋之物的名称，最终揭出谜底。这一类作品大多散佚，也没有知名赋家，我们现在只能以荀子的作品概括其特征。隐语的主旨是阐明道理，描写理性化，抒情则几乎难见，所以刘师培在评《汉书·艺文志》所列"荀子赋十篇"时才说荀赋偏于说理，是"阐理之赋"。

屈原作品的风格学术界讨论很多，但对于陆贾就遇到困难了，《汉书·艺文志》列其有赋三篇，可惜均已失佚，目前所能见到的是其论著《新语》。关于这部书的写作情况，《汉书》照录《史记》的记载云：

---

① （宋）洪兴祖：《楚辞补注·离骚经章句第一·离骚赞序》，《中国古典文学基本丛书》本，中华书局，1983年，第51页。

② （汉）班固：《汉书》卷三十六《楚元王传》第六，中华书局，1962年，第2113页。

③ （汉）班固：《汉书》卷四十三《郦陆朱刘叔孙传》第十三，中华书局，1962年，第2111页。

贾时时前说称《诗》《书》。高帝骂之曰:“乃公居马上得之,安事《诗》《书》!”贾曰:“马上得之,宁可以马上治乎?且汤、武逆取而以顺守之,文武并用,长久之术也。昔者吴之夫差、智伯极武而亡;秦任刑法不变,卒灭赵氏。乡使秦以并天下,行仁义,法先圣,陛下安得而有之?”高帝不怿,有惭色,谓贾曰:“试为我著秦所以失天下,吾所以得之者,及古成败之国。”贾凡著十二篇。每奏一篇,高帝未尝不称善,左右呼万岁,称其书曰《新语》。①

从这段记载看,陆贾确有纵横家的风格。他是一个由秦入汉,并助刘邦夺天下的文人,他的言辞中常透露出开风气的气势。例如,他论孔子:“故制事者因其则,服药者因其良,收不必起仲尼之门,药不必出扁鹊之方。合之善可以为法,因世而权行。”②这种政治家的气势,如反映在赋作品中,与屈原的作品肯定是有区别的了。

通过以上整理,我们可以明确的是,三类赋的开创者屈原、陆贾、荀卿三人,各有特点,他们的作品风格各异,互不包容。在这个认识基础上,再结合汉人溯源的文化背景,划分这三类赋是有依据的。我们可以作出这样的叙述:汉初,在陆贾的时代,创作赋的人多了起来,其中有效仿屈原等楚辞风格创作的,有延续荀卿风格创作的,陆贾的创作与这两类有所不同,他的作品有纵横家的遗韵,因而难以将之划入另两类,班固就为他单独立了一类。就像《庄子·天下篇》所说的“古之道术有在于是者”,某人“闻其风而悦之”一样。

屈原和荀子作为赋家的两位鼻祖,其地位早为人所承认。班固在大序中论述赋的源流时也以两者并举。而对于陆贾,人们多有疑问,认为其成就和地位不足以单列一类而与屈、荀并列,其实这是没有历史地考察汉赋的发展历程而得出的误会。从汉赋发展历程的角度看陆贾的赋,我们还可以进一步得到这样的认识:陆贾以赋之体创作,但已显示出与屈原、荀子所不同的风格,这对于文学发展而言,是体现新一代文学特征,即汉代文学特征的表现,是汉赋形成自己特征的开始,这个意义重大。虽然陆贾的赋作品不多,虽然他的创作成就已无从考察,但他表现出来的新面貌,标志着赋文学进入了一个新阶段。关于陆贾,应该从这个意义上去理解。所以,我们也赞成班固的分类。刘勰《文心雕龙·诠赋》说:“汉初词人,顺流而作,陆贾扣其端,贾谊振其绪,枚、马播其风,王、扬骋其势。”③刘勰为陆贾的定位非常正确。章学诚在《校雠通义·汉志诗赋第十五》也说:“古之赋家者流,原本诗骚,出入战国诸子。假设对问,《庄》《列》寓言之遗也;恢廓声势,苏张纵横之体也;排比谐隐,韩非《储说》之属也;征村聚事,《吕览》类辑之义也。”④注意到战国纵横家对汉赋的影响,陆贾的地位也就得以确立。他是一个由秦入汉的政治家,游说之士的气味还很重,所得地位也来自于他的辩才。同时,也有学者因此而认为汉赋“原本诗骚,出入战国诸子”,战国诸子是汉赋的起源,可视为对“陆贾类”的发挥。

---

① (汉)班固:《汉书》卷四十三《郦陆朱刘叔孙传》第十三,中华书局,1962年,第2113页。
② (汉)陆贾:《新语·术数》,《诸子集成》本,中华书局,2006年,第5页。
③ (南朝梁)刘勰著,陆侃如译注:《文心雕龙译注》(上),齐鲁书社,1982年,第91页。
④ (清)章学诚著,王重民通解:《校雠通义通解》,上海古籍出版社,1987年,第117页。

我们以为在理解了屈、陆、荀三大家的总体风格和体征之后，诸说都可以并存，因为事实上就算《诗赋略》的小序今天都流传下来(其是否有小序暂不论)，并且里面详细说明了之所以赋分三类的标准所在，那么拿刘歆(班固)的分类标准和每一类的实际情况来对照衡量，其中必有不少抵牾之处。从其后的《诗品》的接受史即可想见。而上文所列举的诸家之说都有其道理和不足之处(事实上也不可能有一个十全十美的标准"答案")。在这里我们回味前引张舜徽先生所说的"刘《略》班《志》于六略，或论或阙，自有权衡。善读书者，贵能心知其意，不必求其齐同也"，当有更进一步的体会。

还有一点值得注意的，是置于每类赋首的屈、陆、荀三家赋与其下所统领之赋之间的关系，是风格，是体裁，还是其他标准可以使它们归为一类呢？各家的说法往往是从这三家来先界定一个框架，再看旗下各家是否符合，所以难免有抵牾之处。因此有学者提出根据每一类的"总体特征"(或曰"主流倾向")来区分，而具体到每一个作家其在不同的时段(比如青年时多拟作，成熟期方形成其独特个性)，其作品又往往呈现出不同的风貌(相应在体裁上可能也有差异)，所以从严格意义上来说，任何一种分类都有其为难之处。除非不考虑赋的内容，纯粹用形式特征比如篇名首字笔画来分类，但这是违背中国传统的，因为中国古籍目录的一个优良传统就是分类不单是列一个书单，而且要起到"辨章学术，考镜源流"的作用，这就必然建立在对各家著作内容的微观理解和整体把握的基础之上。

刘歆、班固的时代已经一去不复返了，其划分代表了当时人们对赋的发展及其特征的主流认识(当然其中也不免掺有个人的主观成见和利害关系)，我们一方面尽量还原历史，以期更好地理解刘氏分类的原意；另一方面，又可以站在前人的肩膀上批评其不足之处，提出新的分类建议。这种"还原"和"重建"对于我们来说都是有意义的。

附录二　《文献通考·经籍考》相关数据库及其表格

《文献通考·经籍考》数据库分析系统的建立及其方法

导论中已经说明本书的研究系建立在材料的穷尽分析基础之上，为了实现对材料的全面深入、准确的分析，笔者采取了建立电子表格和专门数据库的方法。主要包括以下两个步骤：

一、历代书目 Excel 电子表格的建立

本书使用 Microsoft Office 办公套件中的 Excel 和 Access 组件作为分析工具。Excel 是电子表格软件，Access 是桌面数据库系统软件。这两个软件是本课题的基本工具，主要利用其编辑、标记、排序、检索、筛选、分类汇总、链接、数据透视、各类函数及编程等强大功能。下面首先说明历代书目电子表格的建立。

在历代目录书籍中，根据其重要性并结合研究的具体需要，笔者首先考虑建立一些目录书的全文电子表格，包括：《汉书·艺文志》(书号 0001)、《隋书·经籍志》(书号 0002)、《旧唐书·经籍志》(书号 0003)、《新唐书·艺文志》(书号 0004)、《崇文总目》(书号 0005)、《郡斋读书志》(书号 0006)、《直斋书录解题》(书号 0007)、《文献通考·经籍考》(书号 0008)、《宋史·艺文志》(书号 0009)、《四库全书总目》(书号 0010)。共计十部书目①。

在这些电子表格中一般建立有以下字段(各个表格的字段设置根据需要会有所调整)：

ID	序号	书号	一级	二级	附录	标识	分段正文	卷数	册数	页码	备注

(1)“ID”是自然数序号，从 1 开始至结束。

(2)“序号”是为数据链接而设立的文本格式的 ID 号，且固定四位(《经籍考》与《四库全书总目》因条目多故有五位)，不足四位则在前面补 0，如同一行 ID 是 1，则序号是“0001”，ID 是 231，则序号是“0231”。

---

① 这十部目录学书籍所使用版本见本书“参考文献”之“二、‘历代目录书籍数据库’所据版本”，电子表格中文字皆依据这些版本作了反复校勘，从而确保基本无误，发现个别有误之处则随时更正。

(3)“书号”是唯一标识每一部书的文本型代号，如“《汉书·艺文志》”代号为“0001”，“《四库全书总目》”代号为“0010”，书号本身并无特殊意义，只要相互间不重复即可。

(4)“一级”代表目录的第一级分类名，一般是经、史、子、集。

(5)“二级”代表目录的二级分类名，如经部之“春秋”、史部之“正史”、集部之“别集”等。

(6)“附录”包括某些三级分类或分卷，如“别集”又分上、下等。

(7)“标识”是其右边“分段正文”的标记，如该行的“分段正文”是小序，则标识为“小序”，如该行的“分段正文”是书目，则标识为该书目，如“★《史记》一百三十卷”(★是标记书目的特殊符号，以利于书目查找和筛选)；如该行的“分段正文”是解题部分，则亦标记为其所属之书目，如《史记》下的解题文字，其“标识”仍是“★《史记》一百三十卷”。

(8)“分段正文”是整个表格的主体和核心部分，即将该书的全文(包括序文、书目、解题等)一字不漏、从头至尾地按照标点分段依次排列下来，根据不同的内容层次还加上标记，如序文(大序、小序)前可能加上“▲”标记，书目前都加上“★”标记等，以方便查找检索。

(9)“卷数”“册数”“页码”则根据前述所据版本填写。如《经籍考》依据华东师大点校本，《汉志》《隋志》《新唐志》《宋志》均依据中华书局点校本，《崇文总目》依据《续修四库全书》收录之钱辑本，《郡斋》和《直斋》都依据上海古籍出版社点校本，《四库全书总目》依据中华书局1965年影印浙本和中华书局1997年点校本(殿本)。

(10)“备注”记录各种补充说明或问题，其内容不拘一格。

以上所列只是基本字段，一般是每个表格都具备的。根据具体情况又可能有所增删。

如表1是“文献通考经籍考”电子表格的开头部分。全文共10164行，其中书目(有“★”符号标记的)占3938行。由于是本书的主要分析对象，为了满足多层次分析的需要，字段设置十分复杂，而且随时可能根据研究的需要增加相关字段。此处限于篇幅，右边尚有许多字段未列出，表格中文字省略也较多。

表1

ID	序号	书号	一级	二级	标识	分段正文	卷数	页码	出处	序号链接	书号链接
1	0001	0008				●卷一百七十四·经籍考一	1	1			
2	0002	0008				○总叙	1	1			
3	0003	0008			总叙	伏牺氏始画八卦……由是文籍生焉。	1	1	孔安国《尚书大传》	0342	
…	…	…			…	…	…	…	…	…	…
7	0007	0008			总叙	按：古书之流传于今者惟《六经》……然其说荒诞，故无取焉。	1	1	马端临	按语	

续表

ID	序号	书号	一级	二级	标识	分段正文	卷数	页码	出处	序号链接	书号链接
…	…	…			…	…	…	…	…	…	…
91	0091	0008			总叙	右历代收书之数……可以警蓄书而不读者，故并载焉。	1	36	本文	本文	
92	0092	0008				●卷一百七十五·经籍考二	2	39			
93	0093	0008				○经(易)	2	39			
94	0094	0008	经	易	小序	昔伏牺氏始画八卦……谓之《十翼》。	2	39	《隋书·经籍志》	0083	0002
95	0095	0008	经	易	小序	班固曰："孔子晚而好《易》……	2	39	陆德明《经典释文》	1014	
96	0096	0008	经	易	小序	及秦焚书……唯载卜筮，不似圣人之旨。	2	39	《隋书·经籍志》	0083	0002
97	0097	0008	经	易	小序	唐开元中……自晋之后，弼学独行，遂传至今。	2	40	《崇文总目》	0041	0005
…	…	…			…	…	…	…	…	…	…
105	0105	0008	经	易	★丁宽《易》	★丁宽《易》	2	41			
106	0106	0008	经	易	★丁宽《易》	本传：……由是《易》有施、孟、梁邱之学。	2	41	《汉书·儒林传》	0325	
…	…	…			…	…	…	…	…	…	…

表1中"出处"字段，即左边"分段正文"字段引文的原始出处。"序号链接""书号链接"两个字段，是将"分段正文"与作为其来源的其他表格的"分段正文"对应行的"序号"和"书号"字段相链接，这样就能将《经籍考》"分段正文"中的内容与其来源内容进行详细的对比分析，分析结果放在右边新添加的分析字段中。

二、《文献通考·经籍考》数据库系统的建立

笔者将《经籍考》的材料来源划分为"目录类"①与"非目录类"两类，"目录类"中每一部均做一份单独的表格，也就是上文提到的九个其他表格而为《经籍考》所引用的，包括《汉志》《隋志》《新唐志》《崇文》《郡斋》《直斋》这六个表格文件。凡是在《经籍考》"分段正

① 《经籍考》所引用的高似孙《史略》、《子略》，以及四部宋代的《国史艺文志》，虽是目录书，但或非综合性目录，或原书已亡佚，大多仅存于《经籍考》中，且十分零散，故亦将它们归入"非目录类"中。

文”中引用到这六部目录的，都在这六部目录中找到原始正文出处，并通过填入对应的“序号”到“序号链接”、“书号”到“书号链接”链接起来(实际的链接在 Access 中完成)。例如表 2 是《汉书·艺文志》电子表格开始的一部分[全文共 707 行(条)，其中书目(标记有★的)620 行(条)]：

表 2

ID	序号	书号	一级	二级	附录	标识	分段正文	卷数	册数	页码	备注
1	001	0001					●汉书卷三十	30	6	1701	
2	002	0001					○艺文志第十	30	6	1701	
3	003	0001				总序	▲昔仲尼没而微言绝……今删其要，以备篇辑。	30	6	1701	
4	004	0001	六艺	易			★《易经》十二篇，施、孟、梁丘三家。	30	6	1703	
…	…	…	…	…			…	…	…	…	
17	017	0001	六艺	易		小计	△凡《易》十三家，二百九十四篇。	30	6	1704	
18	018	0001	六艺	易		小序	▲《易》曰：宓戏氏仰观象于天……唯费氏经与古文同。	30	6	1704	
…	…	…	…	…			…	…	…	…	

对于“非目录类”的材料来源，如《经典释文》《朱子语类》等，则统一将其为《经籍考》所引用的原文及其出处等放入一张表格中，取名“非目录类书籍来源”电子表格①。该表开头示例如表 3：

表 3

ID	序号	书名	标识	分段正文②	卷数	页码	作者	备注
1	0001	东堂词	惜分飞·又(富阳僧舍作别语赠妓琼芳)	泪湿阑干花着露……断魂分付潮回去	1		(宋)毛滂撰	
…	…	…	…	…	…	…	…	…

① “非目录类书籍来源”电子表格共 1017 行(条)数据。

② 此表中“分段正文”中的文字一般来自“中国基本古籍库”图文检索系统，该库收录有一万余种古籍的电子版及古籍刻本扫描图像可对照，收书数量是“文渊阁四库电子检索系统”的近三倍，宋元之前的古籍基本已囊括在内，且所依据的版本皆是选择较好的古籍刻本，有不少是依据宋元本，不像“文渊阁四库电子检索系统”那样文字篡改较多。文字准确，检索快捷。

这样将《经籍考》中“目录类”和“非目录类”来源都找到原文并予以链接后，接着将数据由 Excel 电子表格导入 Access 数据库中。然后通过“序号”与“序号链接”、“书号”与“书号链接”，建立起《经籍考》与“目录类”及“非目录类”书籍来源正文的关系，再将其导回 Excel 中以利于更进一步的分析。

这样，“文献通考经籍考”分析数据库就基本建立起来，接下来就是根据研究的需要进行编辑分析了。至于具体如何分析数据，以达到研究的目的，因涉及许多技术细节，此不赘述。同理，可以根据需要建立起《经籍考》与《四库全书总目》的关系，或者与《宋史·艺文志》的关系，乃至其他一切可关联书籍。笔者以为数据库分析的好处是既能做到细致的微观分析比较，又能很方便地进行宏观的归纳和分析。内部可进行穷尽性的整理分析，外部可很方便地与其他数据链接。内可挖掘，外可扩展，具有无限的发展空间。只要确保输入原始数据的准确无误，其精确、快捷、灵活、功能强大的特性可以大幅度提高分析的效率。

数据的入库、编辑、校对、整理与链接工作完成后(此过程花费了笔者几个月时间)，接下来就是按照既定研究计划对数据库中数据进行编辑、分析、归纳、汇总和筛选，并最终得出结论。具体各方面的工作见于本书各章之中。

华东师大点校本《文献通考·经籍考》中失断之处一览表

次序	一级	二级	书目	失断之处	引文出处	卷数	页码
1	经	易	皇甫泌《易解》十四卷	陈氏曰	陈振孙《直斋书录解题》	2	61
2	经	书	林少颖《拙斋书集解》五十八卷	其自序谓	林之奇《尚书集解序》	4	124
3	经	礼	《周礼井田谱》二十卷	永嘉止斋陈氏序曰	陈傅良《夏休井田谱序》	8	197
4	经	论语	类序	《隋·经籍志》	《隋书·经籍志》	11	275
5	经	乐	《乐书》二百卷	杨诚斋序曰	杨万里《三山陈先生乐书序》	13	339
6	经	仪注	《朱文公家礼》	杨氏曰	杨复	15	370
7	经	小学	《说文解字系传》四十卷	巽岩李氏序曰	李焘序	16	398
8	经	小学	《少仪外传》二卷	大愚吕氏跋曰	吕祖俭《少仪外传》跋	17	436
9	史	正史	《史记》一百三十卷	夹漈郑氏曰	郑樵《通志·总序》	18	448
10	史	正史	《史记》一百三十卷	先公曰	马廷鸾	18	449
11	史	传记	《四明尊尧集》一卷	《朱子语录》	朱熹《朱子语录》	24	578

续表

次序	一级	二级	书目	失断之处	引文出处	卷数	页码
12	史	史评史钞	《史记索隐》三十卷	陈氏曰	陈振孙《直斋书录解题》	27	663
13	史	地理	《庐山记》五卷	陈氏曰	陈振孙《直斋书录解题》	33	790
14	子	儒家	杨倞注《荀子》二十卷	昌黎韩氏曰	韩愈《昌黎先生文集·读荀子》	35	826
15	子	儒家	杨倞注《荀子》二十卷	东坡苏氏曰	苏轼《荀卿论》	35	827
16	子	儒家	《温公集注太玄经》十卷	温公《说玄》曰	司马光《说玄》	35	837
17	子	儒家	《程氏遗书》二十五卷，《附录》一卷，《外书》十三卷	又《答吕伯恭书》曰	朱熹《答吕伯恭》	37	864
18	子	墨家	《墨子》十五卷	昌黎韩氏《读墨子》曰	韩愈《昌黎先生文集·读墨子》	39	924
19	子	杂家	《子华子》十卷	周氏《涉笔》曰	周端朝《西麓涉笔》	40	942
20	子	杂家	《论衡》三十卷	陈氏曰	陈振孙《直斋书录解题》	41	946
21	子	杂家	《意林》三卷	高氏《子略》曰	高似孙《子略》	41	950
22	子	小说家	《碧云騢》一卷	邵氏曰	邵博《闻见后录》	44	1016
23	子	兵书	《吴子》三卷	高氏《子略》曰	高似孙《子略》	48	1109
24	子	兵书	《风后握奇经》一卷	高氏《子略》曰	高似孙《子略》	48	1115
25	子	神仙	《道藏书目》一卷	朱文公尝言	马端临	52	1202
26	子	释氏	《禅宗金刚经解》一卷	朱子曰	朱熹《朱子语录》	53	1217
27	子	释氏	《楞伽经》四卷	陈氏曰	陈振孙《直斋书录解题》	53	1221
28	子	释氏	《心经会解》一卷	司马温公《书心经后》曰	司马光《书心经后赠绍鉴》	53	1222
29	子	释氏	《破邪论》二卷、《甄正论》三卷	已上三书，皆经宣和焚毁，《藏》中多阙，故录之。	晁公武《郡斋读书志》	54	1233
30	子	释氏	《法宝标目》十卷	致堂胡氏《崇正辩·序》曰	胡寅《崇正辩·序》	54	1248

续表

次序	一级	二级	书目	失断之处	引文出处	卷数	页码
31	子	杂艺术	《将作营造法式》三十四卷、《看详》一卷	陈氏曰	陈振孙《直斋书录解题》	56	1290
32	集	别集	《张燕公集》三十卷	陈氏曰	陈振孙《直斋书录解题》	58	1332
33	集	别集	《李翰林集》二十卷	颍滨苏氏云	苏辙《栾城集》	58	1341
34	集	别集	《刘宾客文集》三十卷、《外集》十卷	梦得自言	刘禹锡《犹子蔚适越戒》	59	1361
35	集	别集	苏明允《嘉祐集》十五卷	《朱子语录》曰	朱熹《朱子语录》	62	1438
36	集	别集	《汉滨集》六十卷	序略曰	周必大《王参政文集序》	66	1536
37	集	诗集	《李义山集》三卷	《诗话》	蔡居厚《蔡宽夫诗话》	70	1613
38	集	诗集	《张祐诗》一卷	《陈录》凡十卷。	陈振孙《直斋书录解题》	70	1615
39	集	诗集	《石曼卿集》一卷	《朱子语录》	朱熹《朱子语录》	71	1655
40	集	歌词	《张子野词》一卷	又《高齐诗话》云	曾慥《高斋诗话》	74	1714
41	集	歌词	《张子野词》一卷	苕溪《渔隐》云	胡仔《苕溪渔隐丛话前集》	75	1715
42	集	歌词	《淮海集》一卷	晁无咎言	晁无咎	73	1715
43	集	总集	《皇朝名臣奏议》一百五十卷	自序曰	赵汝愚《国朝名臣奏议》自序	76	1799

《经籍考》中马端临按语一览表

次序	一级	二级	书目	按语正文	卷数	页码	分析
1			总叙	按：古书之流传于今者惟《六经》，《六经》之前……	1	1	学术传承
2			总叙	按：成周之时，自太史以至小行人，皆掌官府之典籍者也，其名数亦多……	1	3	学术传承
3			总叙	按：庄生之时，六籍未经秦火，其书具在也，而诸子百家……	1	5	学术传承

续表

次序	一级	二级	书目	按语正文	卷数	页码	分析
4			总叙	按：秦虽出自于西戎，然自非子、秦仲以来，有国于丰、岐者数百年……	1	8	学术传承
5			总叙	秦以儒者为博士，每国家有大事，则下博士议之。然因淳于越进议封建……	1	9	学术传承
6			总叙	右《北史·儒林传》序，言南北诸儒明经传授学术之详，最为明备，故录于此。	1	20	学术传承
7	经	易	《归藏》三卷	按：《连山》《归藏》，乃夏、商之《易》，本在《周易》之前……	2	47	真伪考辨
8	经	易	《伊川易传》十卷	按：伊川之学出自濂溪，此先儒通论也。而晁、朱之说以为濂溪所师……	3	69	学术源流
9	经	易	伊川《易传》十卷	按：伊川之《易》，精于义理，而略于卜筮、象数……	3	69	学术考辨
10	经	书	《古文尚书》十三卷	按：《汉儒林传》言孔氏有《古文尚书》，孔安国以今文读之……	4	112	内容考辨
11	经	书	《古三坟书》一卷	按：夫子所定之《书》，其亡于秦火，而汉世所不复见者……	4	118	真伪考辨
12	经	诗	夹漈《诗传》、《辩妄》共二十六卷	按：夹漈专诋《诗序》，晦庵从其说……	6	162	学术考辨
13	经	礼	合计	按：三代之礼，其流传于汉世，《周官》《仪礼》《戴记》三书而已……	7	171	分类归类
14	经	礼	《周礼》十二卷	按：《周礼》一书，先儒信者半，疑者半……	7	186	真伪考辨
15	经	春秋	合计	按：班固《七略》无史门，故以古来及秦、汉之史附于《春秋》之末……	9	219	分类归类
16	经	春秋	《春秋经》一卷	按：《春秋古经》，虽《汉艺文志》有之，然夫子所修之《春秋》……	9	221	内容考辨
17	经	春秋	《春秋经》一卷	《易》有彖象，本与卦爻为二，而王弼合之；《诗》《书》有序……	9	222	内容考辨
18	经	春秋	《春秋决事比》	按：此即献帝时应劭所上仲舒《春秋断狱》……	9	232	学术考辨

续表

次序	一级	二级	书目	按语正文	卷数	页码	分析
19	经	春秋	《春秋决事比》	又按：《汉・刑法志》言：自公孙弘以《春秋》之义绳下……	9	233	学术考辨
20	经	论语	何晏《论语注》十卷	按：《齐论》多于《鲁论》二篇，曰《问王》《知道》……	11	277	内容考辨
21	经	论语	《论语正义》十卷	按：《唐艺文志》亦有贾公彦《论语疏》十五卷，当考。	11	279	著录考辨
22	经	孟子	类序	按：前史《艺文志》俱以《论语》入经类，《孟子》入儒家类……	11	292	分类归类
23	经	乐	类序	按：古者《诗》《书》《礼》《乐》，皆所以垂世立教……	13	321	分类归类
24	经	谥法	合计	按：谥者，国家送终之大典，今历代史志，俱以谥法入经解……	14	346	分类归类
25	经	仪注	曹褒《汉礼》	按：三代之礼亡于秦。继秦者汉，汉之礼书，则前有叔孙通，后有曹褒……	14	349	学术源流
26	经	仪注	《钟鼎款识》二十卷	按：《考古图》诸书晁氏以入小学门，陈氏以入书目门……	15	375	分类归类
27	经	小学	《书苑菁华》二十卷	按：以字书入小学门，自《汉志》已然。历代史志从之……	17	433	分类归类
28	史	正史	合计	按：班孟坚《艺文志》，《七略》无史类，以《世本》以下……	18	441	分类归类
29	史	编年	合计	按：实录即是仿编年之法，惟《唐志》专立实录一门……	18	443	分类归类
30	史	起居注	合计	按：《唐志》特立诏令一门，历代史皆无之……	18	444	分类归类
31	史	杂传	类序	按：杂史、杂传，皆野史之流，出于正史之外者……	22	538	分类归类
32	史	霸史伪史	合计	按：夹漈言古今编书所不能分者五，可以订历代艺文志之失……	22	539	分类归类
33	史	史钞	合计	《隋》《唐志》史部皆无此门，附在杂史。《宋志》方别立史抄门。	22	540	分类归类

续表

次序	一级	二级	书目	按语正文	卷数	页码	分析
34	史	故事	《三朝训鉴图》十卷	按：《三朝宝训》一书，《直斋书录解题》以为宰相王曾奏请编修……	28	693	著录考辨
35	史	故事	《孝宗圣政》十二卷	按：《孝宗圣政》，系陈止斋奉诏拟，御制序言。起初潜至内禅，掇其最，凡得六百四十一条，为五十卷。绍兴三年序。	28	702	撰者考辨
36	史	故事	《郑夹漈通志略》	按：郑氏此书，名之曰《通志》，其该括甚大……	28	707	内容考辨
37	史	故事	《郑夹漈通志略》	又按：此书刊本元无卷数，止是逐略分为一二耳……	28	707	内容考辨
38	史	职官	《百官公卿表》一百四十五卷(《书录解题》作十五卷)	按：此序，则温公本书止十卷，巽岩《续编》推而广之……	29	723	著录考辨
39	子	墨家	《墨子》十五卷	按：自夫子没而异端起，老、庄、杨、墨、苏、张、申、商之徒……	39	925	学术考辨
40	子	杂家	《宋景文笔录》三卷	按：二《笔录》卷数同，祁、庠又兄弟也，然则一书邪？二书邪？当考。	41	958	撰者考辨
41	子	形法	合计	按：陈氏之说固然矣，然时日、禄命、遁甲独非术数乎……	46	1058	分类归类
42	子	兵书	《李卫公问对》三卷	按：《四朝国史·兵志》，神宗熙宁间，诏枢密院曰……	48	1114	真伪考辨
43	子	神仙	《太平经》一百七十卷	按：道家之说，皆昉于后汉桓帝之时。今世所传经典符箓……	52	1181	真伪考辨
44	子	神仙	《道藏书目》一卷	按：道家之术，杂而多端，先儒之论备矣。盖清净一说也……	52	1201	学术源流
45	子	神仙	《道藏书目》一卷	按：道家之术，杂而多端，先儒之论备矣。盖清净一说也……	52	1201	学术考辨
46	子	神仙	《道藏书目》一卷	朱文公尝言：佛家偷得老子好处，后来道家只偷得佛家不好处……	52	1202	学术考辨
47	子	释氏	《禅宗金刚经解》一卷	按：经文言以无为法而有差别，又言一切有为法，语意相对……	53	1216	内容考辨
48	子	释氏	《破邪论》二卷、《甄正论》三卷	按：《破邪》《甄正》二论，《昭德读书记》以为宣和焚毁……	54	1233	内容考辨

续表

次序	一级	二级	书目	按语正文	卷数	页码	分析
49	子	杂艺术	《古画品录》一卷	按：晁、陈二家书录，以医、相牛马及茶经、酒谱之属……	56	1278	分类归类
50	集	别集	《陈子昂集》十卷	按：陈拾遗诗语高妙绝出齐、梁，诚如先儒之论……	58	1330	艺术特点
51	集	别集	《王容季文集》	按：侯官三王之文，盖宗师欧公者也……	62	1448	艺术源流

《经籍考》正文引用撰者分布情况一览表(一)

由于纸张限制，这一系列表格分开有五份。本书第一章第二节中列出了《经籍考》解题所引用的140位作者(或书籍)，这五份表反映的就是这140位引文作者(或书籍)在《经籍考》四部类目中的分布及其数量(按引用多少排列)情况。其中对不计目录学著作的排名靠前的朱熹等十位作者，在正文中有较详细论述，可参看。

一级	二级	直斋	郡斋	朱熹	崇文	中兴志	隋志	汉志	马端临	新唐志	刘克庄	三朝志	李焘	两朝志	洪迈	叶梦得	四朝志	叶适	高似孙	郑樵	苏轼	周必大	欧阳修	曾巩	黄庭坚	周端朝	杨万里	胡寅	总计
总叙				1			11	1	14	4			3		1	4				3	1							1	46
汇总				1			11	1	14	4			3		1	4				3	1							1	46
经	易	78	44	29	14	3	3	1	4	1		1	2	1	2	1	1			3									192
	书	28	19	8	4	3	3	1	2	1		1		1	1	4	1			2									81
	诗	20	10	6	6	2	3	2	3	1		1		2	1	3	1	1		1			3						67
	礼	35	24	44	7	9	2	2	2	1		2		1			1	1		1						1			133
	春秋	63	41	16	27	3	2	2	5	1		1	9	1		3	1	1		2									179
	论语	23	17	16	1	3	2	2	2	1		1		1			1												70
	孟子	7	10		2	2	3	1	2	6		1					1					1							36
	孝经	5	4	2	5	7	2	2		1		2		1			1												32
	经解	17	4		12	2	1	1		1		1		1	1		1												42
	乐	27	14	2	47	3	1	2	1	1	1	1		1		1	1										1		104
	仪注	41	12	8	8	3	2	4	3	1		1		1	1	1	1						1	1				1	93
	谥法	3	3		3	1			1																				11
	谶纬	4	3			1	2			1		1		1														2	15
	小学	65	39	8	7	4	2	6	2	1	1	2	4	1	2	1	1			3			1		2				152
经 汇总		416	244	139	143	46	28	26	27	18	2	16	15	13	8	14	12	3		12		1	5	1	2	1	1	3	1207

续表

一级	二级	直斋	郡斋	朱熹	崇文	中兴志	隋志	汉志	马端临	新唐志	刘克庄	三朝志	李焘	两朝志	洪迈	叶梦得	四朝志	叶适	高似孙	郑樵	苏轼	周必大	欧阳修	曾巩	黄庭坚	周端朝	杨万里	胡寅	总计
史	正史	14	21	5	7	2	2	9	1	2		1		1	3		1	3	1	5		2		2					82
	编年	41	20	8	1	1	2		1	2		1	8		1		1	2	1									1	91
	起居注	46	33		1	3	2		1	2		1	1		1														91
	杂史	15	12	2	5	1	2			1	1	2	1	1	3		1												47
	传记	225	73	2		2	2		1	1	2	2	3	2			1							1					317
	伪史霸史	48	26			1	2		1	1		1		1						2									83
	史评史钞	24	21	10	7	1																1							64
	故事	53	17			1	2		4	1		2	1	1	2		1			1									86
	职官	53	21			1	2		1	1		1	5	1			1												87
	刑法	15	12			1	1			1		1		1			1							1					34
	地理	169	34			1	2		1	1		1	2	1			1												213
	时令	10	5			1								3								1							20
	谱牒	19	3			1	2			1		1		1	1		1					1							31
	目录	26	9			1	2		1	1		1		1			1			2							1		46
	史钞					1			1			1		1			1												5
史	汇总	758	307	27	21	19	23	9	13	15	3	16	21	15	11		11	5	2	10		5		4			1	1	1297
子	儒家	63	43	24	4	1	2	2		1		1	5	1			1	2	5		1			2		1			159
	道家	18	32	15	15	1	2	2		1		1	1	1	1	2	1		5		1					3			102
	法家	3	3		2	1	1	2		1		1		1				2	2		1					3			23
	名家	4	3		1		1	2		1		1			1				2							1			17
	墨家	2	2		1	1	1	1	1				1		1	1			1										13
	纵横家	1	2		1	1	1	2		1					1			1	2					1					14
	杂家	50	25	2	5	2	1	2	1	1		1		1	3		1		5			1				2			103
	小说家	145	103	1		2	1	2		1		1	2	1	5		1		1	1						1			268
	农家	43	19			1	1	2		1		2	1	1			1					1							73
	天文	14	5			1	1	4		1		2		2			1			1									32
	历算	10	5			1	1	2		1		1		2			1												24
	五行	33	12					4							1														50
	占筮	11	10	1												1													23
	形法	26	15			4	1	2	1	1		1		1			1	1											54
	兵书	18	26	1		1	1	9	1	1		1	1	1	1		1	2	4				1			2			72
	医家	83	51			1	1	4		2		1		3		1	1								1				149
	神仙	49	59	4		3	4	4	3	1		2		1			1				1		1					1	134
	释氏	24	59	9		1	8		3	1		2		1			1	2			1				1			4	117
	类书	42	31			1				1		1			1		1					1		1					80
	杂艺术	45	37			1			1	1		1		1			1												88
子	汇总	684	542	57	29	24	28	46	11	18		20	11	18	15	5	14	10	27	2	5	3	2	4	2	13		5	1595

续表

一级	二级	直斋	郡斋	朱熹	崇文	中兴志	隋志	汉志	马端临	新唐志	刘克庄	三朝志	李焘	两朝志	洪迈	叶梦得	四朝志	叶适	高似孙	郑樵	苏轼	周必大	欧阳修	曾巩	黄庭坚	周端朝	杨万里	胡寅	总计
集	赋诗	9	6	6		1	2	6		1																			31
	别集	357	188	39		1	1		3	1	21	1	1	2	6	15	1	14	1		11	12	7	11	6	3	6	2	710
	诗集	281	91	6					1	3	25				1	5		1			5	1	6	1	6		7		440
	歌词	120																			1				2			1	124
	章奏	39	8													1								1					49
	总集	98	35	4		6	2		1	1	8	1		1	3		1	3			1	2	2						169
	文史	56	16			2				1		2		1			1												79
集 汇总		960	344	55		10	5	6	5	7	54	4	1	4	10	21	3	18	1		18	15	15	13	14	3	13	3	1602
总计		2818	1437	279	193	99	95	88	70	62	59	56	51	50	45	44	40	36	30	27	24	24	22	22	18	17	15	13	5747

《经籍考》正文引用撰者分布情况一览表(二)

一级	二级	苏辙	范晔	程颐	班固	马廷鸾	王明清	司马光	真德秀	柳宗元	刘光祖	陈师道	李壁	孔安国	林希逸	贾公彦	程大昌	汪应辰	陈亮	未知	张舜民	胡仔	陈傅良	李邴	宋祁	秦观	李廌	程俱	孙觌	李延寿	王安石	总计
总叙			6	1	2		2	3						5		6	1			1								4		1		33
汇总			6	1	2		2	3						5		6	1			1								4		1		33
经	易			4	4	1																								1		10
	书				2	1								1																		5
	诗		1		1																											3
	礼	1				2																	1									5
	春秋			1	1	1					1						2		1				1									8
	论语	1																								1						2
	孝经							1																								1
	经解										1							1														2
	仪注		3		3	2				1			1						2													12
	谥法												1																			1
	小学	1						1															2								1	5
经 汇总		3	4	5	11	7		2		1	2		2	1			2	1	3				4			1				1	1	54

续表

一级	二级	苏辙	范晔	程颐	班固	马廷鸾	王明清	司马光	真德秀	柳宗元	刘光祖	陈师道	李壁	孔安国	林希逸	贾公彦	程大昌	汪应辰	陈亮	未知	张舜民	胡仔	陈傅良	李邴	宋祁	秦观	李廌	程俱	孙觌	李延寿	王安石	总计
史	正史					1	1	1																	1		4			2		10
	编年					3		1															1									5
	起居注						2																									2
	杂史												1																			1
	传记						3																									3
	史评史钞						1																									1
	故事						1																									1
	职官							1																								1
史 汇总						4	8	3					1										1		1		4			2		24
子	儒家	1		5			1	1			1								3													13
	道家									3																						4
	墨家									1																						2
	纵横家									1																						1
	杂家																1															1
	小说家																									1						1
	农家																									1						1
	兵书								1			1																				2
	神仙		3									1	1																			5
	释氏	3						1	2															2								8
	类书																2															2
子 汇总		4	3	5			1	2	3	5	1	2	1				3		3					2		2						40
集	别集	4		2		1		2	2	2	4	1	2		6			3		2	2	1		3	2	1	1		4		1	48
	诗集	2										3								3	4	2			2						2	19
	歌词											1										1										2
	章奏										1							2														3
	总集						1		4	1												1				1						8
	文史																					1										1
集 汇总		6		2		1	1	2	6	3	5	5	2		6			5		5	6	6		3	4	2	1		4		3	81
总计		13	13	13	13	12	12	12	9	9	8	7	6	6	6	6	6	6	6	6	6	6	5	5	5	5	5	4	4	4	4	232

《经籍考》正文引用撰者分布情况一览表(三)

一级	二级	孙觌	韩愈	唐庚	晁补之	杨复	张耒	孔颖达	刘禹锡	曾慥	项安世	惠洪	李心传	慧能	刘敞	张栻	刘夷叔	王质	赵岐	许顗	赵汝愚	杨时	吕祖俭	晁无咎	吕祖谦	李颀	晁说之	蔡居厚	陆德明	总计
总叙								1																						1
汇总								1																						1
经	易															1													1	2
	书							1															1							2
	诗							1																	1				1	3
	礼		1			2																								3
	春秋														1															1
	孟子																		2											2
	仪注					1																								1
	小学										1												1							2
经 汇总			1			3		2			1				1	1			2				2		1				2	16
史	正史																								1					1
	编年												1			1											2			4
	时令				1																									1
史 汇总					1								1			1									1		2			6
子	儒家		1																			1								2
	道家		1																											1
	墨家		1																											1
	小说家																	1												1
	医家						1														1									2
	释氏													2				1												3
	杂艺术				1																									1
子 汇总			3		1		1							2				2			1	1								11
集	别集	4		3	1		1		2		1				1		2			1		1				1		1		19
	诗集								1			2								1								1		5
	歌词						1			2														2		1				6
	总集												1								1									2
集 汇总		4		3	1		2		3	2	1	2	1		1		2			2	1	1		2		2		2		32
总计		4	4	3	3	3	3	3	3	2	2	2	2	2	2	2	2	2	2	2	2	2	2	2	2	2	2	2	2	66

《经籍考》正文引用撰者分布情况一览表(四)

一级	二级	杨时	项安世	晁说之	许顗	王应麟	郑东卿	李大性	李潜	王珪	李畋	黄榦	李攸	张行成	李昭玘	李汉	陈宝之	王肃	陆佃	王铚	吕大临	刘彝	韩驹	张淳	欧阳铁	赵氏	邵博	庄周	司马迁	王得臣	总计
总叙													1						1			1						1	1		5
汇总													1						1			1						1	1		5
经	易						1		1					1																	3
	诗					1																									2
	礼																							1							1
	春秋																														1
	论语																	1													1
	小学		1												1																2
经 汇总			1			1	1		1					1	1			1						1							10
史	正史																														1
	编年			2																											2
	史评史钞							1																							1
史 汇总				2				1																							4
子	儒家	1								1											1					1					4
	小说家																			1							1				2
	释氏																														2
子 汇总		1								1										1	1					1	1				8
集	别集	1	1		1							1				1	1														8
	诗集				1																		1		1						4
	总集										1																			1	2
集 汇总		1	1		2						1	1				1	1						1		1					1	14
总计		2	2	2	2	1	1	1	1	1	1	1	1	1	1	1	1	1	1	1	1	1	1	1	1	1	1	1	1	1	41

《经籍考》正文引用撰者分布情况一览表(五)

一级	二级	王铚	罗愿	曾慥	蔡沈	孙逢吉	晁迥	徐俯	陈瓘	赵氏	陈正敏	杜预	范镇	吴仁杰	殷文奎	胡安国	张行成	胡宏	邵伯温	黄畬	应镛	孔鲋	王应麟	孔平仲	魏徵	孔衍	吴曾	李方子	严有翼	袁燮	张淳	李昭玘	张鷟	林之奇	朱在	刘攽	毕仲询	陆游	总计
总叙						1															1	1			1														7
汇总						1															1	1			1														7
经	易																1		1																				2
	书				1																													1					2
	诗																						1																1
	礼																	1													1								2
	春秋											1																											1
	论语																									1									1				3
	仪注																			1								1											2
	小学																															1							1
经 汇总					1							1					1	1	1	1			1			1		1			1	1		1	1				14
史	正史										1																												1
	编年															1																							1
	杂史		1																																				1
史 汇总			1								1					1																							3

续表

一级	二级	王铚	罗愿	曾慥	蔡沈	孙逢吉	晁迥	徐俯	陈瓘	赵氏	陈正敏	杜预	范镇	吴仁杰	殷文奎	胡安国	张行成	胡宏	邵伯温	黄[illegible]	应镛	孔鲋	王应麟	孔平仲	魏徵	孔衍	吴曾	李方子	严有翼	袁燮	张淳	李昭玘	张鷟	林之奇	朱在	刘攽	毕仲询	陆游	总计
子	儒家									1																													2
	小说家	1													1																								3
	释氏								1																														1
子 汇总		1							1	1					1																								6
集	别集						1						1	1										1			1			1			1			1			10
	诗集							1																													1	1	4
	歌词			1																									1										2
集 汇总				1			1	1					1	1										1			1		1	1			1			1	1	1	16
总计		1	1	1	1	1	1	1	1	1	1	1	1	1	1	1	1	1	1	1	1	1	1	1	1	1	1	1	1	1	1	1	1	1	1	1	1	1	46

《经籍考》中辑录之解题内容的分类示例

《经籍考》中绝大部分内容都是辑录前人文字而成，这些内容经过马端临的剪裁归类，成为《经籍考》的有机组成部分，前人在探讨《经籍考》的文献价值与学术价值时常以其中有代表性的解题文字为例。本书由于着眼于探讨马端临自己的学术见解，再加上时间与篇幅有限，故在正文中只分析了《经籍考》中马氏自撰之注文与按语。其实笔者曾花费数月对《经籍考》中辑录的所有解题内容都作了全面深入的分析，并将其内容归纳为五十多个大的方面共几百个小方面，此处只举"书名考异"与"版本考异"这两个方面，以见《经籍考》中辑录之解题文字的一斑。下面不再如正文中一样作具体的分析说明，只分类列表示例(为简便起见，每小类最多举三例)。

一、书名考异

(一)比喻引申

一级	二级	书目	作者	书名考异	卷数	页码	引文出处
子	医家	《千金方》三十卷	孙思邈	陈氏曰：自为之序，名曰《千金备急要方》。以为人命至重，有贵千金，一方济之，德逾于此。其前类例数十条，林亿等新纂。	49	1136	《直斋》
集	文史	《金针诗格》三卷	白居易	居易自谓与刘禹锡、元稹皆以诗知名，撮诗之体要为一格。病得针而愈，诗亦犹是也，故曰《金针集》。	76	1813	《郡斋》
集	别集	《文泉子》十卷	刘蜕	自为序云：覃以九流之旨,配以不竭之义，曰"泉"。有《文冢铭》，甚奇。蜕，大中四年进士，其为西掖在咸通时。	60	1381	《直斋》

(二)字词解释

一级	二级	书目	作者	书名考异	卷数	页码	引文出处
子	释氏	《心经会解》一卷	释玄奘	"般若"者，华言"智慧"，"波罗蜜多"者，华言"到彼岸"，谓智可以济物入圣域也。	53	1222	《郡斋》
子	类书	《汉隽》十卷	林钺	以《西汉书》，分类为五十篇，皆句字之古雅者。"隽"者，取隽永之义也。	55	1273	《直斋》
集	歌词	《欸乃集》八卷	严次山	陈氏曰：昭武严次山撰。"欸"音"暧"，"乃"如字，余尝辨之甚详。	73	1738	《直斋》

(三)地名解释

一级	二级	书目	作者	书名考异	卷数	页码	引文出处
史	地理	《明越风物志》七卷	姜屿	以明州本越地，故曰“明越”。又以郭璞注《尔雅》多引江东，故详载其风物云。	31	763	《郡斋》
集	诗集	许浑《丁卯集》二卷	许浑	陈氏曰：“丁卯”者，其所居之地有丁卯桥。蜀本又有《拾遗》二卷。	70	1615	《直斋》
集	诗集	《磬沼集》一卷	罗鉴	陈氏曰：崇仁罗鉴正仲撰。枢密春伯之从弟。“磬沼”者为池，因地曲折如磬然。	72	1701	《直斋》

(四)年代命名

一级	二级	书目	作者	书名考异	卷数	页码	引文出处
史	编年	《丁未录》二百卷	李丙	自治平丁未王安石初召用，迄于靖康童贯之诛，故以“丁未”名之。每事皆全载制诏章疏，甚详。	20	504	《直斋》

(五)职官命名

一级	二级	书目	作者	书名考异	卷数	页码	引文出处
子	类书	《记室新书》三十卷	李途	采摭故事，缀为偶俪之句，分四百门。途中和中为东川掌记，因以名其书云。	55	1261	《郡斋》
集	别集	《鸿庆集》四十二卷	孙觌	尝提举鸿庆宫，故以名集。	65	1514	《直斋》
集	别集	《渭南集》三十卷，《剑南诗稿》《续稿》八十七卷	陆游	渭南者，封渭南县伯。	67	1546	《直斋》

(六)人名解释

一级	二级	书目	作者	书名考异	卷数	页码	引文出处
子	杂家	《金楼子》十卷	梁元帝	绎书十篇，论历古兴亡之迹，《箴戒》《立言》《志怪》《杂说》《自叙》《著书》《聚书》，通曰"金楼子"者，在藩时自号。	41	949	《郡斋》
子	杂家	《昭德新编》一卷	晁迥	"昭德"者，京师居第坊名也。晁氏子孙皆以为称。	41	957	《直斋》
子	神仙	《抱朴子内篇》二十卷	葛洪	自号抱朴子，因以命书。	52	1183	《郡斋》

(七)典故来源

一级	二级	书目	作者	书名考异	卷数	页码	引文出处
经	小学	《蒙求》三卷	李瀚	纂经传善恶事实类者，两两相比为韵语，取《蒙卦》"童蒙求我"之义名其书，盖以教学童云。	17	433	《郡斋》
子	小说家	《鸡跖集》十卷	佚名	《淮南子》曰："善学者，如齐王食鸡，必食其跖。"名书之意殆以此。	43	1004	《郡斋》
集	别集	《石林总集》一百卷、《年谱》一卷	叶梦得	石林二字，本出《楚辞·天问》。	65	1512	《直斋》

(八)改名

一级	二级	书目	作者	书名考异	卷数	页码	引文出处
子	小说家	《杨文公谈苑》八卷	宋庠	鉴书初名《南阳谈薮》，宋公删其重复，改曰《谈苑》。	43	997	《直斋》
子	小说家	《忘怀录》三卷	沈括	少有《怀山录》，可资居山之乐者，辄记之。自谓今可忘于怀矣，故易名《忘怀录》。	43	1000	《直斋》
子	医家	《南阳活人书》二十卷	朱肱	本号《无求子伤寒百问方》，有武夷张藏作序，易此名。	49	1130	《直斋》

(九)异名

一级	二级	书目	作者	书名考异	卷数	页码	引文出处
经	小学	《博雅》十卷	张揖、曹宪	魏张揖尝采《苍雅》遗文为书，名曰《广雅》。宪因揖之说，附以音解，避炀帝讳，更之为“博”云。	16	393	《郡斋》
子	类书	《六帖》三十卷	白居易	《唐志》作《白氏经史事类》，一名《六帖》。	55	1261	《直斋》
集	诗集	《周贺集》一卷	周贺	唐周贺撰。尝为僧，名清塞，后反初，故别本又号《清塞集》。	70	1631	《直斋》

(十)内容概述

一级	二级	书目	作者	书名考异	卷数	页码	引文出处
经	易	《周易圣断》七卷	鲜于侁	本之王弼、刘牧，而时辨其非。且云众言淆乱，折诸圣，故名其篇曰《圣断》。	2	64	《郡斋》
子	五行	《五命秘诀》一卷	林开	三命之术，年、月、日支干也，加以时、胎，故曰五命。	47	1076	《郡斋》
集	别集	《民士编》一十九卷	陈充	“民士”云者，盖其未仕已仕前后所著文也。	61	1405	《郡斋》

(十一)著述体例

一级	二级	书目	作者	书名考异	卷数	页码	引文出处
经	易	《汉上易集传》《易图》《丛说》共十五卷	朱震	其书多采先儒之说以成，故曰“集解”，然颇舛误。	3	78	《郡斋》
经	春秋	《黎氏春秋经解》十二卷	黎錞	名其书为《经解》者，言以经解经也。	10	250	《郡斋》
子	小说家	《乘异记》三卷	张君房	其序谓“乘者，载记之名；异者，非常之事”。盖志鬼神变怪之书。	43	995	《郡斋》

(十二)疑难书名

一级	二级	书目	作者	书名考异	卷数	页码	引文出处
经	春秋	《春秋繁露》十七卷	董仲舒	牛享问崔豹:“冕旒以繁露者何?”答曰:“缀玉而下垂,如繁露也。”则繁露也者,古之冕旒似露而垂,是其所从,假以名书也。以杜、乐所引,推想其书,皆句用一物,以发己意,有垂旒凝露之象焉,则“玉杯”,“竹林”同为讬物,又可想见也。	9	231	程大昌《演繁露》
史	杂史	《越绝书》十五卷	佚名(依托子贡)	“越绝”之义,曰“圣人发一隅,辩士宣其辞;圣文绝于彼,辩士绝于此”。故曰“越绝”。虽则云然,终未可晓也。	22	544	《直斋》
子	儒家	《聱隅子歔欷琐微论》十卷	黄晞	聱隅子,晞自号也。其叙略曰:“聱隅者,枘物之名;歔欷者,兼叹之声;琐微者,述之之谓,故以名其书。”	36	855	《郡斋》

二、版本考异

(一)刻本起源

书目	版本考异	卷数	页码	引文出处
总叙	石林叶氏曰:唐以前凡书籍皆写本,未有摹印之法,人以藏书为贵。人不多有,而藏者精于雠对,故往往皆有善本。……余在许昌,得宋景文用监本手校《西汉》一部,末题用十三本校,中间有脱两行者,惜乎今亡之矣!	1	23	叶梦得
总叙	又曰:世言雕板印书始冯道,此不然。但监本《五经》板道为之尔。……蜀与福建多以柔木刻之,取其易成而速售,故不能工。福建本几遍天下,正以其易成故也。	1	23	叶梦得

(二)版本来源

一级	二级	书目	书名考异	卷数	页码	引文出处
经	春秋	《春秋加减》一卷	校定偏旁，若五经文字之类。此本作小缋册，才十余板，前有睿思殿书籍印，末称臣雱校定。盖承平时禁中书也，不知何为流落在此。	9	238	《直斋》
史	传记	《邠志》三卷	邠军即朔方军也。此本从盱江晁氏借录，其末题曰："文忠修唐史，求此书不获，今得于忠宪范公之孙伯高。其中尚舛误，当访求正之。绍兴乙丑晁公鄚。"	23	559	《直斋》
史	地理	《番禺杂记》一卷	陈氏曰：摄南海主簿郑熊撰。国初人也。莆田借李氏本录之，盖承平时旧书。末有"河南少尹家藏"六字，不知何人也。	32	782	《直斋》

(三)版本比较

一级	二级	书目	书名考异	卷数	页码	引文出处
集	别集	《王右丞集》十卷	陈氏曰：建昌本与蜀本次序皆不同，大抵蜀刻《唐六十家集》多异于他处本，而此集编次尤无伦。	58	1334	《直斋》
集	别集	《元子》十卷、《琦玕子》一卷、《文编》十卷	陈氏曰：蜀本但载自序，江州本以李商隐所作序冠其首。蜀本《拾遗》一卷，《中兴颂》《五规》《二恶》之属皆在焉。江本分置十卷。	59	1345	《直斋》
集	别集	《水心集》二十八卷、《拾遗》一卷、《别集》十六卷	陈氏曰：吏部侍郎永嘉叶适正则撰。淮东本无《拾遗》，编次亦不同。《外集》者，前九卷为制科进卷，后六卷号《外稿》，皆论时事，末卷号《后总》，专论买田赡兵。	68	1563	《直斋》

(四)版本考辨

一级	二级	书目	书名考异	卷数	页码	引文出处
经	春秋	《春秋繁露》十七卷	陈氏曰：按《隋》《唐》及《国史志》，卷皆十七，《崇文总目》凡八十二篇，《馆阁书目》止十卷，萍卿所刻亦才三十七篇。今本乃楼攻媿得潘景宪本，卷篇皆与前志合，然亦非当时本书也。……但前本楚庄王在第一卷首，而此本乃在卷末，别为一卷；前本虽八十二篇，而阙文者三，实七十九篇也。	9	230	《直斋》
史	编年	《汉纪》三十卷	巽岩李氏曰：某家有写本一，印本一，写本不记其时，而印本乃天圣间益州市所摹刻者。大抵皆差误，而印本尤甚……事日月年之相系，在史家固良法也，而传录岁久，卒未得其真，可为太息者矣！	20	477	李焘
集	别集	《校定韩昌黎集》四十卷、《外集》十卷	朱子《韩文考异序》曰：南安韩文出莆田方氏，近世号为佳本，予读之信然，然犹恨其不尽载诸本同异，而多折衷于三本也。……是以予于此书，姑考诸本之同异而兼存之，以待览者之自择……	59	1358	朱熹《韩文考异序》